普通高等教育"十三五"规划教材
华信经管创新系列

内部控制学

魏永宏　编著

电子工业出版社
Publishing House of Electronics Industry
北京·BEIJING

内 容 简 介

本书紧扣我国内部控制规范内容体系，坚持规范解释与理论分析并重，突出操作流程框架内容设计和案例分析讲解。全书共分 10 章，分别为内部控制的产生与发展、内部控制的基本理论、内部环境、风险评估、控制活动、信息与沟通、业务活动控制、内部监督、内部控制评价、内部控制审计。

本书适合作为高等学校会计学、财务管理、审计学、资产评估、金融学、保险学、财政学等专业相关课程的教材，也可作为 MBA、MPA、MPAcc、MV、MAud 等专业硕士学习内部控制与风险管理的参考教材，还可作为政府部门与企事业单位开展内部控制与风险管理的培训教材。

未经许可，不得以任何方式复制或抄袭本书之部分或全部内容。

版权所有，侵权必究。

图书在版编目 (CIP) 数据

内部控制学 / 魏永宏编著. — 北京：电子工业出版社，2020.5

ISBN 978-7-121-38724-1

I. ①内… II. ①魏… III. ①企业内部管理—高等学校—教材 IV. ①F272.3

中国版本图书馆 CIP 数据核字 (2020) 第 041183 号

责任编辑：王二华

印　　刷：三河市良远印务有限公司

装　　订：三河市良远印务有限公司

出版发行：电子工业出版社

　　　　　北京市海淀区万寿路 173 信箱　　邮编：100036

开　　本：787×1092　1/16　印张：16.75　　字数：428.8 千字

版　　次：2020 年 5 月第 1 版

印　　次：2024 年 1 月第 6 次印刷

定　　价：55.00 元

凡所购买电子工业出版社图书有缺损问题，请向购买书店调换。若书店售缺，请与本社发行部联系，联系及邮购电话：(010) 88254888，88258888。

质量投诉请发邮件至 zlts@phei.com.cn，盗版侵权举报请发邮件至 dbqq@phei.com.cn。

本书咨询联系方式：(010) 88254532。

前　　言

20世纪80年代，德国著名社会学家、慕尼黑大学社会学教授乌尔里希·贝克在其名著《风险社会》(1986)中指出："现代社会是一个世界风险社会，人类已经开始步入风险时代。"现在，我们所面临的风险越来越多，越来越复杂，甚至到了风险无处不在、无时不在的地步。特别是进入21世纪以来，人类越来越频繁地感受到风险带来的威胁。随着经济全球化趋势的加剧和信息技术的日新月异，再加上金融创新的不断发展，风险传递的速度、频度、广度和深度更是有了前所未有的增加。由此可见，风险的防范与控制已经成为21世纪包括政府、企业在内的一切组织在运行过程中所要重视的关键问题。

自美国《萨班斯–奥克斯利法案》颁布以来，内部控制的重要性日益凸显，该法案已逐步成为世界各国防范企业风险、提升管理质量的利器。作为内部控制领域的权威组织，COSO(美国反虚假财务报告委员会下属的发起人委员会)也在《内部控制——整体框架》(1992)的基础上进一步推出了《企业风险管理框架》，自此，美国内部控制的发展进入风险管理的阶段。中国亦是如此，国务院国有资产监督管理委员会在2006年专门发布了《中央企业全面风险管理指引》，财政部更是联合其他部委共同颁布了《企业内部控制基本规范》(2008)及其配套指引(2010)，内部控制实施及其信息披露已经成为我国上市公司的一项强制性要求。

我国内部控制规范体系的出台，是继实施与国际接轨的企业会计准则和审计准则之后，在会计审计领域推出的又一与国际接轨的重大改革，被誉为中国的"萨班斯法案"。实施内部控制制度不仅是企业外部的要求，而且是企业管理当局作为受托人必须履行的受托责任。制定实施统一的内部控制制度有利于节约企业管理成本。财政部等有关部门要求企业紧密结合自身特点和具体情况与条件，制定本企业的具体内部控制制度，全面贯彻落实统一规范要求。在执行过程中应强化落实、重在坚持，一定做到令行禁止、奖罚分明、制度面前人人平等。颁布实施新的内部控制规范使得内部控制成为学术界和实务界讨论与研究的热点问题之一，研究并掌握新的内部控制规范具有十分重要的学术价值和实践意义。从目前已颁布实施的内部控制规范体系的内容来看，需要对其可操作性进行进一步理论分析与解释，并辅以实务解析，加之要求执行的时间紧迫、任务繁重，因此，编写出版一部有关内部控制规范内容体系理论和具有可操作性解释的图书是十分必要的。

本书在编写过程中紧扣我国内部控制规范内容体系，参考借鉴已出版的有关著作内容，坚持规范解释与理论分析并重，突出操作流程框架内容设计和案例分析讲解，同时重点考虑会计专业硕士(MPAcc)、审计专业硕士、资产评估专业硕士、工商管理硕士(MBA)等专业硕士内部控制理论与实践课程的教学计划、教学大纲、专业教育规律要求及特点需要。

本书作为内部控制的入门教材，适合开设相同或类似课程的所有专业的本科生学习，包括会计学、财务管理、审计学、资产评估、金融学、保险学、财政学等专业，同时也可作为这些专业的研究生及 MBA、MPA、MPAcc、MV、MAud 等专业硕士学习内部控制与风险管理的参考教材。当然，也可以作为政府部门与企事业单位开展内部控制与风险管理培训的教材。

本书在撰写过程中参阅了国内外同行的优秀论著，并得到电子工业出版社的支持与帮助，在此一并致以诚挚的谢意。

由于编著者水平有限，若书中有疏漏和不妥之处，敬请广大读者批评指正。

魏永宏

目　　录

第一章

内部控制的产生与发展

 引导案例

1938 年，麦克森·罗宾斯药材公司(以下简称"罗宾斯公司")突然宣告倒闭，债权人来利安·汤普森公司(以下简称"汤普森公司")遭受了重大损失。长期担任该公司审计的是美国著名的普赖斯·沃特豪斯会计师事务所(以下简称"沃特豪斯会计师事务所")，且其每年都发表了无保留的审计意见。

汤普森公司在审核罗宾斯公司财务报表时发现两个疑问。一是罗宾斯公司中的制药原料部门，原是个盈利率较高的部门，但该部门却一反常态地没有现金积累，而且，流动资金亦未见增加。为维持生产，该部门不得不通过公司管理者重新调集资金来进行再投资。二是公司董事会曾开会决议，要求公司减少存货金额，但到 1938 年年底，公司存货反而增加了 100 万美元。汤普森公司立即表示，在没有查明这两个疑问之前，不再予以贷款，并请求官方协调控制证券市场的权威机构——纽约证券交易委员会调查此事。

纽约证券交易委员会在收到请求之后，立即组织有关人员进行调查。为了核实审计结论的正确性，调查人员对罗宾斯公司 1937 年的财务状况与经营成果进行了重新审核。结果发现，1937 年 12 月 31 日的合并资产负债表计有总资产 8700 万美元，但其中的 1907.5 万美元的资产是虚构的，包括存货虚构 1000 万美元，销售收入虚构 900 万美元，银行存款虚构 7.5 万美元；在 1937 年的年度合并损益表中，虚假的销售收入和毛利润分别达到 1820 万美元和 180 万美元。

在此基础上，调查人员还对罗宾斯公司经理的背景做了进一步调查，结果发现该公司经理菲利普·科斯特及其同伙穆西卡等人都是有前科的诈骗犯。他们都使用了假名，混入公司并爬上公司管理岗位。他们将亲信安插在掌管公司钱财的重要岗位上，并相互勾结、沆瀣一气，这使他们的诈骗活动得以持续很久却没被发现。证券交易委员会将案情调查结果在听证会上一宣布，立即引起轩然大波。

为此，汤普森公司采用"深口袋"理论，指控沃特豪斯会计师事务所。汤普森公司认为其之所以给罗宾斯公司贷款，是因为信赖了会计师事务所出具的审计报告。因此，他们要求沃特豪斯会计师事务所赔偿他们的全部损失。沃特豪斯会计师事务所拒绝了汤普森公司的赔偿要求。该会计师事务所认为，他们执行的审计遵循了美国注册会计师协会在 1936 年颁布的《注册会计师对财务报表的审查》(Examination of Financial Statement)中所规定的各项规则，罗宾斯公司的欺骗是由于经理部门共同串通合谋所致，审计人员对此不负任何责任。最后，在证券交易委员会的调解下，沃特豪斯会计师事务所退回历年来收取的审计费用共 50 万美元，作为对汤普森公司债权损失的赔偿。

罗宾斯公司案件暴露了当时审计程序的不足，即只重视账册凭证而轻视实物的审核；只重视企业内部的证据而忽视了外部审计证据的取得。人们普遍认为，科学、严格的公认审计程序能使审计工作规范化，有效地保护尽责的审计人员免受不必要的法律指责。因此，美国证券交易委员会要求，今后审计人员在审核应收账款时，如应收账款在流动资产中占有较大比例，除在企业内部要核对有关证据外，还需进一步发函询证，以从外部取得可靠合理的证据；在评价存货时，除验看有关账单外，还要进行实物盘查。除此之外，还要求审计人员对企业的内部控制制度进行评价，并强调了审计人员对公共利益人员负责。罗宾斯公司审计案件是审计史上影响最大的案件，它加速了美国公认审计准则的发展，为现代美国审计的基本模式——在评价内部控制基础上的抽样审计(制度基础审计)奠定了基础。

从罗宾斯公司案件可以看出内部控制的重要性。那么，什么是内部控制？内部控制在企业的生存和发展中具有什么样的作用？在阐述内部控制的基本理论与方法之前，我们首先来了解国内外内部控制的起源与发展。

第一节　国内外内部控制的起源与发展

内部控制的理论基础是控制论。控制论是研究如何利用控制器，通过信息的变换和反馈作用，使系统能自动按照人们预定的程序运行，最终达到最优目标的学问。它是多种科学技术相互渗透而形成的一门横断性学科。控制论源于希腊语(Cybernetics)，原意为掌舵术，包含了调节、操纵、管理、指挥、监督等多种含义。控制论强调系统的行为能力和系统的目的性，是由因果关系链连接在一起的因素的集合。

一、内部控制的起源

人类社会经济发展的长河中早已融入了内部控制的基本思想。根据史料记载，远在公元前 3600 年前的美索不达米亚文化时代，就存在着极简单的内部控制实践。例如，古埃及在法老统治时期，就设有监督官负责对全国各级机构和官吏是否忠实履行受托事项、财政收支记录是否准确无误等加以监督。但是，由于社会生产力处于手工劳动阶段，技术水平低下、交通不便，人与人之间社会联系的成本高、有效性低，经济组织和社会活动一般以家庭为基本单位进行，规模小、结构简单。因此，当时的管理是建立在个人观察、判断基础上的传统经验管理，没有形成系统的管理理论，也不可能提出"内部控制"的概念，这一时期的内部控制实践仅仅是人们无意识的行为。

15 世纪末，借贷复式记账法在意大利出现。人们自此开始对管理钱、财、物的不同岗位进行分离设立，并利用其钩稽关系进行交互核对。这种方法直到 19 世纪末期，都还一直被认为是保证所有钱物和账目正确无误的理想牵制方法。20 世纪初期，西方资本主义经济得到了较大发展，股份有限公司的规模不断扩大，生产资料的所有者和经营者相互分离。一些企业在非常激烈的竞争中，逐步摸索出了一些组织、调节、制约和检查企业生产活动的办法，即按照人们的主观设想，建立内部牵制制度，以防范和揭露错误。这种设想认为，两个或两个以上的人或部门，无意识地犯同样错误的可能性很小；两个或两个以上的人或部门，有意识地合伙舞弊的可能性也大大低于单独一个人或一个部门舞弊的可能性。这个时期的内部控制主要以差错防弊、保证资产安全为目的，以钱、财、物三分管为主要控制理念。按照这种设想建立起来的会计工作制度，就是内部牵制制度。

从内容上看，内部牵制主要包括四项职能：实物牵制，如把保险柜的钥匙交给两个或者两个以上的人保管，这样如果不同时使用两把以上的钥匙，保险柜就无法打开；物理牵制，如仓库的门不按正确的程序操作就打不开，甚至还会自动报警；分权控制，如把每项业务都分别交由不同的人或者部门去处理，以预防舞弊或者错误的发生；簿记控制，如定期将明细账和总账进行核对。

作为一种管理制度，内部牵制几乎不涉及信息的真实性和工作效率的提高问题，因此，其范围和管理作用都比较有限。到 20 世纪 40 年代末期，生产的社会化程度空前提高，所有权和经营权分离，股份有限公司迅速发展，市场竞争进一步加剧。为了在激烈的竞争中生存发展，企业迫切需要在管理上采用更为完善、有效的控制方法。为了适应股份日益分散的实际和保护社会公众投资者的利益，西方国家纷纷以法律的形式要求企业披露会计信息，这样对会计信息的真实性就提出了更高的要求。因此，传统的内部牵制制度已经无法满足上述企业管理和会计信息披露的需要，现代意义上的内部控制的产生已经成为一种必然。

二、内部控制的演进

内部控制起源于内部牵制，其发展演进过程经历了内部控制制度、制度分野、内部控制结构、内部控制整体框架和企业风险管理框架 5 个阶段。

(一)内部控制制度

1. 内部会计控制概念的提出

1929—1933 年的世界性经济危机后，美国于 1934 年颁布了《证券交易法》，在《证券交易法》中首先提出了"内部会计控制"(Internal Accounting Control System)的概念。1936 年，美国会计师协会(AICPA)在其发布的《注册会计师对财务报表的审查》公告中首次提出审计师在制定审计程序时，应审查企业的内部牵制和控制，并且从财务审计的角度把内部控制定义为"保护公司现金和其他资产，检查账簿记录事务的准确性，而在公司内部采用的手段和方法"。这是第一次对内部控制进行定义，这里明确规定了内部控制只是作为"会计资料准确性"的保障措施。这反映了会计职业界对内部控制工作应解决问题的关注层面，与人们对"内部控制"的理解及当时内部控制的实务是有一定差距的。因此，这一定义未能为人们所广泛接受，也未引起会计职业界对内部控制应有的重视。

2. 夯实在评价内部控制基础上的抽样审计

1939 年 1 月，美国证券交易委员会(SEC)对罗宾斯公司审计案给出了结论，指出当时的审计标准(即《注册会计师对财务报表审查》)是不适当的，审计方法的使用连表面的目的也达不到。这个结论促使美国注册会计师协会(AICPA)建立了审计程序委员会，并于 1939 年 5月提出了名为《审计程序的扩展》的文件，对当时的审计程序做了修订，其中把强化内部控制制度审计作为主要内容。1941 年，美国社会各界已普遍意识到企业内部控制的重要性，认为企业经营范围和规模的变化使得管理必须依靠大量反映经济活动的分析资料和报告；健全的内部控制有助于防止工作人员出现差错，减少发生不合规现象的可能性；审计部门在审计费用的严格限制下，如果不依靠客户的内部控制系统，那么对大部分企业进行审计是不可能的。在理论上明确了内部控制的主要目标是"防错纠弊"，没有内部控制的企业就不具备基本的审计条件，第一次把内部控制作为现代审计的一个必要前提。但是，有关内部控制至此尚未形成一个权威的定义。

3. 历史上第一个被广泛接受的内部控制权威定义

1949年，美国注册会计师协会所属的审计程序委员会在其公布的《内部控制：一个协调的系统要素及其对管理层和独立公共会计师的重要性》的研究报告中，对内部控制做了专门的定义。这个定义成为人类社会有史以来第一个被广泛接受的权威定义。内部控制包括组织的计划和企业为了保护资产、检查会计数据的准确性和可靠性、提高经营效率及促使遵循既定的管理方针等所采用的所有方法和措施。该报告是从企业经营管理的角度来定义内部控制的，内容不局限于与会计和财务部门直接有关的控制，还包括预算控制、成本控制、定期报告、统计分析、培训计划和内部审计，以及技术与其他领域的经营活动，从理论上给出了内部控制的宽泛内涵。该定义得到了公司经理们的普遍赞同，也就是说，审计界给出的内部控制定义从当时管理者的角度来说也是适用的。

然而，1949年美国注册会计师协会把内部控制定义为保证目标实现的方法和措施，这是一个理想化的概念，这个定义把内部控制看成万能的工具，即只要实施了内部控制，目标就一定能实现。另外，在财务报表审计中，注册会计师应对内部控制检查到什么程度，该定义在这些方面提供的指导很少，使得很多从业者对这个近乎无限的内部控制定义感到无所适从。

(二)制度分野

1. 内部控制分为会计控制和管理控制

审计界提出内部控制概念的目的是为了满足财务审计的需要，与管理人员对内部控制的理解不一致。因此，审计人员认为1949年的定义内容过于宽泛，超出了他们评价被审计单位所应承担的责任。迫于这种压力，也为了满足审计人员在审计中对内部控制进行检查的业务需要，美国注册会计师协会所属的审计程序委员会于1953年颁发了《审计程序说明》第19号，对内部控制的定义做了正式修正，把内部控制分为会计控制和管理控制，会计控制由组织计划和所有保护资产、保护会计记录可靠性或与此相关的方法和程序构成。会计控制包括授权与批准制度，记账、编制财务报表、保管财务资产等职务分离，财产的实物控制及内部审计等控制。管理控制由组织计划和所有为提高经营效率、保证管理部门所制定的各项政策得到贯彻或与此直接有关的方法和程序构成。管理控制的方法和程序通常只与财务记录发生间接的关系，包括统计分析、时效研究、经营报告、雇员培训计划和质量控制等。把内部控制分为会计控制和管理控制，目的是为了明确注册会计师审查企业内部控制的范围。

2. 注册会计师应主要关注会计控制

1963年，审计程序委员会在《审计程序说明》第33号中进一步指出，"注册会计师应主要检查会计控制"。会计控制一般对财务记录产生直接的、重要的影响，审计人员必须对它做出评价。管理控制通常只对财务记录产生间接影响，因此审计人员可以不对其做评价，只是在足以影响财务记录可靠性时才予以审计。这次修正后的内部控制定义，大大缩小了注册会计师的责任范围，但对"会计控制"的保护资产和保证财务记录可靠性方面仍然缺乏统一的认识。为了消除这种认识分歧带来的对审计责任问题的模糊认识，1972 年，美国注册会计师协会对会计控制又提出并通过了一个较为严格的定义，"会计控制是组织计划和所有与下面直接相关的方法和程序：保护资产，即在业务处理和固定资产处置过程中，保护资产免遭过失错误、故意致错或舞弊造成的损失；保证对外界报告的财务资料的可靠性"。

3．对会计控制和管理控制的重新定义

1973 年的《审计程序公告》第 1 号对会计控制和管理控制再一次做了重新定义，"管理控制包括但不限于组织的计划，以及与导致管理层批准交易的决策过程相关的程序和记录。交易的批准是一种直接和实现组织目标的责任相联系的管理职能，是对经济业务进行会计控制的起点。会计控制由组织的计划及与保障资产和财务记录的可靠性相关，为以下各点提供合理保证而制定的程序和记录组成：经济业务的执行符合管理部门的一般授权或特殊授权的要求；经济业务的记录必须有利于按照公认会计原则（GAAP）或其他标准编制财务报表，落实资产责任；只有在得到管理部门批准的情况下，才能接触资产；按照适当的间隔期限，将财产的账面记录与实物资产进行对比，一经发现差异，应采取相应的补救措施"。值得注意的是，内部控制以交易为主要对象，使内部控制具有可操作性。

与 1949 年的定义相比，这些定义过于消极，仅仅从财务审计的实际出发，范围过于狭隘，把过多的精力和目标放在了查错防弊上，人为地限制了内部控制理论与实践的发展，最终的结果是审计师与管理者对内部控制的认识和理解出现了分歧和差异，分化出了审计视角的内部控制和管理视角的内部控制，这一阶段即为制度分野阶段。

（三）内部控制结构

随着内部控制活动在实践中的运用，人们发现内部控制并非神丹妙药。20 世纪 70 年代初，美国政府在对水门事件的调查中，发现某些公司为了做成贸易和保持贸易关系，竟贿赂某些外国政府官员和政党。而为了掩盖这些不合法支出，他们往往伪造会计记录，或另设账外记录。有鉴于此，1977 年后，美国政府就将"每个公司必须设计和建立有效的内部控制制度"以立法形式在《反国外行贿法》中予以颁布。这是第一次强制性地将建立内部控制制度纳入法律管辖的范围。同时，审计人员在短时间内，要对被审计单位的财务状况和经营情况做出正确评价，也需要依赖被审计单位相关的内部控制制度。否则，审计风险将难以控制。因此，审计与内部控制的联系日趋紧密。

1985 年，反虚假财务报告委员会（通常称为 Treadway 委员会）成立。1987 年，Treadway 委员会提交了研究报告，在报告中指出，"防止虚假财务报告，需从报告产生的环境着手，即从最高管理当局开始；所有上市公司需保持良好内部控制，以发现和防范虚假财务报告行为"。该委员会还建议，由其赞助机构成立 COSO 委员会，专门研究内部控制问题。

（四）内部控制整体框架

20 世纪 90 年代，随着美国财务破产事件发生概率的增加和财务舞弊调查的不断深入，内部控制研究取得了新的进展。1992 年，COSO（Committee of Sponsoring Organization）委员会提出《内部控制——整体框架》，并于 1994 年进行了修订，这就是著名的"COSO 报告（简称'COSO92'）"，它被认为是得到最广泛认可的关于内部控制整体框架的国际标准。在 COSO 委员会出具这个报告之前，不同的人对内部控制有不同的见解，由于内部控制内涵的广泛性和多样性，使得难以对内部控制有一个公认的了解，这就造成了经商人员、立法者、监管机构和其他有关方的困惑，同时导致企业由于沟通有误和期望不同产生问题。所以 COSO 内部控制整体框架是建立在考虑管理层和其他方面的需求和期望的基础上，把对内部控制不同的概念整合到一个框架当中，从而达成对内部控制的共识；它确定了内部控制的构成要素，试图提供一个标准，无论公司规模大小、公众的还是私人的、营利的还是非营利的组织和企业，都可以参考此标准评估它们的控制系统及如何改进，从而帮助公司和企业管理层更好地控制组织的活动。

 知识链接

COSO 委员会

1987 年，基于反虚假财务报告委员会的建议，其赞助机构成立 COSO 委员会，专门研究内部控制问题。1992 年 9 月，COSO 委员会发布《内部控制 —— 整体框架》，并于 1994 年进行了增补。这些成果马上得到了美国审计署(GAO)的认可，美国注册会计师协会(AICPA)也全面接受其内容，并于 1995 年发布了《审计准则公告》第 78 号。COSO 报告提出的内部控制理论和体系集内部控制理论和实践发展之大成，已成为现代内部控制最具有权威性的框架，因此在业内备受推崇，在美国及全球得到广泛推广和应用。

1. 内部控制定义与目标

COSO 委员会认为"内部控制是由董事会、管理当局和其他职员实施的一个过程，旨在为经营的效率和效果、财务报告的可靠性、相关法令的遵循提供合理保证"。

内部控制服务于很多重要目标，人们要求越来越好的内部控制系统和内部控制的相关报告。内部控制也越来越被视为解决各种潜在问题的有效方法。COSO 报告指出，内部控制是为实现以下三类目标提供合理保证的：经营的效率和效果、财务报告的可靠性、相关法令的遵循性。第一类目标针对企业的基本业务目标，包括业绩和盈利目标及资产的安全性；第二类目标关注于企业公开发布的财务报告，包括中期和简要财务报表；第三类目标涉及企业所适用的法律及法规的遵循。

相互有别、又有交叉的分类满足了不同的需要，表明了不同执行人员的直接责任，此分类也便于区分从每一类内部控制中得到我们所期望的东西。达到这些目标在很大程度上依赖于外部各方标准的设定，取决于企业如何控制其内部行为，但是经营目标的取得，并不完全在公司的控制范围之内，内部控制不能避免错误的判断或者决定或者可能导致经营目标无法实现的外部事件。对于这些目标，内部控制系统只有在管理层和董事会在监督职责的范围内及时地指导公司向目标迈进的时候，才能提供合理的保证。

内部控制是对企业的整个经营管理活动进行监督与控制的过程，企业的经营活动是永不停止的，企业的内部控制过程也因此不会停止。企业内部控制不是一项制度或一个机械的规定，而是一个发现问题、解决问题、发现新问题、解决新问题的循环往复的过程。

2. 内部控制因素

内部控制包括 5 个互相关联的构成要素，它们来自管理层经营企业的方式，并贯穿于管理过程之中。这些构成要素包括控制环境、风险评估、控制活动、信息与沟通和监控。

(1)控制环境。所有业务的核心都是人员及他们开展经营所处的环境，包括员工的诚

实和职业道德、员工的胜任能力、董事会及监事会的参与、组织机构、权力和责任的规定等。它是由管理层倡导的一种正直的伦理道德风气、管理宗旨、经营方式和人力资源政策，使职员自觉管理其活动和履行他们的责任。管理部门应通过文字描述和范例及采取相应的监控措施来影响全体职员，以提高他们的伦理道德水准。控制环境是所有事情赖以生存的基础。

（2）风险评估。企业为实现其目的而确认、分析相关风险，已构成进行风险管理的基础。通常风险来自经营环境的变化、新员工的聘用、新的信息系统和新技术的应用、企业改组、新会计方法的采用等。管理当局应对目标完成期间与企业相关的风险进行识别、预见，并采取相应避险的管理控制措施。风险评估应测定风险对货币项目及对会计主题形象或信誉方面的重要性、风险发生的概率，以及如何减轻风险至可以承受的水平。不过，内部控制只能防范风险，不能转嫁、承担、化解或分散风险。所以必须设定目标，整合销售、生产、营销、财务和其他活动，以便使组织协调一致地运行。

（3）控制活动。控制活动是为实现内部控制目标提供合理保证而制定的各项政策、程序和规定，对所确认的风险采取必要措施，以保证单位目标实现的程序。它包括业绩评价、信息处理控制、实物控制、职务分离等。

（4）信息与沟通。围绕在这些活动周围的信息与沟通系统，能及时反馈各程序执行过程中遇到的问题，使员工能够获得和交换那些执行、管理和控制其经营活动所需要的信息，从而保证控制活动的正常运行。

（5）监控。监控是为了保证内部控制的适当性和有效性而进行的日常和定期监督、检查。根据内部控制具体实施的机制，内部控制通常又可以分为两个层面：第一个层面是企业的管理制度，又称为"管理控制系统"，它是建立在公司治理基础上，通过检查和改进有关管理政策和程序，有效控制企业运行，不断提高企业的经营效率和效益，实现投资人投入资本的保值增值；第二个层面是企业的会计制度，又称为"会计控制系统"，是指通过适当的业务权限设置和授权、准确的会计记录、及时的实物盘点，以及公允的报告等程序和方法，保证企业经营和财务状况信息的可靠性，保障投资人财产安全。这一层的内部控制制度可以认为是最具体的控制。

（五）企业风险管理框架

1. 产生背景

自COSO92发布以来，内部控制框架已经被世界上许多企业采用，但理论界和实务界也纷纷对该框架提出改进建议，认为其对风险强调不够，使得内部控制无法与企业风险管理相结合。因此，在2001年，COSO委员会开展了一个项目，委托普华永道开发一个对于管理当局评价和改进他们所在组织的风险管理而言简便易行的框架。在开发这个框架的期间，2001年12月，美国能源巨头安然公司突然申请破产保护，此后上市公司和证券公司丑闻不断，特别是2002年6月的世界通信公司会计丑闻事件，彻底打击了投资者对资本市场的信心。安然、环球电讯、世界通信、施乐等一批企业纷纷承认存在财务舞弊，在国际资本市场上引起轩然大波，这些失败案例在很多方面值得深思。例如，管理层僭越控制、利益冲突、缺乏职责分离、透明度不足或欠缺、风险管理未加统一协调、董事会监督无效，以及会导致职能失调、渎职行为的薪酬结构失衡等，这些都会对企业产生影响。

安 然 事 件

安然公司(以下简称"安然")曾经是一家位于美国得克萨斯州休斯敦市的能源类公司,也是世界上最大的能源、商品和服务公司之一,名列《财富》杂志"美国 500 强"的第七名。

2001 年年初,一家有着良好声誉的投资机构老板吉姆·切欧斯公开对安然的盈利模式表示怀疑。他指出,虽然安然的业务看起来很辉煌,但实际上赚不到什么钱,也没有人能够说清安然是怎么赚钱的。吉姆·切欧斯还注意到有些文件涉及了安然背后的合伙公司,这些公司和安然有着说不清的幕后交易。作为安然的首席执行官,斯基林一直在抛出手中的安然股票——而他不断宣称安然的股票会从当时的 70 美元左右升至 126 美元。但按照美国法律规定,公司董事会成员如果没有离开董事会,就不能抛出手中持有的公司股票。也许正是这一点引发了人们对安然的怀疑,并开始真正追究安然的盈利情况和现金流向。到了 2001 年 8 月中旬,人们对于安然的疑问越来越多,并最终导致其股价下跌。2001 年 11 月 30 日,安然的股价已经从年初的 80 美元左右跌到了 0.26 美元。2001 年 12 月 2 日,安然公司突然向纽约破产法院申请破产保护,该案成为美国历史上企业第二大破产案。

首先遭到质疑的是安然公司的管理层,包括董事会、监事会和公司高级管理人员。面临的指控包括疏于职守、虚报账目、误导投资人及牟取私利等。包括首席执行官斯基林在内的许多董事会成员一方面鼓吹股价还将继续上升,一方面却在秘密地抛售公司股票。而公司的14 名监事会成员中有 7 名与安然关系特殊。安然假账问题也让其审计公司安达信面临着被诉讼的危险,最终导致安达信的解散。

美国国会和政府加速制定和采用新的法律以试图改变这一局面。在这一背景下,2002 年7 月,美国总统小布什签署出台了《2002 年公众公司会计改革和投资者保护法案》,又被称作《萨班斯-奥克斯利法案》(Sarbanes-Oxley Act,SOX 法案)。该法案是继美国《1933 年证券法》《1934 年证券交易法》以来的又一部具有里程碑性质的法律。法案强调公司内部控制的重要性,从管理者、内部审计及外部审计等几个层面对公司内部控制做了具体规定,并设置了问责机制和相应的惩罚措施,成为继 20 世纪 30 年代美国经济危机以来,政府制定的涉及范围最广、处罚措施最严厉的公司法律。

作为《萨班斯-奥克斯利法案》最重要的条款之一,404 条款明确规定了管理层应承担设立和维持一个应有的内部控制结构的职责。该条款要求上市公司必须在年报中提供内部控制报告和内部控制评价报告。注册会计师要对企业的"内部控制报告"进行审核和报告。公司的首席执行官与首席财务官必须出具书面保证,不仅要确保财务会计报告的真实性,还要确保公司拥有完善的内部控制系统——堪称"两手抓"方针下的实证样本。

2. 基本概念

2003 年,COSO 委员会发布了名为《企业风险管理框架(草稿)》的报告,来征求意见。2004 年 9 月,COSO 委员会在借鉴以往有关内部控制研究报告的基本精神的基础上,结合《萨班斯-奥克斯利法案》在财务报告方面的具体要求,正式公布《企业风险管理——整体框架》(Enterprise Risk Management-Integrated Framework),简称"ERM 框架"或"COSO04"。ERM框架在 COSO92 的基础上进行了适当的补充和拓展,主要包括概要、ERM(Enterprise Risk

Management)的意义、框架概览、要素、局限性、相关责任等章节。

该报告指出，企业风险管理是一个过程，由一个企业的董事管理当局和其他人员实施，应用于战略制定并贯穿于企业当中，旨在识别可能影响企业的潜在事项，并将风险控制在企业可接受范围之内，为企业目标的实现提供合理保证。

这个定义反映了几个基本要素，它表明企业风险管理：

（1）是一个过程，它持续地流动于主体之内；

（2）由组织中各个层级的人员实施；

（3）应用于战略制定当中；

（4）贯穿于企业当中，在各个层级和单元应用，还包括采取主体层级的风险组合观；

（5）旨在识别一旦发生将会影响主体的潜在事项，并把风险控制在可接受范围以内；

（6）能够向一个主体的管理当局和董事会提供合理保证；

（7）力求实现一个或多个不同类型但相互交叉的目标。

这个定义比较宽泛，它抓住了对于公司和其他组织如何管理风险至关重要的概念，为不同组织形式、行业和部门的应用提供了基础。第一，突出"企业"的重要性。内部控制是企业自己的事，是企业内部积极的需求，而非外部强加的压力，它直接关注特定主体既定目标的实现，并为界定企业风险管理的有效性提供了依据，这是对 COSO92 内部控制思想的重大突破。第二，突出"风险"的重要性。强调风险管理理念、风险文化、风险偏好（风险承受度），用于制定战略之中，并贯穿于整个企业。第三，突出"管理"的重要性。实现从控制到管理的转变，引入战略观念，同时提升了董事会在战略决策中的地位和作用。

3. 基本框架

企业风险管理包含四大目标、八个相互关联的构成要素，以及贯穿于企业各个层级和单元的应用。在主体既定的使命或愿景（Vision）范围内，管理当局制定战略目标、选择战略，并在企业内自上而下地设定相应的目标。企业风险管理框架力求实现主体的战略、经营、报告和合规四种类型的目标。企业风险管理的构成要素来源于管理当局经营企业的方式，并与管理过程结合在一起，包括内部环境、目标设定、事件识别、风险评估、风险应对、控制活动、信息与沟通、监控。这八个要素并不是简单的并列关系，它们之间存在着一定的逻辑关系，内部环境是企业风险管理的前提；从目标设定到事件识别、风险评估、风险应对、控制活动，是风险管理的过程；信息与沟通、监控是企业风险管理的基础。

根据 COSO 的这份研究报告，内部控制的目标、要素与组织层级之间形成了一个相互作用、紧密相连的有机统一整体。同时，对内部控制的要素进一步细分和充实，使内部控制与风险管理日益融合，拓展了内部控制。

三、内部控制演进过程总结

内部控制的演进过程如表 1-1 所示。

表 1-1　内部控制的演进过程

内部控制制度	要　　　素	目　　标	结　　构
内部牵制	无述及要素	防弊	点状结构
内部控制制度	无述及要素	防弊	点状结构

内部控制制度	要　素	目　标	结　构
制度分野	无述及要素	防弊与兴利	直线结构
内部控制结构	控制环境、会计制度、控制程序	企业完成既定目标	平面三角形结构
内部控制整体框架（COSO92）	控制环境、风险评估、控制活动、信息与沟通、监控	经营、报告、合规	立体三角形结构
企业风险管理框架（ERM框架）	内部环境、目标设定、事件识别、风险评估、风险应对、控制活动、信息与沟通、监控	战略、经营、报告、合规	立方体结构

从上述内部控制概念及理论演变的过程上分析，可以推断出以下几点：

1. 内部控制的目标范围由小到大，目标层次由低到高

早期的内部牵制关注于资产的安全与完整、财务信息的可靠性，以防弊为主要目标。而制度二分法及结构分析法则在此基础上把内部控制目标延伸到了提高业务效率，促进经营方针、组织计划的贯彻，以防弊和兴利为共同目标。内部控制整体框架则明确提出了内部控制为经营效率、财务信息可靠、遵循性三个方面提供合理保证。ERM框架将目标分为战略目标、经营目标、报告目标及合规目标四种类型。在内部控制整体框架基础上增加了战略目标，并将报告目标扩展为企业所有对内和对外报告。ERM框架明确提出终极目标为增加利益相关者的价值。由此可见，内部控制目标日益扩展，层次由管理的业务层上升到自战略层而下的整个管理过程。

2. 内部控制的架构由一维的扁平结构演变为三维的立体架构制度

二分法将内部控制划分为内部管理控制制度与内部会计控制制度，这是一种简单的"扁平式"的分类。内部控制结构首次提出了"结构"的概念，认为内部控制由三个要素组成了一个三角结构。内部控制整体框架在此基础上丰富了要素，并且明确了要素之间的关系和相互作用。ERM框架则提出了立方体的三维结构：四个目标代表水平面，八个要素代表垂直面，企业整体层、部门、经营单元及附属公司代表纵深面。

3. 内部控制要素由模糊变为清晰且细化

内部控制结构首次提出了构成要素，包括控制环境、控制程序及会计制度。内部控制整体框架扩大了要素内容，包括控制环境、风险评估、控制活动、信息与沟通及监控五大要素，提出了许多之前没有包括的要素，如风险评估及监控。ERM框架对整合框架进行了细化，提出了内部环境、目标设定、事件识别、风险评估、风险应对、控制活动、信息与沟通及监控八个要素。

4. 内部控制与公司管理的边界越来越融合

从内部控制的演变过程可以看到，内部控制从公司管理的职能之一演变为与公司管理逐渐融合。在传统的内部控制职能中，内部控制承担的是控制的一小部分职责，内部会计控制在保护财产安全及财务信息可靠方面发挥控制职能，内部管理控制则注重与组织计划的相符及业务效率等方面。演变后的内部控制结构首次提出了控制环境的要素，在控制环境中包括董事会及其专门委员会、管理思想及经营作风，已涉及战略管理的层次，只是被动反映其静态内容。内部控制整体框架除此以外提及的风险评估要素，要求识别对组织目标能产生影响的各种风险并评估其影响程度及发生的可能性，对以风险为导向的战略管理的相关内容进行初探。ERM框架则全面反映了公司风险管理的具体内容，从战略目标设定时考虑风险一直到风险识别、风险评估、风险应对以及具体的控制活动，该框架隐含的控制已和公司管理相融

合，涉及公司管理的所有层次，控制与管理的职能和界限已经模糊。这一关系如图1-1所示。

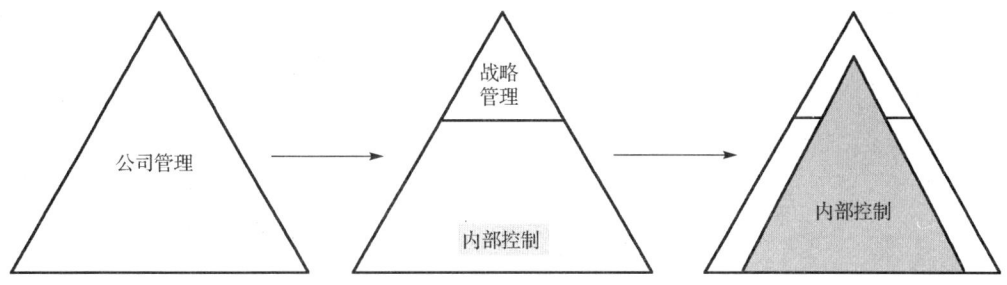

图 1-1   内部控制与公司管理的关系变化

第二节   我国企业内部控制规范化进程

我国的企业内部控制长期以来一直是处于"诸侯割据"的状态，很多部门都积极参加了企业内部控制的建设工作，先后发布了许多法律法规。我国企业内部控制的发展大体可以分为三个阶段：第一阶段是起步和探索阶段（1949—2000 年）；第二个阶段是学习与借鉴阶段（2001—2005 年）；第三阶段是发展与创新阶段（2006 年至今）。

一、起步与探索阶段

1949—1978 年是中华人民共和国成立后经济发展的第一阶段，在此期间，企业会计规范建设由于种种原因没能取得理想的效果。这一时期的企业会计规范建设具有以下特点：企业会计规范都属于行政制度，未能形成一个完整的体系；企业会计规范经历了由分部门制定到按照国民经济分类统一制定，由所有企业适用一套会计制度到不同规模、不同性质的企业执行不同会计制度的过程；企业会计规范的内容由单独的会计业务核算规范发展到会计业务核算和会计人员职责的规范。除了 1963 年 1 月国务院颁布的《会计人员的职权试行条例》对会计人员的职责、权限及会计人员的任免和奖惩做出的具体规定和企业内部会计控制有点关系之外，更多的规定是关于会计核算制度的。

1984 年 4 月，财政部出台了《会计人员工作规则》，对建立会计人员岗位责任制、使用会计科目、填制会计凭证、登记跨级账簿、编制会计报表、管理会计档案和办理会计交接进行了详细规定。1996 年，财政部颁布了《会计基础工作规范》，主要在会计机构和会计人员、会计核算、会计监督、内部会计管理制度等方面进行了明确的规定。全国人民代表大会常务委员会制定并于 1985 年 1 月 21 日通过了《中华人民共和国会计法》（简称《会计法》），自1985 年 5 月 1 日起施行。《会计法》对会计核算、会计监督、会计机构和会计人员、法律责任等问题做了明确规定，从法律的高度规定了企业内部控制的基本内容；全国人民大表大会常务委员会 1993 年第一次修改并颁布了《会计法》，修改后的《会计法》明确了违法责任人、执法人及内部会计控制的相关问题，区分了违法程度；2000 年 7 月，全国人民代表大会常务委员会修正了《会计法》，修正后的《会计法》包括总则、会计核算、公司、企业会计核算制度的特别规定、会计监督、会计机构和会计人员、法律责任等主要内容。1997 年 1 月，中国注册会计师协会制定了《独立审计具体准则第 9 号——企业内部控制与审计风险》，主要规范内部控制与审计风险等内容。

二、学习与借鉴阶段

从我国内部控制发展与形成过程可以看出，我国内部控制理论与实践起步较晚、进展不顺利。我国内部控制建设过程是学习与借鉴的过程，是不断学习国际内部控制先进理念、借鉴国外内部控制成功经验的过程。在这一过程中，发挥主导作用的部门主要有全国人民代表大会常务委员会(立法机构)、财政部(主管全国会计工作)、中国注册会计师协会(注册会计师的行业组织)、中国证券监督管理委员会(简称证监会)和中国银行业监督管理委员会(简称银监会)[1](之前为中国人民银行)。

除全国人民代表大会常务委员会制定的《会计法》为国家法律之外，其他部门颁布的内部控制法规都具有非常强的行业特色和部门特色。主要表现在：财政部颁布的内部控制法规主要针对全国会计人员和企业(如内部会计控制规范)；中国注册会计师协会颁布的内部控制法规主要是为注册会计师的审计业务服务；中国证监会发布的内部控制指引、规则主要是针对证券公司的；中国人民银行及银监会发布的内部控制指导原则、指引主要是针对商业银行的。从 2001 年财政部颁布《内部会计控制规范——基本规范》开始，截至 2005 年 12 月，我国相关部门正式颁布的关于内部控制的法规与指南汇总如表 1-2 所示。

表 1-2　内部控制的法规与指南(2001—2005)

发布部门	时　间	法 律 名 称	与内部控制相关的主要内容
财政部	2001.6	《内部会计控制规范——基本规范》以及后续具体规范	会计控制
中国注册会计师协会	2002.5	《企业内部控制审核指导意见》	对内部控制审核内涵、程序及报告进行了规定
	2004.10	《独立审计具体准则第 29 号——了解被审计单位及其环境并评估重大错误报告》	替代《独立审计具体准则第 9 号——内部控制与审计风险》《独立审计具体准则第 20 号——计算机信息系统环境下的审计》《独立审计具体准则第 21 号——了解被审计单位情况》的部分内容
证监会	2001.1	《证券公司内部控制指引》	内部控制的目标和原则、内部控制的基本要素、内部控制的主要内容
	2001.10	《关于做好证券公司内部控制评审工作的通知》	内部控制的主要内容包括但不限于：合规经验、公司治理、环境控制、业务控制、资金控制以及电子信息系统控制等。内部控制评审应当侧重于风险控制的薄弱环节
	2002.1	《上市公司治理准则》	规定审计委员会具有监督公司内部审计制度及其实施、审查公司的内控制度等职责
	2002.12	《证券投资基金管理公司内部控制指导意见》	内部控制的目标和原则、内部控制的基本要素、内部控制的主要内容
中国人民银行	2002.9	《商业银行企业内部控制指引》	商业银行内部控制的内涵、目标、原则和要素等
银监会	2004.8	《商业银行内部控制评价试行办法》	评价目标和原则、评价内容、评价程序和方法、评分标准和评价等级
	2004.12	《商业银行市场风险管理指引》	市场风险管理、市场风险监管

这一阶段的内部控制规范与实践，主要强调内部会计控制，内部控制为会计、审计服务。以《内部会计控制规范——基本规范》为例，该规范整个制定过程中存在的问题是：控制理念比较落后，只是强制会计控制问题而忽视了管理控制；制定的组织机构不是很完整，主要

---

[1] 2018 年被中国银行保险监督管理委员会取代。

是财政部和会计界在制定，其他领域参与者很少；控制规范的体系性、完整性比较差，只有11个控制规范，而且也没有相应的实施指南等；时间太长，没有计划性，影响了实施效果；制定程序也比较差，不严谨、不科学。

三、发展与创新阶段

2006年至今为我国企业内部控制的发展与创新阶段。随着2002年《SOX法案》的颁布，各国相应出台了有关内部控制的相关政策，我国也不例外。2006年6月，国资委发布了《中央企业全面风险管理指引》。2006年7月15日，由财政部发起成立了全国内部控制标准委员会；2006年7月，为加强上市公司内部控制，促进上市公司规范运作和健康发展，保护投资者合法权益，上海证券交易所发布了《上海证券交易所上市公司内部控制指引》；2006年9月，深圳证券交易所发布了《深圳证券交易所上市公司内部控制指引》；2007年3月，财政部内部控制标准委员会发布了《企业内部控制基本规范》及具体规范的征求意见稿。2008年6月，财政部、证监会、审计署、银监会、保监会[①]在北京联合召开《企业内部控制基本规范》发布会暨首届内部控制高层论坛，会议发布了《企业内部控制基本规范》。同月，还发布了企业内部控制基本规范相关配套指引的征求意见稿。2010年4月，五部委联合发布《企业内部控制基本规范》及配套指引，包括《企业内部控制应用指引》《企业内部控制评价指引》《企业内部控制审计指引》。

根据《企业内部控制基本规范》的相关规定，内部控制是由企业董事会、监事会、经理层和全体员工实施的，旨在实现控制目标的过程。内部控制的目标是合理保证经营的合法合规、资产安全、财务报告及相关信息的真实完整，提高经营的效率、效果，促进企业实现发展战略。内部控制的构成包括内部环境、风险评估、控制活动、信息与沟通、内部监督五个要素。这些都参照了国际上已颁布的关于内部控制的相关法律法规。同时《企业内部控制基本规范》还规定了建立和实施内部控制的基本原则，即全面性原则、重要性原则、制衡性原则、适应性原则、成本效益原则。配套指引还规定自2011年1月1日起在境内外同时上市的公司施行，自2012年1月1日起扩大到上海证券交易所、深圳证券交易所主板上市的公司施行；在此基础上，择机在中小板和创业板上市公司施行。同时，鼓励非上市大中型企业提前执行。执行企业内部控制规范体系的企业，必须对本企业内部控制的有效性进行自我评价，披露年度自我评价报告，同时聘请会计师事务所对其财务报告内部控制的有效性进行审计，并出具审计报告。

目前，我国内部控制的内容和结构呈现以下特点：内部控制内容范围广泛，不仅包括会计控制也涉及管理控制和风险管理，行业特色比较明显；内部控制结构不尽相同，主要呈现出三种类型：第一种是实务型，直接针对内部控制的实务操作进行规范；第二种是框架型结构，采用内部控制要素的形式构建内部控制的整体框架体系，类似于COSO报告的内部控制框架；第三种是框架与实务结合型，既描述内部控制的框架结构，又描述内部控制的实务操作，两者相结合。在构成要素结构上，基本上都与COSO内部控制框架的结构和要素相同，但具体内容上又存在一些差别。

[①] 全称为中国保险监督管理委员会，2018年被中国银行保险监督管理委员会取代。

第三节　公司治理与内部控制的关系

一、公司治理与内部控制的联系

公司治理和内部控制两者之间存在着很多相同点和大部分的相互交叉与重叠区域，在企业的管理实践中，两者存在着一定的关联性。具体表现为以下几个方面。

(一)具有同源性

公司治理与内部控制都与现代公司两权分离所引发的代理问题密切相关。由于交易信息的不对称性，以及契约的不完备性直接导致了"委托代理问题"的出现，因而公司治理与内部控制在一定程度上来说具有同源性。两权分离之后，如果所有决策相关信息在委托代理双方之间的分布是均衡的，那么不论经营者与所有者的目标函数一致与否，经营者都不敢做出违背所有者利益的行为。然而现实的情况是，信息双方总是处于不对称地位，委托人对代理人的行为、决策并不十分清楚，代理人的行为选择往往会偏离委托人的目标，甚至会严重损害委托人利益。因此，客观上要求有一整套相应的制度安排来解决这种利益冲突，公司治理便应运而生。而内部控制作为一种系统的制约机制，其产生根源同样是所有者与经营者间、企业内部上下级间的信息不对称，当委托人授权代理人从事某项活动时，为了保证代理人的行为能够符合委托人利益最大化的要求，客观上就要求有相应的措施和手段来加以控制。公司治理的核心是要有效地解决在契约不完备时企业剩余控制权和剩余索取权的分配问题，而内部控制在本质上也是为了在节约交易费用的同时增强企业契约的完备性，进而保证企业剩余控制权和剩余索取权能实现最大化。在契约不完备的情况下，对企业控制权优化配置的共同追求，本身也说明了公司治理与内部控制具有同源性。

(二)具有共同载体

公司治理机制与内部控制制度作为一系列制度安排，要想发挥其作用就必须依附于一定的组织载体。脱离企业这个组织，公司治理与内部控制就好比是"镜中花，水中月"，不论公司治理结构多么完善，也不管内部控制多么健全，都只是凭空而论，不能发挥实际作用，更谈不上实现企业的目标。从另外一个角度看，公司治理的完善与企业内部控制的加强也必须依靠会计信息这个共同载体。真实、完整、及时的会计信息既是实施内部控制的必要前提，也是公司治理发挥作用的基本条件；而只有公司治理机制有效、内部控制健全，才能保证会计信息的真实、完整和及时，两者相辅相成。总之，企业组织和会计信息是公司治理与内部控制的两个共有载体。组织为公司治理与内部控制提供了依附的实体，而会计信息则为依附在组织身上的两种制度安排提供了沟通和交流的平台。两者缺一不可，共同为公司治理与内部控制的互动提供了先决条件。

(三)存在着交叉区域

首先，控制主体存在交叉性。公司治理的主体是"股东→董事会→总经理"委托代理链上的各个节点。如吴敬琏教授把公司治理结构定义为由所有者、董事会和高级管理人员组成的一种组织结构。其中董事会是核心，而内部控制的主体是"董事会→总经理→职能经理→

执行岗位"委托代理链中的节点，核心在于总经理。因此，董事会和总经理既是公司治理结构的主体，也是内部控制的主体。其次，适用对象存在交叉性。在三种基本企业形式中，独资企业和合伙企业只有管理和控制问题，没有治理问题，因为其所有权与控制权通常是合一的。但是对公司制企业来说，公司治理和内部控制问题都存在，需要同时解决治理问题和控制问题，并需要注意两者的有效对接。再次，总目标存在一致性。两者的具体目标统一于企业目标之下，即最终实现企业价值最大化。内部控制的目标是公司治理结构目标的进一步延伸和具体化；公司治理结构所追求的公平和效率目标，是建立在内部控制的目标即信息真实、资产安全和效益提高基础上的。否则，在一个虚假信息泛滥、资产被盗严重、管理效率低下的企业中，去实现公司治理的目标无异于痴人说梦。最后，两者在内容上存在关联性。在公司治理结构三种权力的实施过程中，除监督权主要由股东、监事会行使而独立于企业的业务系统外，决策权和执行权都要落实到具体的部门、岗位和个人，并通过内部控制制度加以规范和管理。

二、公司治理与内部控制的区别

1. 两者的具体目标不同

公司治理的目标是保证经济运行系统中的公平和效率，具体地说，就是在所有者(股东)、管理人和其他利益关系人之间建立起合乎公平和效率的经济机制。在这个机制之下，所有者必须提供企业生产经营所需要的基本资金，并享有对企业的最终控制权和剩余分配权；管理者必须尽责工作，不能利用职务之便侵害投资人的利益；企业在追求自身利益的同时，不能损害其他利益关系人的权益。而内部控制的目标则是为了保证企业资产安全、会计信息真实完整和经营效率的提高。

2. 两者的控制主体不同

公司治理的主体是股东、董事会、经理层及其他利益关系人(债权人、社区、政府)，包括企业内/外部各有关方面；而内部控制的主体主要是董事会、经理层及其他员工等，控制主体仅限于公司内部，而且控制重点主要集中于 CEO 及其之下的业务系统。

3. 两者所涉及的管理内容不同

公司治理的管理内容主要涉及股东、董事会、监事会、总经理之间的委托代理合同关系、控制权的配置(股权结构安排)、剩余分配权的安排等；而内部控制的管理内容主要是内部环境、风险评估、控制活动、信息沟通、内部监督等。

4. 两者所使用的手段不同

公司治理的手段主要有监督和激励两种；而内部控制的手段侧重于职务分离、授权审批、会计系统、财产保护、全面预算、运营分析、绩效考评等控制措施。公司治理在管理思想上重视行为和动机的抑制与激励；而内部控制在管理思想上重视流程控制。

5. 两者所归属的法规体系不同

公司治理的内容主要体现在《中华人民共和国公司法》(简称《公司法》)、证监会颁布的《上市公司治理准则》、证券交易所的《上市公司治理规则》及企业章程之中；而内部控制则主要体现于《会计法》和五部委颁布的《企业内部控制基本规范》、内部控制配套指引及企业内部控制制度之中。

三、公司治理与内部控制的融合

公司治理与内部控制既有不同点，也有相同点；既有分离区域，也有交叉领域。离开公司治理结构，内部控制就没有完整性，当然也就不可能取得风险管理方面的成功；同时，公司治理结构同样也离不开内部控制制度，如果没有完善的内部控制做支撑，公司治理结构所追求的公平与效率的目标也必然会落空。可以看到，公司治理与内部控制实质上是一种互动关系，即有效的公司治理对完善内部控制至关重要；反过来，健全有效的内部控制通过产生高质量的会计信息也能优化公司治理机制。

1. 内部控制与公司治理不是主体与环境的关系

迄今为止，公司治理和内部控制的关系在理论上仍未有统一定论。AICPA 的《审计准则第 55 号》和 COSO 委员会的《内部控制——整体框架》均把董事会及其对待内部控制的态度认定为内部控制的控制环境，由于董事会是现行公司治理结构的核心，所以很多人认为公司治理结构是内部控制的环境要素，内部控制框架与公司治理机制是内部管理监控系统与制度环境的关系。这种认识是否正确，也是值得商榷的。首先，根据哲学环境论的有关知识，环境是与主体相对应并且外在于主体的。如果将两者的关系定义为环境论，那么就意味着公司治理与内部控制是两个完全独立的、没有重叠和交叉的主体。其次，环境论降低了公司治理对于内部控制所具有的重要意义。按照哲学内外因理论，内因是事物发展变化的根本原因，外因只起一定的促进作用。环境作为非决定性的外部影响因素，其需要通过内部因素的转化才能起作用。这样人们就会有意或者无意地把公司治理结构的影响和意义缩小。最后，环境论也忽视了内部控制对公司治理的重要性，或者说没有看到内部控制对公司治理具有一定的反向促进作用。公司治理与内部控制并非完全独立，而是存在着联系与区别。因此，内部控制与公司治理不是主体与环境的关系，而是"你中有我、我中有你"的相互包含、相互融合的关系。

2. 离开公司治理结构，内部控制就没有完整性

公司治理机制有效，才能保证不同层次控制目标的一致性，只有从源头实施内部控制，才能维护各利益相关者的利益；如果公司治理不能很好地解决所有者和经营者之间的代理问题，则企业管理当局就没有足够的动力去改进内部控制，再好的内部控制也无法提供"合理保证"。内部控制与公司治理不能割裂，需将内部控制纳入公司治理路径之上。两权合一时，股东和股东会直接实施内部控制；两权分离时，利益相关者通过董事会或监事会间接控制，由股东会或董事会设计监控制度，考核、评价经理层绩效。有效的内部控制应当能够维护所有利益相关者的合法权益，而不是维护某一类或少数利益相关者的权益。

3. 有效的内部控制是完善公司治理的重要保障

从公司治理角度认识内部控制，是正确认识内部控制的本质、发挥内部控制作用的前提，企业内部控制内涵和外延得以升华正是内部治理结构作用的结果。内部控制是在公司治理解决了股东、董事会、监事会、经理之间的权、责、利划分之后，作为经营者的董事会和经理为了保证受托责任的履行，而做出的主要面向次级管理人员的控制。有效的内部控制是完善公司治理的重要保障，如果内部控制失效，其提供的会计信息也就无法真实反映企业的财务状况和经营成果，企业的经营者就无法进行正确的决策。健全有效的内部控制能够确保公司管理行为符合国家法律法规，有利于董事会行使控制权，从而提高公司治理效率。健全有效

的内部控制可以提供真实可靠的财务信息，有利于所有者和管理者之间的制衡，有利于保障债权人等利益相关者的利益，实现共同治理。在我国，企业控制权相当大程度上转移到了管理者手中，良好的内部控制是公司法人主体正确处理各个利益相关者关系、实现公司治理目标的重要保证。

总之，如果内部控制不能与公司治理兼容，将导致治理成本骤增；如果没有健全的内部控制，公司治理留下的空间将导致机会主义行为，由此可能演变为制约公司发展的顽疾。

 **知识链接**

COSO 发布《内部控制——整体框架》（2013 年）

2013 年 5 月 14 日，COSO 发布了《内部控制——整体框架》（2013 年）及其配套指南。新版《内部控制——整体框架》在基本概念、内容和结构，以及内部控制的定义和五要素、评价内部控制体系的有效性标准等方面均与原版相同，有变化的是依据具体形势所做出的相关内部控制管理措施。

新框架及相关说明文件旨在帮助企业适应越趋复杂和快速的环境变化，应对阻碍企业目标实现的风险，并提供可靠的信息以助企业做出明智决策。新框架涵盖内容摘要、具体内容、多份附录、一份应用指南（提供解释性工具），以及一份概要（提供方法和示例说明在财务报告内部控制上的应用）。

COSO 董事会表示，使用者应当按其具体情形，在可行的情况下尽早开始应用 2013 年版本的新框架来开展相关工作和文件记录。COSO 董事会认为，原始版本框架所涵盖的重要概念和原则，基本上颇为完善且已获市场普遍认可，因此使用者在 2014 年 12 月 15 日之前仍然可继续使用原始的 1992 年框架，在该日期后，该框架将被 COSO 视为已被新框架所取代。COSO 董事会认为在过渡期间，使用者在应用其《内部控制——综合框架》进行外部报告时，应明确披露所使用的是原始版本还是 2013 年版本。

 知识链接

加拿大 CoCo 指南

加拿大特许会计师协会（CICA）下属的控制规范委员会（Criteria of Control Board，CoCo 委员会）专门对内部控制系统的设计、评估和报告进行研究，并发布了一系列相关指南。与 CoCo 报告相比，指南提供了更为广泛和更具前瞻性的内部控制概念。CoCo 指南将"内部控制"的概念扩展到"控制"，其定义为"控制是一个企业中的要素集合体，包括资源、系统、过程、文化、结构和任务等，这些要素结合在一起，支持达成该企业的目标"。CoCo 指南明确指出，控制的性质具有四个特点：(1)控制需要企业内所有成员的参与，包括董事会、管理层和所有其他员工；(2)控制对达成企业目标只能提供合理的保证，而不是绝对的保证；(3)控制的终极目的是为了创造价值，而不只是单纯地控制成本；(4)有效地控制需求需要保持独立和整体、稳定和适应变化之间的平衡。

根据 CoCo 指南，在任何一个企业中，控制均由四个基本要素构成，即目标、承诺、能力、学习与监督。目标是对企业的发展方向的描述，包括企业的目标、面临的风险和机遇、经营方针、业绩目标和战略计划等。承诺是指企业应营造互相信任的氛围，建立和沟通以诚信为基石的伦理价值观，是对企业特质的描述。企业的人力资源政策、权力和职责的界定应与企业的伦理价值观和目标一致。能力要素强调对员工胜任力方面的要求。员工应拥有设计和执行控制活动所必需的知识、资源、技术和工具，以增强企业的竞争力。学习与监督着眼于企业的发展，要求从工作中持续学习和自我检查，是企业发展力的评价标准。

复习思考题

1. 从内部控制的演进过程看，内部控制的形成不是一蹴而就的。如何理解内部控制的动态过程观？
2. 相对于 COSO92 报告，2013 年新报告有哪些不同？
3. 为什么说"内部控制与公司治理的边界越来越融合"了？
4. 试述公司治理与内部控制的关系。
5. 内部控制是怎样内化为企业自身需求的？
6. 请简述内部控制的现实意义。

第二章

内部控制的基本理论

 引导案例

"鹿"死谁手

河北省石家庄市三鹿集团股份有限公司(以下简称"三鹿集团")曾是国内奶粉生产三大巨头之一。作为国家重点龙头企业,三鹿集团先后荣获省级以上荣誉称号二百余项。

但是,在 2008 年 9 月 11 日,由于三鹿婴幼儿配方奶粉掺杂致毒化学物三聚氰胺的事件曝光,三鹿集团迅速破产,并引发一场"中国奶业的大地震",其董事长田文华由此成为千夫所指的罪人。究竟谁是导致三鹿破产的罪魁祸首呢?

从股权结构上看,三鹿集团的大股东拥有 56%的控股权,第二大股东持有 43%的股权,其余 1%的零散股份由小股东持有。从表面上看,三鹿集团具有形成良好治理的所有权结构。但大股东三鹿乳业公司推行的是员工持股,并且由经营者持大股,96%左右的股份由 900 多名老职工拥有,因此,三鹿集团实际的股权结构相当分散。以田文华为代表的强势管理层的存在,使三鹿集团陷入内部人控制的局面。

从管理层对风险的态度上看,三鹿集团的风险管理意识淡漠。对乳品企业来说,最重要的风险点无疑是原料奶的采购质量。我国乳品加工厂一般没有自己的奶源,主要采用的原奶采购模式,即"奶农—奶站—乳企"模式,三鹿集团也不例外。这种模式的缺点是增加了中间商环节,乳企无法直接、全面地控制奶农和奶站,缺乏具体的管理和监督。在蒙牛、伊利等标杆企业的竞争压力之下,在激烈的原奶争夺战中,三鹿集团急功近利的思想导致其放松了对采购环节风险的管控,低价收购的肆虐、质量检验控制的弱化,最终酿成了毒奶粉事件。

从三鹿集团官方对事件的反应上看,三鹿集团的应急反应不够及时、迅速。三鹿集团在知情的情况下,继续生产和对外销售,导致事态扩大。事情暴露后,三鹿集团采取对媒体隐瞒和否认的做法,从坚决否认到遮遮掩掩,从推卸责任到被迫道歉,直至事件到了无法隐瞒的时候,才开始全面召回产品。

从三鹿集团与外界的沟通上看,三鹿集团并没有将其对这起事件的态度、处理方案和企业的诚意公之于众,而是选择了"能拖就拖""能躲就躲"的不作为方式。按《中华人民共和国食品安全法》规定,食品安全事故的发生单位应当及时向事故发生地县级卫生行政部门报告。但三鹿集团"长期隐瞒问题",既没有积极主动地收集、处理和传递相关信息,及时向政府相关部门报告情况,也没有积极主动地向社会披露信息。

从监督手段上看,三鹿集团流于形式。驻站员监督检查,是日常监督中重要的一环,但

是三鹿集团未能落实到位，导致在原奶进入三鹿集团的生产企业之前，缺乏对奶站经营者的有效监督。

三鹿事件貌似仅仅是奶源地收购环节出了问题，但仔细探究却发现内部控制才是致"鹿"于死地的真正幕后黑手：股权结构问题反映了内部控制的内部环境不合理；风险管理不力说明风险评估机制不健全；事故发生后反应滞后反映了重大风险的预警机制和突发事件的应急处理机制的缺失，这是控制活动不到位的表现；未向上级部门及时报告和对外披露相关信息反映了其信息与沟通机制的失灵；监督手段落实不到位说明了其内部监督的力度不够。而以上五个方面——内部环境、风险评估、控制活动、信息与沟通和内部监督正是内部控制的五大要素，它们共同构成了我国《企业内部控制基本规范》的基础。

那么究竟什么是内部控制？内部控制的五大要素的确切含义是什么？它们之间又有怎样的逻辑关系？企业建立和实施内部控制要达到的目标是什么？需要遵循哪些原则？内部控制是否存在局限性？如果存在，体现在哪几个方面？通过本章的学习，可以为你解答这些疑问。

第一节　内部控制的定义

我国对于内部控制的定义几经变迁。从21世纪初财政部颁布的《内部会计控制规范——基本规范(试行)》和《内部会计控制规范——货币资金(试行)》等一系列具体规范，到上海证券交易所和深圳证券交易所分别发布的《上海证券交易所上市公司内部控制指引》和《深圳证券交易所上市公司内部控制指引》，直到内部控制规范体系的基本形成，对于内部控制的定义也经历了由无到有、范围逐步扩大、科学严谨性逐步提升的发展过程。最早的内部控制定义仅仅局限于会计控制，而现在的内部控制则是完整的内部控制概念。根据《企业内部控制基本规范》的解释，"内部控制是由企业董事会、监事会、经理层和全体员工实施的、旨在实现控制目标的过程"。对于这一定义，可从以下几个方面进行理解。

一、内部控制是一种全员控制

内部控制是一种全员控制，即内部控制强调全员参与、人人有责。企业的各级管理层和全体员工都应当树立现代管理理念，强化风险意识，以主人翁的姿态积极参与内部控制的建立与实施，并主动承担相应的责任，而不是被动地遵守内部控制的相关规定。

值得注意的是，内部控制的"全员控制"与董事会、监事会和经理层在内部控制的建设和实施过程中的领导作用并不矛盾。领导者与普通员工仅仅是分工不同、承担的权责大小不同，但都是内部控制的参与主体。具体而言，董事会负责内部控制的建立健全和有效实施；监事会对董事会建立和实施内部控制进行监督；经理层负责组织领导企业内部控制的日常运行，在内部控制中承担重要责任。企业所有员工都应在实现内部控制中承担相应职责并发挥积极作用。企业应当在董事会下设立审计委员会，负责审查企业内部控制、监督内部控制的有效实施和内部控制自我评价情况。这就形成了上至董事会，下至全体员工全员参与的内部控制，克服了长期以来我国企业内部控制建设滞后、相关各方执行时权责不清、管理层和员工缺乏参与内部控制的责任与动力等问题。

二、内部控制是一种全面控制

内部控制是一种全面控制，是指内部控制的覆盖范围要足够广泛，涵盖企业所有的业务和事项，包含每个层级和环节，而且还要体现多重控制目标的要求。内部控制本质上是对风险的管理与控制。所谓风险，是指偏离控制目标的可能性。《企业内部控制基本规范》规定，内部控制的目标是合理保证企业经营管理合法合规、资产安全、财务报告及相关信息真实完整，提高经营效率和效果，促进企业实现发展战略。企业设计的内部控制活动和流程要充分防范和控制任何影响以上五个目标实现的风险(而不能仅仅局限于财务报告风险)，并要为以上目标的实现提供合理保证。也就是说，内部控制不仅仅是一种防弊纠错的机制，而且还是一种经营管理方法、战略实施工具，是一种为实现多重目标而实施的全面控制。

应当特别说明的是，内部控制只能为控制目标的实现提供"合理保证"，而不是"绝对保证"，这是因为企业目标的实现除受到企业自身因素的限制以外，还会受到外部环境的影响，而内部控制无法作用于外部环境。而且，内部控制本身也存在一定的局限性，使得其不可能为企业控制目标的实现提供"绝对保证"。

 案例 2-1

中石化的"家规家法"

2002 年 7 月，美国出台《SOX 法案》，所有想在美国资本市场淘金的上市公司都必须建立内控制度并保证其有效运行，且须在发布的年度报告中对内控制度的设计有效性和运行有效性进行评估。

中国石油化工集团公司(简称"中石化")别无选择。公司管理层决定以此为契机，全面推行内部控制制度建设。

据中石化内控项目负责人方春生介绍，中石化遵照相关法律法规的要求和公司经营管理的实际情况，主要借鉴了美国的 COSO 内部控制框架，围绕公司发展战略和合规目标、资产安全目标、财务报告目标、经营效果效率目标，从内部环境、风险评估、控制活动、信息与沟通、内部监督等方面，全面梳理公司各项业务和重大事项，编制内部控制手册；同时要求所属分(子)公司根据总部编制的内控手册，结合实际制定本单位的实施细则，形成具有中石化特色的两级内部控制制度体系。

"尽管中石化内控工作起源于《SOX 法案》，但公司管理层自始至终都强调，公司推行内控制度绝不仅仅是为了满足外部法律监管要求，更重要的目的是，通过建立完善的内控体系，加快完善公司治理结构，转换经营机制，规范管理行为，防范风险，保证公司资产安全完整和公司战略目标的实现。"方春生说。

为此，中石化赋予了内部控制更丰富的内涵，使企业的各项管理都逐步纳入内控管理体系，从而形成一套以内控制度为主线、具有中石化特色、比较完整的"家规家法"。

三、内部控制是一种全程控制

内部控制是一种全程控制，是指内部控制是一个完整的全过程控制体系。从时间顺序上看，内容控制包括事前控制、事中控制和事后控制；从内容上看，内部控制包括制度设计、制度执行与监督评价。它们环环相扣、逐步递进、彼此配合，共同构成了一个完整的内部控制体系。

内部控制的全程控制通常以流程为主要手段，包含流程的设计、执行和监督评价，但又不仅仅局限于流程。流程本身就包含着过程控制的思想，流程的设计是前提和基础，流程的实施是核心，对流程的监督是关键。流程设计的合理性往往会直接影响整个内部控制工作的效率和效果。因此，企业要有效实现全程控制，就必须优化与整合企业内部控制流程。企业进行的流程再造，也是基于全面控制和提高运行效率的目的。如果说全面控制是从横向角度为企业实现控制目标搭起了一道无形的网，那么全程控制则是从纵向角度为企业防范和管理风险架起了一堵牢固的墙。

 案例 2-2

宝钢公司销售业务内部控制流程

宝山钢铁股份有限公司(以下简称"宝钢公司")销售管理的一大特点是高度的信息化管理，产品销售信息由公司 9672 产品销售子系统(以下简称"9672 系统")自动生成，系统已实现从产品价格库生成、登记客户需求、签订合同、运输发货、财务评审和结算、产品质量异议处理等全过程控制。其主要流程包括以下四个基本环节。

(1)处理订单。对用户填写的订货卡片，宝钢公司各贸易公司输入 9672 系统的草约付款清单，销售部组织生产厂和制造部等，对品种、规格、价格等进行技术评审，并负责生产能力和运输方式评审。如评审通过，由销售业务人员在订货卡片或草约付款清单上签字或盖章确认，送交财务评审，由财务人员对付款草约的结算方式、货款金额、票据安全性等进行审核，确认收款依据。

(2)签订合同。销售业务人员按评审通过的内容，打印正式合同，经供需双方确认签字后，合同生效。销售部将合同信息通过 9672 系统下发给制造部，并根据合同的交货期和生产计划编制原则进行排产。制造部依据生产计划及交货期及时安排生产计划，确保合同按时完成。

(3)发货。销售部根据制造部的"准发信息"和合同规定的运输方式，向运输部提交成品厂内转库计划。运输部据以编制厂内装船、装车作业计划，核对实物，按规定要求装车(船)，与承运方办理实物交接和出库提货手续。销售部收到成品装运出厂信息，负责配齐码单、质量保证书和运单三单，与用户进行产品最终交付。

(4)财务结算。财务人员根据接收到的三单信息，开具增值税发票，进行销售结算，确认销售收入，核销预售款或进行收款。

以上是从不同角度对内部控制的理解。内部控制的定义在内部控制概念框架中处于基础地位，是内部控制目标、原则、要素等的理论依据和逻辑起点，也是企业设计和执行内部控制的最基本的要求。只有真正做到了全员控制、全面控制和全程控制，内部控制的设计才不会出现盲点，内部控制的执行才会合理有效，内部控制的作用才能真正发挥。

第二节　内部控制的目标

内部控制的目标即企业希望通过内部控制的设计和实施来取得的成效，主要表现为业绩的提高、财务报告信息质量的提高、违规行为发生率的降低等。确立控制目标并逐层分解目标是控制的开始。内部控制的所有方法、程序和措施无一不是围绕着目标而展开的。如果没有了目标，内部控制就会失去方向。

我国《企业内部控制基本规范》规定，内部控制的目标是合理保证企业经营管理合法合规、资产安全、财务报告及相关信息真实完整，提高经营效率和效果，促进企业实现发展战略。上述目标是一个完整的内部控制目标体系不可或缺的组成部分。然而，由于所处的控制层级不同，各个目标在整个目标体系中的地位和作用也存在着差异。

一、合规目标

合规目标是指内部控制要合理保证企业在国家法律法规允许的范围内开展经营活动，严禁违法经营。企业的终极目标是生存、发展和获利，但是如果企业盲目追求利润，无视国家法律法规，必将为其违法行为付出巨大的代价。一旦被罚以重金或者被吊销营业执照，那么其失去的就不仅仅是利润，而是持续经营的基础。因此，合法合规是企业生存和发展的客观前提，是内部控制的基础性目标，是实现其他内控目标的保证。

内部控制作为存在于企业内部的一种制度安排，可以将法律法规的内在要求嵌入内部控制活动和业务流程之中，从最基础的业务活动上将违法违规的风险降到最低，从而合理保证企业经营管理活动的合法性与合规性。

二、资产安全目标

资产安全目标主要是为了防止资产损失。保护资产的安全与完整，是企业开展经营活动的基本要求。资产安全目标有两个层次：一是确保资产在使用价值上的完整性，主要是指防止货币资金和实物资产被挪用、转移、侵占、盗窃，防止无形资产被侵权等；二是确保资产在价值量上的完整性，主要是指防止资产被低价出售，防止企业利益被损害的同时要充分提高资产使用率，提升资产管理水平，防止资产价值出现减损。为了保障内部控制、实现资产安全目标，首先必须建立资产的记录、保管和盘点制度，确保记录、保管与盘点岗位的相互分离，并明确职责和权限范围。

内部控制的基本思想在于制衡，因为有了制衡，两个人同时犯同一错误的概率大大减少，从而加大了不法分子实施犯罪计划、进行贪污舞弊行为的难度，进而保护企业的资产不被非法侵蚀或占用，保障企业正常经营活动的顺利开展。为了实现合理保证资产安全的控制目标，企业需要广泛运用职责分离、分权牵制等体现制衡要求的控制措施。

 案例 2-3

娃哈哈与达能品牌之争

2007 年，娃哈哈集团在与法国达能公司合作的过程中，由于合同条款存在问题，双方围绕"娃哈哈"商标所有权归属问题争执不下，最终分别向国内外相关机构提起纠纷仲裁。娃哈哈集团还向媒体声称"可能向达能提起 50 亿欧元的反诉讼"，使这场备受关注的商标争夺战、企业并购战一时陷入迷局。

"娃哈哈"是目前中国最知名和最具竞争力的饮料品牌之一。娃哈哈集团总裁宗庆后在接受媒体采访时说："娃哈哈的主要竞争对手是可口可乐、百事可乐、康师傅和统一，除这些跨国公司外，娃哈哈在境内可以说已经没有对手。"正是娃哈哈在中国商界神话般的威望，吸引了国际强势品牌企业的关注。

1996 年，娃哈哈集团与法国达能公司、香港百富勤公司共同成立合资企业，其中娃哈哈集团占 49%的股份，另两家外资企业共同拥有 51%的股份。然而没有想到的是，法国达能公司不久便收购了百富勤公司的股份，一跃成为娃哈哈集团的控股股东。当时，法国达能公司就提出将"娃哈哈"商标转让给其所控制的公司，但遭到国家工商行政管理总局商标局的拒绝。后来，双方签订商标权使用合同，规定"不应许可除娃哈哈集团与法国达能公司建立的合资公司以外的任何其他方使用商标"，这也就是说，法国达能公司通过合资的方式，控制了"娃哈哈"商标。以此为筹码，法国达能公司要求强行收购娃哈哈集团的其他非合资公司。

法国达能公司与娃哈哈集团之争，是我国引进外资中的典型争端，其中有许多经验和教训值得汲取。一个成功品牌的价值往往是任何有形资产所不能比拟的。驰名商标既是企业的标志和根基，也是企业战胜对手、争夺市场、开辟财源的强大武器。中国企业在寻求外资合作的时候，为了扩大在合资企业所占份额，往往将无形资产评估后作价出资，这样做看起来可以获得短期收益，但是却将辛苦培育起来的知名品牌或者驰名商标捆绑在合资企业上，一旦合资企业经营出现问题，或者合资企业股权发生变化，那么中方企业的知名品牌或者驰名商标便难以保全。娃哈哈集团的教训，集中体现了保护商标权等无形资产安全的必要性。

三、报告目标

报告目标是指内部控制要合理保证企业提供真实可靠的财务信息及其他信息。内部控制的重要控制活动之一是对财务报告的控制。财务报告及相关信息反映了企业的经营业绩，以及企业的价值增值过程，揭示了企业的过去和现状，并可预测企业的未来发展，是投资者进行投资决策、债权人进行信贷决策、管理者进行管理决策和相关经济主管部门制定政策和履行监管职责的重要依据。此外，财务报表及相关信息的真实披露还可以将企业诚信、负责的形象公之于众，有利于市场地位的稳固与提升及企业未来价值的增长。从这个角度来看，报告目标的实现程度又会在一定程度上影响经营目标的实现程度。

要确保财务报告及相关信息的真实完整，一方面应按照企业会计准则的相关要求如实地核算经济业务、编制财务报告，满足会计信息的一般质量要求；另一方面则应通过内部控制制度的设计，包括不相容职务分离、授权审批控制、日常信息核对等，来防止提供虚假会计信息。

四、经营目标

提高经营的效率和效果(即有效性)是内部控制要达到的最直接也是最根本的目标。企业存在的根本目的在于获利，而企业能否获利往往直接取决于经营的效率和效果如何。企业所有的管理理念、制度和方法都应该围绕着提高经营的效率和效果来设计、运行并进行适时的调整，内部控制制度也不例外。内部控制的核心思想是相互制衡，而实现手段则是一系列详尽而复杂的流程，这似乎与提高效率的目标相悖，实则不然。内部控制是科学化的管理方法和业务流程，其本质是对于风险的管理和控制，它可以将对风险的防范落实到每个细节和环节当中，真正做到防微杜渐，使企业可以在低风险的环境中稳健经营。而忽视内部控制的经营管理，貌似效率很高，实则处于高风险的经营环境，一旦不利事项发生，轻则对企业产生重创，重则导致企业衰亡。

良好的内部控制可以从以下四个方面来提高企业的经营效率和效果：一是组织精简，权责划分明确，各部门之间、工作环节之间要密切配合、协调一致，充分发挥资源潜力，充分有效地使用资源，提高经营绩效；二是优化与整合内部控制业务流程，避免出现控制点的交叉和冗余，也要防止出现内控盲点，要设计最优的内控流程并严格执行，最大限度地提高执行效率；三是建立良好的信息和沟通体系，可以使会计信息及其他方面的重要经济管理信息快速地在企业内部各个管理层次和业务系统之间有效地流动，提高管理层制定经济决策和反应的效率；四是建立有效的内部考核机制，对绩效的优劣进行科学的考核，可以实行企业对部门考核、部门对员工考核的多级考核机制，并将考核结果落实到奖惩机制中，对部门和员工起到激励和促进作用，提高工作的效率和效果。

五、战略目标

促进企业实现发展战略是内部控制的最高目标，也是终极目标。战略与企业目标相关联，是管理者为实现企业价值最大化的根本目标而针对环境做出的一种反应和选择。如果说提高经营的效率和效果是从短期利益的角度定位的内部控制目标，那么促进企业实现发展战略则是从长远利益出发的内部控制目标。战略目标是总括性的长远目标，而经营目标则是战略目标的短期化与具体化。内部控制要促进企业实现发展战略，必须立足于经营目标，着力于经营效率和效果的提高。只有这样，才能提高企业核心竞争力，促进发展战略的实现。

要实现这一目标，首先应由公司董事会或总经理办公会议制定总体战略目标，并通过股东代表大会表决通过，战略目标的制定要充分考虑外部环境和内部条件的变化，根据相应的变化进行适时的调整，确保战略目标在风险容忍度之内。其次，应将战略目标按阶段和内容划分为具体的经营目标，确保各项经营活动围绕战略目标开展。再次，应依据既定的目标实施资源分配，使组织、人员、流程与基础结构相协调，以便促成成功的战略实施。最后，应将目标作为主体从事活动的可计量的基准，围绕目标的实现程度和实现水平实行绩效考核。

六、内部控制目标之间的关系

内部控制的五个目标不是彼此孤立的，而是相互联系、共同构成了一个完整的内部控制目标体系。其中，战略目标是最高目标，是与企业使命相联系的终极目标；经营目标是战略目标的细化、分解与落实，是战略目标的短期化与具体化，是内部控制的核心目标；资产安全目标是实现经营目标的物质前提；报告目标是经营目标的成果体现与反映；合规目标是实现经营目标的有效保证。内部控制的五个目标的关系如图 2-1 所示。

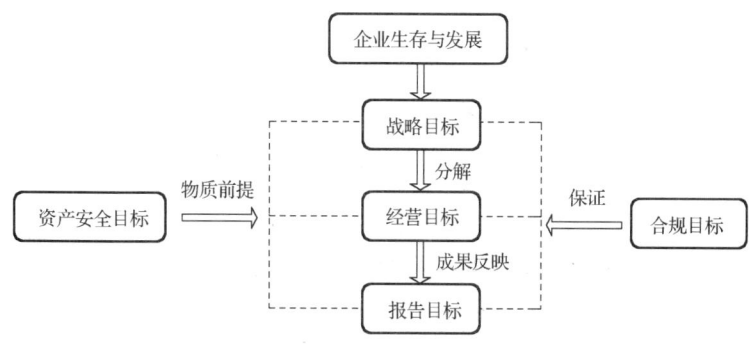

图 2-1　内部控制的五个目标的关系图

第三节　内部控制的原则

所谓原则，是指处理问题的准则和规则。要使内部控制达到既定目标，即内部控制有效，就必须在内部控制的建立和实施过程中遵循一定的原则。建立和实施内部控制必须遵循以下原则。

一、全面性原则

全面性原则即内部控制应当贯穿决策、执行和监督全过程，覆盖企业及其组成部分的各种业务和事项。内部控制的建立在层次上应该涵盖企业董事会、管理层和全体员工，在对象上应该覆盖各项业务和管理活动，在流程上应该渗透到决策、执行、监督、反馈等各个环节，避免内部控制出现空白和漏洞。总之，内部控制应该是全程控制、全员控制和全面控制。

二、重要性原则

内部控制的重要性原则即内部控制应当在兼顾全面的基础上突出重点，针对重要业务和事项、高风险领域和环节采取更为严格的控制措施，确保不存在重大缺陷。基于企业资源有限的客观事实，企业在设计内部控制制度时不应平均使用资源，而应该寻找关键控制点，并对关键控制点投入更多的人力、物力和财力，即要"突出重点，兼顾一般"，着力防范重大风险。

目前，中央在国企推行"三重一大"制度正是重要性原则的充分体现。所谓"三重一大"，是指"重大决策、重大事项、重要人事任免及大额资金使用"。《企业内部控制应用指引第1号——组织架构》第五条也对此做出了规定。

所谓重大决策，主要包括企业贯彻执行党和国家的路线方针政策、法律法规和上级重要决定的重大措施，企业发展战略、破产、改制、兼并重组、资产调整、产权转让、对外投资、利益调配、机构调整等方面的重大决策，企业党的建设和安全稳定的重大决策，以及其他重大决策事项。

所谓重大事项，是指对企业资产规模、资本结构、盈利能力以及生产装备、技术状况等产生重要影响的项目的设立和安排，其主要包括年度投资计划，融资、担保项目，期权、期货等金融衍生业务，重要设备和技术引进，采购大宗物资和购买服务，重大工程建设项目，以及其他重大项目安排事项。

所谓重要人事任免，是指企业直接管理的领导人员，以及其他经营管理人员的职务调整事项。其主要包括企业中层以上经营管理人员和下属企业、单位领导班子成员的任免、聘用、解除聘用和后备人选的确定，向控股和参股企业委派股东代表，推荐董事会、监事会成员和经理、财务负责人，以及其他重要人事任免事项。

所谓大额资金使用，是指超过由企业或者履行国有资产出资人职责的机构所规定的企业领导人员有权调动、使用的资金限额的资金调动和使用，其主要包括年度预算内大额资金的调动和使用，超预算的资金调动和使用，对外大额捐赠、赞助，以及其他大额资金运作事项。

"三重一大"事项应坚持集体决策原则。任何个人不得单独进行决策或者擅自改变集体决策意见。企业应当健全议事规则，明确"三重一大"事项的决策规则和程序，完善群众参与、专家咨询和集体决策相结合的决策机制。国有企业党委（党组）、董事会、未设董事会的经理班子等决策机构要依据各自的职责、权限和议事规则，集体讨论决定"三重一大"事项，防止个人或少数人专断。要坚持务实高效，保证决策的科学性；充分发扬民主，广泛听取意见，保证决策的民主性；遵守国家法律法规和有关政策，保证决策合法合规。

三、制衡性原则

内部控制的制衡性原则要求内部控制应当在治理结构、机构设置及权责分配、业务流程等方面形成相互制约、相互监督。相互制衡是建立和实施内部控制的核心理念，更多地体现为不相容机构、岗位或人员的相互分离和制约。无论是在企业决策、执行环节，还是在监督环节，如果不能做到不相容职务的相互分离与制约，那么就会造成滥用职权或串通舞弊的后果，导致内部控制的失效，给企业经营发展带来重大隐患。

 案例 2-4

三 九 噩 梦

三九集团曾一度拥有超过 200 亿元总资产、3 家上市公司和 400 余家子公司，涉足药业、农业、房地产、食品、汽车、旅游等产业。不过时至今日，三九集团已经风光不再。

三九集团的前身是深圳南方制药厂，由赵新先于 1985 年创办。1991 年深圳南方制药厂脱离广州第一军医大学，转投解放军总后勤部，成立三九实业总公司。三九实业总公司在 1992 年和 1994 年分别引进泰国正大集团和美国、香港等六家股东的投资，注册资本增长至近 15 亿元，三九实业总公司也正式更名为三九集团，一跃成为国内最大的药业集团。1998 年年末，在中央"军企脱钩"的大背景下，三九集团脱离解放军总后勤部，转而挂靠国家经贸委，并在 2002 年机构改革后由国务院国资委管理。

从 2003 年起，三九集团陷入债务危机，多达 21 家债权银行开始集中追讨债务并纷纷起诉。据估计，至 2005 年，三九集团深圳本地债权银行贷款已从 98 亿元升至 107 亿元，而遍布全国的三九集团子公司和关联公司的贷款和贷款担保余额约在 60 亿元至 70 亿元之间，两者合计约为 180 亿元。2005 年 4 月 28 日，三九集团将旗下上市公司三九发展卖给了浙江民营企业鼎立建设集团，同一天，三九医药将"三九系"另一家上市公司三九生化卖给了山西一家民营企业振兴集团，这标志着"三九系"历史的结束。2005 年 12 月 23 日，赵新先被批准逮捕，更使三九集团问题引人瞩目。

三九集团是如何从市场宠儿、国有企业集团明星变成众多债权人的众矢之的、面临重组的？其原因是多方面的，包括盲目采用承担债务式扩张导致资金链断裂、过度的银行贷款和担保、公司治理不完善……但内部控制缺失，才是导致三九集团逐渐陷入困境的最重要原因。

自从赵新先创建三九集团以来，他一直集董事长、总裁、监事会主席和党委书记于一身，大权独揽，缺乏制衡，无人监督。个人权力的无限膨胀使得三九集团管理层权力制衡机制全然失效。

四、适应性原则

适应性原则的思想来源于"权变"理论。所谓权变，是指权宜应变。权变理论认为，企业要依据环境和内外条件随机应变，灵活地采取相应的、适当的管理方法，不存在一成不变的、普遍适用的"最好的"管理理论和方法，也不存在普遍不适用的"不好的"管理理论和方法。根据权变理论，建立内部控制制度不可能一劳永逸，而应当与企业的经营规模、业务范围、竞争状况和风险水平等相适应，并随着情况的变化及时加以调整。在当今日益激烈的市场竞争环境中，经营风险更具复杂性和多变性。企业应当根据内外部环境的变化，适时地对内部控制加以调整和完善，防止出现"道高一尺，魔高一丈"的现象。

 案例 2-5

法国兴业银行的遗憾

2008 年 1 月 24 日，法国兴业银行曝出世界金融史上最大的违规操作丑闻，现年 32 岁的权证市场交易员杰罗姆·凯维埃尔(Jerome Kerviel)以欺诈手段从事期货买卖，其违规头寸高达 500 亿欧元(约合 735 亿美元)，至 2008 年 1 月 23 日强行平仓止，造成法国兴业银行的直接损失近 49 亿欧元(约合 71 亿美元)。

2000 年，23 岁的杰罗姆·凯维埃尔进入法国兴业银行。随后 5 年，他一直在银行内部不同的中台部门工作。所谓"中台部门"，就是管理交易员的机构，这个工作机会让他得以深入了解法国兴业银行内部处理和风险控制的程序及步骤。2005 年，他成为银行风险套利部门的交易员。从此，杰罗姆·凯维埃尔像蚂蚁一样，开始构筑他的"期货投机帝国"。

正是因为法国兴业银行具有享誉全球的风险控制系统，杰罗姆·凯维埃尔的欺诈性交易在系统中触发了多达 75 次警报，但是大部分预警并没有按风险控制程序得到全面、准确、可信的查证，否则要绕过多达 6 重风险管理程序的监控几乎是不可能的。

可能也正是因为法国兴业银行具有享誉全球的风险控制系统，所以当出现异常现象时，风险监控部门依然沉浸在过去风险控制优秀的辉煌历史中，对超乎寻常的高收益、高额现金流和高额佣金都没有要求杰罗姆·凯维埃尔提供详细的交易信息并进行深入分析；对欧洲期货交易所的询问函没有及时了解并回复；甚至在杰罗姆·凯维埃尔对监控部门发现的问题做出不一致的解释时，也没有做出任何反应；杰罗姆·凯维埃尔的越权回复也得到了监控部门的默认。事后可以看到，无论是哪一次预警还是哪一次异常，只要能及时进行深入了解和分析，都会及早暴露问题，减少风险损失。比如，即使是最基本的休假制度，杰罗姆·凯维埃尔也曾一年四次以其他理由拒绝休假。

从本案例可以看出，有效的内部控制制度确实可以发挥其风险预警的作用，但倘若内部控制系统已经向企业发出了风险信号，但未得到处理和应对，这样的内部控制制度形同虚设，根本起不到预警风险、防范与控制风险的作用。法国兴业银行具有享誉全球的风险控制系统，但仍因风险控制不当导致巨额损失，不禁令人扼腕叹息！

五、成本效益原则

内部控制的成本主要有以下三方面的内容：①内部控制的设计成本，包括自行设计和外包设计成本；②内部控制的实施成本，包括评价和监督人员的工资，实施内部控制影响了运营效率带来的机会成本，以及将内部控制制度嵌入信息系统后的信息系统的运行和维护成本；③内部控制的鉴证成本，一般是聘请注册会计师实施内部控制审计的鉴证费用。

成本效益原则要求实施内部控制应当权衡成本与预期效益，以适当的成本实现有效控制。成本效益原则有两个要义：一是努力降低内部控制的成本，即在保证内部控制制度有效性的前提下，尽量精简机构和人员，改进控制方法和手段，减少过于烦琐的程序和手续，避免重复劳动，提高工作效率，节约成本；二是合理确定内部控制带来的经济效益，实施内部控制的效益并非不可计量，只是这种效益往往具有滞后性，当期效益并不明显。为了做大做强，企业一定要杜绝"短视行为"，立足长远，充分考虑内部控制带来的未来收益，并与其成本进行对比，运用科学、合理的方法，有目的、有重点地选择控制点，实现有效控制。

值得说明的是，内部控制的建立和实施要符合成本效益原则，也是内部控制对目标的保证程度不是绝对保证，而是合理保证的重要原因之一。

 案例 2-6

内控成本和效益平衡的典范：中国人寿的"舍得"论

国际金融危机让很多企业在风险管理上交了"学费"。后危机时代，企业可谓是"一朝被蛇咬，十年怕井绳"，不得不增强风险意识。

借鉴国际国内诸多航母级企业的经验，强化内部控制建设似乎是制胜法宝。虽然昂贵的内部控制建设成本让企业有些望而却步，但谁也不想再摸黑航行，已经触礁了才发现冰山原来在水面以下。

舍：内控到底有多贵？

中国人寿的回答是："贵！我们为此投入很大！"位居全球上市寿险公司市值榜首的"世界 500 强"企业，都对内部控制的价格直言不讳。

用中国人寿副总裁刘家德的话说："要建'百年老店'，要树百年基业，就必须按照最高的标准、最严的要求建设内部控制。没有制度的有效保障，我们很难达到目标。"内部控制建设的基调定下了，投入就成了必然。但对于 SOX404 遵循的高投入还是让他们感到吃惊。

陌生的 SOX404、近乎苛刻的要求、前无古人的摸索，迫使他们不得不去聘请经验丰富的外部专家提供咨询和培训，抽调骨干人员组建团队；不得不为了进行有效的流程梳理和设置关键控制点，投入大量的人力成本、差旅费、培训费……这些可以计量的成本加上大量难以量化的投入一起，让公司上下经历了一次内部控制的"洗礼"。他们借此契机对公司的规章制度、实务规范、关键风险控制点进行了系统梳理，进一步理顺了公司的流程。2007 年，中国人寿的 SOX404 遵循工作获得美国证监会等外部监管机构、外部审计师的全面认可。

中国人寿发现，对内部控制的投入很可能是一笔不错的"投资"。

经过了"高投入"的 SOX404 遵循项目阶段，此时的内部控制建设其实才仅仅走出了合规性的第一步。从控制范围上讲，也才仅仅覆盖了对财务报告公允性的控制。于是，对内部控制的进一步"投资"开始了，此时的目标已经不再是简单的合规，而是全面的质量控制。

自 2008 年起，中国人寿便已开始遵循《企业内部控制基本规范》，并对外出具 A 股项目下的内部控制自我评估报告，这为他们进一步贯彻执行更为细致而深入的企业内部控制配套指引提供了良好的平台和基础。

经过了初期密集的高投入后，此时的内控实施成本开始变得稳定和可控。当然还有一些后续的或有支出。例如，随着内部控制建设的价值性追求，公司会加强内部控制体系的信息化建设，因此大量的研发支出，系统、设备等硬件支出将渐渐浮出水面。

得：投入之后，效益何在？

商场上讲求效益。内部管理也一样，不能让钱白白打了水漂。

内部控制到底能否带来效益？中国人寿的回答是："当然能！赔本的买卖谁会做。当初的SOX404遵循工作虽然很艰难，我们也进行了大量的投入，但是我们作为第一家在美上市的中国金融企业，除了要出色地完成合规工作，维护国家形象并得到美国市场的认可，还肩负着'老大哥'的责任。我们要为后来的中国企业趟开路子、积累经验。"中国人寿监事会监事长夏智华说。

事实证明，经过此番SOX404条款"洗礼"的中国人寿获得了各方一致认可，积累了宝贵经验，更重要的是通过这一工作，内部控制和风险管理理念的种子在企业得以生根发芽。除这些具有外部性的收益外，对内的效益其实是更加明显的。

"从中国人寿自身来看，通过近6年的内部控制体系建设，除了进一步确保了财务报告的公允性，更进一步提升了公司的经营管理水平。中国人寿通过这些年来的内部控制工作，逐渐形成了全员参与的内部控制文化，进一步提升了制度执行力和公司经营管理水平，提升了公司的品牌形象。"中国人寿内控与风险管理部总经理马占义说。

第四节　内部控制的要素

内部控制通常被划分成若干个基本要素。这些要素及其构成方式，决定着内部控制的内容与形式。《企业内部控制基本规范》第五条规定了内部控制的五要素，即内部环境、风险评估、控制活动、信息与沟通和内部监督。

一、内部环境

内部环境是企业实施内部控制的基础，一般包括治理结构、机构设置及权责分配、内部审计、人力资源政策、企业文化等。《企业内部控制应用指引》把这些方面归为内部环境要素。其中，治理结构是重中之重，企业实施内部控制应先从治理结构入手。内部控制只有得到高层的充分重视，才能取得成功。如果主要领导人滥用职权，内部控制势必要失效。内部控制是通过人来实施的，而企业文化则是企业的灵魂。

内部环境是内部控制其他四个构成要素的基础，在企业内部控制的建立与实施中发挥着基础性作用。内部环境应充分体现企业业务模式、经营管理的特点及内部控制的要求，与企业自身的规模、发展阶段相适应。

二、风险评估

风险是指一个潜在事项的发生对目标实现产生的影响。风险评估是单位及时识别、系统分析经营活动中与实现内部控制目标相关的风险，合理确定风险应对策略。它是实施内部控制的重要环节。

风险评估主要包括目标设定、风险识别、风险分析和风险应对等环节。风险与可能被影响的控制目标相关联。企业必须制定与生产、销售、财务等业务相关的目标，建立辨认、分析和管理相关风险的机制，以了解企业所面临的来自内部和外部的各种不同风险。在充分识别各种潜在风险因素后，要对固有风险(不采取任何防范措施可能造成的损失程度)进行评估，同时，重点评估剩余风险(采取了相应应对措施之后仍可能造成的损失程度)。企业管理层在评估了相关风险的可能性、后果及成本效益之后，要选择一系列策略将剩余风险控制在期望的风险承受度之内。

三、控制活动

控制活动是指结合具体业务和事项，运用相应的控制政策和程序(或称控制措施)去实施控制。也就是在风险评估之后，单位采取相应的控制措施将风险控制在可承受的范围之内。

控制措施一般包括：不相容职务分离控制、授权审批控制、会计系统控制、财产保护控制、预算控制、运营分析控制、绩效考评控制等。企业应通过采用手工控制与自动控制、防护性控制与发现性控制相结合的方法实施相应的控制措施。

四、信息与沟通

信息与沟通是企业及时、准确地收集、传递与内部控制相关的信息，确保信息在企业内部、企业与外部之间进行有效沟通。信息与沟通是实施内部控制的重要条件。

信息与沟通的主要环节有：确认、计量、记录有效的经济业务；在财务报告中恰当揭示财务状况、经营成果和现金流量；保证管理层与单位内部、外部的顺畅沟通，包括与股东、债权人、监管部门、注册会计师、供应商等的沟通。信息与沟通的方式是灵活多样的，但无论哪种方式，都应当保证信息的真实性、及时性和有用性。

五、内部监督

内部监督(监控)是单位对内部控制建立与实施情况监督检查，评价内部控制的有效性，对于发现的内部控制缺陷，及时加以改进。它是实施内部控制的重要保证，是对内部控制的控制。

内部监督包括日常监督和专项监督。监督情况应当形成书面报告，并在报告中揭示内部控制的重要缺陷。内部监督形成的报告应当有畅通的报告渠道，确保发现的重要问题能及时送达董事会、监事会和经理层；同时，应当建立内部控制缺陷纠正、改进机制，充分发挥内部监督效力。

六、内部控制五要素之间的关系

内部控制的五个要素之间并不是相互割裂、毫无关系的，而是相互支持、紧密联系的逻辑统一体(如图2-2所示)。

内部环境在底部，这说明内部环境属于内部控制的基础，对其他要素产生影响。内部环境的好坏决定着内部控制其他要素能否有效运行。

内部监督在顶部，这表示内部监督是针对内部控制其他要素的，是自上而下的单向检查，是对内部控制的质量进行评价的过程。

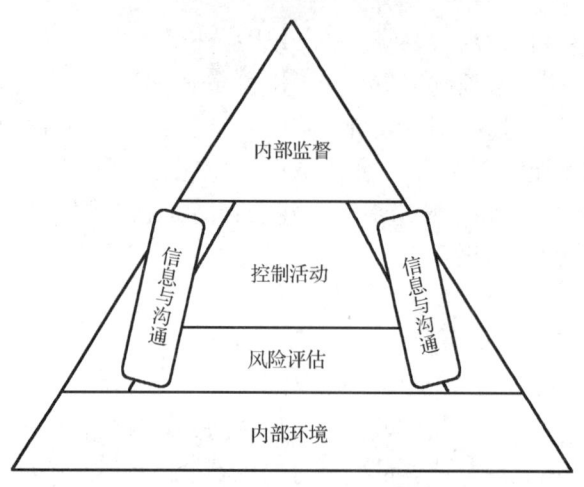

图 2-2　内部控制五个要素之间的关系

由于企业在实施战略的过程中会受到内外部环境的影响，所以企业需要通过一定的技术手段找出那些会影响战略目标实现的有利和不利因素，并对存在的风险进行定量和定性分析，从而确定相应的风险应对策略，这就是风险评估，它是采取控制活动的根据。

根据明确的风险应对策略，企业需要及时采取控制措施，有效控制风险，尽量避免风险的发生，尽量降低企业的损失，这就是控制活动要素。

信息与沟通在这五个要素中处于一个承上启下、沟通内外的关键地位。内部环境与其他组成因素之间的内在关联，需要通过信息与沟通这一桥梁才能发挥作用；风险评估、控制活动和内部监督的实施需要以信息与沟通结果为依据，它们的结果也需要通过信息与沟通渠道来反映。缺少了信息传递与内外沟通，内部控制其他因素就可能无法保持紧密的联系，整合框架也就不再是一个有机的整体。

　案例 2-7

中海集团釜山公司的内部控制缺失

中国海运（集团）总公司（以下简称"中海集团"）成立于 1997 年 7 月，总部设在上海，是中央直接领导和管理的重要国有骨干企业之一，是以航运为主业的跨国经营、跨行业、跨地区、跨所有制的特大型综合性企业集团，旗下有中海集运、中海发展、中海海盛三家上市公司。中海集团在全球 90 多个国家和地区设有北美、欧洲、中国香港、东南亚、韩国、西亚六个控股公司和日本株式会社、澳大利亚代理有限公司，境外产业下属 90 多家公司、代理、代表处，营销网点总计超过 300 个。年货物运输完成量超过 3.3 亿吨、950 万 TEU（Twenty Equivalent Unit，是以长度为 20 英尺的集装箱为国际计量单位，也称国际标准箱单位，通常用来表示船舶装载集装箱的能力，也是集装箱和港口吞吐量的重要统计、换算单位），在国家能源和进出口贸易中发挥了重要的运输支持和保障作用。

不幸的是，中海集团内部控制上的欠缺与薄弱，酿成了一桩中国航运界罕见的财务丑闻。2008 年 1 月 31 日，中海集团接报，韩国釜山公司大约 4 000 万美元（约合人民币 3 亿元）的巨额运费收入及部分投资款，被公司内部人非法截留转移，分成一百多次逐步挪出公司账户，主要涉案人员——中海集团韩国控股的财务部负责人兼审计李克江在逃，该事件俗称"资金门"。此案发生以后，国务院国有资产监督管理委员会(简称"国资委")表现出对中央企业内部控制问题的深切忧虑，迅即向包括中海集团、中远集团、五矿集团等多家在海外设有分公司的大型中央企业发出通报，责成其强化内部控制，消除资金失控的隐患。

本案发生的根本原因在于内部控制失效，具体表现在以下几点。

1. 内部环境。中海集团自 2006 年 6 月起，就曾将所获得的银行短期贷款近 25 亿元人民币违规进行股票投资。2007 年被查出，受到银监会通报批评，国资委也在当年对公司予以降分处理。釜山公司"资金门"的反复再现，昭示着中海集团管理层在内部控制态度上的漫不经心。再从治理结构看，中海集团所有海外公司的财务体制，是控股公司掌控下属企业的全部财务和资金结算。权力的极度膨胀与自由放任，意味着海外公司得以游离于中海集团的视线边缘，为资金失控埋下了巨大隐患。

2. 风险评估。航运公司的主营业务收入是运费收入，而行业内的收费标准各有不同，大额的现金流动是行业特点之一。如从天津中转釜山再到芝加哥，一个长 40 英尺的集装箱柜的运费为 3300～3700 美元，每次交易的现金流也很大。分公司贪污公款，主要是通过提高费用，或者把产品低价(运货价)售给客户，然后从客户处收取好处。如果分一百多次转移，而又缺少仔细审查，的确很容易被忽略。但该公司对这一重要风险点缺乏必要的识别、分析与评估。

3. 控制活动。以最典型的控制活动——不相容职务分离为例，釜山公司案的焦点人物李克江，既为中海集团韩国控股的财务部负责人，又身兼审计之职。自我复核和检查可谓是犯了内部控制的大忌。从行业经验来看，釜山公司案也不可能是李克江一人所为，而是有其他财务人员或外部供应商的配合。此类事件的发生，亦暴露出中海集团对海外分公司资金结算体制上的风险控制不足。

4. 信息与沟通。中海集团全面介入自查，是在釜山公司涉案人一百多次转移大量资金得逞之后才开始的，但此时巨额损失已然酿成。尚处于第一次"资金门"余悸中的中海集团，本应培养出在最短时间内针对事件的起因、可能趋向及影响做出预测，并迅速做出反应的能力。遗憾的是，从这种"慢半拍"式的信息与沟通中可以看出，中海集团没能在此方面做出实质性的改进。

5. 内部监督。像中海集团这样的大集团在海外设立的公司，如果是全资子公司，通常都采取独立核算制度，只需要报年账或总账，不需要报明细账，有些公司甚至连现金流都不用向总部汇报。如果没有涉及上市公司，一般也不会有总部对海外分公司进行定期内部审计，这就导致了海外公司做假账的可能性，如虚报费用、虚开发票、和供应商内外勾结等。中海集团的内部控制之所以偏离了正确的轨道，与其缺乏常规性的、相对独立的财务审计和监管制度是密不可分的。

釜山公司案表明，我国大型中央企业在纷纷选择"走出去"战略的同时，在如何监管海外分公司的财务安全这一问题上，与国际大公司相比还缺乏足够的经验。如何保障海外业务的顺利发展，已成为刻不容缓的重大课题。我们注意到，釜山公司案发生以后，中海集团围绕内部控制五要素的缺陷，做了大量针对性的改进工作。

第一，为了改善内部环境，2008 年 4 月正式成立集团风险控制和管理委员会，由集团总裁亲自担任委员会主任。内部控制受到管理层的重视，并被提到公司治理的高度。

第二，为了改善风险评估，由集团企管部作为集团风险控制和管理的牵头职能部门，集团风险控制和管理委员会下设工作小组，主要职责是根据集团风险控制和管理委员会确定的方针、政策和任务，具体协调、处理企业经营发展和日常管理中有关风险控制和管理的事项，组织落实风险控制和管理有关事项。

第三，为了改善控制活动，中海集团着手建设具有中海特色的风险控制和管理体系，重点抓好对重大风险、重大事件的管理和重要流程的控制，加强安全管理、资金风险防控、应收账款催收、商务风险防范、企业法律制度建设、信息化建设、人才建设和企业稳定等八项工作。

第四，为了改善信息与沟通，中海集团强调风险控制和管理信息系统的建设，做好编报企业风险控制和管理报告的准备。

第五，为了改善内部监督，按照业务分管原则，集团风险控制和管理委员会下设工作小组，实施对集团下属单位风险控制和管理事项的监督指导。同时，开展对集团近百家海外分公司和代理办事处的大检查，主要针对资金往来，尤其是应收账款是否及时到账等日常运营资金流状况，显著加大了检查监督的力度。

第五节 内部控制的局限性

内部控制在保证企业经营管理合法合规、资产安全、财务报告及相关信息真实完整，提高经营效率和效果，促进企业实现发展战略方面具有一定的作用，但仅能为以上目标的实现提供合理保证，而不是绝对保证，原因就在于内部控制本身具有一定的局限性。正是因为内部控制固有的局限性，所以设计再完美的内部控制，也不能完全保证企业不出任何问题。一般而言，内部控制的局限性可以概括为以下三个方面。

一、越权操作

内部控制制度的重要实施手段之一是授权批准控制，授权批准控制使处于不同组织层级的人员和部门拥有大小不等的业务处理和决定权限。但是一旦发生越权操作，内部控制分工制衡的基本思想将不能再发挥作用，内部控制制度也就形同虚设了。

越权操作的危害极大，不仅打乱了正常的工作秩序和工作流程，而且还会为徇私舞弊、违法违规创造一定的条件。如果越权操作行为发生在基层，往往会引发资产流失、挪用公款等案件；如果发生在高层，则往往形成"内部人控制"，筹资权、投资权、人事权等重大事项的决策权都掌握在公司的经营者手中，股东很难对其行为进行有效的监督。由于权力过分集中，经理人发生逆向选择和道德风险的可能性就较高，这就导致了企业资产流失问题严重、会计信息严重失真、短视行为泛滥等问题，不利于企业的长远发展。

 案例 2-8

英国巴林银行倒闭案

巴林银行(Barings Bank)创建于 1763 年，由于经营灵活变通、富于创新，巴林银行很快就在国际金融领域获得了巨大的成功。20 世纪初，巴林银行荣幸地获得了一个特殊客户：英国王室。由于巴林银行的卓越贡献，巴林家族先后获得了五个世袭的爵位。这一世界纪录为巴林银行奠定了显赫的地位。

尽管是一家老牌银行，但巴林银行一直都在积极进取，在20世纪初进一步拓展了公司财务业务，获利甚丰。20世纪90年代开始向海外发展，在新兴市场开展广泛的投资活动，仅1994年就先后在中国、印度、巴基斯坦、南非等地开设办事处，业务网络点主要在亚洲及拉美新兴国家和地区。

然而，巴林银行竟毁于一个年龄只有28岁的毛头小子尼克·里森(Nick Leeson)之手。尼克·里森未经授权在新加坡国际货币交易所(SIMEX)从事东京证券交易所日经225股票指数期货合约交易失败，使巴林银行产生了高额亏损，远远超出了该行的资本总额。

1992年，新加坡巴林银行期货公司开始进行金融期货交易不久，前台首席交易员(而且是后台结算主管)尼克·里森即开立了"88888"账户。开户表格上注明此账户是"新加坡巴林期货公司的误差账户"，只能用于冲销错账，但尼克·里森却用这个账户进行交易，而且成了尼克·里森赔钱的"隐藏所"。尼克·里森通过指使后台结算操作人员在每天交易结束后和第二天交易开始前，在"88888"账户与巴林银行的其他交易账户之间做假账进行调整。通过假账调整，尼克·里森反映在总行其他交易账户上的交易始终是盈利的，而把亏损掩盖在"88888"账户上。

自1994年下半年起，尼克·里森认为日经指数将上涨，逐渐买入日经225指数期货，不料1995年1月17日关西大地震后，日本股市反复下跌，尼克·里森的投资损失惨重。为弥补亏损，尼克·里森一再加大投资，以期翻本。1995年2月23日，日经指数急剧下挫，尼克·里森终于意识到，他已回天无力，无法弥补损失，于是便偕妻子仓促外逃。次日，巴林银行因被追交保证金，才发现尼克·里森期货交易账面损失约4亿至4.5亿英镑，约合6亿至7亿美元，已接近巴林银行集团本身的资本和储备之和。

1995年2月26日，英国中央银行英格兰银行宣布：巴林银行不得继续从事交易活动并应申请资产清理。10天后，这家拥有233年历史的银行以1英镑的象征性价格被荷兰国际集团收购。这意味着巴林银行的彻底倒闭。

"千里之堤，毁于蚁穴"，看似不起眼的一个漏洞却导致一个百年老店的垮台。像巴林银行这种享誉世界的老牌银行，不可能不建立内部控制制度，但问题在于越权操作无人问津，毁掉了内部控制制度形成的"天罗地网"。

二、合谋串通

内部控制制度源于内部牵制的理念：利用多个部分、环节、人员之间的相互制衡，来防止、发现和纠正可能发生的错误与舞弊。正是基于这样的思想，才有了不相容岗位分离、轮岗制度和强制休假制度等，而合谋串通则完全破坏了内部牵制的设想，削弱了制度的约束力，导致内部控制制度无效。

合谋串通的动机通常是为了侵吞公司财产，合谋串通的方式有两人串通和多人串通。多人串通的危害极大，往往会形成造假一条龙，不易识别，给公司、股东及外界的利益相关者带来巨大的损失。

案例 2-9

锦化分厂串通舞弊案

38 岁的程某是锦化化工集团氯碱股份有限公司聚醚分厂八万吨环氧丙烷车间工段长。程某在任职期间，发现在对本厂丙烯(环氧丙烷原料)回收装置的尾气排放进行控制后，可使丙烯消耗降低，进而提高环氧丙烷产量，产生超过公司计划的"余量"。为此，程某曾问过企业有关负责人："我们超额完成生产计划，能不能多发点奖金？"得到的回答是："我没有这个权力。"这就造成了一种局面：一方面，职工超额完成产量的积极性得不到鼓励；另一方面，节能回收装置长期得不到有效利用，大量的环氧丙烷随着尾气排放消耗掉。

于是，程某就从生产的源头开始，买通了车间主任、段长、班长，为其提供货源；对计量人员、门卫施以小恩小惠，用空车票充当重车票出厂；买通监控人员，删除监控录像。这样，自 2002 年 3 月到 2006 年 1 月间，以程某为首的犯罪团伙先后作案 100 余起，共盗窃本单位环氧丙烷和聚醚 3 500 余吨，价值 3 900 多万元。他们根据每名成员在作案中所起的作用分赃，每人每次所得少则数千元，最高达到 15 万元。

程某等人的串通合谋行为形成"侵占国有资产一条龙"，破坏了内部控制交叉控制的功能，将内部控制制度归于无效。

三、成本约束

根据成本效益原则，内部控制的设计和运行是要花费代价的，企业应当充分权衡实施内部控制带来的潜在收益与成本，运用科学、合理的方法，有目的、有重点地选择控制点，实现有效控制。也就是说，内部控制的实施受制于成本与效益的权衡。内部控制的根本目标在于服务企业价值创造，如果设计和执行一项控制带来的收益不能弥补其所耗费的成本，就应该放弃该项控制。成本效益原则的存在使内部控制始终围绕着控制目标展开，但同时也制约了内部控制，使其难以达到尽善尽美，这也是内部控制固有局限性的来源之一。

复习思考题

1. 如何理解内部控制的定义？
2. 内部控制有哪些目标？这些目标可以分为几个层次？各个目标之间的关系如何？
3. 企业建立与实施内部控制应把握哪些原则？全面性原则、重要性原则与成本效益原则具有怎样的内在联系？
4. 我国《企业内部控制基本规范》规定内部控制包含哪五个要素？它们之间具有怎样的联系？
5. 内部控制存在哪些局限性？

第三章

内 部 环 境

 引导案例

纵览国内外上市公司失败的案例，失败的根本原因多在于内部环境。虽然这些公司也具有形式上健全的组织架构、人力资源政策，完整、规范的财务管理制度，授权审批程序和操作流程。但是加强内部控制建设、优化内部环境要素是提高企业管理水平的一项重要的基础性工作。越是基础的越重要，内部环境是内部控制的基础。让我们看一下沃尔玛的内部环境。

沃尔玛百货有限公司(简称"沃尔玛")由美国零售业的传奇人物山姆·沃尔顿先生于1962年在阿肯色州成立。沃尔玛是世界上最大的零售商，连续四年排名《财富》杂志世界500强企业榜首。主要业态为：沃尔玛购物广场(面积在1万~2万平方米，经营品种2万种左右)、山姆会员店(面积2万平方米以上，经营品种5 000种左右)、沃尔玛社区店。目前，沃尔玛在全球开设了超过6 000家商场，员工总数160多万人。每周光临沃尔玛的顾客近1.4亿人次，商店分布在美国等16个国家。

组织架构又是内部环境的基础。沃尔玛每家分店由一位经理和至少2位助理经营管理，经理负责整个商店的运营，2位助理则分别负责耐用商品和非耐用商品的管理，他们又领导着36个商品部门经理。商店经理向地区经理汇报工作，每位地区经理负责约12家分店。地区经理又向区域副总裁汇报工作，每位副总裁又下设3~4位地区经理。区域副总裁向公司执行副总裁汇报工作。有2位高级副总裁分别负责新店发展和公司财务等。在组织结构体系中，各区域副总裁是核心，他们负责整个公司的沟通和运营管理。虽然沃尔玛扩展迅速，但是这一管理结构仍然与初建时同样简单、精炼和有效。

企业文化是内部控制的保障。企业文化的精髓在于企业理念，企业的理念就表现在企业的价值观上。沃尔玛的创始人山姆·沃尔顿所倡导并奉为核心价值观的"顾客就是上帝""尊重每一位员工""每天追求卓越""不要把今天的事拖到明天""永远为顾客提供超值服务"等服务原则和文化理念，都被世人称为宝典。山姆·沃尔顿的非凡创造能力和他所倡导并一手建设的企业文化，就是一个现代版商业神话诞生的源泉。

因此，内部控制应从环境建设开始。随着内部控制理论的不断发展与深化，人们越来越意识到内部环境要素是企业内部控制的关键，是内部控制框架中其他要素的基础，是所有的控制方式和方法赖以运行的基石。没有一个良好的内部环境，其他内部控制要素不论质量如何，都不可能形成有效的控制。

第一节　内部环境概述

企业作为一个系统，总是在一定的环境下运行的。与企业相关的环境分为内部环境和外部环境，不论是对风险的评估还是控制活动的开展，企业都需要对内/外部的环境进行深入的了解。然而，内部控制只是企业的一种内部行为，通常而言，外部环境对企业内部控制的影响更多地体现在约束和规范上，它超出了企业自身的控制能力和范围，不是内部控制系统的组成部分；内部环境是直接造成各企业内部控制形成和差异的根本原因，是内部控制理论研究首先应该关注的环境要素。企业内部环境建设的目标就是为了实现发展战略，提高竞争力，营造一个有利的内部条件与内部氛围。企业内部环境对内部控制系统的实施及其职能的发挥有着重大、持久的影响，是推动企业内部控制工作的发动机，它奠定了组织管理的风格和结构，并将最终成就企业内部控制的结果。不同时期、不同国家内部环境制度及其影响因素可以不同，但其适应性与创新性却是永恒不变的主题。

内部环境是组织内部的一种共享价值体系，是影响、制约企业内部控制建立与实施的各项内部条件与氛围的总和，包括企业的资源、能力和文化等因素。从内部环境发展演进阶段可以看出，内部环境诸因素之间均有着千丝万缕的联系，它们一脉相承，分别代表着社会经济、企业管理等发展各时期内部环境的主要影响成分(如表 3-1 所示)。

表 3-1　内部控制相关标准(规范)内部环境构成因素

标准	内部环境构成因素								
SAS NO.55	经营管理理念	组织机构	董事会	授权与分配责任的方法	管理控制方法	内部审计	人力资源政策与实务		
COSO 92	诚信与道德	素质要求	董事会与审计委员会	管理哲学与经营风格	组织结构	责任分配与执行	人力资源政策与执行		
COSO 04	风险管理理念	风险文化	董事会	操守和价值观	对胜任能力的承诺	管理方法和经营模式	风险偏好组织结构	职责和权限分配	人力资源政策和实务
基本规范	治理结构	机构设置	权责分配	内部审计	人力资源政策	企业文化			

一、SASNO.55：内部环境的形成

1988 年，美国注册会计师协会(AICPA)发布《审计准则公告第 55 号》(简称"SASNO.55")，第一次正式将控制环境纳入内部控制范畴，控制环境从此成为内部控制理论研究的重要方面。该公告首次提出"内部控制结构"的概念，指出控制环境是对建立、加强或削弱特定政策、程序及其效率产生影响的各种因素。这些因素包括经营管理理念、组织结构、董事会、授权与分配责任的方法、管理控制方法、内部审计、人力资源政策与实务。SASNO.55 强调了内部环境中最关键的因素是与有效控制政策和程序制定、实施密切相关的管理层和董事会对控制的态度；并将"内部审计"作为环境因素，以强化监控。在要素的排列上，"组织结构"是受"经营管理理念"影响的，管理层决定了组织结构的安排；将"人力资源政策与实务"排在最后，作为保障性、支持性影响因素，这一思路一直影响到现在。

二、内部控制整体框架：内部环境的发展

1992 年，COSO 委员会发布《内部控制——整体框架》（简称"COSO92"），提出控制环境是组织的基调，主导或左右着组织成员的控制理念；控制环境是其他内部控制要素的基础，决定着控制的边界和结果，包括诚信与道德、素质要求、董事会与审计委员会、管理哲学与经营风格、组织结构、责任分配与授权、人力资源政策与执行七大因素。COSO92 突出了企业文化中的核心内容——员工的"诚信与道德"及"素质要求"，并将它们作为控制环境的两个首要因素，突出了软控制的影响力。同时，提升了董事会与审计委员会在控制环境中的重要作用和地位，强调董事会的作用是参与而非干预。从员工的"诚信与道德"到"人力资源政策与执行"，形成了完整的控制环境构成因素体系，七大因素的有序组合及良性循环有力地推动了企业管理"车轮"滚滚向前。但是，COSO92 的视角还是立足于外人（特别是外部审计师）如何看待一个企业的控制环境，企业进行内部环境建设仍处于被动应对状态。

三、企业风险管理框架：内部环境的成熟

COSO 的《企业风险管理——整体框架》（简称"COSO04"）用"内部环境"代替了"控制环境"，提出内部环境包含组织的基调、营销组织中人员的风险意识，是企业管理所有其他构成要素的基础，为其他要素提供约束和结构。它影响着战略和目标如何制定、经营活动如何组织及如何识别、评估风险并采取行动。它还影响着控制活动、信息与沟通体系和监控措施的设计与运行。由风险管理理念、风险文化、董事会、操守和价值观、对胜任能力的承诺、管理方法和经营模式、风险偏好组织结构、职责和权限分配、人力资源政策和实务九大因素构成。与 COSO92 内部环境构成因素相比，COSO04 虽然仅增加了两个因素、微调了因素排列顺序、修正了部分因素的措辞，但内部环境内涵却发生了深刻变化。在措辞方面，相对于COSO92，将"诚信与道德"改为"操守和价值观"，将"素质要求"改为"对胜任能力的承诺"，更为恰当、准确地把握了企业文化是内部环境构成因素的精髓；将"管理哲学与经营风格"改为"管理方法和经营模式"，更为具体且切合企业管理实际，即对管理层的要求不仅是空洞的哲学与风格，更要拥有具体的方法与模式；"组织结构"改为"风险偏好组织结构"，合理解释了每个企业组织结构的不同是受风险偏好影响的缘由。

四、我国的借鉴与创新

2008 年，财政部、证监会、审计署、银监会、保监会联合发布了《企业内部控制基本规范》（简称《基本规范》）。《基本规范》参照国际良好实践，结合我国企业具体情况对内部环境做了规定。内部环境是企业实施内部控制的基础，一般包括治理结构、机构设置及权责分配、内部审计、人力资源政策、企业文化等。总体来说，《基本规范》借鉴了 SASNO.55 的表述方式，同时融入 COSO92 的先进理念。我国企业市场化发展起步较晚，内部控制成熟度较低，内部环境整体还处于低层次。在内部环境构成因素中，需要健全治理结构、完善机构设置。治理结构作为我国企业内部环境的首要因素是长期、正确的战略考虑，完善治理结构是上市公司的迫切任务，也是现阶段相关部门监管的重点。为强化内部监督，针对我国企业内部审计弱化、形同虚设的特点，参照美国早期（SASNO.55）的做法，《基本规范》将内部审计作为内部环境构成因素，要求企业保持内部审计在机构设置、人员和工作上的独立性。

在企业成长、发展过程中，企业文化是必不可少的重要环境因素。从中西方内部环境影响因素排列顺序来看，COSO 两个报告都将文化因素排在前列，我国却将其排在最后。权衡制度管理与人本管理的关系，在没有良好制度的前提下，文化作为环境因素是相当脆弱的。我们认为，西方的人本管理是其制度管理的回归，在我国，制度管理是根本，人本管理是补充，我国企业需要补制度管理的课。

但是，《基本规范》中相关因素的表述尚未达到西方良好实践的高度，如在管理哲学(方法)和经营风格(模式)方面未做基本概念的约定；权责分配因素采用"权在前、责在后"的中国式表述方式，不符合国际先进理念。按照 COSO 报告"目标→责任→权力"的思路，首先明确部门、人员目标，目标如果不能实现应承担责任，为避免风险的发生(责任的承担)才赋予一定的权力，保持责权对等。在人力资源方面只强调"政策"制定，不强调政策的"执行(或实务)"。事实上，人力资源建设关键在于执行。

第二节　内部环境的职责

一、控制的层级制度

内部控制不是在真空中存在的，它涉及人员、政策和程序，是对组织自身的一种控制环境。内部控制是主观的，因为它依赖于管理层认为控制有多重要、是否选择有效的战略、如何监督和实施控制。内部控制的每一个有意义的检查都必须考虑环境。

由管理层建立的内部环境会对一个组织的控制程序与技术的有效性产生重要的影响。控制环境形成会受到很多因素的制约。有些因素清晰可见，如正式的公司政策声明或内部审计职能；有些因素是无形的，如职业胜任能力和人员的诚实性。

《国际注册内部控制师通用知识与技能指南》把内部控制视为一个三级分类的控制层级制度。如图 3-1 和图 3-2 所示，在层级制度的顶端是内部环境，即"公司治理"另外两个层级控制措施的执行与效果。在内部环境控制之下是系统控制，最底层的是交易处理控制。

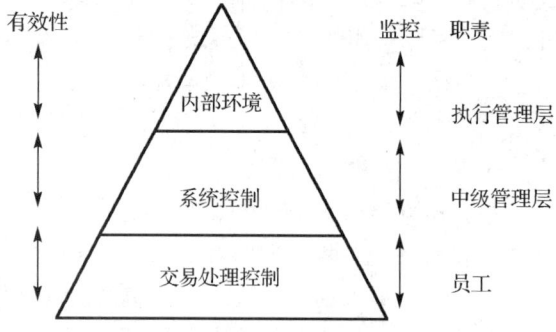

图 3-1　控制层级制度

控制措施的有效性是从内部环境开始向下移动的。换句话说，如果环境控制是薄弱的，其他层级的控制将不会有效。例如，如果管理层不创建一个希望员工能保护数据安全性的环境，员工或许不关心保存密码的重要性。在一个松散的内部环境控制中，个人可能把密码标签贴在计算机终端上。如果对系统的控制措施是薄弱的，交易处理的控制措施将同样是薄弱的。

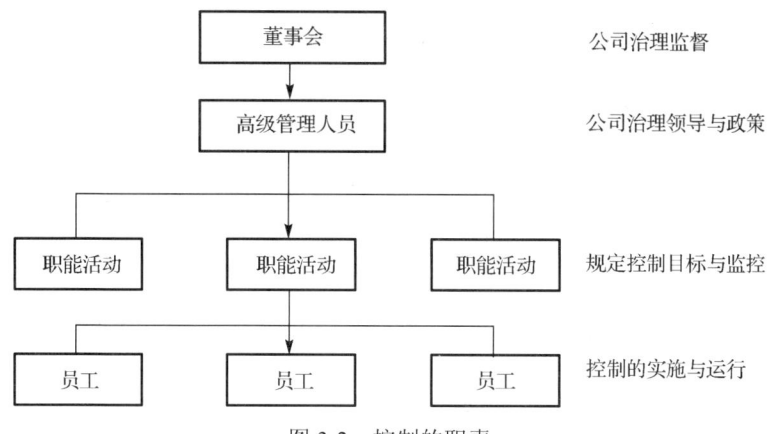

图 3-2　控制的职责

　　有效的控制是董事会和组织中每个员工的责任。管理层创建一个内部环境是很重要的，在这一环境中每个员工都认为控制是很重要的，并且成为控制的积极参与者，以确保那些需要控制的事项真正得到控制。

　　董事会负有监督内部环境的责任，并强调解决违反控制的行为。董事会应当要求首席执行官提供内部环境的适当保证。所有重大的违反控制的行为和对这些行为采取的纠正行动都应当通知董事会。为了有助于实现这些控制职责，董事会任命独立审计师和内部审计师帮助他们评价控制措施是否适当，并保证他们遵守控制措施。

　　执行管理层有责任创建有益于控制措施实施、监督控制和处罚违反控制行为的环境，在创建控制措施并确保控制措施得到贯彻执行方面，管理层必须提出有效的内部环境控制的属性和管理层的职责。

　　中级管理层有责任对他们的职能领域建立控制目标。例如，信息技术部门可能设立一个控制目标，要求所有软件在安装进入系统之前，应接受单独的测试；应收账款管理部门可能设立一个目标，要求所有已开发票的物品，不管是款项已收讫还是需要催收，都应该在应收款项中予以适当的记录。

　　员工有责任执行和操作控制措施。在大多数的组织内，信息技术部门职员的工作涉及职能领域中的全体员工，这有助于信息技术部门确定所需要控制的程度。

二、内部环境如何发挥作用

　　内部环境经常被称为公司治理的一部分，并且被视为将不同的相关活动维系在一起的"胶水"。也许你正在某种环境中工作，已经识别出无法很好开展工作的有关活动。例如，一个部门可能急需某种产品，但无法立刻得到，因为在适当的采购计划文书完成审批之前，采购部门不能订购相关产品。

　　我们举一个简单的例子来说明内部环境是如何为所有团队在一起工作并为完成组织使命提供保证的（见图 3-3）。图 3-3 中是一个零售组织典型的商业循环。该组织采购商品用于销售，采购的商品销售给客户，开发票给客户，然后回收资金。收回的资金再次被用于重复这样的循环。

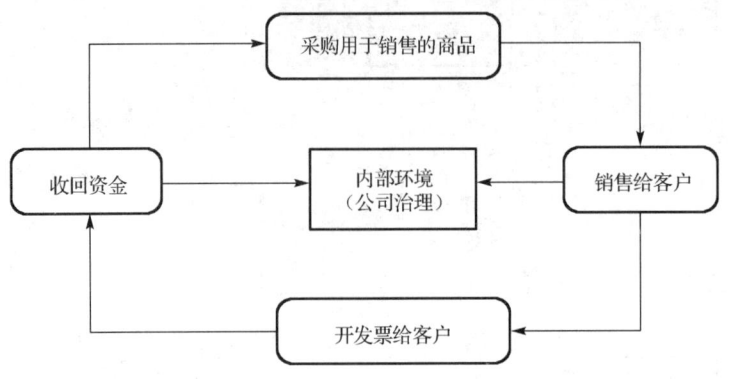

图 3-3　内部环境如何起作用

内部环境有助于保证为相关的但又各自不同的活动建立重叠的控制目标。例如，某一重叠的控制目标包括为销售给客户的所有物品开出发票，并且不再采购那些客户不需要的物品。

三、有效内部环境的属性

需要说明的是，没有一个绝对正确的内部环境，但存在有效的内部环境属性。这些属性可以采用许多不同的方法得到执行，有些属性是共同的，但是大部分属性将根据组织情况而选择不同的实施方法。

一个有效的内部环境的属性主要包括以下内容。

1. 行为守则政策(Code of Conduct Policy)

几乎所有组织都承认制定行为守则政策的必要性。行为守则政策是指管理层对行为的定义，所有员工，包括执行管理层，应当证实履行了他们的日常职责。

2. 企业的价值观(Corporate Values)

公司确定的愿景是组织目标的理想化表述。例如，阿里巴巴的愿景为"旨在构建未来的商业基础设施。我们的愿景是让客户相会、工作和生活在阿里巴巴……并持续发展最少 102 年"。在实现愿景方面，公司需要建立其希望融合到操作程序中的价值观。例如，阿里巴巴的 6 个价值观对于如何经营业务、招揽人才、考核员工及决定员工报酬等方面具有指导性作用，具体包括如下内容。

(1)客户第一：客户是衣食父母。

(2)团队合作：共享共担，平凡人做非凡事。

(3)拥抱变化：迎接变化，勇于创新。

(4)诚信：诚实正直，言行坦荡。

(5)激情：乐观向上，永不言弃。

(6)敬业：专业执着，精益求精。

这些价值观需要被融合到工作执行和决策制定中去。例如，阿里巴巴以客户第一为目标。马云在 2014 年赴美上市前向员工发布邮件，上市后仍坚持"客户第一、员工第二、股东第三"的原则。

3. 首席执行官成为楷模（CEO as the Role Model）

组织的高级职员应当以言传身教的方式教导所有员工遵守行为法则。对"首席执行官成为楷模"最好的描述是首席执行官必须"言行一致"。换句话说，如果首席执行官希望员工在公务旅行中遵守财务的限制性规定，如出差乘坐飞机的二等舱，那么除非有一个可以不这样做的商务理由，否则，首席执行官应当遵守规定。如果首席执行官希望公司中的每个员工根据内部控制的原则接受培训，那么，首席执行官也应当参加此类培训。如果首席执行官想要成为一个楷模，他必须以自身的表现和态度告诉组织内所有员工应该怎么做。

4. 组织结构（职责分离）（Organizational Structure）

董事会和高级管理层必须设定组织的结构，并进行适当的职责分离，以便能以高效和便捷的方式完成组织的使命。尽管不存在应用于所有组织的"正确"组织结构，然而，在COSO内部控制整体框架中所包含的指南提供了被认为是好的组织结构的指引。

该指南的描述如下：组织结构应当既不能太简单，以至于无法适当地监督企业的活动；也不能太复杂，以至于禁止必要的信息流。主管人员应当完全了解他们的控制责任，并且具有与他们职务相匹配的经验和知识。有效组织的五个特征包括以下几方面。

（1）整个组织结构应当是有能力提供管理其活动所必需的信息流；

（2）应当界定主要经理们的职责和他们对这些职责的理解；

（3）报告关系是适当的；

（4）应当根据变化的情况对组织结构做出修正；

（5）在管理和监督能力方面，有足够的熟练技工执行组织的各项活动。

5. 人员的胜任能力（Competency of Personnel）

所有的内部控制都是针对"人"这一特殊要素而设立和实施的，再好的制度也必须有人去执行，可以说，人员的品行和素质是内部控制效果的一个决定性因素。因此，人的品行和能力是决定性的内部环境因素。另外，员工的品德与能力既是决定性的内部环境因素，直接影响着内部控制其他要素的建设和运行；也是根本性的内部环境因素，影响着其他控制环境因素的优劣。企业没有德才兼备的决策人员，就不可能制定出科学合理的发展战略；没有德才兼备的治理人员特别是独立董事，治理层就不可能有效地履行对内部控制的治理、指导和监督职责；没有德才兼备的管理人员特别是高级管理人员，管理层就不可能有合理的管理理念和经营风格。在企业的各类人员中，董事和高级管理人员的品德和能力格外重要，它不仅直接影响治理层对内部控制监督与指导职责的履行、管理层对企业经营管理"基调"的设定，而且影响他们对其他员工的招聘、任用、考核，从而影响其他员工的品德与能力。员工的品德是企业的重要资源。COSO92认为"经营良好的企业的管理人员已越来越接受'道德是值得的'（Ethics Pays）的观点——道德行为是一项很好的业务"。员工品德影响着内部控制其他构成要素的设计、执行和监控。"内部控制的有效性不可能脱离建立、执行和监控它们的人员的诚信和道德价值观"。

6. 其他方面

很多因素都会影响内部环境有效性，除行为守则政策、企业的价值观、首席执行官成为楷模、组织结构（职责分离）、人员的胜任能力属性之外，还包括职责与权力的特别委派和沟通、一般授权与责任制、内部审计、资产保护和规定的流程等。

第三节　内部环境的内容

一、组织架构

在我国内部控制框架中，组织架构、发展战略、人力资源、社会责任和企业文化均属于企业层面的控制（环境控制或基础控制），其风险及应对有别于业务层面的控制（应用控制）。

（一）组织架构的内涵及风险应对

1. 组织架构影响因素分析

2010 年，五部委联合发布了《企业内部控制基本规范》配套指引。其中 18 个"企业内部控制应用指引"（简称"应用指引"）中有 5 个属于企业层面的内部环境类指引，包括组织架构、发展战略、人力资源、社会责任和企业文化。应用指引中内部环境类指引与《基本规范》中内部环境构成因素一一对应，同时，丰富了《基本规范》的内涵并提升了我国内部环境构成因素体系的层次。

组织架构指引认为组织架构是一项制度安排，明确了股东（大）会、董事会、监事会、经理层和企业内部各层级机构设置、职责权限、人员编制、工作程序和相关要求，主要包括治理结构和内部机构设置。机构设置与权责分配互为因果，内部审计本身就属于组织的内部机构。因此，组织架构应包括治理结构、机构设置、权责分配和内部审计四个因素（见表 3-2）。在治理结构上，将股东大会纳入内部环境范畴（如发展战略方案需经股东会批准实施）。内部环境类指引紧扣发展战略做文章，企业要实施发展战略，必须要有科学的组织架构，履行一定的社会责任，配置合理的人力资源，形成积极向上的企业文化。从发展战略角度看，企业的根本目的不是利润最大，也不仅仅是企业价值最大，而是更广义的社会责任最大。企业应履行社会责任，实现战略目标。

表 3-2　应用指引中内部环境类指引与基本规范中内部环境构成因素比较

项　目	比　较							
应用指引中内部环境类指引	组织架构				发展战略	人力资源	社会责任	企业文化
基本规范中内部环境构成因素	治理结构	机构设置	权责分配	内部审计	—	人力资源政策	—	企业文化

2. 组织架构的主要风险

组织架构的风险主要来自两方面。

（1）治理结构形同虚设，缺乏科学决策、良性运行机制和执行力，可能发生经营失败；

（2）内部机构设计不科学，权责分配不合理，可能导致机构重叠、职能交叉或缺失，运行效率低下。

3. 组织架构风险的主要应对措施

针对以上风险采取的主要应对措施有以下几个。

（1）企业应当根据国家有关法律法规的规定，明确董事会、监事会和经理层的职责权限、任职条件、议事规则和工作程序，确保决策、执行和监督相互分离，形成制衡机制。同时企业在重大决策、重大事项、重要人事任免及大额资金支付业务等方面，应当按照规定的权限和程序实行集体决策审批或联签制度,任何个人不得单独进行决策或擅自改变集体决策意见。

（2）企业应当按照科学、精简、高效、透明、制衡的原则，综合考虑企业性质、发展战略、文化理念和管理要求等因素，合理设置内部职能机构，明确各机构的职责权限，避免职能交叉、缺失或权责过于集中，形成各司其职、各负其责、相互制约、相互协调的工作机制。

（3）企业应当根据组织架构的设计规范，对现有治理结构和内部机构设置进行全面梳理，确保本企业治理结构、内部机构设置和运行机制等符合现代企业制度要求。

（4）拥有子公司的企业，应当建立科学的投资管控制度，通过合法有效的形式履行出资人职责、维护出资人权益，重点关注子公司特别是异地、境外子公司的发展战略、年度财务预/决算、重大投融资、重大担保、大额资金使用、主要资产处置、重要人事任免、内部控制体系建设等重要事项。对子公司控制一直是企业集团层面关注的一个重要问题，组织架构应用指引在综合调研的基础上提出此项要求，对实务操作具有重要指导作用。

（二）治理结构

公司制企业中股东大会（权力机构）、董事会（决策机构）、监事会（监督机构）、总经理层（日常管理机构）这四个法定刚性机构为内部控制机构的建立、职责分工与制约提供了基本的组织框架，但并不能满足内部控制对企业组织结构的要求，内部控制机制的运作还必须在这一组织框架下设立满足企业生产经营所需要的职能机构。

《企业内部控制基本规范》第十四条规定：企业应当根据国家有关法律法规和企业章程，建立规范的公司治理结构和议事规则，明确决策、执行、监督等方面的职责权限，形成科学有效的职责分工和制衡机制。因此，企业应当根据国家有关法律法规，结合企业自身股权关系和股权结构，明确董事会、监事会和经理层的职责权限、任职条件、议事规则和工作程序；确保决策、执行和监督相互分离、有机协调；确保董事会、监事会和经理层能够按照法律法规和企业章程的规定行使职权。企业应当在企业章程中规定股东大会对董事会的授权原则，授权内容应当明确具体。

 案例 3-1

某公司董事会关键控制点与控制措施

1. 关键控制点

职责不清、监督不力、决策失误、控股股东及关联方资金占用、公司运营过程可能出现重大错误。

2. 控制措施

（1）成立本公司内部控制领导小组，由董事长兼任组长，全权负责本公司内部控制的建立、健全和有效实施。

（2）公司董事会下设战略委员会、审计委员会、提名委员会和薪酬与考核委员会四个专业委员会。

战略委员会主要负责对公司中、长期发展战略和重大投资决策进行研究并向公司董事会提出建议及方案。

审计委员会主要负责公司内/外部审计的沟通，对公司的各项业务活动、财务收支、经营管理活动的真实性、合法性、安全性和效益性进行检查评价；负责审查公司内部控制，监督内部控制的有效实施和内部控制自我评价情况，协调内部控制审计及其他相关事宜等。审计委员会负责人由独立董事担任。

提名委员会主要负责对公司董事、高级管理人员的人选、选择标准和程序进行研究、审查并提出建议。

薪酬与考核委员会主要负责制定公司董事及高级管理人员的考核标准，进行考核并提出建议，同时负责制定、审查公司董事及高级管理人员的薪酬政策与方案。

（3）董事会下设董事会秘书，负责处理董事会日常事务。

（4）成立以董事长为组长，总经理、财务总监、董事会秘书及相关部门负责人参加的自查工作小组，定期开展公司治理专项活动，制定公司治理专项活动的方案。

（5）对控股子公司的管理控制。根据有关法律法规的规定，公司制定子公司《内部控制指引》，推动其参照执行公司统一的内部控制制度，督促、指导子公司逐步完善"三会"的规范运作。在确保子公司自主经营、自负盈亏的前提下，保障和推进子公司董事会和监事会的规范化有效运作，向子公司推举合格的董事和监事候选人，同时还规定对子公司实施定期报告制度、实体考核制度、监督审计制度。公司现有制度能够对控股子公司实行有效管理和控制，失控风险能够得到严格控制。

（6）关联交易的内部控制。根据《中华人民共和国公司法》《中华人民共和国证券法》《上海证券交易所股票上市规则》《企业会计准则——关联方关系及其交易的披露》等有关法律法规、规范性文件及公司章程的有关规定，对关联方、关联关系、关联交易价格的含义、关联交易的批准权限、关联交易的回避与决策程序及关联交易的信息披露做出明确的规定。保证公司关联交易的公允性，有效地维护股东和公司的利益。

（7）对外担保的内部控制。根据有关法律行政法规、部门规章及《上市规则》等有关规定，明确董事会关于对外担保事项的审批权限，以及违反审批权限和审议程序的责任追究机制。公司对外担保的内部控制要遵循合法、审慎、互利、安全的原则，严格控制担保风险。

（8）募集资金使用的内部控制。根据有关法律法规及上海证券交易所相关规定，按照发行申请文件中承诺的募集资金投资计划使用募集资金，并按规定存放募集资金。

（9）重大投资的内部控制。对重大投资的内部控制遵循合法、审慎、安全、有效的原则，控制投资风险、注重投资效益。公司指定内部相关部门负责对重大投资项目的可行性、投资风险、投资回报等事宜进行专门研究和评估，监督重大投资项目的执行进展，如发现投资项目出现异常情况，应及时向公司董事会报告。

（10）信息披露的内部控制。根据有关法律法规的规定，公司的信息披露工作由董事会统一领导和管理，董事长为公司信息披露的第一责任人，董事会秘书负责具体的协调和组织信息披露事宜。公司董事会办公室为信息披露事务管理部门，董事会秘书是投资者关系活动的负责人，在全面深入了解公司运作和管理、经营状况、发展战略等情况下，负责和组织各类投资者维护好关系。

（三）机构设置及责权分配

任何企业要达成其整体目标，必须构建一定的组织机构。企业的组织机构提供了计划、执行、控制和监督活动的框架，确立了适当的沟通和协调渠道，保证了组织中成员具有与其所履行职责相适应的知识、经验和能力。对于企业而言，要根据企业的具体发展战略确定组织结构。《企业内部控制基本规范》第十四条要求企业应当结合业务特点和内部控制要求设置内部机构，明确职责权限，将权力与责任落实到各责任单位。

组织机构是通过提供完整的架构作用于组织实现其目标的；是规定组织内部责任与授权的线形结构；是确认责任分配和授权的关键领域；功能是确认报告路径；机构设置必须覆盖计划、执行、控制、监督等组织活动的全部（见图 3-4）。其中，控制与监督的区别是，控制是保证正确执行计划的组织安排，而监督是控制有效的组织安排；组织结构设计的哲学意义是"是什么""做什么""如何做"；机构设置要保证合理的流水线模式，部门设置少一个不够用、多一个又冗余，部门功能必须是线形的、支持的，而非拦截的。关键回答以下三个问题：

所有的事是否都有人做？行为者是否被充分授权行事？所有行为是否有人承担责任？

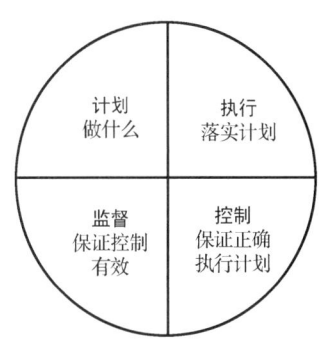

图 3-4 机构设置的原理

组织结构设计不确定：对权力定义不清或定义错误，导致权力的涣散。权力与责任不对称，权力结构不稳定，权力成为公开招标物，导致权力者互相冲突和耍政治手腕。

企业应当结合业务特点和内部控制要求设置内部机构，明确职责权限，将权力与责任落实到各责任单位。企业应当通过编制内部管理手册，使全体员工了解内部机构设置、岗位职责、业务流程等情况，明确权责分配，正确行使职权。按照基本规范的要求，机构设置及内部控制职责分工如图 3-5 所示。

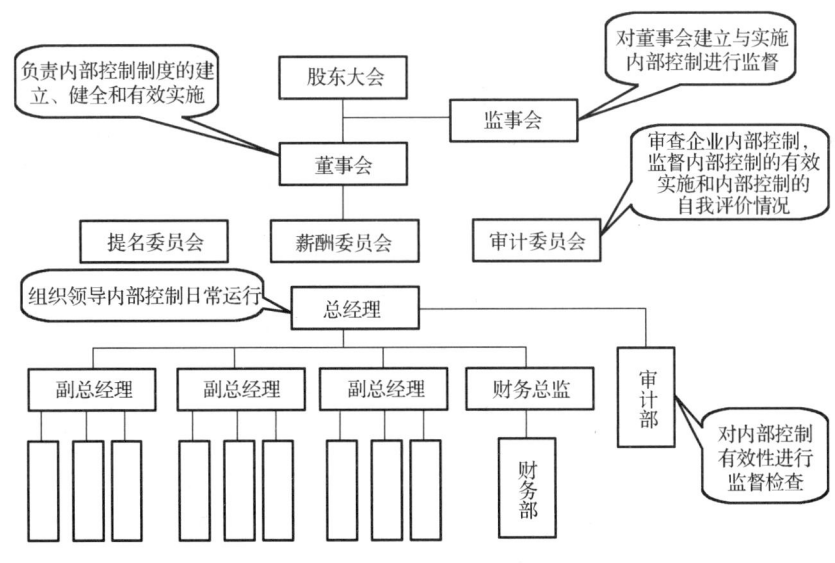

图 3-5 机构设置及内部控制职责分工

（1）董事会负责内部控制的建立、健全和有效实施。

（2）监事会对董事会建立与实施内部控制进行监督。

（3）经理层负责组织领导内部控制的日常运行。企业应当成立专门机构或指定适当的机构具体负责组织协调内部控制的实施及日常工作。

（4）审计委员会负责审查企业内部控制，监督内部控制的有效实施和内部控制的自我评价情况，协调内部控制审计及其他相关事宜等。审计委员会负责人应当具备相应的独立性、良好的职业操守和专业胜任能力。

(5)审计部对内部控制有效性进行监督检查。

 案例 3-2

某公司机构设置关键控制点及措施

1. 关键控制点

内部机构关键控制点包括权责分工、岗位职责、职责分解、权责匹配、知识和经验、内部机构变化、员工人数、汇报机制等。

2. 控制措施

(1)实行总经理负责制。经理层负责组织领导企业内部控制的日常运行。

(2)加强内部稽核监察工作，保证内部稽核监察机构设置、人员配备和工作的独立性。内部稽核监察部门具体负责组织协调内部控制的建立实施及日常工作。

(3)对经营管理人员实行择优竞争的选拔任用机制，确保经营管理人员的技能素质满足要求，具备执行其业务必备的知识和经验。

(4)实行任前公示制度。通过网络、局域网发布公告或召开会议等方式，对经营管理人员实行任前公示，增加选拔任用的透明度。

(5)注重对经营管理人员的培养，通过针对性培训、轮岗交流、挂职锻炼等形式提高经营管理人员素质。

(6)办公室为公司机构编制的归口管理部门，明确公司机构编制管理的范围。

(7)办公室根据本公司经营或发展战略的需要及外部环境的变化，评价现有内部机构的合理性，提出改进建议并报上级审批。机构编制调整，需要进行充分调研论证，按照规定程序经审批后实施。

(8)为确保人力资源合理配置，公司应根据相关规定针对工种(岗位)颁布相应的劳动定员定额标准。

(9)人员编制应按照公司的相关规定执行。

(10)明确组织机构和相关岗位的设置标准，确保管理岗位人员配备的适当性。

(11)相关职能部门向上级请示、报告工作，要先按照公司领导的工作分工向分管领导请示、报告，再根据请示报告类别向对口的上级请示、报告。一般情况下不得越级请示、报告工作。

(12)注重高层管理人员之间的沟通，建立相应的沟通和交流渠道并确保其畅通，如定期召开公司工作会议、经营分析会议；各职能部门负责人参加总经理办公会等高层会议；定期举行工作例会；领导定期或不定期走访调研基层单位等，使负责经营活动的管理人员能够与相关的高级管理人员进行沟通和交流。

(13)建立员工代表大会制度，为员工提供向领导层反映问题及建议的渠道。

(四)内部审计

内部审计是公司内部的一种独立客观的监督、评价和咨询活动，通过对经营活动及内部控制的适当合法性和有效性进行审查、评价和提出建议，促进改善公司运行的效率效果、实现公司的发展目标。

企业应当加强内部审计工作，保证内部审计机构设置、人员配备和工作的独立性。内部审计机构应当结合内部审计监督，对内部控制的有效性进行监督检查。内部审计机构对监督检查中发现的内部控制缺陷，应当按照企业内部审计工作程序进行报告；对监督检查中发现的内部控制重大缺陷，有权直接向董事会及其审计委员会、监事会报告。

 案例 3-3

某公司内部审计关键控制点与控制措施

1. 关键控制点

内部审计的关键控制点包括审计机构和人员、审计的内容与程序、舞弊的预防检查与汇报、内部审计质量控制。

2. 控制措施

(1)职责分工、权限范围和审批程序明确规范，机构设置和人员配备科学合理，公司设立内部审计部。内部审计部在董事会领导下，由董事会授权开展内部审计工作；在董事会审计委员会指导和协调下进行内部审计的日常工作。内部审计部定期向董事会及审计委员会、监事会和高级管理层递交工作报告，汇报内部审计活动的目标、职权、责任、审计计划开展的情况，以及审计中的重要问题，包括重大风险披露、重大控制缺陷与改进事项、发现的舞弊情况，以及董事会及审计委员会、监事会和高级管理层需要或要求的其他事项。

(2)内部审计机构按照有关法律法规的要求及内部审计规范的要求，制定内部审计工作手册，规范内部审计程序，以指导内部审计人员的工作，并保证严格执行。

(3)内部审计机构建立、健全有效的质量控制制度，并积极了解、参与公司的内部控制建设。

(4)内部审计人员具备必要的学识及业务能力，熟悉本公司的经营活动和内部控制，并不断通过继续教育来保持和提高专业胜任能力，且具有较强的人际交往沟通能力。

(5)内部审计机构和人员遵守职业道德规范，保持应有的客观性、独立性和职业精神。内部审计人员应避免对自己提供咨询的事项实施监督和评价。

二、发展战略

企业发展战略是指企业在对现实状况和未来趋势进行综合分析和科学预测的基础上，制定并实施的长远发展目标与战略规划。制定明确、稳定、符合实际的发展战略可以防止公司盲目发展、过度扩张或发展滞后。企业作为市场经济的主体，要想求得长期生存和持续发展，关键在于制定并有效实施适应外部环境变化和自身实际情况的发展战略。发展战略主要是由企业的最高层制定的，经过战略议题分析，集团战略制定，事业部战略制定，战略质询、审批、公布再到战略实施和最后的反馈控制，每一个环节都由战略制定者根据企业自身的情况客观地分析制定。企业还应针对战略实施过程进行动态监控与报告，并建立、健全战略评估制度。

一个现代企业，如果没有明确的发展战略，就不可能在当今激烈的市场竞争和国际化浪潮冲击下求得长远发展。

(一)发展战略的阶段

为了加强对企业发展战略规划的内部控制，明确发展战略的整个流程，企业可以将发展战略规划的程序大致划分为战略制定、战略实施两个大的阶段，其中战略实施中包含了实施后的战略评估与调整。

1. 战略制定阶段

一个正确的战略形成需要企业先提出一个合理的战略目标。企业应当在充分调查研究、科学分析预测和广泛征求意见的基础上制定发展目标。企业在制定发展目标的过程中，应该综合考虑宏观经济政策、国内外市场需求变化、技术发展趋势、行业及竞争对手状况、可利用资源水平和自身优势与劣势等影响因素。根据上述因素及企业管理层人员的经验和专业知识拟定出一个合理的战略目标。

企业应当根据发展目标制定战略规划。战略规划应当明确发展的阶段性和发展程度，确定每个发展阶段的具体目标、工作任务和实施路径。也就是说，战略对于企业的指导是一个过程，而不是企业一下子就能达到战略所要求的目标。所以这个过程需要一个完整、明确的规划。

企业应当在董事会下设立战略委员会，或指定专门机构负责发展战略管理工作，履行相应职责。战略委员会成员应当具有较强的综合素质和实践经验，其任职资格应当符合有关法律法规的规定。

董事会应当严格审议战略委员会提交的发展战略方案，如发现重大问题，应责成战略委员会对方案进行调整。调整后的方案重新审议，直至通过，并上报股东大会。最后经由股东大会批准实施。

2. 战略实施阶段

企业应当根据发展战略，制订年度工作计划，编制全面预算，将年度目标分解、落实。同时，完善发展战略管理制度，确保发展战略有效实施。

企业应当重视发展战略的宣传工作，通过内部各层级会议和教育培训等有效方式，将发展战略及其分解落实情况传递到内部各管理层级和全体员工。让全体员工接受、认可，甚至形成一种企业文化。

由于经济形势、产业政策、技术进步、行业状况及不可抗力等因素发生重大变化，需要对发展战略做出调整的，应当按照规定权限和程序调整发展战略。

(二)发展战略的主要风险

企业应当明确发展战略面临的主要风险，以及这些风险可能导致的后果。

(1)缺乏明确的发展战略或发展战略实施不到位，导致企业盲目发展，难以形成竞争优势，丧失发展机遇和动力。

(2)发展战略过于激进，脱离企业实际能力或偏离主业，导致企业过度扩张、经营失控甚至失败。

(3)发展战略频繁变动，导致企业资源严重浪费，最后危及企业的生存和持续发展。

(三)发展战略风险的应对措施

针对上述风险及影响，企业采取的应对措施包括以下几方面的内容。

（1）企业健全组织机构，在董事会下设立战略委员会，或指定专门机构负责发展战略管理工作。同时，对战略委员会的成员素质、工作规范也提出相应要求。

（2）应在充分调查研究、科学分析预测和广泛征求意见的基础上制定发展目标，而不是靠"拍脑袋"，盲目制定发展战略。在制定目标过程中，应综合考虑宏观经济政策、国内外市场需求变化、技术发展趋势、行业及竞争对手状况、可利用资源水平和自身优势等影响因素。

（3）强调战略规划应当依据发展目标而制定，明确发展的阶段性和发展程度，确定每个发展阶段的具体目标、工作任务和实施路径。

（4）董事会从全局性、长期性和可行性等维度，严格审议战略委员会提交的发展战略方案，之后再报经股东（大）会批准实施。

（5）从抓实施的角度，要求企业根据发展战略，制订年度工作计划，编制全面预算，将年度目标分解、落实，以确保发展战略的有效实施。

（6）设立发展战略后实施评估制度，要求战略委员会加强对发展战略实施情况的监控，定期收集和分析相关信息。对发现明显偏离发展战略的情况，要求及时报告；确需对发展战略做出调整的，企业要遵循规定的权限和程序调整发展战略。

 案例 3-4

某公司发展战略关键控制点与控制措施

1. 关键控制点

发展战略关键控制点包括发展战略的制定、发展战略的实施、发展战略的评估与调整、发展战略的信息披露。

2. 控制措施

（1）公司在董事会下设立战略委员会，或者由董事会授权的类似机构（以下统称为战略委员会）履行发展战略相应职责。

（2）公司制定战略委员会的议事规则和决策程序，对战略委员会会议的召开程序、表决方式、提案审议、保密要求和会议记录等做出规定，确保议事过程规范透明、决策程序科学民主。

（3）公司在充分调查研究、征求意见和分析预测的基础上制定发展目标。

（4）公司根据发展目标制定战略规划，战略规划体现战略期内技术创新、市场占有、盈利能力、资本实力、行业排名和履行社会责任等应达到的程度，确保公司具有长期竞争优势。

（5）公司战略委员会对发展目标和战略规划进行审议，提出审议意见，报董事会批准后实施。

（6）公司董事、监事和高级管理人员要树立战略意识和战略思维，并采取教育培训等有效措施将发展目标和战略规划传递到公司内部各个管理层级和全体员工。

（7）公司积极培育有利于发展战略实施的企业文化，建立支持发展战略实施的内部机构、人力资源管理制度和信息系统。

（8）公司根据发展目标和战略规划，结合战略期间时间进度安排，制定阶段性经营目标、年度工作计划和全面预算体系，确保发展战略分解、落实到产销能力、资产规模、利润增长幅度、投资回报要求、技术创新、品牌建设、人才建设、制度建设、企业文化、社会责任等各个方面。

(9)公司建立战略实施进程和效果的动态监控与报告制度，健全战略实施相关信息的收集、筛选、分析、处理机制和预警机制，增强公司对内/外部环境变化的敏感度和判断力。

(10)公司建立发展战略评估制度，加强对战略制定与实施的事前、事中和事后评估。

(11)公司发展战略保持相对稳定。公司在开展战略评估过程中，可以按规定程序进行战略调整，促进公司内部资源能力和外部环境条件的动态平衡。

(12)公司根据国家有关法律法规，以适当的形式披露发展目标和战略规划，增强投资者特别是战略投资者对公司发展的信心和关注度。

(13)公司披露影响发展战略实现的重大风险因素及其应对措施。

三、人力资源

企业的人力资源是指企业为组织生产经营活动而录(任)用的各种人员，包括董事、监事、高级管理人员和全体员工。而内部控制的实施主体包括董事会、监事会、经理层和全体员工，涵盖了企业几乎所有的内部人员。因此，人力资源水平的高低将直接影响企业内部环境的质量。

《企业内部控制基本规范》第十六条要求企业应当制定和实施有利于企业可持续发展的人力资源政策。人力资源政策应当包括员工的聘用、培训、辞退和辞职，员工的薪酬、考核、晋升与奖惩，关键岗位员工的强制休假制度和定期岗位轮换制度，掌握国家秘密或重要商业秘密的员工离岗的限制性规定，以及有关人力资源管理的其他政策。

企业应当重视人力资源建设，根据发展战略，结合人力资源现状和未来需求，建立人力资源发展目标，制定人力资源总体规划和能力框架体系，优化人力资源整体布局，明确人力资源的引进、开发、使用、培养、考核、激励、退出等管理要求，实现人力资源的合理配置，全面提升企业核心竞争力。

(一)人力资源管理操作流程

为了加强人力资源的内部控制，充分调动整体团队的积极性、主动性和创造性，全面提升企业的核心竞争力，企业一般可以根据人力资源管理操作流程分为人力资源引进与开发、人力资源的使用与退出和人力资源的评估与信息披露 3 个方面。

1. 人力资源的引进与开发

首先，企业应当根据人力资源总体规划，结合生产经营实际需求，制订年度人力资源需求计划，完善人力资源引进制度，规范工作流程，按照计划、制度和程序组织人力资源引进工作；其次，根据人力资源能力框架要求，明确各岗位的职责权限、任职条件和工作要求，通过公开招聘等多种方式选聘优秀人才；再次，企业应该建立严格的录用审批制度，对应聘人员进行严格的筛选并录用，在选聘人员之后，与其依法签订劳动合同；最后，对员工进行定期的培训与教育，提高员工的素质和技能。

2. 人力资源的使用与退出

企业应建立完善的激励约束机制，设置科学的业绩考核指标体系，对各级管理人员和全体员工进行严格考核与评价，以此作为确定员工薪酬、职级调整和解除劳动合同等的重要依据，确保整个团队处于持续优化状态。

3. 人力资源的评估与信息披露

企业应当定期对年度人力资源计划执行情况进行评估，总结人力资源管理经验，分析存在的主要缺陷和不足，完善人力资源政策，促进企业整体团队充满活力和生机。企业应该依法披露报告期末在职员工数量、专业构成、教育程度等信息，以适当的形式披露人力资源政策可能存在的重大风险因素及其应对措施。

（二）人力资源的主要风险

企业应当明确人力资源面临的主要风险，以及这些风险可能导致的后果。

（1）人力资源缺乏或过剩、结构不合理、开发机制不健全，导致企业发展战略可能难以实现。

（2）人力资源激励约束制度不合理、关键岗位人员管理不完善，导致人才流失、经营效率低下。

（3）人力资源退出机制不当，导致法律诉讼或企业声誉受损。

（三）人力资源风险的应对措施

针对上述风险及影响，企业采取的应对措施包括以下几个方面。

（1）企业应当根据人力资源总体规划，结合生产经营实际需要，制订年度人力资源需求计划。也就是说，人力资源要符合发展战略需要，符合生产经营对人力资源的需求，尽可能做到"不缺人手，也不养闲人"。

（2）企业应当根据人力资源能力框架要求，明确各岗位的职责权限、任职条件和工作要求，通过公开招聘、竞争上岗等多种方式选聘优秀人才。这项要求实际上意在强调企业要选合适的人，要按公开、严格的程序去选人，防止人情招聘、暗箱操作。

（3）企业确定选聘人员后，应当依法签订劳动合同，建立劳动用工关系；已选聘人员要进行试用和岗前培训，试用期满考核合格后，方可正式上岗。

（4）企业应当建立和完善人力资源的激励约束机制，设置科学的业绩考核指标体系，对各级管理人员和全体员工进行严格考核与评价，并制定与业绩考核挂钩的薪酬制度。如何留住引进来的优秀人才，对企业至关重要。

（5）企业应当建立、健全员工退出（辞职、解除劳动合同、退休等）机制，明确退出的条件和程序，确保员工退出机制得到有效实施。只有退出机制健全，退出条件和程序清楚，才能够防范和化解当前企业人力资源退出方面存在的诸多问题，使企业人力资源管理步入良性循环的轨道。

 案例 3-5

控制有余，沟通不足

2010 年富士康科技集团（以下简称"富士康"）让万人瞩目的，不是它骄人的业绩，而是富士康员工接二连三的跳楼事件。究竟是什么原因导致一系列悲剧的发生呢？在富士康，底层的员工工作单一，每天长时间重复一项劳动，实行军事化管理，没有与人交流的机会。而富士康的保安基本上均是退伍军人，负责保护公司的财产和技术机密，这赋予了保安相当大的权力，同时也导致了保安打人事件的屡次发生。在薪酬方面，员工的工作压力与得到的报酬不成正比。

在本案例中，富士康失败的人力资源政策导致了一系列悲剧的发生，这给公司带来了巨大的损失，特别是公司声誉方面。富士康给我们的启示有以下几个方面。

(1)企业应制定与公司发展战略相适应的人力资源发展规划.富士康的管理模式是典型的重视伙伴、不重视伙计。一个良好的企业应该制定良好的人力资源发展规划，将全体员工视为一个整体，否则任何一部分出现问题都会给企业带来巨大的损失。

(2)企业应当重视人力资源的开发工作。一个有着良好声誉和发展前景的公司，在建立员工培训长效机制、尊重人才和关心员工职业发展方面往往有突出的表现。富士康对底层员工"不重视"，认为其替代性强，从而造成员工没有归属感及员工的高流动性，增加了公司每年的招聘成本。

(3)企业应重视领导与员工、员工与员工之间的沟通。富士康实行的是军事化的管理，底层员工的不满不能及时传达给上级，而且宿舍内的人员往往是好几个部门的人，他们之间往往缺乏共同语言，缺少一个联系的纽带，这就会使员工的压力无法排解。公司应该完善上级与员工之间的沟通，及时发现问题并予以解决。

 案例 3-6

某公司人力资源关键控制点与控制措施

1. 关键控制点

人力资源关键控制点包括员工聘用、定岗(轮岗)、培训、考评、晋升、薪酬、补偿、激励、问责、解聘(淘汰)等。

2. 控制措施

(1)公司根据人力资源总体规划，结合生产经营实际需要，制订年度人力资源需求计划，完善人力资源引进制度，规范工作流程，按照计划、制度和程序组织人力资源引进工作。

(2)公司根据人力资源能力框架要求，明确各岗位的职责权限、任职条件和工作要求，遵循"德才兼备、以德为先"和"公开、公平、公正"的原则，通过公开招聘、竞争上岗等多种方式选聘优秀人才，重点关注选聘对象的价值取向和责任意识。公司选拔高级管理人员和聘用中层及以下员工，切实做到因事设岗、以岗选人，避免因人设事或设岗，确保选聘人员能够胜任岗位职责要求。公司选聘人员实行岗位回避制度。

(3)公司确定选聘人员后，依法签订劳动合同，建立劳动用工关系。公司对于在产品技术、市场、管理等方面掌握或涉及关键技术、知识产权、商业秘密或国家机密的工作岗位，与该岗位员工签订有关岗位保密协议，明确保密义务。

(4)公司建立选聘人员试用期和岗前培训制度，对试用人员进行严格考察，促进选聘员工全面了解岗位职责，掌握岗位基本技能，适应工作要求。试用期满考核合格后，方可正式上岗；试用期满考核不合格者，及时解除劳动关系。

(5)公司重视人力资源开发工作，建立员工培训长效机制，营造尊重知识、尊重人才和关心员工职业发展的文化氛围，加强后备人才队伍建设，促进全体员工的知识、技能持续更新，不断提升员工的服务效能。

(6)公司建立和完善人力资源的激励约束机制，设置科学的业绩考核指标体系，对全体员工进行严格考核与评价，以此作为确定员工薪酬、职级调整和解除劳动合同等的重要依据，确保员工队伍处于持续优化状态。

(7)公司制定与业绩考核挂钩的薪酬制度，切实做到薪酬安排与员工贡献相协调，体现效率优先，兼顾公平。

(8)公司制定各级管理人员和关键岗位员工定期轮岗制度，明确轮岗范围、轮岗周期、轮岗方式等，形成相关岗位员工的有序持续流动，全面提升员工素质。

(9)公司按照有关法律法规规定，结合公司实际，建立、健全员工退出(辞职、解除劳动合同、退休等)机制，明确退出的条件和程序，确保员工退出机制得到有效实施。公司对考核不能胜任岗位要求的员工，及时暂停其工作，安排再培训，或调整工作岗位，安排转岗培训；仍不能满足岗位职责要求的，按照规定的权限和程序解除劳动合同。公司与退出员工依法约定保守关键技术、商业秘密、国家机密和竞业限制的期限，确保知识产权、商业秘密和国家机密的安全。公司关键岗位人员离职前，根据有关法律法规的规定进行工作交接或离任审计。

(10)公司定期对年度人力资源计划执行情况进行评估，总结人力资源管理经验，分析存在的主要缺陷和不足，完善人力资源政策，促进公司整体团队充满生机和活力。

四、社会责任

企业创造利润或实现股东财富最大化固然很重要，但在经济社会高速发展的当今时代，尤其是我国作为发展中国家，在大力发展社会主义市场经济的过程中，企业作为最重要的市场主体，如果不顾一切地追逐利润，是不符合科学发展要求，不利于建设和谐社会的。因此，履行社会责任是企业义不容辞的义务，是企业的光荣使命。

社会责任是指企业在经营发展过程中应当履行的社会职责和义务，主要包括安全生产、产品质量(含服务)、环境保护、资源节约、促进就业、员工权益保护等。企业履行社会责任可以增加企业的安全生产意识，防止企业发生重特大安全事故，可以增强企业的环境保护意识，避免造成环境污染，导致企业巨额赔偿或停产整顿。

企业创造利润和履行社会责任两方面是统一的有机整体，相辅相成，并不矛盾。企业承担了社会责任将有助于改善企业的形象，提高品牌美誉度，进而吸引更多的客户，增强企业的经济效益。企业履行社会责任是提升发展质量的重要标志，是实现企业可持续长远发展的根本所在。众所周知，如果企业做不到安全生产，事故频繁，造成人员伤亡，必然是欲速则不达甚至导致关闭。由此可见，企业在制定和实现发展战略过程中，应当充分考虑履行社会责任的要求，从根本上转变发展方式，实现长远发展的目标。

那么企业应该如何履行社会责任呢？第一，企业负责人要高度重视这项工作，树立社会责任意识，形成履行社会责任的企业价值观和企业文化。第二，要把履行社会责任融入企业发展战略，落实到生产经营的各个环节，逐步建立和完善企业社会责任指标和考核体系，为企业履行社会责任提供坚实的基础与保障。第三，建立社会责任报告制度，发布社会责任报告，让股东、债权人、员工、客户、社会等各方面知晓自己在社会责任领域所做的工作，这样可以增强企业的战略管理能力，全面提高企业服务能力和水平，提高企业的品牌形象和价值。

(一)社会责任的主要风险

企业应当明确社会责任面临的主要风险，以及这些风险可能导致的后果。

(1)安全生产措施不到位，责任不落实，导致企业发生安全事故。

(2)产品质量低劣，侵害消费者利益，导致企业巨额赔偿、形象受损，甚至破产。

(3)环境保护投入不足，资源耗费大，造成环境污染或资源枯竭，导致企业巨额赔偿、缺乏发展后劲，甚至停业。

(4)不重视就业和员工权益保护，导致员工积极性受挫，影响企业发展和社会稳定。

 **案例 3-7**

丰田"召回门"事件

1995 年，随着第一位非丰田家族成员奥田硕社长的上任，丰田汽车公司(以下简称"丰田")的经营策略开始转变，为追求"世界第一"与"15%的全球份额"不断扩展业务，使丰田在 21 世纪初成功超越福特，成为世界第二大汽车生产企业。丰田曾经以"精益生产"的高品质和低成本成为全球企业的学习榜样，但在 2009 年夺得全球销量冠军之后，丰田也悄然陷入"召回大王"的漩涡。

(1)2009 年 8 月 24 日，丰田在华两家合资企业——广汽丰田、一汽丰田宣布，由于零部件出现缺陷，自 8 月 25 日开始，召回部分凯美瑞、雅力士、威驰及卡罗拉轿车，涉及车辆近70 万辆；

(2)自 2010 年 1 月起，丰田汽车的油门踏板因设计问题在踩下去之后可能无法恢复到正常位置，存在极大安全隐患，开始召回 RAV4、Matrix、Avalon 等 8 款车型，全球召回总量接近 1 000 万辆；

(3)2010 年 2 月，继"踏板门"后，丰田公司因为混合动力车普锐斯刹车系统出现问题，在日美两大市场召回的混合动力汽车预计总量为 27 万辆。

大规模召回行动损害了丰田"安全、可靠"的形象，给丰田可能带来长期的信用和品牌声誉损失。"品质和安全"这一曾经的"看家法宝"，正在为频繁出现的"召回门"事件所侵蚀。据统计，2010 年 1 月，丰田汽车在美国市场销量同比下降 15.8%。据摩根大通分析师估计，召回事件给丰田带来的直接损失将高达 18 亿美元。此外，8 种问题车型因修复油门踏板而被停售导致的损失也将高达 7 亿美元。

丰田"召回门"事件告诉我们，过分追求持续增长和利润目标并非意味着成功，往往也是遭遇危机的陷阱。

(二)社会责任风险的应对措施

针对社会责任面临的风险及影响，企业采取的应对措施包括以下几个方面。

(1)设立安全管理部门和安全监督机构，建立严格的安全生产管理体系、操作规范和应急预案，强化安全生产责任追究制度，切实做到安全生产。

(2)规范生产流程，建立严格的产品质量控制和检验制度，严把质量关，严禁将缺乏质量保障、危害人民生命健康的产品流向社会。

(3)提高员工的环境保护和资源节约意识，建立环境保护与资源节约制度，认真落实节能减排责任，积极开发和使用节能产品，发展循环经济，降低污染物排放，提高资源综合利用效率。

(4)依法保护员工的合法权益，保障员工依法享有劳动权利和履行劳动义务，保持工作岗位相对稳定，积极促进充分就业。

(5)针对目前少数企业对公益事业(如接纳大学生实习等)、慈善事业等漠不关心的情况,社会责任应用指引指出,企业应当按照"产学研用"相结合的社会需求,积极创建实习基地,大力支持社会有关方面培养、锻炼社会需要的应用型人才;同时,应积极履行社会公益方面的责任和义务,关心帮助社会弱势群体,支持慈善事业。

 **案例3-8**

某公司社会责任关键控制点与控制措施

1. 关键控制点

社会责任的关键控制点包括安全生产、环境保护与资源节约。

2. 控制措施

(1)公司根据国家有关安全生产的规定,结合生产经营实际情况,建立安全生产管理体系和操作规范,严格落实安全生产责任制。

(2)公司重视安全生产工作,加大安全生产投入,严禁以控制成本费用等各种理由降低对安全生产的必要保障标准。

(3)公司发生安全生产事故特别是重特大安全生产事故,必须根据国家有关规定在第一时间上报,同时启动应急预案,采取有效措施做好救援、疏散和有关善后工作。

(4)公司按照国家有关环境保护的规定,建立本单位的环境保护管理体系,落实环境保护责任制。

(5)公司不断加大环保投入,改进工艺流程,降低能耗和污染物排放水平,实现清洁生产。

(6)公司建立环境评估和环保监察制度,定期或不定期开展环保检查,发现问题,及时采取措施。

(7)公司重视资源节约,发展循环经济,防止和避免资源过度开发,提高资源综合利用效率。

(8)公司定期对社会责任履行情况进行评价,并根据评价结果,结合生产经营特点,编制社会责任报告。

(9)公司根据国家有关规定定期发布社会责任报告,如实披露公司履行社会责任情况。

五、企业文化

企业文化是指企业在生产经营实践中逐步形成的、被整个团队所认同并遵守的价值观、经营理念和企业精神,以及在此基础上形成的行为规范的总称。良好的企业文化对企业有直接的促进作用。根据经验得知,各项制度都有失效的时候,而当制度失效的时候,企业经营靠的就是企业文化。它作为一个企业的中枢神经,支配着人们的思维方式、行为方式。建设企业文化,培育积极向上的价值观、诚实守信的经营理念、为社会创造财富并积极履行社会责任的企业精神,可以增强员工对企业的认同感,增强企业的竞争力。

《企业内部控制基本规范》第十八条规定,企业应当加强文化建设,培育积极向上的价值观和社会责任感,倡导诚实守信、爱岗敬业、开拓创新和团队协作精神,树立现代管理理念,强化风险意识。

在我国,关于企业文化的表现形式最流行的观点是将其划分为四个方面:物质文化、行为文化、制度文化和精神文化。

企业物质文化是指以客观物体及其相应组合为表现形式的文化。它由企业的物质环境、生产设备、最终产品与包装设计等构成。由于物质文化的表现形式相对直观、容易"触摸",所以,物质文化也被称为"表层文化"。例如,日本丰田汽车表现出的是"省油""小型""质量可靠"的文化;IBM 计算机表现出的则是"经典""可靠""性能优异"的文化。企业行为文化是指企业员工在生产经营、学习娱乐中产生的活动文化。它包括企业经营、教育宣传、人际关系活动、文娱体育活动中产生的文化现象。它是企业经营作风、精神面貌、人际关系的动态体现,也是企业精神、企业价值观的折射。行为文化比物质文化"隐藏"得相对深一些。但也比较容易观察与感知,所以它仍然属于"浅层文化"。例如,海尔的售后服务人员及时、快速、优质的售后服务行为,所表现出的是"真诚到永远"的文化。企业制度文化是由企业制度形态、组织形态和管理形态构成的外显文化,一般包括企业的经营制度和企业的管理制度。一方面,它是精神文化这一抽象东西的具体体现;另一方面,它也是指导和约束员工行为文化和物质文化建设的纲领性东西。制度文化是精神文化与物质文化的"中介",属于"中层文化"。企业精神文化是指在内外部环境的影响下,企业在长期的生产经营过程中形成的精神成果和文化观念。它主要由经营哲学、道德观念及企业价值观等因素构成。它是企业各种活动的指导思想,属于"核心文化"。

企业文化是企业的灵魂,渗透于企业的一切经营管理活动之中,是推动企业持续发展的不竭动力。

(一)企业文化的主要风险

企业应当明确企业文化面临的主要风险,以及这些风险可能导致的后果。

(1)企业缺乏积极向上的企业文化,导致员工丧失对企业的信心和认同感,缺乏凝聚力和竞争力。

(2)企业缺乏开拓创新、团队协作和风险意识,导致企业发展目标难以实现,影响可持续发展。

(3)企业缺乏诚实守信的经营理念,导致舞弊事件的发生,造成企业损失,影响企业信誉。

(二)企业文化风险的应对措施

针对上述风险及影响,企业采取的应对措施包括以下几个方面。

(1)积极培育具有自身特色的企业文化,充分体现企业的发展愿景、积极向上的价值观、诚实守信的经营理念、履行社会责任和开拓创新的企业精神,以及团队协作和风险防范意识,以此引导和规范员工行为,打造以主业为核心的企业品牌,形成整体团队的向心力,促进企业长远发展。这项应对措施同时也表明,应当将打造企业主业品牌将作为企业文化建设中的重要内容。

(2)重视并购重组后的企业文化建设,平等对待被并购方的员工,促进并购双方的文化融合。这是基于当前企业并购实务中企业文化融合问题特别提供的指引,应引起相关企业的高度重视。

(3)要求董事、监事、经理和其他高级管理人员在企业文化建设中发挥主导和示范作用,以自身的优秀品格和脚踏实地的工作作风,带动影响整个团队,共同营造积极向上的企业文化环境。这充分说明,企业文化建设既要注重"上下结合",又要应注重企业治理层和经理层的示范作用。

(4)要求企业加强企业文化的宣传贯彻,促进文化建设在内部各层级的有效沟通,并确保全体员工共同遵守;同时,要求企业文化建设融入生产经营全过程,切实做到文化建设与发展战略的有机结合,增强员工的责任感和使命感,规范员工行为方式,使员工自身价值在企业发展中得到充分体现。也就是说，企业文化建设不能停留在企业最高层，不能停留在文本上，不能停留在泛泛的宣传上，不能脱离生产经营过程，不能背离发展战略，而应融入企业的肌体，汇入企业的血脉。

 案例 3-9

美国西南航空：和谐的企业文化

只有快乐的员工才有满意的顾客。一项哈佛大学的调查结果显示，员工满意度每提高 3 个百分点，顾客满意度就提高 5 个百分点，而企业利润可增加 25%～85%。

美国西南航空公司(Southwest Airlines，简称美国西南航空)创建于 1971 年，从仅有 56 万美元、3 架波音 737 客机、经营短程航运业务的地方性小公司发展至今。西南航空创下了自 1973 年以来连续 30 多年赢利的业界奇迹，也是世界唯一一家连续盈利时间最长的航空公司，连续 4 年(1997—2000 年)被著名的《财富》杂志评为全球最受赞赏的公司之一。它以"廉价航空公司""打折航线"而闻名。总裁赫伯·凯勒尔说过："我们的商业模式可能被抄袭，但我们的企业文化难以复制。"企业文化应"发端于心，并非来源于脑"。

(1)简单化——快速反应。美国西南航空认为，简单可以创造速度、降低成本，促进人与人之间的相互了解。美国西南航空的机票结构是简单，机型单一，市场定位简单明确，主业单一。他们始终倾向于按小公司管理，努力将公司结构简单化，规章制度简化，从而避免公司的僵硬。在日常运营上，美国西南航空不注重纸上作业和繁复的公文往来，尽量将纸上作业减到最少。

(2)高层主管倾听员工意见——一项惯例。公司内部结构呈倒置的金字塔形，管理层在底层为前线 35 000 名工作人员提供各种支持，员工随时可以掌握公司任何和旅客以及竞争形势有关的资讯，参与公司决策和控制。这样不仅各级管理的效率提高，而且企业能根据市场变动及时进行调整。美国西南航空规定，如果有员工提出一项建议，有关部门主管必须尽快确定是否可行，并及时做出回应。如果公司没有采纳这一建议，必须向员工解释清楚，给出拒绝的充分理由。

(3)激励机制——独特的庆功方式。合理的认可是激发员工成就感的重要途径，而恰当的庆功方式又是表达认可的重要手段。举办盛大晚会是美国西南航空一贯的庆功方式——"努力工作，尽情娱乐"。在晚会上，人们可以尽情地表达诚意与热情。即使是美国西南航空面对困境或不利情形时，也会举办晚会来庆祝成功，以此认可员工做出的贡献，从而满足他们内心深处对成功的渴望。

(4)独特的招聘模式。美国西南航空把员工放在首位，在选人时，美国西南航空最为看重的是态度而非技能。具体而言，它的用人之道首先是"爱心"和"幽默感"，然后才是学识和经验。在赫伯·凯勒尔的倡导下，公司历年的广告口号一直是"以爱构筑的航空公司"。

(5)管理透明与授权最大化。企业不断发展，科层结构就越庞大。美国西南航空内部，任何管理决策信息在对外公布之前都会通过内部刊物传达到每名员工，如经营业绩、财务状况等。西南航空赋予了员工最大的权限，允许他们灵活应对，自己做主，鼓励他们在面对个性化的顾客需求时，可以自行决定采取策略来应对，而不必进行层层请示汇报。

美国西南航空重视员工、鼓励员工为旅客着想和鼓励创新的公司文化，既为员工创造了宽松的、自主性强的工作环境，又为旅客提供了方便、舒适、周到的服务，而良好的旅客服务与真正的低成本运营相得益彰，创造了西南航空在航空业传奇式的发展历程。

案例 3-10

某公司企业文化关键控制点与控制措施

1. 关键控制点

企业文化的关键控制点包括企业文化的培育和企业文化的评估。

2. 控制措施

(1)公司重视文化建设在实现发展战略中不可或缺的作用,加大投入力度,健全保障机制,避免形式主义。

(2)公司根据发展战略和自身特点,总结优良传统,挖掘文化底蕴,提炼核心价值,确定文化建设的目标和内容。

(3)公司主要负责人在文化建设中发挥主导作用,以自身的优秀品格和脚踏实地的工作作风带动整体团队,共同营造积极向上的文化氛围。

(4)企业文化建设融入生产经营过程,切实做到文化建设与发展战略的有机结合,增强员工的责任感和使命感,促使员工自身价值在企业发展中得到充分体现。

(5)公司建立文化评估制度,分析总结文化在公司发展中的积极作用,研究发现不利于公司发展的文化因素,及时采取措施消除。

(6)企业文化评估,重点关注员工对公司核心价值的认同感、社会对公司品牌的认可度、参与企业并购重组各方文化的融合,以及员工对公司未来发展的信心,促进文化建设效果在内部各层级的有效沟通,为改进企业文化提供依据。

知识链接

社会责任标准"SA8000"

社会责任标准(Social Accountability 8000 International Standard,SA8000),是全球首个道德规范国际标准。其宗旨是确保供应商所供应的产品皆符合社会责任标准的要求。SA8000标准适用于世界各地、任何行业、不同规模的公司。其依据与 ISO9000 质量管理体系及ISO14000 环境管理体系一样,皆为一套可被第三方认证机构审核的国际标准。

复习思考题

1. 怎样理解"内部环境是内部控制的基础"这句话?
2. 简述董事会在内部控制中的地位和作用。
3. 机构设置的基本原则是什么?
4. 为什么要保持权责对等? 否则会导致怎样的后果?
5. 如何发挥内部审计的监督作用?
6. 为什么说"战略的失败是彻底的失败"?
7. 企业的社会责任如何与企业的发展战略保持一致?
8. 企业文化建设的根本是什么?

第四章

风 险 评 估

引导案例

中国航油(新加坡)股份有限公司(简称中航油新加坡公司)于1993年在新加坡成立,是中国航空油料集团有限公司的海外控股公司。该公司于2001年12月6日在新加坡股票交易所(简称新交所)主板挂牌上市。该公司自1997年以来,凭借对国内进口航油市场的实质性垄断,净资产由16.8万美元增至2003年的1.28亿美元,6年增长762倍,成为股票市场上的明星企业。2002年,公司被新交所授予"最具透明度的上市公司"奖,并且是唯一入选的中资公司。公司总裁陈久霖被《世界经济论坛》评选为"亚洲经济新领袖"。

然而,正是这样一家明星公司,在2004年12月1日,宣布向法庭申请破产保护令,原因是公司在之前的石油衍生品交易中出现5.54亿美元的巨额亏损。

原来,经国家有关部门批准,中航油新加坡公司在中国航空油料集团有限公司授权后,自2003年开始做油品套期保值业务。之后,中航油新加坡公司总裁陈久霖擅自扩大业务范围,从2003年开始从事石油衍生品期权交易,同日本三井银行、法国兴业银行、英国巴克莱银行、新加坡发展银行和新加坡麦戈利银行等在期货交易场外签订了合同。陈久霖买了"看跌"期权赌注每桶38美元,没想到国际油价一路攀升——2004年10月以后,新加坡公司所持石油衍生品盘位已远远超过预期价格。根据合同,中航油需向交易方(银行和金融机构)支付保证金,每桶油价每上涨1美元,中航油新加坡公司要向这些银行支付5 000万美元的保证金,其结果导致中航油新加坡公司现金流量的枯竭,实际损失和潜在损失总计5.54亿美元。

中航油新加坡公司的失败除内部环境原因之外,公司目标设定的随意性也导致经营风险加大。内部控制体系要求管理人员要设立适当的目标,并且使设立的目标能支持、连接企业的使命,并与其风险偏好相一致。企业整体目标的设立形成了一个组织风险偏好,即从高处展望董事会和管理层将接受多大的风险。然而,中航油新加坡公司总裁陈久霖在董事会不知情的情况下,擅自将企业战略目标移位于不合规的风险极大的投机性期货交易。这种目标设定的随意性,最终导致了中航油新加坡公司的毁灭性灾难。

第一节　风险评估的概念

一、风险的概念及构成要素

古人说:"宜未雨而绸缪,毋临渴而掘井。"企业在生产经营的过程中,面临着诸多的风险,如果我们没有妥善地处理,风险事故一旦发生,轻则影响生产经营稳定和企业经济效益,重则危及企业的生存。因此风险评估的目的是为了给企业造就一个安全稳定的生产经营环境，这有助于增加领导层经营管理决策的正确性，进而提高企业的经济效益。

（一）风险的概念

企业在经营活动中，会遇到各种不确定性事件，这些事件发生的概率及其影响程度是无法事先预知的，很可能会影响企业目标的实现。所谓风险，就是在一定环境下和一定限期内客观存在的、影响企业目标实现的各种不确定性事件。或者说，风险就是指在一个特定的时间内和一定的环境条件下，人们所期望的目标与实际结果之间的差异程度。因此，风险是一个事项将会发生并给目标实现带来负面影响的可能性（引自 COSO04）。风险具有客观性、普遍性、潜在性、必然性、可识别性、可控性、损失性和不确定性等特点，风险与机会同在。

COSO 企业风险管理新框架指出，风险是指事项发生并影响战略和业务目标之实现的可能性。该定义兼顾了正面和负面的影响，这和国际风险管理标准 ISO31000 及中国风险管理标准 GB/T 24353 是一致的。

（二）风险的构成要素

风险一般包括以下三项构成要素。

1. 风险因素

风险因素是指促使某一特定风险事故发生或增加其发生的可能性或扩大其损失程度的原因或条件。它是风险事故发生的潜在原因，是造成损失的内在或间接原因。例如，对于建筑物而言，风险因素是指其所使用的建筑材料的质量、建筑结构的稳定性等；对于人而言，则是指健康状况和年龄等；对于企业而言，风险因素则包括企业人员因素、结构因素、外部环境因素等。

2. 风险事故

风险事故也称风险事件，是指造成伤害或财产损失的偶发事件，是造成损失的直接的或外在的原因，是损失的媒介物，即风险只有通过风险事故的发生才能导致损失。就某一事件来说，如果它是造成损失的直接原因，那么它就是风险事故；而在其他条件下，如果它是造成损失的间接原因，那么它便成为风险因素。例如，对于企业而言，发生仓库货物被盗是风险事故，而安保系统不健全是风险因素。

3. 损失

在风险管理中，损失是指非故意的、非预期的、非计划的经济价值的减少。通常可以将损失分为两种形态，即直接损失和间接损失。直接损失是指风险事故导致的财产本身损失和人身伤害，这类损失又称为实质损失；间接损失则是指由直接损失引起的其他损失，包括额外费用损失、收入损失和责任损失。

二、风险的分类

企业所面临的风险从来源上划分，可分为外部风险和内部风险。外部风险包括：科技发展带来的企业技术、管理、信息等方面的风险；顾客需求或预期改变；竞争的存在；自然灾害；政治事件；经济环境的改变等。内部风险主要有：员工的素质和能力、经理人的责任改变、董事会或监督委员会的责任履行情况等。

从企业能否对风险进行控制来划分，可将风险分为可控风险和不可控风险两种。

三、风险评估

风险评估是一个比较宽泛的概念，在有的内部控制或风险管理标准中，风险评估就是风险管理，包括了风险管理的全过程，可以说是风险管理的代名词。而在有的内部控制或风险管理标准中，风险评估是全面风险管理的一个步骤，包括内容有多有少，如目标确定、风险识别、风险分析、风险评价，以及风险应对等。

1. COSO92 关于风险评估概念

《内部控制——整体框架》把风险评估列为内部控制的五要素之一，《内部控制——整体框架》认为，风险评估是指单位为实现其目标而确认的相关风险，构成了风险管理的基础。单位风险可能来自：

(1)经营环境的变化；

(2)聘用新的员工；

(3)采用新的或改良的信息系统；

(4)迅猛的发展速度；

(5)新技术的运用；

(6)新的行业、产业或经营活动的开发；

(7)企业改组；

(8)海外经营；

(9)新的会计方法的采用。

2. COSO04 关于风险评估概念

《企业风险管理——整体框架》指出风险评估要对识别的风险进行分析，以便确定对他们进行管理的依据。强调风险评估是风险管理的一个步骤，相当于我国《企业内部控制基本规范》的风险分析。

3. 我国《企业内部控制基本规范》关于风险评估概念

我国《企业内部控制基本规范》借鉴《企业风险管理——整体框架》，认为风险评估是企业及时识别、系统分析经营活动中与实现内部控制目标相关的风险，从而合理确定风险应对策略，即为识别、分析、管理与企业活动相关的市场风险、政策风险、法律风险、汇率风险、经营风险等各种风险而建立的机制。该概念沿用 COSO92 的要素理念，是相对宽泛的概念，包括了 COSO04 的目标设定、事项识别、风险评估和风险应对四大要素。

第二节　目　标　设　定

一、目标设定的含义

我国《企业内部控制基本规范》第二十条规定，企业应当根据设定的控制目标，全面、系统、持续地收集相关信息，结合实际情况，及时进行风险评估。

目标设定是风险识别、风险分析和风险应对的前提。在管理当局识别和分析风险并采取行动来管理风险之前，首先必须有目标，确定与目标相关的风险，目标设定是风险评估的前提。目标设定分为三个层次，首先在企业既定的使命或愿景指导下，管理层制定企业的战略目标；其次根据战略目标制定业务层面的目标，并在企业内层层分解和落实；最后根据设定的目标合理确定企业整体风险承受能力和具体业务层次上可接受的风险水平。

企业应当按照战略目标，设定相关的经营目标、财务报告目标、合规性目标与资产安全目标，并根据设定的目标合理确定企业整体风险承受能力和具体业务层次上的可接受的风险水平。

1. 战略目标

战略目标反映了管理层就主体如何努力为其利益相关者创造价值所做出的选择，是高层次的目标，与其使命相关联并支撑其使命。企业在考虑实现战略目标的各种方案时，必须考虑与各种战略相伴的风险及其影响。

战略目标方面的关注点主要包括以下几点：

(1)对企业绩效现状进行评估；

(2)对内部和外部环境的监测分析；

(3)战略目标体系；

(4)战略选择要遵循必要的流程，以及获得充分的讨论；

(5)对目标实现与现有资源状况之间的匹配程度进行评估；

(6)设定战略目标可接受程度；

(7)就战略目标与企业内部员工、外部相关利益集团之间的沟通。

2. 经营目标

经营目标与企业经营的效率与效果有关，包括业绩和盈利目标的实现，需要反映企业运营所处的特定经营、行业和经济环境。经营目标来自公司的战略目标和战略计划，并与之紧密联系，是根据具体对象和不同时段制定的，这些目标应针对每个重要业务活动并与其他业务活动保持一致。

经营目标方面的关注点主要包括以下几点：

(1)经营目标与公司战略目标及战略计划一致；

(2)经营目标适应公司所处的特定经营环境、行业和经济环境等；

(3)各个业务活动目标之间保持一致；

(4)所有重要业务流程与业务活动目标相关；

(5)适当的资源及有效配置；

(6)管理层制定的公司经营目标及其对目标的负责程度。

3. 报告目标

报告目标与财务报告及其相关信息的真实完整有关。可靠的报告能够为管理层提供适合其既定目标的准确而完整的信息，支持管理层的决策，并对主体活动和业绩实施有效监控。

报告目标方面的关注点主要包括以下几点：

(1)管理层决策，以及对公司活动、业绩监控的准确、及时、完整的信息对内报告；

(2)满足投资者、监管部门及其他相关信息需求者的真实、可靠、完整的信息对外报告；

(3)反映信息的全面性，包括财务信息与非财务信息。

4. 资产安全目标

资产安全目标是内部控制的基本目标，包括：防止企业无效率经营，损失资产；防止员工舞弊；防止公司资产被盗等。

资产的安全与完整对于我国企业尤其是国有企业具有非常重要的现实意义，近年来国有资产流失的案件屡有发生，内部控制应该把资产安全作为一个重要的目标来加以实现。

资产安全目标方面的关注点主要包括以下几点：

（1）关注企业日常经营活动的效率；

（2）提高企业的生产力和竞争力；

（3）防止资产缩水；

（4）关注资产使用及处置的授权情况。

5．合规目标

合规目标与企业各项活动的合法性有关。企业进行内部控制建设必须符合相关的法律法规。企业需要根据相关的法律法规制定最低的行为标准并作为企业的遵循目标，企业的合规记录可能对它在社会上的声誉产生极大的正面或负面影响。

合规目标方面的关注点主要包括：公司的各项活动符合法律法规的要求，通常涉及知识产权、市场、价格、税收、环境、员工福利及国际贸易等。

二、风险绩效曲线

单个的风险和绩效并不总是一一相关的，但是整体的风险与绩效是相关的。为了完成对风险轮廓的描述，组织需要理解战略和业务目标、绩效目标和可接受的浮动范围、风险承受能力和风险偏好、风险对达成战略和业务目标的影响程度。

图 4-1 所示为风险绩效曲线，横坐标代表绩效，纵坐标代表组织所承受的风险。图中的曲线为风险绩效曲线，即风险总体上随着绩效的升高而升高。粗水平线条表示组织确定的风险容忍度，而虚垂直线条表示组织的绩效目标。C 点表示目标绩效下组织所承受的风险，C 点到 A 点的距离则代表实际风险与风险容忍度的差距；距离越短，表示企业的风险偏好越激进。而 B 点代表达到 100%风险容忍度时，组织所能达成的最大绩效，但这也意味着组织承担的风险总量已经处于饱和状态。

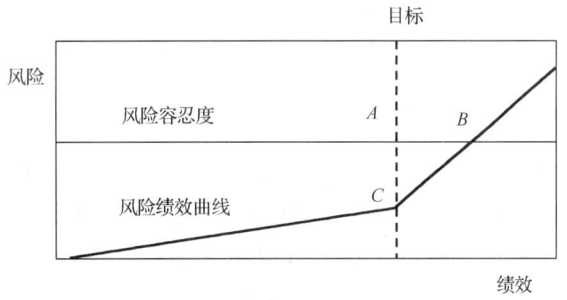

图 4-1　风险绩效曲线

可见，风险绩效曲线将风险、风险偏好、绩效、目标绩效、绩效偏差等概念的关系用图形的方式展现出来，简单形象，方便理解。

三、内部控制目标的设定

（一）制定战略目标

企业的战略目标一般是稳定的，但与其相关的业务层面的目标具有动态性，会随着内部和外部的条件而调整。在企业风险管理目标的设计过程中，首先要确定企业层面的目标，即战略目标。

战略目标需要通过董事会与员工相互沟通后确定，同时还要有支持其实现的资金预算及战略计划。战略目标的制定需要经过如下五个阶段。

(1)明确企业发展目标。企业在长期规划中应明确自身的发展目标和发展方向，通过培训、发放宣传手册、领导讲话等方式将企业层面的目标清晰地传达给员工。

(2)制定实现目标的战略规划。企业通过 SWOT 分析，在了解自身的优势、劣势、机会和威胁的基础上制定帮助企业实现目标的战略规划。

(3)编制年度经营计划及资金预算。企业根据制定的中长期战略规划，编制年度经营计划。该年度经营计划应符合企业中长期战略规划的效益目标、投资方向和投资结构。

(4)企业编制年度预算。企业应按照上下结合、分级编制、逐级汇总的原则编制全面预算，将战略目标进一步分解、细化与落实。

(5)企业编制《企业预算管理办法》，明确编制预算的基本原则、内容、编制依据等。

(二)设定业务层面目标

业务层面目标包括合规目标、资产目标、报告目标和经营目标，来自企业战略目标及战略规划，并制约或促进企业战略目标的实现。业务层面目标应具体并具有可衡量性，并且与重要业务流程密切相关。业务层面目标的设定需要经过如下四个阶段。

(1)提出业务层面目标。企业的总目标及战略目标规划为业务层面目标的设定指明了方向，业务层面根据自身的实际情况及总体目标的要求提出本单位的目标，通过上下不断沟通最终确定。

(2)根据企业的发展变化，定期更新业务活动的目标。

(3)配置资源以保证业务层面目标的顺利实现。企业在确定各业务单位的目标之后，将人、财、物等资源合理分配下去，以保证各业务单位有实现其目标的资源。

(4)分解业务目标并下达。企业确定业务层面的目标后，再将其分解至各具体的业务活动中，明确相应岗位的目标。

(三)合理确定风险承受能力

为了合理地确定风险承受能力，在目标设定阶段，企业必须解决以下三个基本问题。

(1)风险偏好。风险偏好是指企业在实现其目标的过程中愿意接受的风险程度。可以采用定性和定量两种方法对风险偏好加以度量。风险偏好与企业的战略直接相关，在战略制定阶段，企业应进行风险管理，考虑将该战略的既定收益与企业的风险偏好结合起来，目的是帮助企业的管理者在不同的战略之间选择与企业的风险偏好相一致的战略。

(2)风险容忍度。风险容忍度是指在企业目标实现的过程中对差异的可接受程度，是企业在风险偏好的基础上设定的对相关目标实现过程中所出现的差异的可容忍限度。企业风险管理将风险容忍度确定为可接受的绩效变动区间，该定义更加明确和可度量，有助于组织在给定绩效目标下量化可以承受的风险边界。

(3)风险组合观。风险管理要求企业管理者以风险组合的观点看待风险，对相关的风险进行识别并采取措施，以使企业所承受的风险在风险偏好的范围内。对企业内每个单位而言，其风险可能落在该单位的风险容忍度范围内，但从企业总体来看，总风险可以超过企业总体的风险偏好范围。因此，应以企业总体的风险组合的观点看待风险。

第三节　风　险　识　别

一、风险识别的概念和内容

（一）风险识别的概念

风险识别是指对资产当前或未来所面临的、潜在的风险加以判断、归类，以及对风险性质进行鉴定的过程。其目的是确认风险的来源、风险的种类及风险的可能影响，以利于风险的有效管理和合理控制。

对于风险识别的概念，可以从以下几个方面来理解。

1. 风险识别是一项动态的、连续不断的、系统性的重复过程

风险识别需要针对环境的变化而持续进行，不可能一蹴而就。风险主体的风险仅凭一两次有限的识别是不可能解决问题的，许多复杂的和潜在的风险要经过多次调查和反复论证方能得到准确答案。另外，随着主体的活动，新的风险也会不断产生，所以风险识别是一个连续不断的过程。

2. 风险识别是一个复杂的系统工程

风险识别的系统性是指风险识别过程不可能局限在某一个专门部门或者专门的环节。风险识别要把企业作为系统看待，不仅要识别企业可能面临的各种风险，而且企业的各个部门都要参与并密切配合。同时风险主体应综合考虑自身的内/外部环境，结合自己的特点，设计和选择适当的风险识别方法，这无疑使得风险识别工作更具有挑战性。

3. 风险识别是整个风险评估过程中重要的程序之一

《企业内部控制基本规范》第三章第二十一条规定，企业开展风险评估，应当准确识别与实现控制目标相关的内部风险和外部风险，确定相应的风险承受度。风险识别是否全面、深刻直接影响风险评估的质量，风险识别的目的就是确认所有风险的来源、种类及发生损失的可能性，为风险分析和风险应对提供依据。风险识别过程应充分体现全面性原则。

（二）风险识别的内容

1. 感知风险

感知风险，即通过调查和了解识别风险的存在。例如，通过调查，了解到一家运输公司面临的财产风险、人身风险和责任风险。财产风险又包括车辆财产损失、存货仓库损失、库存物损失和其他设备损失。在存货仓库损失中，可能有火灾、爆炸、洪水、暴风等多种原因造成的损失。

2. 分析风险

通过归类分析，掌握风险产生的原因和条件及风险所具有的性质。例如，存货仓库的风险因素包括洪水、暴雨、水管或其他设备破裂等；人的风险包括死亡、疾病、身体伤害、财产损失等；导致死亡的风险因素主要有自然灾害、意外事故、自杀、疾病等。

感知风险是识别风险的基础，分析风险是识别风险的关键。只有感知风险，才能进一步有意识、有目的地分析风险，掌握风险存在及导致风险事故发生的原因和条件。

二、企业识别风险关注的因素

(一)内部风险

我国《企业内部控制基本规范》第二十二条规定，企业识别内部风险，应当关注以下因素。

(1)董事、监事、经理及其他高级管理人员的职业操守，员工专业胜任能力等人力资源因素；

(2)组织机构、经营方式、资产管理、业务流程等管理因素；

(3)研究开发、技术投入、信息技术运用等自主创新因素；

(4)财务状况、经营成果、现金流量等财务因素；

(5)营运安全、员工健康、环境保护等安全环保因素；

(6)其他有关内部风险因素。

(二)外部风险

我国《企业内部控制基本规范》第二十三条规定，企业识别外部风险，应当关注以下因素。

(1)经济形势、产业政策、融资环境、市场竞争等经济因素；

(2)法律法规、监管要求等法律因素；

(3)安全稳定、文化传统、社会信用、教育水平、消费者行为等社会因素；

(4)技术进步、工艺改进等科学技术因素；

(5)自然灾害、环境状况等自然环境因素；

(6)其他有关外部风险因素。

 案例 4-1

发电厂的风险因素识别

发电厂主要的发电设备有三大系统，即燃料与燃烧系统，主要设备有锅炉及辅助设备；汽水系统，主要设备有汽轮机及辅助设备；发电系统，主要设备有发电机及辅助设备。

分析发电厂的风险也要从这三个系统着手。发电厂的主要风险有水灾、雷击、火灾及设备本身的风险。发电厂集中了大量的煤、石油及石油制品、天然气、氢气、润滑油、绝缘油、绝缘材料等，还有各种各样易燃、易爆的物品，容易引起火灾。发电厂的电气设备、输配电线路、变电所和高大的建筑物容易遭遇雷击。锅炉房、发电机房不该进水(或受潮)的地方绝不允许进水。即便是设备本身也同样潜伏着风险，锅炉的高温高压、汽轮机的飞速旋转、发电机超过10KV的电压等，都是风险因素。

三、风险识别的方法

风险识别是指对企业面临的各种风险进行确认的一个动态、连续的过程。从风险产生的原因入手，通过各种识别方法发现客观存在的不确定性，即辨识风险，下面简要介绍几种常用的风险识别方法。

(一)风险清单法

风险清单是指由专业人员设计好风险标准的表格或问卷，全面地罗列一个企业可能面临的风险。表格或问卷多由风险管理方面的专家提供，包含人们已经识别出的最基本的各类风险。

该方法的优点是经济方便，适合新公司或初次构建风险管理制度的公司适用，帮助他们识别最基本的风险，降低忽略重要风险源的可能性；缺点是表格的初次制作比较费时，问卷回收率可能较低，质量难以有效控制。

(二)流程图分析法

流程图分析法是指首先按企业经营过程的内在逻辑制作出作业流程图，然后对其中的重要环节和薄弱之处进行调查和分析的方法，基本步骤如下。

(1)梳理单位各类经济活动的业务流程，明确业务环节；

(2)设计流程图，把流程图中的风险揭示出来，确定风险点；

(3)解释流程图；

(4)选择风险应对策略。

流程图有助于识别企业经营过程中所面临的风险。其优点是可以将复杂的生产过程或业务流程简单化，从而发现风险；其缺点是流程图的绘制较耗费时间，而且不可能进行定量分析，从而无法判断风险发生的可能性。

图 4-2 为某企业费用报销流程图。

(三)现场调查法

现场调查法相当于对风险进行一次全面的检查，其主要步骤如下。

(1)调查前的准备工作，包括：确定调查的时间，其中需要明确开始时间、结束时间和持续时间等；还要明确调查的对象，包括调查人数等。实际工作中一般应事先设计好调查表格。

(2)进行现场调查和访问。由被调查人认真填写表格，表格填写应符合规范，避免出现不符合要求的表格而影响调查结果。

(3)将调查结果及时进行反馈，以便发现潜在的问题。

现场调查法的优点是可以获得一手的资料而不依赖他人的数据，同时在调查过程中可以与基层人员建立良好的关系。缺点是耗时过多，成本过大，在调查的过程中，可能会引起一些员工的反感。

(四)财务报表分析法

财务报表是反映企业一定时点的财务状况、一定期间经营成果和现金流量的文件，因此分析财务报表有利于认识经营风险可能的来源。财务报表分析法主要通过分析企业的资产负债表、利润表、现金流量表和所有者权益变动表及补充记录来识别企业潜在的风险。

财务报表分析法具体又分为以下几种主要方法。

1. 趋势分析法

趋势分析法是通过对一个企业连续数期的利润表和资产负债表的各个项目进行比较，求出金额和百分比增减变动的方向和幅度，以揭示当期财务状况和经营状况增减变化的性质及其趋势。

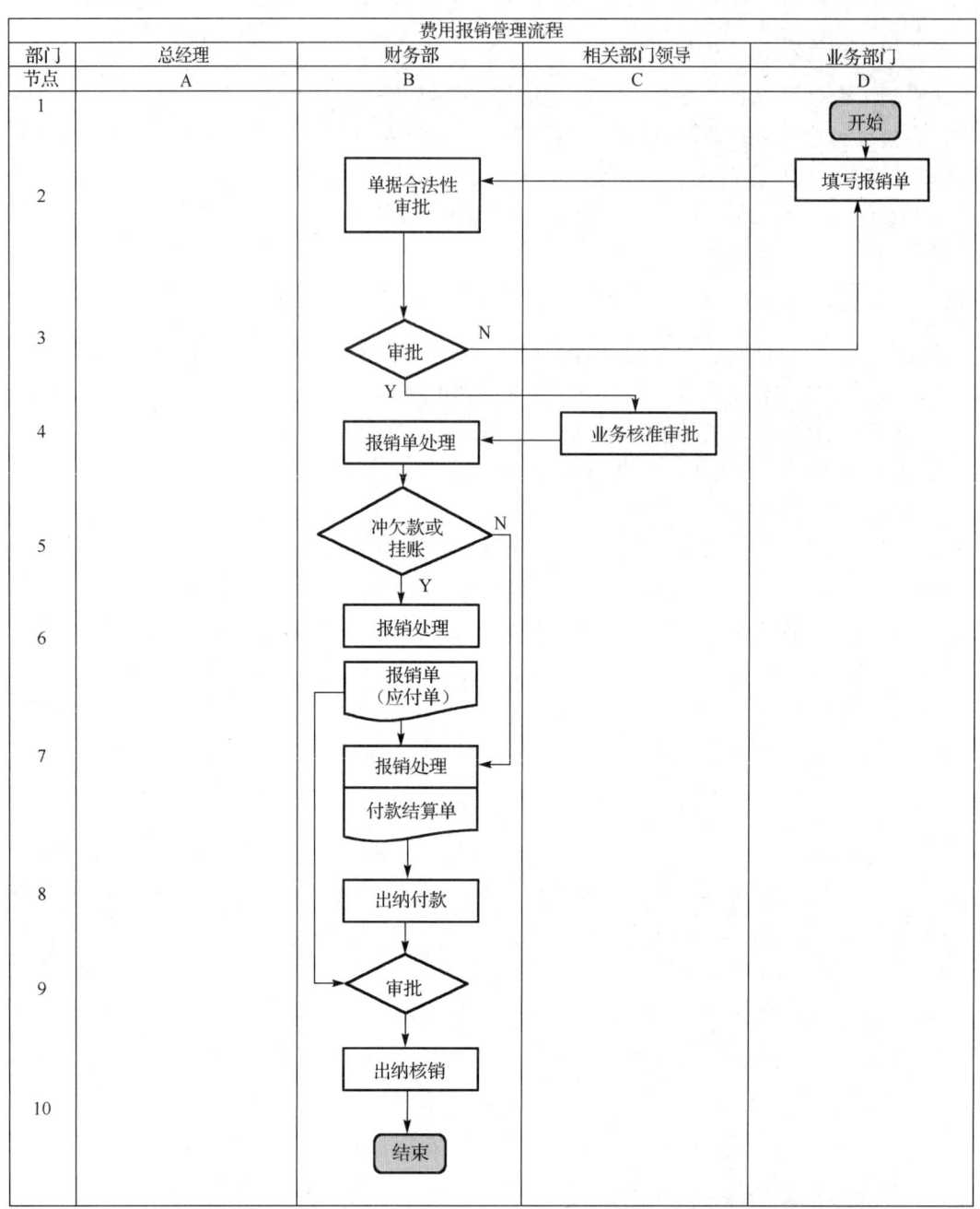

图 4-2 某企业费用报销流程图

趋势分析法通常包括横向分析法和纵向分析法。横向分析法又称水平分析法，是在会计报表中用金额、百分比的形式，将各个项目的本期或多期的金额与基期的金额进行比较分析，以观察企业经营成果与财务状况的变化趋势；纵向分析法又称垂直分析法，是对会计报表中某一期的各个项目，分别与其中一个作为基期金额的特定项目进行百分比分析，借以观察经营成果与财务状况的变化趋势。

2. 比率分析法

比率分析法就是把财务报表的某些项目同其他项目进行比较，这些金额或数据可以选自一张财务报表，亦可以选自两张财务报表。比率分析法可以分析财务报表所列示项目与项目之间的相互关系，因此运用得比较广泛，主要有经营成果的比率分析、权益状况的比率分析、流动资产状况的比率分析。

3. 因素分析法

因素分析法也是财务报表分析中常用的一种技术方法，它是指把整体分解为若干个局部的分析方法，包括比率因素分解法和差异因素分解法。比率因素分解法，是指把一个财务比率分解为若干个影响因素的方法。例如，资产收益率可以分解为资产周转率和销售利润率两个比率的乘积。在实际的分析中，比率分析法和比率因素分解法是结合使用的，比较之后需要分解，以深入了解差异的原因。分解之后还需要比较，以进一步认识其特征。不断地比较和分解，构成了财务报表分析的主要过程。为了解释比较分析中形成差异的原因，需要使用差异因素分解法。例如，将产品材料成本差异分解为价格差异和数量差异。差异因素分解法又分为定基替代法和连环替代法两种。定基替代法是测定比较差异成因的一种定量分析方法。按照这种方法，需要分别用标准值(历史的、同业企业的或预算的标准)替代实际值，以测定各个因素对财务指标的影响。连环替代法是另外一种测定比较差异成因的定量分析方法。按照这种方法，需要依次用标准值替代实际值，以测定各个因素对财务指标的影响。

(五)事件树分析法

事件树分析法又称故障树法，其实质是利用逻辑思维的规律和形式，从宏观的角度去分析事故形成的过程。它的理论基础是，任何一起事故的发生，必定是一系列事件按时间顺序相继出现的结果，前一事件的出现是随后事件发生的条件，在时间的发展过程中，每一事件有两种可能的状态，即成功和失败。

事件树分析法从某一风险结果出发，运用逻辑推理的方法推导出引起风险的原因，遵循风险事件——中间事件——基本事件的逻辑结构(如图4-3所示)。事件树分析法的一般步骤如下：

(1)定义目标，此时需要考虑影响目标的各种风险因素；

(2)做出风险因果图；

(3)全面考虑各风险因素之间的相互关系，从而研究对风险所采取的对策或行动方案。

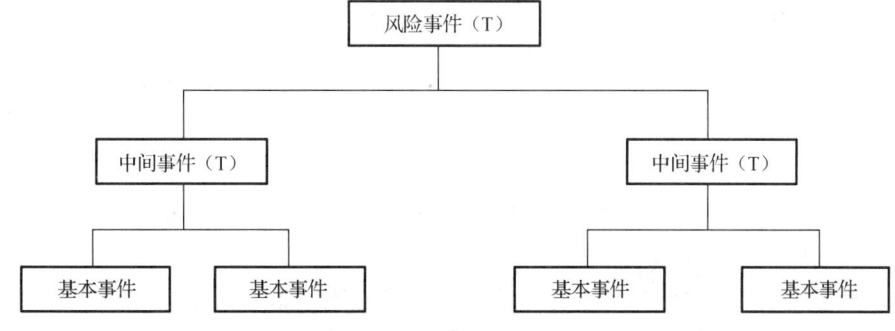

图4-3　事件树分析法的逻辑结构

事件树分析法的优点是把影响企业整体目标实现的诸多因素及其因果关系一步步清楚地

列示出来，有利于下一步进行深入的风险分析。该方法通常用于直接经验较少的风险识别，效果非常直观；缺点是容易产生遗漏和错误。

(六)可行性研究

可行性研究是在项目计划阶段即对风险进行定性识别的方法。它的工作步骤如下：

(1)检查各部分的原始意图；

(2)发现有无偏离原始意图的情况；

(3)寻找偏离原因；

(4)预测偏离后果。

该方法的优点是可在项目实施前就发现风险并加以处理；缺点是比较费时，需要详细的设计系统图的支持。

(七)其他方法

风险管理人员必须始终对新的、变化中的风险保持警惕，经常检查关键文档就是一个好方法。关键文档包括董事会会议的详细记录、资金申请表、公司指南、年度报告等，这些文件提供的信息并非详尽，却是风险管理中使用最为频繁的信息资源。

面谈也是另外一个有利于风险识别的重要途径。许多信息没有记录在文档或文件里面，而只存在于经营管理人员和员工的头脑里。与不同层次、不同领域的员工进行面谈可以增加识别潜在风险的信息资源。一般情况下，可以考虑和以下人员进行面谈：经营部门经理、首席财务官、法律顾问、人力资源部经理、基层护理人员、工人和领班、外部人员等。与一般基层工人的谈话可以发现一些不安全的设备和操作方法，这些问题在正规的报告里面是不会反映出来的。而通过与高层管理者的面谈，风险防范人员能够了解最高管理层可以容忍的纯粹风险程度，以及希望转移的风险。

风险识别是风险管理中最基础的工作，从定性的经验判断到各种定量方法，不仅要发现风险，还要进行风险因素分析，它是一个复杂的系统工程。任何一种方法都不能揭示出企业面临的全部风险，更不可能揭示导致风险事故的所有因素，故应将多种方法结合使用。

第四节　风　险　分　析

一、风险分析的定义及目的

我国《企业内部控制基本规范》第二十四条规定：企业应当采用定性、定量相结合的方法，按照风险发生的可能性及影响程度等，对识别的风险进行分析和排序，确定关注重点和优先控制的风险。

企业进行风险分析应当充分吸收专业人员，组成风险分析团队，按照严格规范的程序开展工作，确保风险分析结果的准确性。

风险分析是在风险识别的基础上对风险发生的可能性、影响程度等进行描述、分析、判断，并确定风险重要性水平的过程。管理层根据被识别的风险的重要性来计划如何应对风险。风险分析应达到以下目的：

（1）对各个风险进行比较，根据分析风险的不确定性和后果，确定风险的先后顺序；

（2）确定风险事件之间的关系，表面上看起来不相干的多个风险事件可能是由一个共同的风险源所造成的，因此应当理顺风险事件之间的关系；

（3）进一步量化已识别风险的发生概率和后果，降低风险发生概率和减小后果估计的不确定性，必要时根据形势的变化重新评估风险发生的概率和可能的后果。

二、风险图谱

风险图谱是风险分析的重要工具，通过分析公司的风险图谱，可以直观地看到公司的风险分布情况，从而确定风险管理的重要控制点和风险管理解决方案。风险图谱从风险发生的可能性和影响程度两方面对风险进行评级，风险评级要从固有风险、目标剩余风险和实际剩余风险三个层级进行。

风险图谱（如图4-4所示）被两条"等风险线"分隔为"红灯区""黄灯区"和"绿灯区"。

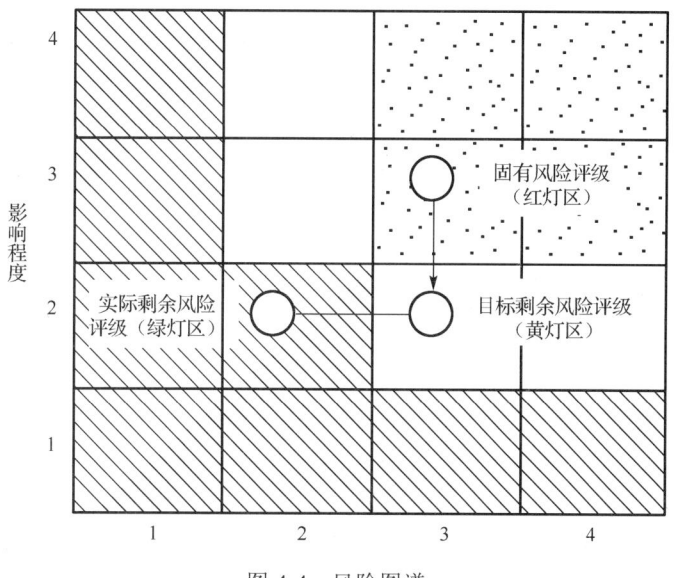

图 4-4　风险图谱

（1）"红灯区"的风险大多集中在第一象限，其发生的概率和影响程度均较高。公司应该根据风险的属性和风险偏好来选择风险管理方案。

（2）"黄灯区"的风险，有两种情况。

① 处于第二象限的风险更多的是一些非常事件，但影响程度较大。对于这类风险，公司应该在采取防范措施的同时，制订应急计划。

② 处于第四象限的风险，其影响程度不是很高而发生概率偏高，这往往与日常经营和遵守法律方面的问题有关，这些风险的累积影响不可低估。对于这类风险要注意日常的管理和监控。

（3）"绿灯区"的风险大多集中在第三象限，是指那些发生概率和影响程度均不太高的风险，通常在目前可以接受。公司可以取消与此风险相关的、多余的风险控制措施，从而减少成本和资源消耗以便管理更重要的风险。

风险图谱不是一成不变的，公司应该定期评估风险，动态地对风险图谱进行调整和更新。

三、风险分析的方法

风险分析的方法一般包括定量分析方法和定性分析方法。但当前最常用的分析方法一般都是定量和定性的混合方法，对一些可以明确赋予数值的要素直接赋予数值，对难以赋值的要素使用定性方法，这样不仅可以清晰地分析企业资产的风险情况，而且也极大地简化了分析的过程，加快了风险分析的进度。根据德勤统计数据，各行业的前10种最主要的风险因素如表4-1所示。

表4-1　各行业的前10种最主要的风险因素

次序	银行/保险业/证券	制 造 业	其 他
1	内部控制的质量	内部控制的质量	内部控制的质量
2	管理人员的能力	管理人员的能力	管理人员的能力
3	管理人员的正直程度	管理人员的正直程度	管理人员的正直程度
4	会计系统的近期变动	单位的规模	会计系统的近期变动
5	单位的规模	经济环境恶化	业务的复杂性
6	资产的流动性	业务的复杂性	资产的流动性
7	重要人员的变动	重要人员的变动	单位的规模
8	业务的复杂性	会计系统的近期变动	经济环境恶化
9	快速的增长	快速的增长	重要人员的变动
10	政府法规	管理人员对完成目标的压力	快速的增长

（一）定量分析法

定量分析法就是把风险的程度用直观的数据表示出来，其主要思路是对构成风险的各个要素和潜在损失的程度赋予数值或货币金额，这样风险分析的整个过程和结果都可以被量化了。在度量风险的所有要素（资产价值、脆弱性级别等）中，风险分析人员计算风险暴露程度、控制成本及确定所有其他值时，应尽量具有相同的客观性。风险大小的判断可以根据风险暴露的大小乘以风险发生的概率加以确定。

目前比较常用的定量分析方法有：NPY（年度可能最大损失）值估计法、情景分析法、VAR（风险价值）法、敏感分析法等。

1. NPY 值估计法

NPY 值估计法（Maximum Probable Yearly Aggregate Dollar Loss）是评估一般危害性风险的方法，是指在某一特定年度中，单一风险单位或多个风险单位遭受一种或多种事故所致的最大总损失。年度预期总损失与年度可信总损失不同，年度预期总损失是平均损失，而年度可信总损失与风险管理人员的主观判断有关。

2. 情景分析法

情景分析法是通过假设、预测、模拟等手段生成未来情景，并分析其对目标产生影响的一种分析方法。该方法根据发展趋势的多样性，通过对系统内/外相关问题的系统分析，设计出多种可能的未来前景，然后用类似于撰写电影剧本的手法，对系统发展态势做出详细的情景和画面的描述。当一个项目持续的时间较长时，往往要考虑各种技术、经济和社会因素的影响，可用情景分析法来预测和识别其关键风险因素及其影响程度。情景分析法对以下情况特别有用：提醒决策者注意某种措施或政策可能引起的风险或危机性的后果；建议需要进行监视的风险范围；研究某些关键性因素对未来过程的影响；提醒人们注意某种技术的发展会给人们带来哪些风险。

3. VAR 法

VAR 法（Value at Risk）即风险价值法，是指在正常的市场条件和给定的置信度内，某种投资组合在既定时期内所面临的市场风险大小和可能遭受的潜在最大价值损失。VAR 把对预期的未来损失的大小和该损失发生的可能性结合起来，不仅让投资者知道发生损失的规模，而且知道其发生的可能性，是一种数量化市场风险的重要度量工具。

VAR 法利用统计技术来度量投资风险。对某个有价证券来说，在市场条件下，对给定的时间区间的置信水平 α，VAR 给出了该有价证券最大可能的预期损失，即可以保证损失不会超过 VAR 的概率为 $1-\alpha$。

计算 VAR 常用的方法主要有以下三种。

（1）历史模拟法。该方法是借助于计算过去一段时间内的资产组合风险收益的频度分布，通过找到历史上一段时间内的平均收益，以及在既定置信水平 α 下的最低收益率，计算资产组合的 VAR 值。

（2）方差-协方差法。该方法的基本思路为：首先，利用历史数据计算资产组合收益的方差、标准差、协方差；其次，假定资产组合收益是正态分布，可求出在一定置信水平下，反映了分布偏离均值程度的临界值；最后，建立与风险损失的联系，推导 VAR 值。

（3）蒙特卡罗模拟法。它是基于历史数据和既定分布假定的参数特征，借助随机产生的方法模拟出大量的资产组合收益的数值，再计算 VAR 值。

4. 敏感分析法

敏感分析法是指通过对项目的各种不确定因素在未来发生变化时对经济效果指标影响程度的比较，找出敏感因素，提出相应对策。它是在项目评价的不确定分析中被广泛运用的主要方法之一。在项目计算期内可能发生变化的因素主要有建设投资、产品产量、产品售价、主要原材料的供应及价格、劳动力价格、建设工期及外汇汇率等。敏感分析法就是要分析预测这些单独变化或多因素变化对项目内部收益率、静态投资回收期和借款偿还期等的影响。应使用数字、图表或曲线的形式对这些影响进行描述，使决策者了解不确定因素对项目评价的影响程度，确定不确定因素变化的临界值，以便采取防范措施，从而提高决策的准确性和可靠性。

各因素的变化都会引起效益指标的一定变化，但其影响程度各不相同。有些因素小幅度变化，就能引起经济评价指标发生较大幅度的波动；而另一类因素即使发生了较大幅度的变化，对经济效益指标的影响也不是很大。一般把前一类因素称为敏感性因素，后一类称为非敏感性因素。敏感分析法的目的就是要筛选敏感性因素和非敏感性因素。

敏感分析法的步骤如下。

（1）确定敏感性分析指标。投资项目经济评价有一整套指标体系，在进行敏感性分析时，应选择最能反映项目经济效益的一个或几个主要指标进行分析。最基本的分析指标是内部收益率，根据项目的实际情况也可选择净现值或投资回收期等指标，必要时可同时针对两个或两个以上的指标进行敏感性分析。

（2）选择敏感性分析的不确定因素。影响项目经济效益指标的因素很多，如产品产量、价格、经营成本、投资额、建设期和生产期等。在实际的敏感性分析中，没有必要也不可能对所有因素进行分析。根据项目特点，结合经验判断选择对项效益目影响较大且重要的不确定因素进行分析。经验表明，应主要对销售收入、产品价格、产量、经营成本、建设投资等不确定因素进行敏感性分析。

（3）确定不确定因素的变化范围。在选择不确定因素分析基础上，还要进一步分析不确定因素的可能变动范围。一般选择不确定因素变化的百分率为±5%、±10%、±15%、±20%等，对于不便用百分数表示的因素，可采用延长一段时间表示，如延长一年。

（4）计算敏感性分析指标。为较准确反映项目评价指标对不确定因素的敏感程度，分析不确定因素的变化使项目由可行变为不可行的临界数值，应计算敏感度系数和临界点。

①敏感度系数。敏感度系数指项目评价指标变化的百分率与不确定因素变化的百分率之比。敏感度系数高，表示项目效益对该不确定因素敏感程度高。计算公式为：

$$S_{AF} = \frac{\Delta A / A}{\Delta F / F}$$

式中，S_{AF} 为评价指标 A 对于不确定因素 F 的敏感系数；$\Delta F / F$ 为不确定因素 F 的变化率；$\Delta A / A$ 为不确定因素 F 发生变化时，评价指标 A 的相应变化率。

$S_{AF} > 0$，表示评价指标与不确定因素同方向变化；$S_{AF} < 0$，表示评价指标与不确定因素反方向变化。$|S_{AF}|$ 较大者敏感度系数高；反之，敏感度系数低。

② 临界点。临界点是指因不确定因素的变化使项目由可行变为不可行的临界数值，可采用不确定因素相对基本方案的变化率或相对应的具体数值表示。当该不确定因素为费用科目时，即为其增加的百分率；当其为效益科目时，为降低的百分率。临界点也可用该百分率对应的具体数值表示。当不确定因素的变化超过了临界点所表示的不确定因素的变化极限时，项目将由可行变为不可行。

临界点的高低与计算临界点指标的初始值有关。若选取基准收益率为计算临界点的指标，对于同一个项目，随着设定基准收益率的提高，临界点就会变低；而在一定的基准收益率下，临界点越低，说明该因素对项目评价指标影响越大，项目对该因素就越敏感。

从根本上说，临界点计算可以使用插值法，也可以借助于计算机的相关软件，由于项目评价指标的变化与不确定因素变化之间不是直线关系，当通过直线图求解时也会存在一定的误差。

（二）定性分析法

定性分析法与定量分析法的区别在于不需要对资产及各相关要素的分配确定数值，而是赋予一个相对值。在风险管理过程中，风险分析是最困难的。风险经理往往陷入两难的境地，即为了追求准确，就必须应用复杂的概率计算方法和采用精度较高的模型，但是限于资料的稀缺和时间的紧迫，这种方法或模型就被迫放弃。大多数的风险经理宁愿放弃准确度较高的要求而采用定性的预测方法，即将风险的概率估计予以主观量化。据统计，75%的风险经理采用的风险分析方法是专家调查打分法。例如，通过问卷、面谈及研讨会的形式进行数据收集和风险分析，这个方法涉及各业务部门的人员，这个过程带有一定的主观性，往往需要依靠专业咨询人员的经验和直觉，或者业界的标准和惯例。因此，为风险各相关要素(资产价值、威胁、脆弱性等)的大小或高低程度定等级时,可以运用定性分析方法将风险分为高、中、低三个等级。通过这样的方法,对风险的各个分析要素赋值后,可以定性地区分这些风险的严重等级,避免了复杂的赋值过程,简单且又易于操作。定性分析法的步骤一般如下:

(1)确定风险因素(或称威胁)发生的可能性。假定把威胁的可能性定为五级,如表 4-2 所示。

表 4-2　风险因素分级表

等　　级	发生的可能性	描　　述
A	几乎确定的	预计在大部分情况下会发生
B	很可能的	在多数情况下会发生
C	可能的	在某些情况下会发生
D	不太可能的	只在某些特定情况下发生
E	罕见的	一般不会发生,只有在例外情况下发生

(2)通过风险分析确定风险等级。风险等级一般可以分为高、中、低三个等级,也可以分为四级或五级,如表 4-3 所示。

表 4-3　风险等级程度表

等　　级	发生的可能性	描　　述
H	高风险	最高等级的风险需要立即采取应对措施
M	中等风险	必须规定管理责任,有的还要引起高级管理层的注意
L	低风险	可以通过例行程序来处理

(3)根据上面两个表格编制风险矩阵表,如表 4-4 所示。

表 4-4　风险矩阵表

可能性	影响程度				
	可忽略	比较小	中等	较大	灾难性
	1	2	3	4	5
A 几乎可能	M	H	H	H	H
B 很可能	M	M	M	H	H
C 有可能	L	M	M	H	H
D 不太可能	L	L	M	M	H
E 罕见的	O	L	M	M	H

企业管理层肯定不能接受 H;对 M 要根据具体情况考虑是否应采取相应的对策来减少这种风险;对 L 应当能接受,但需要加强对风险的控制,不使其损失面扩大。

定性分析的操作方法可以多种多样,包括小组讨论(如 Delphi 方法)、检查列表(Checklist)、问卷(Questionnaire)、人员访谈(Interview)、调查(Survey)等。定性分析法操作起来相对容易,但也可能因为操作者经验和直觉的偏差而使分析结果失准。

(三)定量与定性风险分析方法的比较

定量分析法与定性分析法的优/缺点如表 4-5 所示。

表 4-5　定量分析法与定性分析法的优/缺点

优/缺点	定量分析法	定性分析法
优点	评估结果是建立在独立客观的程序或量化指标之上的	计算方式简单，易于理解和执行
	可以为成本效益审核提供精确依据，有利于预算决策	不必精确算出资产价值和威胁频率
	可利用自动化工具帮助分析	流程和报告形式比较有弹性
	量化的资产价值和预期损失易理解	不必精确计算推荐的安全措施的成本
缺点	信息量大、计算量大、方法复杂	本质上是非常主观的，其结果高度依赖评估者的经验和能力，很难客观地跟踪风险管理的效果
	投入大、费时费力	对关键资产财务价值评估参考性较低
	没有一种标准化的知识库，依赖于提供的工具或实施调查的厂商	并不能为安全措施的成本效益分析提供客观依据

四、风险分析方法的选择

选择风险分析的方法和判断标准，应考虑行业自身特点，区别它们各自的关注点，灵活确定风险分析过程和分析方法。例如，对于金融行业来说，丢失数据风险的损失比短时间业务停顿的风险所带来的损失更为严重；而对于通信行业来说，业务停顿风险带来的损失比少量数据丢失的风险更难以接受。与定量分析法相比较，定性分析法的准确性稍好但精确性不够；定性分析法没有定量分析法那样繁多的计算负担，但却要求分析者具备一定的经验和能力；定量分析法依赖大量的统计数据，而定性分析法没有这方面的要求；定性分析法较为主观，定量分析法基于客观；此外，定量分析法的结果很直观，容易理解，而定性分析法的结果则很难有统一的解释。

企业可以根据自身的具体情况来选择定性或定量的分析方法。当前最常用的分析方法一般都是定量和定性的混合方法，对一些可以明确赋予数值的要素直接赋予数值，对难以赋值的要素使用定性方法，这样不仅更清晰地分析了资产的风险情况，也极大简化了分析的过程，加快了分析进度。

第五节　风险应对

一、风险应对概述

我国《企业内部控制基本规范》第二十五条规定：企业应当根据风险分析的结果，结合风险承受度，权衡风险与收益，确定风险应对策略。企业应当合理分析、准确掌握董事、经理及其他高级管理人员、关键岗位员工的风险偏好，采取适当的控制措施，避免因个人风险偏好给企业经营带来重大损失。

风险应对就是在风险评估的基础上，针对企业所存在的风险因素，根据风险评估的原则和标准，运用现代科学技术知识和风险管理方面的理论与方法，提出各种风险解决方案，经过分析论证与评价，从中选择最优方案并予以实施，来达到降低风险目的的过程。

风险应对可以从改变风险后果的性质、风险发生的概率和风险后果三个方面提出多种策略，对不同的风险可用不同的处置方法和策略。企业所面临的各种风险都可以综合运用各种策略进行处理。

《企业内部控制基本规范》第二十六条规定：企业应当综合运用风险规避、风险降低、风险分担和风险承受等风险应对策略，实现对风险的有效控制。

 **案例 4-2**

"双 11" 余额宝的风险应对策略

余额宝使用便捷，功能稳定，规模快速增长，2014 年 2 月月底，余额宝突破了 5000 亿元规模。根据晨星数据，对应的增利宝货币基金已成为全球第七大基金和第三大货币基金，用户数也超过 1 亿。作为首支并且规模庞大的互联网货币基金，余额宝涉及资金安全和流动性问题，被监管层和同行的无数双眼睛盯着。"任何一点微小的失误都有可能造成灾难性的后果。"管理人员王登峰说。因此，他与他的团队必须时刻做好应对风险的准备。2013 手 11 月 11 日，淘宝大狂欢的"双 11"消费高峰可能带来大量赎回，余额宝首次面临大考。王登峰回忆，越是临近"双 11"，对于数据的要求越为精确。为了计算赎回规模，一方面，他们 24 小时监控客户保有量；另一方面，他们随时与淘宝沟通，根据其促销力度调整对赎回规模的估计。他们采取了最保守的数据，并翻倍作为安全垫，以保证流动性。具体做法是：先估计有效用户数量，再采取最高的用户转化率，估算出购物用户的数量，然后采取拔高的人均消费量，提升安全垫。"我们对零售行业进行了大量研究，发现每个商场的客单价都是基本稳定的。"

随着数据的不断调整，王登峰也要不断调整到期资产的布局，并随时与证监会和央行沟通各种应对方案。在技术层面，王登峰也不允许有任何故障。"即使所有的银行支付渠道瘫痪，余额宝也必须 100%响应。"天弘基金云直销系统可以应对的交易超过 5 000 笔/秒，能够支撑亿级用户进行交易，随时响应的还有客服层面，"整个公关团队枕戈待旦，有任何可能发生的问题都随时处理"。最终，余额宝安全度过"双 11"，给用户带来了良好的消费体验。可以说，如果没有此次完备的风险应对策略，就不会有如今家喻户晓的余额宝。

二、风险应对策略

风险应对的策略有风险规避、风险降低、风险分担和风险承受四类。

(一)风险规避

风险规避是指企业对超出风险承受度的风险，通过放弃或停止与该风险相关的业务活动以避免和减轻损失的策略。风险规避是各种风险管理技术中最简单、最为消极的一种。例如，一个经销家庭日用品的企业在其经销的产品有导致小儿麻痹症的情况出现时，决定终止这种经销活动，以免引起产品责任索赔。

企业通过中断风险源，将避免可能产生的潜在损失或不确定性，但企业同时失去了从风险源中获得收益的可能性。企业在采用规避方法来处理风险时必须考虑以下几个方面的因素。第一，风险也许不可能真正避免。对企业而言，有些基本风险如世界性的经济危机、能源危机等难以避免。第二，风险得以避免在经济上也许不适当。对某些风险即使可以避免，但就经济效益而言也许不合适。在成本和效益的比较分析下，如果企业避免风险所花费的成本高于避免风险所产生的经济效益时，仍然采取避免风险的方法，经济上可谓不适当。第三，风险规避使企业失去了从中获益的可能性。第四，避免了某一风险可能产生另外新的风险，新风险产生的可能性和危害程度可能更甚于先前的风险。

1．风险规避的适用范围

当企业面临下列两种情况时最适合采用风险规避策略：某种特定风险导致的发生概率和产生损失的程度相当大；应用其他风险处理技术的成本超过其产生的收益，采取风险规避法可以使企业所受损失为零。

2．风险规避的方式

(1)完全放弃，是指企业拒绝承担这种风险，根本不从事可能产生某些特定风险的活动。

(2)中途放弃，是指企业在项目进行的过程中终止承担某种风险。例如，公司研发一种新产品，在市场上试销后发现市场前景惨淡，于是中途停止这种产品的生产与上市，防止产生更大的新产品的开发风险。这种风险规避通常与环境的较大变化和风险因素的变动有关。由于发生了新的情况，经权衡后，认为得不偿失，故而放弃。

(3)改变条件，是指改变生产活动的性质，改变生产流程或是工作方法等。其中生产性质的改变属于根本的变化。

简单的风险规避是一种最消极的风险处理方法，因为投资主体在放弃风险行为的同时，往往也放弃了潜在的目标利益。所以一般只有在以下情况才会采用这种方法：投资主体对风险极端厌恶；存在可实现同样目标的其他方案，其风险更低；投资主体无能力消除或转移风险；投资主体无能力承担该风险或承担风险得不到足够的补偿。

 案例 4-3

三星推出微软系统手机——规避诉讼风险

韩国三星于 2012 年 8 月 30 日宣布将于年内推出搭载美国微软公司最新操作系统的智能手机。三星和苹果的专利侵权案，苹果在美国大获全胜。为降低经营风险，三星开始提高业务中不易成为诉讼对象的操作系统比率。为重新构建抗衡苹果的战略，三星在德国柏林举办的家电展销会"IFA"上发布了支持微软操作系统"Windows Phone 8"的智能手机"ATIVS"。这款手机配备了 4.8 英寸有机 EL(电致发光)面板等高性能部件。从中可以看出三星欲将其打造为媲美搭载美国谷歌操作系统"Android"的旗舰机型"GalaxySⅢ"主力产品的意图。

已故苹果 CEO 史蒂芬·乔布斯曾强烈批评 Android 抄袭了苹果的技术，并相继起诉了谷歌阵营的台湾宏达国际电子公司和美国摩托罗拉公司。苹果在美国与三星争讼的焦点虽然是设计和操作性，但实际上与操作系统也密不可分。因此，三星将通过增加搭载微软操作系统的机型，降低与苹果间可能会发生的新一轮诉讼风险。因为微软和苹果在包括共同专利在内的知识产权领域有合作关系。此外，三星还在柏林发布了支持 Windows Phone 8 的平板终端。借此，三星加快了构建从产品开发和操作系统两方面规避专利纠纷的体制。

(二)风险降低

风险降低是企业在权衡成本效益后，准备采取适当的控制措施降低风险或减轻损失，将风险控制在风险承受度之内的策略。风险降低的目的是要降低风险发生的概率，或者减少风险造成的损失，或者两者兼而有之。风险降低可以积极改善风险的特性，使其能为企业所接受，而又使企业不丧失获利的机会。风险降低的方法一般与控制措施相衔接，包括不相容职务分离控制、授权审批控制、会计系统控制、财产保护控制、预算控制、运营分析控制、绩效考评控制和合同控制等(这部分内容将在第五章阐述)。

降低风险主要通过两种途径实现：风险预防和减少风险。其中，风险预防即采取各种措施防止风险事件的发生，做到事先防范，也就是消除或减少风险因素，以便降低损失发生的概率。企业实行风险降低策略应符合成本效益原则。预防风险涉及一个现时成本与潜在损失比较的问题：若潜在损失远大于采取预防措施所支出的成本，就应采用预防风险手段。以兴修堤坝为例，虽然施工成本很高，但与洪水泛滥造成的巨大灾害相比，就显得微不足道。此外，还应考虑到一旦预防措施不成功，风险发生后应采取补救措施以减少损失，从而使风险损失最小化。

人们从事的许多活动都面临着风险，对于那些厌恶风险者来说，如何应付所面临的风险呢？有两种常用的办法可以降低风险发生的可能性，这两种方法是多样化和获取更多的信息。

1. 多样化(Diversification)

多样化是指在从事的活动将要面临风险的情况下，人们可以采取多样化的活动，以便降低风险。例如，投资者可以以多种形式持有资产，以免持有单一化的资产发生风险；商品推销人员为了保证销售收入，可以同时推销多种商品，以免在只推销一种商品的情况下，一旦产品推销不出，发生一点收入也得不到的风险。

2. 获取更多的信息(Obtaining More Information)

在不确定的情况下，消费者的决策是建立在有限信息基础之上的。如果消费者可以获得更多的信息，将会降低决策的风险。然而，获得信息不是没有代价的。例如，要想通过销售活动获得尽可能多的利润，商品销售人员必须进行市场调查与研究，以便获得较多的商品需求信息，减少决策的风险。要进行市场调查研究，就必须花费一定的费用。如果不亲自进行市场调查，而向他人购买信息，也可以减少决策的风险。这说明信息是有价值的。

(三)风险分担

风险分担是指企业准备借助他人的力量，采取业务分包、购买保险等方式和适当的控制措施，将风险控制在风险承受度之内的策略。风险分担是一种事前的风险管理措施，即在风险发生之前，通过各种交易活动，把可能发生的风险转移给其他人承担，避免承担全部风险损失。其主要措施包括业务分包、保险、出售、开脱责任合同及合同中的转移责任条款。

风险分担的方式主要可以分为财务型非保险转移、控制型非保险转移和保险转移。

1. 财务型非保险转移

财务型非保险转移是指受补偿的人将风险所导致损失的财务负担转移给补偿的人(其中保险人除外)的一种风险管理技术。财务型非保险转移的实施方式主要有以下四种。

(1)中和。中和是将损失机会与获利机会平衡的一种方法，通常被用于处理投机风险。担心原材料价格变化的制造商所进行的套购，以及受外汇汇率变动影响的出口商进行的期货买卖都属于中和方法。所谓套购，就是通过买卖双方交易的相互约定，使可能的价格涨落损益彼此抵消。通常，商业机构、生产商、加工商和投资者利用期货价格和现货价格波动方向上的趋同性，通过在期货市场上买进或卖出与现货市场上方向相反但数量相同的商品，而把自身承受的价格风险转移给投机者，以达到现货与期货盈亏互补的目的。

例如，有一经销商于某年9月1日购买一批铜锭，价格200万元，铜锭制成铜管后，预期于次年1月10日出售，届时可得380万元，因而可以赚取合理的利润。然而，由于铜锭价格波动会影响铜管的价格，所以利润是不确定的。也就是说，该经销商可能因铜锭价格下跌而蒙受损失，也可能因铜锭价格上涨而获得超额利润。为了避免铜锭跌价所致损失，经销商可在9月1日购买铜锭的同时，订立于次年1月10日亦以同样价格出售铜锭的合同。这样做，可以中和未来价格波动的风险，经销商虽然失去可能因铜锭价格上涨而获超额利润的机会，但避免了因铜锭价格下跌而蒙受损失的可能。

(2)免责约定。免责约定是指合同的一方通过合同条款，对合同中发生的对他人人身伤害和财产损失的责任转移给另一方承担，即通过主要针对其他事项的合同中的条款来实现风险转移。

例如，机械加工企业在与客户签订机械加工合同时，可在协议条款中写明：若遇原材料价格上涨时，合同价格应当上调，从而将其价格风险转移给客户。同样，客户也可以通过免责条款协议，将其潜在损失转移给加工企业。如合同协议条款规定若由于加工企业延长工期而引起的原材料价格上涨，由加工企业负责，并赔偿由于延误工期而给客户带来的损失。当然双方在签订合同时，都要紧紧围绕"合同条件"这个中心，而且寻求利用某条款转移风险的一方，必须获得对方对该条款的认可。另外，有时候可专门为转移风险而订立合同。

需要指出的是，免责约定不同于责任保险。免责约定所转移的风险的承担人是受让人而不是保险人，而且所提到的财产损失责任是以合同责任下的损失为限的。

(3)保证合同。保证合同是指由保证人对被保证人因其行为不忠实或不履行某种明确的义务而导致权利人损失予以赔偿的一种书面合同。这里有保证人、被保证人和权利人三方当事人。借助保证书，权利人可将被保证人违约的风险转移给保证人。保证的目的在于担保被保证人对权利人的忠实和有关义务的履行，否则由保证人赔偿损失。保证书通常用于以下"明确的义务"：清偿债务，在规定的期限内提供一定数量的产品，按要求的日期完成一项工程等。如果被保证人没有履行义务，保证人必须自己履行这项义务，或者按保证书的规定支付一定的罚金。然后，保证人可以向被保证人追偿其损失。有时，保证人在签发保证书时，要求被保证人用现金或政府债券等作为担保物，以备自己索赔。即使被保证人得不到任何保障，他们也要签署这种保证书。

需要指出，保证书不同于保险合同(尤指财产保险合同)，其差别如下。

① 保证书的当事人有三方，即保证人、被保证人和权利人，而保险合同一般只有两方，即保险人和投保人(被保险人)。

② 保证书中，被保证人通常得到担保并付出担保费，而权利人得到保障，而被保险人则通常是通过购买保险来保障自己。

③ 保证书中的损失有可能是由被保证人故意引起的，而保险损失对被保险人而言则必须是意外的。

④ 理想状况下，保证书中的担保不会有损失。因为如果有任何损失的可能性，保证人就不会签署这种保证书，况且保证人自己会在调查中发现潜在的损失。而保险人则清楚地知道在被保险的群体中间会发生一些损失。理想状况下，保证书的担保费不应该包括任何期望损失作为备抵，所以这种担保费只需包括保证人的调查费和其他费用，并提供一定的利润和一定的意外准备金。而保险费则必须补偿期望损失。在实践中，保证人也会发生一些损失，因

为他们的调查并不完全准确，但这样的损失在担保费中所占的比例远低于在保险费中所占的比例。

⑤ 如果损失确实发生，保证人可以向被保证人求得补偿，但保险人对于被保险人则没有这种权利。尽管如此，有些保证书与保险合同极为相似，例如诚实保证。实践中，许多保证书的保证人是保险人。

(4)公司化。有的企业通过发行公司股票，将企业经营的风险转移给多数股东承担。这种转移实际上只是分散了原有股东的风险，增强了企业抵抗风险的能力，并不能转移企业遇到的具体风险。

2. 控制型非保险风险转移

控制型非保险风险转移是指借助降低风险单位的损失频率和缩小其损失幅度的手段将损失的法律责任转移给非保险业的另一经济单位的管理技术。

控制型非保险风险转移的具体形式有以下三种。

(1)出售或租赁。通过买、卖契约将风险单位转移给他人或其他单位。这一方式的特点是将财产所有权和与之有关的风险同时转移给受让人。如一批货物，从工厂主转移给买主后，与这批货物有关的风险(可能遭受火灾、盗窃、市场价格暴跌等)也一同转移给买主了。

(2)分包。转让人通过分包合同，将他认为风险较大的工程转移给非保险业的其他人。显然，风险单位通过风险转移，其承担的风险将会减少。例如，对于一般的建筑施工队来说，高空作业风险较大，因此，他们可将风险大的高空作业转移给专业的高空作业工程队。对这种专业的工程队来说，他们无论在经验、设备、技术等各方面都较强，故相对来说，风险较小。

(3)开脱责任合同。通过这种合同，风险承受者免除转移者对承受者承受损失的责任。如外科医生在给病人动手术之前，往往要求病人(或家属)签字同意，若手术不成功，医生不负责任。在这份契约中，风险承受者(病人)免除了转移者(医生)对承受者(病人)承受损失的法律责任，在这种形式中，通过开脱责任合同，风险本身被消除了。

控制型风险转移与风险回避所不同的是，风险回避是放弃或中止存在的风险单位，而此风险转移技术容许风险单位继续存在，然而将损失的法律责任转移给自己以外的第三者(保险业除外)。控制型风险转移与损失控制不同的是，损失控制直接对风险所致的损失频率和幅度加以改善，而此风险转移技术将风险转移给别人而间接达成降低损失频率和减小损失幅度的目的。

3. 保险转移

保险(Insurance)是指投保人根据合同约定，向保险人支付保险费，保险人对于合同约定的可能发生的事故所造成的财产损失承担赔偿保险金责任，或者当被保险人死亡、伤残、疾病或者达到合同约定的年龄、期限时承担给付保险金责任的商业保险行为。采用保险方式，一方面，风险转移到保险公司之前，投保人必须履行其义务，有责任缴纳保险金；另一方面，当损失出现时，保险公司将会代替投保人承受因风险变化所带来的损失。

(四)风险承受

风险承受是指企业对风险承受度之内的风险，在权衡成本效益之后，不准备采取控制措施降低风险或者减轻损失的策略。风险承受的前提是自留风险可能导致的损失比转移风险所需要的费用小。风险承受是最省事的风险规避方法，在许多情况下也是最省钱的。但企业也应考虑到，若仅从降低成本、节省费用出发，将风险承受作为一种主动积极的方式应用时，可能会由于风险意外扩大，而使企业面临严重的损失后果。

三、风险应对策略的选择

风险应对的四种策略是根据企业的风险偏好和风险承受度制定的，风险规避策略在采用其他任何风险应对措施都不能将风险降低到企业风险承受度以内的情况下适用；风险降低和风险分担策略则是通过相关措施，使企业的剩余风险与企业的风险承受度相一致；风险承受则意味着风险在企业可承受范围之内。企业应该结合具体情况及时调整风险应对策略。

企业可选择的风险应对策略有风险规避、风险降低、风险分担和风险承受，管理层可以选择一个或多个策略结合使用，如表 4-6 所示。

表 4-6　风险应对策略

策略	含义	方式	例子
风险规避	企业对超出风险承受度的风险，通过放弃或者停止与该风险相关的业务活动以避免和减轻损失的策略	放弃或者停止与该风险相关的业务活动	(1)由于阴雨天气航空公司取消某次航班 (2)企业拒绝与不守信用的厂商进行业务往来 (3)新产品在试制阶段发现问题果断停止研发
风险降低	企业在权衡成本效益之后，准备采取适当的控制措施改变不利后果发生的概率，从而降低风险或减轻损失	不相容职务分离控制、授权审批控制、会计系统控制、财产保护控制、预算控制、运营分析控制、绩效考评控制和合同控制	财产保护控制中，企业储备必要的零配件以备设备出现问题及时更换，以保证企业的正常生产
风险分担	企业准备借助他人的力量，采取业务分包、购买保险等方式和适当的控制措施，将风险控制在风险承受度之内的策略	财务型非保险转移、控制型非保险风险转移和保险转移	企业将非核心竞争力项目外包；企业购买财产保险等
风采承受	企业对风险承受度之内的风险，在权衡成本效益之后，不准备采取控制措施降低风险或者减轻损失的策略	不准备采取任何措施	企业设有一个小型仓库，平时就存放在一些待处理的设备(市场价值很小)，如果为了这些设备被偷盗而专门雇佣一个保管员，那么这时支付保管员的费用要远高于设备的价值，显然不符合成本效益原则

《企业内部控制基本规范》第二十七条规定：企业应当结合不同发展阶段和业务拓展情况，持续收集与风险变化相关的信息，进行风险识别和风险分析，及时调整风险应对策略。

企业对超出整体风险承受能力或者具体业务层次上的达到不可接受风险水平的风险，应实行风险回避；在整体风险承受能力和具体业务层次上的可接受风险水平之内的风险，在权衡成本效益之后无意采取进一步控制措施的，可实行风险承担；对在整体风险承受能力和具体业务层次上的可接受风险水平之内的风险，在权衡成本效益之后，如愿单独采取进一步的控制措施以降低风险、提高收益或者减轻损失的，可以实行风险降低；对在整体风险承受能力和具体业务层次上的可接受风险水平之内的风险，在权衡成本效益之后，愿意借助他人力量采取进一步的控制措施以降低风险，提高收益或者减轻损失的，可以实行风险分担。

风险应对策略与企业的具体业务或者事项相联系，不同的业务或事项可以采取不同的风险应对策略，同一业务或事项在不同的时期可以采取不同的风险应对策略，同一业务或事项在同一时期也可以综合运用风险降低和风险分担应对策略。

风险管理——风险评估技术

风险管理——风险评估技术(ISO/IEC 31010：2009)标准主要解决风险评估的概念、风险评估的流程和风险评估技术的选择等问题，回答可能发生什么情况，原因是什么，后果是什么，发生的概率是多少，是否有什么因素可以减轻风险的后果或降低发生的概率等问题。标准中介绍了一系列技术的应用方法，还具体引用了对概念和技术应用有更详细介绍的其他国际标准。风险评估不是一项孤立的工作，应该充分融入风险管理流程的其他环节中去。

复习思考题

1. 目标设定包含哪些内容？
2. 风险的主要来源有哪些？
3. 风险识别有哪些技术？
4. 风险评估的方法有哪几种？分别是什么？
5. 如何选择风险应对策略？
6. 如何针对不同业务选择风险应对策略？

第五章

控 制 活 动

 引导案例

有七个人在一个星期内要共同分食一锅粥，由于粥少人多，对于如何分粥大家意见不一。

方案1：指定专人分粥，但分粥人总是给自己分最多，此法不公平。

方案2：每个人轮流分粥，但这样每个人只有自己分粥那天能吃饱，此法只是表面公平。

方案3：分别选举分粥委员会和监督委员会，但监督委员会经常提出议案，分粥委员会又据理力争，等商量好分粥方案，粥都凉了，此法效率极低。

方案4：每个人轮流值日分粥，但分粥的那个人要最后一个领粥，此法得到了一致拥护。因为每个主持分粥的人都意识到，如果不保证公平，他确定无疑将会得到最少的那一份。

"分粥原理"用一个浅显的道理说明了企业制度设计与建设的管理理念。现代市场竞争激烈，内部控制尤为重要，而制度的设计与建设无疑是内部控制的一项重要内容。"分粥理论"告诉我们：公平与效率往往来自程序的完善，先进、适用、合理、高效率的程序是搞好内部控制的基础，而落后、僵化、脱离实际、形同虚设的程序，不但无助于提高企业的水平，反而会成为企业日常管理中的一副枷锁和羁绊；政策与程序的好坏，不在于多少，也不在于搬来多少别人的管理经验，而在于简洁实用和高效公平。

控制活动就是合理保证目标实现、确保管理阶层的指令得以执行的政策及程序，如核准、授权、验证、调节、复核营业绩效、保障资产安全及职务分工等。

第一节　控制活动的基本原理及种类

内部控制的核心是控制活动，我国《企业内部控制基本规范》认为，控制活动是企业根据风险评估结果，采用相应的控制措施，将风险控制在可承受度范围之内。COSO指出，内部控制是指对所确认的风险采取必要措施，以保证企业目标实现的政策与程序。政策就是应该做什么，程序是应该怎么做，政策是程序的基础，程序是对政策的执行。

一、控制活动的基本原理

企业开展经营活动的目的是有效、高效地使用资源。如何保证有效、高效地使用资源？一般认为，企业的资源是有限的，有限的资源一定能管控，风险应该被有效控制。如何控制？由于企业资源被各种活动（如交易、经济事项、经营业务等）使用，因此控制了活动就管理了资源。由于活动都要进入相应流程（如资金活动流程、采购业务流程、资产管理流程、销售业务流程、研究与开发流程等）。因此，控制活动的总体思路是：通过实施流程控制，在流程中找关键风险点(控制点),以达到有效管控资源的目标。控制了流程也就控制了活动,企业资源融入流程后形成了企业控制架构。

例如,企业的采购业务流程如图 5-1 所示,由于每天都会频繁发生预算作业、申购作业、确定供应商、签订合同和发出订单、运输验收作业、违背合同作业、付款作业和入库作业等,单独控制工作量很大,因此,实现流程控制是控制活动的基本原则。

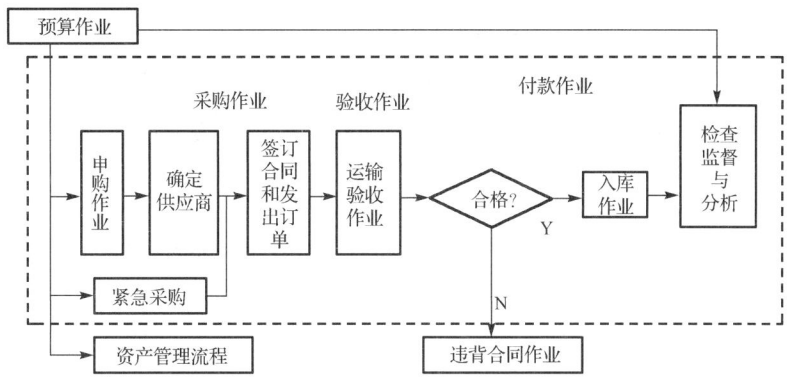

图 5-1　企业的采购业务流程

控制行为(政策和程序)也并非盲目实施,我国《企业内部控制基本规范》规定的控制程序包括不相容职务分离控制、授权审批控制、会计系统控制、财产保护控制、预算控制、运营分析控制、绩效考评控制和合同控制等。

不同国家、不同时期控制程序不尽相同,这是由内部控制的动态过程观确定的。表 5-1 是 COSO 报告与我国《企业内部控制基本规范》在控制活动内容方面的比较,通过比较可以看出,两者之间没有太大的区别,预算控制实际上是从授权审批控制中分离出来的政策和程序,从对授权审批控制的理解而言,预算控制属于日常经营管理活动按照既定程序和原则实施的控制。

表 5-1　COSO 报告与我国《企业内部控制基本规范》在控制活动内容方面的比较

COSO 报告	《企业内部控制基本规范》
充分的职务分离	不相容职务分离控制
交易与业务行为的适当授权	授权审批控制
充分的文件与记录	会计系统控制
对资产及记录的物理接触控制	财产保护控制
	预算控制
绩效分析	运营分析控制
	绩效考评控制

企业应当根据内部控制目标,结合风险应对策略,依据流程控制原理,综合运用控制程序,对各种业务和事项实施有效控制。控制行为的主要目的是降低风险,针对的是风险降低应对策略。

二、内部控制的种类

内部控制按控制内容可分为一般控制和应用控制;按控制地位可分为主导性控制和补偿性控制;按控制功能可分为预防性控制和发现性控制;按控制时序可分为原因控制、过程控制和结果控制。

（一）按控制内容可分为一般控制和应用控制

1. 一般控制

一般控制是指对企业经营活动赖以进行的内部环境所实施的总体控制，也称基础控制或环境控制。它包括组织控制、人员控制、业务记录及内部审计等内容。这类控制并不直接作用于企业的生产经营活动，而是通过应用控制对全部业务活动产生影响。

例如，会计基础控制是指通过设计会计程序来保证完整、正确地记录一切合法的经济业务，及时察觉和处理错误。通过该种控制可以实现会计控制的完整性和一致性，保证获得可靠的财务会计信息。会计基础控制是保证会计控制目标实现的首要条件，是其他会计控制的基础，它包括以下四种控制。

(1)合法性控制，即用各种方法检查所记录的经济业务，以保证其能够如实反映经济事项。在会计基础控制方面，它主要通过由熟悉会计制度的人员审查会计文件，以确定所记录的业务是否真正发生，检查其处理过程是否与规定的程序相一致，查明业务处理是否经过授权与批准，有无越权行事等行为，以及是否进行了严格的监督和审核。例如，单位的审核员对单位的原始凭证进行核实。

(2)正确性控制，即为了确保单位每笔经济业务的发生都能够及时用正确的金额与账户记载的一种控制。它通过发生额计算、余额计算、账户分类检查、双重核对、事先控制与分工牵制等方法来保证会计记录的正确性。例如，单位审核岗位对记账凭证的复核工作。

(3)完整性控制，即保证发生的一切合法的经济业务均记入控制文件的一种控制。它主要通过凭证的连续编号、总额控制、登记账簿、档案管理并运用备忘录等手段来保证记录的完整性。现在，实行会计电算化的单位已由计算机解决部分完整性控制的工作。

(4)一致性控制，即保证记录一致性的控制。它主要通过实地盘存、对内/对外账实核对、差异分析、调账等方法来保证会计记录的一致性。

2. 应用控制

应用控制是指直接作用于企业生产经营业务活动的具体控制，也称业务控制，如业务处理程序中的批准与授权、审核与复核及为保证资产安全而采用的限制接近等控制。这类控制的特征在于，它们构成了生产经营业务处理程序的一部分，并都能够防止和纠正一种或几种错弊。

（二）按控制地位可分为主导性控制和补偿性控制

1. 主导性控制

主导性控制是指为实现某项控制目标而首先实施的控制。如凭证连续编号可以保证所有业务活动都得到记录和反映就是主导性控制。为实现组织的战略目标，管理层要根据组织规划指导各项生产及经营管理工作，并组织专门机构和人员进行定期或不定期的检查，对于发现的偏差进行分析，找出问题的成因，采取措施予以纠正。这里，管理层组织专门机构和人员开展的定期或不定期检查活动就是主导性控制。预防性控制和发现性控制则是为了预防、检查和纠正不利的结果；在正常情况下，主导性控制能够防止错误和舞弊的发生，但如果主导性控制存在缺陷，不能正常运行时，就必须由其他的控制措施进行补充。

2. 补偿性控制

补偿性控制就是针对某些环节的不足或缺陷而采取的控制措施，能够全部或部分弥补主导性控制的缺陷，主要是为了把风险暴露控制在一定的范围内。如果凭证没有连续编号，有些业务活动就可能得不到记录。这时，实施凭证、账证、账账之间的严格核对，就可以基本上保证业务记录的完整性，避免遗漏重大的业务事项。因此，"核对"相对于"凭证连续编号"来说，就是保证业务记录完整性的一项补偿性控制；由独立于银行存款收支业务的人员进行银行存款的核对和调整，是对收支业务中存在的薄弱环节的一种补偿性控制。一项控制和其他控制之间存在一定联系，当该项控制存在控制缺陷的时候，如果其他控制执行有效，可以有效地降低该缺陷导致财务报告错报的影响程度，而且所影响金额也可以明确，那么其他控制就是该控制的补偿性控制。

从上述分析可见，主导性控制与补偿性控制存在着密切的联系，都是在实现有利结果的同时，避免不利结果的发生。但是，两者也有一定的差别。

(三)按控制功能可分为预防性控制和发现性控制

1. 预防性控制

预防性控制是指为防止错误和非法行为的发生，或尽量减少其发生机会所进行的一种控制。它主要解决"如何能够在一开始就防止错弊的发生"这个问题。例如，对业务人员事先做出明确的指示和实施严格的现场监督，避免误解指令和发生错弊；对客户的信用进行审核以减少坏账的发生；采用招标方式选择理想的供应商；对机器设备的报废和清理进行审批以保证资产安全等都属于预防性控制。

预防性控制是由不同人员或职能部门在履行各自职责的过程中实施的，属于操作性的控制。预防性控制措施主要包括职务分离、监督性检查、双重检查、编辑校验、合理性校验、完整性校验及正确性校验等。

2. 发现性控制

发现性控制是指为及时查明已发生的错误和非法行为或增强企业发现错弊的能力所进行的各项控制。它主要是解决"如果错弊仍然发生，如何查明"的问题。例如，通过账账核对、实物盘点，以发现记账错误和货物短缺等。具体以双重检查为例，双重检查属于预防性控制，在没有发现性控制加以监督的情况下，只要任何一个审核人员不在场，在场的那位审核人员很可能会滥用职权或草率行事，批准存在错弊的支付行为。可见，如果缺乏发现性控制，当预防性控制实施存在困难时，有关人员就会为所欲为，使控制失败。更为严重的是，由于组织难以及时发现存在的问题及影响，不能及时采取措施加以解决，进而加大了损失的影响范围及程度。

一般认为，预防性控制优于发现性控制，因为预防性控制能够在事前防止损失的发生，降低风险。但是，真正全面地采取预防性控制是相当困难的，实际工作中的风险很难百分之百地预防，所以必须将两者结合起来控制。

(四)按控制时序可分为原因控制、过程控制和结果控制

1. 原因控制

原因控制也称事先控制，是指企业单位为防止人力、物力、财力等资源在质和量上发生偏差，而在行为发生之前所实施的内部控制。例如，领取现金支票前的核准、报销费用前的审批等。

2. 过程控制

过程控制也称事中控制，是指企业单位在生产经营活动过程中针对正在发生的行为所进行的控制。例如，对生产过程中使用材料的核算、对在制造产品的监督和对加工工艺的记录等。

3. 结果控制

结果控制也称事后控制，是指企业单位针对生产经营活动的最终结果而采取的各项控制措施，例如，对产出产品的质量进行检验、对产品数量加以验收和记录等。

 案例 5-1

"扁鹊兄弟"的启示

魏文王问扁鹊："你们家兄弟 3 人都精于医术，到底哪一位最好呢？"扁鹊答："长兄最好，中兄次之，我最差。"魏文王又问："那为什么你最出名呢？"扁鹊答："长兄治病于病情发作之前，诊疗前后无甚感觉，一般人不知他事先已除病因，所以名气全无；中兄治病于病情初起之时，一般人以为他只能治小病，所以他的名气只及本乡；而我治病于严重时，人们总看到我在经脉上穿针放血，在皮肤上开刀敷药，以为我的医术最高，因此名气响遍全国。"

从魏文王与扁鹊的对话中可以看出，原因控制优于过程控制，过程控制优于结果控制。但是现实却得出相悖的结论，鲜花和掌声往往是给后者的。

另外，以控制手段为标志分类，内部控制还可分为手工控制和自动控制。《企业内部控制基本规范》指出，企业应当运用信息技术加强内部控制，建立与经营管理相适应的信息系统，促进内部控制流程与信息系统的有机结合，实现对业务和事项的自动控制，减少或消除人为操纵因素。

第二节 控制活动的内容

控制活动的内容即控制程序，一般包括不相容职务分离控制、授权审批控制、会计系统控制、财产保护控制、预算控制、运营分析控制、绩效考评控制和合同控制等。

一、不相容职务分离控制

我国《企业内部控制基本规范》第二十九条规定：不相容职务分离控制要求企业全面系统地分析、梳理业务流程中所涉及的不相容职务，实施相应的分离措施，形成各司其职、各负其责、相互制约的工作机制。

(一)不相容职务分离的含义

所谓不相容职务是指那些不能由一个人兼任，既可弄虚作假，又能掩盖其舞弊行为的职务。不相容职务分离就是这些职务由两人或两人以上担任，从而达到相互制约、相互监督的目的，即所谓"四只眼"原则或双人控制原则。

不相容职务分离基于两个假设，一是两个或两个以上的人或部门无意识地犯同种错误的概率要低于一个人或一个部门犯该种错误的概率；二是两个或两个以上的人或部门有意识地合伙舞弊的可能性大大低于一个人或一个部门舞弊的可能性。

(二)不相容职务分离的内容

不相容职务分为不相容部门、不相容岗位和不相容流程。根据大部分企业的经营管理特点和一般业务的性质，需要分离的不相容职务一般包括以下具体内容。

1. 授权批准职务与业务经办职务分离

按照授权批准职务与业务经办职务分离控制的要求，请购与审批、采购与审批、采购合同的订立与审批、销售商品与审批、筹资计划编制与审批、对外投资预算的编制与审批、投资或筹资的决策与执行等职务必须分离，以利于决策人、审批人从独立的立场来评判业务行为的合理性、科学性与可行性，从而防范舞弊。例如，销售业务的各个环节，包括销售合同的签订、销售单的编制、发票的开出、售价的确定、销售方式和结算方式、销售折扣折让与退货等，都要经过恰当的审批，并确保与业务经办职务分离。

2. 业务经办职务与稽核检查职务分离

按照业务经办职务与稽核检查职务分离控制的要求，必须做到现金出纳、会计与稽核职务相分离，采购员与库管员职务相分离，库管员与盘点稽核人员职务相分离，预算编制、执行与检查职务相分离等。这些职务相分离使相关业务执行人员都受到应有的监督，同时也应使稽核、审计人员处于相对客观、独立、公正的地位，保证监督质量。例如，让业务经办职务与稽核检查职务分离，会使经办人员受到牵制和约束，使他们更加尽职尽责地做好本职工作，提高企业内部控制的质量，保证各项经济业务正常开展。

3. 业务经办职务与会计记录职务分离

业务经办职务与会计记录职务分离是企业实施内部控制最基本的要求。例如，销售部门和销售人员必须专职独立，不得兼记会计部门销售收入账和应收账款账；企业的会计不能兼任采购员。如果不将业务经办职务与会计记录职务分离，业务执行的过程和结果就缺乏了记录时应该进行的复核和确认。

4. 财产保管职务与会计记录职务分离

财产保管职务与会计记录职务分离是一个最基本的不相容职务分离，也就是钱账分管制度，即管钱的不管账，管账的不管钱，出纳专职负责货币资金的收支业务，除现金和银行存款日记账外，不得兼记总账和债权债务等明细账，不负责汇总记账凭证，不抄寄各种往来结算账户对账单。

5. 财产保管职务与业务经办职务分离

企业财产保管职务应该与实物核对和财务盘存等业务经办职务相分离。如果一个企业的材料采购员既负责材料采购又负责入库保管，那么这样身兼数职的行为，由于缺乏内部牵制和监督，就有可能给经办人员创造舞弊的机会，形成职务犯罪隐患，给企业造成损失。

（三）不相容职务分离控制程序

不相容职务分离的核心在于实现牵制、制衡。企业在设计内部控制制度时，首先要确定哪些岗位和职务是不相容的；其次要明确规定各个机构和岗位的职责、权限。控制不相容职务的方法，就是从组织设计及职务安排上进行分离，将不相容职务分别安排给不同人员，甚至不同部门，形成一个可以相互监督、相互牵制、相互核查的业务机制。要做好不相容职务分离控制，以下两个程序是关键。

(1)设立管理控制机构。企业可以根据自身的经营特点设立审计委员会、价格委员会、报酬委员会等，通过这些机构的设置来监督不相容职务分离实施的过程和效果，对不完善的地方及时做出调整。

(2)推行职务不相容制度。用制度约束不相容职务的兼任对企业来讲是一种有效的办法，通过制度在企业中的制定和实施，杜绝高层管理人员交叉任职，从而可以避免关键人物大权独揽或徇私舞弊。同时，需要坚决贯彻不相容职务分离的要求。所有经济业务的控制，必须按照不相容职务分离的要求，合理设计相关岗位，明确职责权限，形成内部牵制、内部制衡机制。

二、授权审批控制

我国《企业内部控制基本规范》第三十条规定：授权审批控制要求企业根据常规授权和特别授权的规定，明确各岗位办理业务和事项的权限范围、审批程序和相应责任。

企业对于重大的业务和事项，应当实行集体决策审批或者联签制度，任何个人不得单独进行决策或者擅自改变集体决策。

（一）授权审批的含义

授权是对一般交易或特殊交易的政策性制度进行决策，审批是对公司授权制度的具体执行，表现形式为签字。授权审批是指单位在办理各项经济业务时，必须经过规定的授权审批程序。如采购部门采购材料、会计部门进行账务处理、人力资源部门招聘员工等。

（二）授权审批的形式

授权审批的形式通常有常规授权和特别授权两类。

常规授权又称一般授权，是指企业在日常经营管理活动中按照既定的职责和程序进行的授权。所谓既定的职责和程序，就是指已经制定好的职责和程序，如制度、计划和预算等。这种授权一般来说稳定、不易变动、时效性较长，主要是由管理层制定整个组织应当遵循的政策，内部员工在日常业务处理过程中，可以按照规定的权限范围和有关职责自行办理或执行各项业务。

特别授权是指企业在特殊情况、特定条件下进行的授权。特别授权是临时性的，通常一次有效。例如，总经理委托其助理代理某个合同的签署，就必须授予他必要的签约权力，一旦合同签订完毕，授权也自动终止。

（三）授权审批的体系与原则

企业应当编制常规授权的权限指引，规范特别授权的范围、权限、程序和责任，严格控制特别授权。不论采取哪种授权批准方式，企业都必须建立授权批准体系，主要包括以下内容。

1. 授权审批的范围

授权审批的范围不仅要包括控制各种业务的预算制定情况，还要对相应的办理手续、业绩报告、业绩考核等明确授权。通常企业的所有经营活动都应纳入授权审批的范围，以便全面预算和全面控制。

2. 授权审批的层次

授权审批应根据经济活动的重要性和金额大小确定不同的授权批准层次，从而保证各管理层有权亦有责。但重大事项应进行集体决策和集体联签，防止"一支笔"现象的发生。

3. 授权审批的责任

授权审批的责任应当明确被授权者在履行权力时应对哪些方面负责，以避免授权责任不清，一旦出现问题又难追究其责任。同时，应防止以授权名义授责。

4. 授权审批程序

授权审批程序应规定每一类经济业务审批程序，以便按程序办理审批，避免越级审批、违规审批的情况发生。

除此之外，企业还要在授权目的明确、职权与责任配比、使用人员的正确选择等方面加以注意。表 5-2 所示为某公司销售业务流程延伸权限指引。

(本表所列权限指经总部批准的预算/计划项下的授权)

表5-2 某公司销售业务流程延伸权限指引

授权级别 权限 业务类型	执行部门	1 股东大会	2 董事会	2.1 董事长	3 总经理	4 副总经理/总师	4.1 副总师	5 职能部门部长	5.1 职能部门/副部长	6 职能部门/科长	6.1 职能部门/副科长	会签部门或复核单位
1. 一般产品销售业务流程												
(1)销售计划	生产经营部	—	年度生产经营预算	—	审定月度产品销售计划			拟定、执行年度月度销售计划				
(2)销售价格	营销部	—	—	—	确定销售价格	○						—
(3)客户信用	营销部	—	—	—		○						—
(4)销售合同	营销部	—	—	—	一类企业≥1000万元的合同，及≥100万元的赊销合同	一类企业1000万元>单笔≥500万元的合同及单笔≥100万元>单笔≥50万元的赊销合同	—	一类企业<50万元的合同，及<50万元的赊销合同	<300万元的合同	—	—	董秘/法律部
2. 一般产品出口处理业务流程	生产经营部	—	—	—	①与外贸公司签订合同 ②单笔≥200万美元	单笔<200万美元	—	—	—	—	—	财务部、董秘、法律部

备注：本表中"—"表示尚未在该级别设置权限；"○"表示禁止在该级别设置权限。

为了使授权审批制度获得较好的效果，企业一定要遵循以下几个原则：一是有关事项必须经过授权审批，且在业务发生之前；二是授权审批责任一定要明确；三是所有过程都必须有书面证明；四是对于越权行为一定要有相应的惩罚制度。

 案例 5-2

杜邦公司：从集权到分权

19世纪的杜邦公司规模不大，经营的产品较为单一，市场变化也不甚复杂，而杜邦公司的产品质量占有绝对优势，竞争者难以逾越，在这样的背景下，杜邦公司采用的是单人决策式的组织经营模式，并获得了成功。

但到了20世纪，随着公司规模扩大和市场环境的复杂化，这一绝对集权化的组织决策模式使公司陷入了困境。为了化解危机，杜邦公司精心设计了一个集团式经营的管理体制，成为美国第一家把单人决策改为集团式经营的公司。这一集团化的组织管理体制，以统一指挥、垂直领导和专业分工为原则，在实现权力高度集中的同时，职责清晰，效率显著提高，大大促进了杜邦公司的发展。

杜邦公司创造了一个多分部的组织机构和管理体制，其原则是把政策制定和行政管理相分离，公司最高层专注于全局性公司政策的制定，更多的经营权力下放给各部门的中层管理人员。这种分权化的组织使杜邦公司成为一个高效能的集团。

三、会计系统控制

（一）会计系统控制的含义

会计系统是一个企业管理系统的核心子系统之一。一方面，它通过记录和报告历史经济业务来反映企业的资产状况、经营成果及现金流量的状况；另一方面，这些信息为企业经营决策和与企业利益相关的外部使用者的投资决策提供依据。真实、完整的会计信息对企业来说非常重要，它是企业进行有效经济分析和准确预测与决策的基础。

会计系统控制就是与保护财产安全的企业会计责任及会计记录可靠性有关的组织、计划、程序、方法，是企业所有业务活动价值结果的终点。其基本思路是通过对会计主体所发生的各项能用货币计量的经济业务进行记录、归集、分类、编报等进行控制。会计系统控制要求企业严格执行国家统一的会计准则、制度，加强会计基础工作，明确会计凭证、会计账簿和财务报告的处理程序，规范会计政策的选用标准和审批程序，建立、完善会计档案保管和会计工作交接办法，实行会计人员岗位责任制，充分发挥会计的监督职能，保证会计资料的真实、完整。

（二）会计系统控制的目标

会计系统控制以保护财产物资和确保会计资料可靠性为目的，是与保护财产物资的安全性、会计信息的真实一致性和完整性以及财务活动的合法性有关的控制。会计系统控制的目标是通过对财产物资保管和会计信息等控制对象制定一系列控制方法、措施和程序所要达到的最终目的和要求。它是建立、完善会计系统控制，以及有效实施会计系统控制的指南。会计系统控制应达到的基本目标如下。

（1）规范企业会计行为，保证会计资料的真实性、完整性，即所有已发生或完成的事项都被记录下来，且记录充分，这是会计系统控制的首要目标。

（2）堵塞漏洞、消除隐患，防止并及时发现、纠正错误及舞弊行为，保护企业资产的安全、完整。

（3）确保企业贯彻执行国家有关法律法规和企业的规章制度。

 **案例 5-3**

没有良好的制度，好人也会变坏

某单位原会计叶某贪污案被人民法院开庭审理。叶某自调入该单位任会计二十余年，在众人的眼里一直是一个工作兢兢业业、做事中规中矩的人。审计人员在对该单位进行审计的过程中发现，叶某在近三年的时间里，利用单位财务管理中存在的漏洞，通过以收款收据收取款项后不入账，或者以收款收据收取款项后，再将其中的一部分开具正式收款票据入账，从而隐瞒、截留代管费、水电费等收入 74 万元。如今，即将退休在家安度晚年的他却要饱尝铁窗之苦，为自己的行为付出沉重的代价。

（三）会计系统控制的内容

会计系统控制包括以下几个方面的主要内容。

1. 会计凭证填制的控制

由于会计凭证中详细记录了各类经济交易与事项的具体内容和经济活动的基本财务信息，因此，会计凭证处理是整个会计信息系统运行的第一个环节，也是会计账簿信息和财务报表信息产生的基础。会计凭证包括原始凭证和记账凭证。原始凭证的控制应遵循只有当某个交易或事项真实发生时才能取得或填制相应的原始凭证这一原则。企业在取得已经发生的相关经济交易与事项的原始凭证后，会计人员应及时对原始凭证进行审核，并据以编制记账凭证。

2. 会计账簿登记控制

会计账簿登记控制是指在设置、启用和登记会计账簿时实施的相应控制措施。企业应当结合会计信息使用者的需要和会计内部经营管理的具体要求，建立完整的会计账簿体系。在登记账簿过程中，遵循不相容职务分离原则，不能由一人同时登记总账和明细账。会计账簿应妥善保管，同时企业应在日常会计处理过程中及时进行对账，达到账证相符、账账相符、账实相符，确保会计账簿记录的数字真实、内容完整、计算准确、依据充分、时间适当。

3. 会计报告编制控制

会计报告编制是会计信息系统运行的最后一个，也是最重要的环节。企业应当按照国家统一的会计准则或制度规定的会计报表格式和内容，根据登记完整、核对无误的会计账簿记录和其他资料编制会计报表。为了保证会计报表的真实性，财务部门应编制会计凭证汇总表与会计账簿、会计报表进行分析核对，编制内部财务报告与预算平衡表和总账相核对，一旦发现异常应及时解决和处理。

4. 会计机构和人员设置

企业应当依法设置会计机构，配备会计从业人员。从事会计工作的人员，必须取得会计从业资格证书。会计机构负责人应当具备会计师以上专业技术职务资格。大中型企业应当设置总会计师，设置总会计师的企业，不得设置与其职权重叠的副职。

四、财产保护控制

我国《企业内部控制基本规范》第三十二条规定：财产保护控制要求企业建立财产日常管理制度，采取财产记录、实物保管、定期盘点、账实核对等措施，确保财产安全；企业应当严格限制未经授权的人员接触和处置财产。

 知识链接

"睡虎地秦简"上的财产保护控制

"睡虎地秦简"（以下简称"秦简"）是云梦睡虎地十一号秦墓出土的竹简，从这些竹简上的记载可以看出，我国内部控制制度早在战国时期就出现了，因为那时人们比较重视财产，竹简上有关财产保护控制的记载较为详细，主要有粮食管理制度和财产物资的盘存制度。秦国为了确保粮食的安全，对粮食的收、发、存建立了严格的责任制度。

《效律》曰："入禾、万石一积而比黎之为户。"

意思是说："粮食入仓时，以一万石为一积而加以排列，设置仓门，登记写明是什么品种粮食、数量多少石、各责任人的姓名。"

《仓律》曰："令度之，度之当堤，令出之。"

意思是说："粮食出仓时，也应分清责任，称量的结果与批准的出仓量相同才能出仓；年中经办人员要对原仓登记之数定期进行盘点核实，年终要结出粮食的年末余额，汇总上报。"

《内史杂》："令人勿近舍，非其官人也，毋敢舍焉。善宿卫，闭门辄靡其旁火，慎守唯敬。"

这里是指以法律规定限制未经授权人员接触粮仓，以保证粮食安全。

企业的财产可以分为两类：有形资产和无形资产。有形资产又可以分为固定资产、存货等。无形资产又分为商标、商誉、专利权、非专利技术、土地使用权等。企业的财产是企业可利用的资源，是企业生存和发展的物质保证，因此加强财产安全保护，防止财产流失、浪费是非常重要的。财产保护控制的主要内容如下。

1. 限制接近控制

企业应当严格限制无关人员对直接接触资产，只有经过授权批准的人员才能够接触资产。另外，不仅对接触资产加以限制，而且对授权使用和处分资产的文件也加以限制，才能形成充分的保护措施。主要包括：保证存货、小型工具、证券等贵重和流动资产存入地点的安全；限制接触未使用票据并恰当注销已使用票据；每日及时将现金收入送存银行；限制接触计算机、终端代码、磁盘文件、数据库要素；限制单独接触可转让证券及其他便携式有价资产，以免未经授权的挪用发生。

2. 定期盘点控制

盘点应当根据实际需要定期和不定期进行，应当建立盘点制度和盘点流程，明确责任人，确保财产安全。盘点可以采用先盘点实物再核对账务的形式，也可以采用先核对账务再确认

实物的形式。对盘点中出现的财产差异应进行调查、分析和处置，并修正相关制度。定期盘点制度包括确定各账户余额下的财产的数量和金额。典型的盘点和复核方法有：永续盘存记录和定期清点及复核制度；建立应收账款、应付账款、投资项目、实收资本的明细账，并把总账以及重要财产账户与各明细分类账加总数比较核对；每月核对银行存款余额调节表；每月审核现金记录；送款单与现金记录相核对等。

3. 记录保护控制

记录保护控制是指对企业各种文件资料尤其是资产、会计等资料妥善保管，以避免记录受损、被盗窃及毁坏。对某些重要资料，应当留有备份记录，以便在遭受意外损失或毁坏时能重新恢复。

4. 财产保险控制

财产保险控制是指通过对资产投保，增加实物受损后的补偿机会，保护实物安全。企业的主要财产应当投保火灾险、盗窃险、责任险等，降低企业经营风险，确保财产安全、保值、增值。

 案例 5-4

宝马失踪，家贼难防

2008 年 8 月 22 日，武汉一家进口汽车销售公司高层主管去汉口黄浦路 4S 销售展厅进行盘库时，发现前不久还停在这儿的价值 128.5 万元的越野宝马车不见了。根据保安门岗的监控记录，失踪的宝马是销售经理李琳在 2008 年 8 月 6 日开走的，没在财务办理任何手续。按照 4S 店的财务管理规定，每卖出一辆车，财务要凭汽车合格证和客户身份证开具机动车销售统一发票，发票共 6 联，其中 3 联留存在公司财务做账或作为完税凭证，另外 3 联给客户留存。而李琳共从财务那里拿走 8 份发票，每份发票的 1～6 联全部拿走，且至今未还。继续盘库发现，一辆客户已付 133.6 万元预定款的宝马 X5 越野车也被李琳开走，且款项被挪于其他客户的应交车款。经检察机关侦查发现，自 2007 年 5 月至 2008 年 8 月，李琳共用两种手段侵占公司车款近 600 余万元：一是将客户购车款不入公司账户，直接打入她的指定账户；二是利用公司销售款到账时间差，用后面的售车款"填补"前面的售车款。

2008 年 8 月 23 日，检察机关以涉嫌职务侵占罪，对李琳正式起诉。后经调查发现，李琳共侵占公司资产 656.365 1 万元，仅有 10 余万元及 3 辆车被追回，其余款项则早已被她挥霍一空。

五、预算控制

我国《企业内部控制基本规范》第三十三条规定：预算控制要求企业实施全面预算管理制度，明确各责任单位在预算管理中的职责权限，规范预算的编制、审定、下达和执行程序，强化预算约束。

预算控制是企业战略管理的重要组成部分，是实施企业战略目标、提高企业管理水平与经济效益的重要措施。预算控制是利用预算对企业内部各部门、各单位的各种财务及非财务资源进行分配、考核和控制，以便有效地组织和协调企业的生产经营活动，完成既定的经营目标。企业应当重视预算控制工作，将预算作为制定、落实内部经济责任制的依据。预算控制主要包括以下主要内容。

1. 预算编制控制

在预算编制控制方面，企业应当对编制依据、编制程序、编制方法等做出明确规定，确保预算编制依据合理、程序适当、方法科学，明确预算编制机构和预算审批机构的职责权限。

企业预算的编制，应坚持效益优先的原则，确保总量平衡，进行全面预算管理；坚持积极稳健的原则，确保以收定支，加强财务风险控制；坚持权责对等的原则，确保切实可行，并围绕经营战略实施。预算编制一般按照"上下结合、分级编制、逐级汇总"的程序进行，采用自上而下或自下而上的编制方式。

同时，企业应遵循经济活动规律，确定符合自身经济业务特点、生产经营周期和管理需要的预算编制方法。不同的预算项目采用不同的编制方法。企业应遵循成本效益原则，可以选择或综合运用固定预算、弹性预算、零基预算、滚动预算等方法进行编制，以达到预算控制的目的。

2. 预算执行控制

在预算执行控制方面，企业应当对预算指标的分解方式、预算执行责任制的建立、重大预算项目的特别关注、预算资金支出的审批要求、预算执行情况的报告与预警机制等做出明确规定，确保预算严格执行。

企业预算一经批准下达，各预算执行单位必须认真组织实施，将预算指标层层分解，从横向和纵向落实到内部各部门、各环节和各岗位，形成全方位的预算执行体系。企业应当建立预算执行责任制度，对照已确定的责任指标，定期或不定期地对相关部门及人员的执行情况进行检查，并实施考评。

对于重大预算项目和内容，企业应密切跟踪其实施进度和完成情况，实行严格监控。例如，货币资金收支业务的预算控制要求企业应及时组织预算资金的收入，严格控制预算资金的支付，调节资金收付平衡。企业应当健全凭证记录，完善预算管理制度，严格执行生产经营月度计划和成本费用的定额、定率标准，并对执行过程进行监控。同时建立预算执行内部报告制度，及时掌握预算执行的动态及结果。

预算执行情况预警机制要求企业科学选择预警指标，合理确定预警范围，及时发出预警信号，积极采取应对措施。建立预算执行结果质询制度，要求预算执行单位对预算指标及实际结果之间的重大差异做出解释，并采取相应措施。

3. 预算调整控制

预算调整是指当企业的内外环境发生变化，预算出现较大偏差，原有预算不再适宜时所进行的预算修改。

企业正式下达执行的预算不得随意调整。企业在预算执行过程中，需要调整预算的，应当报原预算审批机构批准。调整预算由预算执行单位逐级向原预算审批机构提出书面报告，阐述预算执行的具体情况、客观因素变化情况及其对预算执行造成的影响程度，提出预算的调整幅度。企业预算管理部门应当对预算执行单位提交的预算调整报告进行审核分析，集中编制企业年度预算调整方案，提交原预算审批机构审议批准，然后下达执行。

4. 预算分析与考核控制

预算分析与考核控制主要是通过建立预算执行分析制度、审计制度、考核与奖惩制度等，确保预算分析科学、及时，预算考核严格、有据。

预算执行分析制度要求企业预算管理部门应当定期召开预算执行分析会议，通报并全面掌握预算执行情况，研究、解决预算执行中存在的问题，提出改进措施，纠正预算的执行偏差。

预算执行情况内部审计制度要求企业预算委员会通过定期或不定期的预算审计，实施审计监督，及时发现和纠正预算执行中存在的问题，充分发挥内部审计的监督作用，维护预算管理的严肃性。

预算执行情况考核制度要求企业预算管理部门定期组织预算执行情况考核，考核时坚持公开、公平、公正的原则，考核结果应有完整记录。同时建立预算执行情况奖惩制度，明确奖惩办法，落实奖惩措施。

六、运营分析控制

我国《企业内部控制基本规范》第三十四条规定：运营分析控制要求企业建立运营情况分析制度，经理层应当综合运用生产、购销、投资、财务等方面的信息，通过因素分析、对比分析、趋势分析等方法，定期开展运营情况分析，发现存在的问题，及时查明原因并加以改进。

企业在经营的过程中，运营分析是非常重要的，可以随时了解企业的经营状况，避免盲目行为。对于存在问题的方面，通过运营分析可以及时发现问题，并调整方向或采取补救措施；对于比较理想的方面，通过运营分析可以判断是否极大地发挥了企业的现有条件和优势，是否存在对企业更有利的措施。企业运营分析的基本流程如图 5-2 所示。

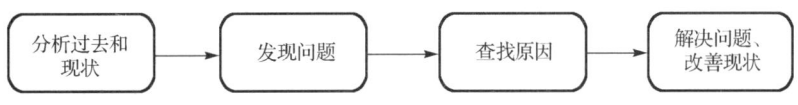

图 5-2　企业运营分析的基本流程

运营分析控制制度应明确规定运营分析的内容、方法、程序等，其具体要点有以下几个方面。

（一）明确分析对象

运营状况包含的内容非常丰富，它是对企业各种情况的综合概括，包括筹资能力、偿债能力、营运能力、盈利能力、发展能力等。企业在分析运营状况之前，应明确具体的分析对象，对于不同时期不同的分析目的，其分析对象也应有所差别。当企业的经营活动或外部经营环境的变化涉及某运营指标时，该指标通常应作为分析的重点对象。

1. 筹资能力

筹资能力是企业筹集生产经营所需资金的能力。广义的筹资能力包括企业内部筹资能力和企业外部筹资能力。企业内部筹资能力主要来源于企业留存收益，取决于企业的获利水平。外部筹资按筹集资金的性质可分为债务筹资和权益筹资。外部筹资主要来源于金融机构、证券市场、商业信用、租赁市场等。外部筹资能力取决于企业的综合状况，包括资产状况、信用状况、公关能力、盈利能力、发展趋势和潜力等因素，另外还取决于市场资金的供求状况、证券市场的行情等外部因素。

2. 偿债能力

偿债能力是指企业偿还到期债务的能力。偿债能力包括短期偿债能力和长期偿债能力。

短期偿债能力是指企业流动资产对流动负债及时足额偿还的保证程度，是衡量企业当前财务能力，特别是流动资产变现能力的重要指标。企业短期偿债能力的衡量指标主要有流动比率、速度比率和现金负债率等。长期偿债能力是指企业偿还一年以上债务的能力，与企业的盈利能力、资产结构有十分密切的关系。对于企业的长期债权人和所有者来说，他们更关心的是企业的长期偿债能力。反映长期偿债能力的比率有资产负债率、权益乘数、产权比率、利息保障倍数等。

3. 营运能力

营运能力反映企业资产的利用效率。其实质是要以尽可能少的资产占用，在尽可能短的时间内周转，生产尽可能多的产品，创造尽可能多的营业收入。因此，企业的营运能力是影响企业财务状况稳定与否和获利能力强弱的关键。营运能力分析主要通过对资产效率的分析来反映一个企业的资产管理水平和资产周转情况。企业的营运能力分析，实际上就是分析企业资源运用的效率，通常主要是从企业资金使用角度来进行的，因此也称之为资产管理效率分析。常用的运营能力分析指标包括总资产周转率、流动资产周转率、固定资产周转率、存货周转率、应收账款周转率等，利用这些指标可以分析出企业对这些可利用资产的使用效果。

4. 盈利能力

盈利能力是指企业利用各种经济资源赚取利润的能力。它是企业的重要经营目标，是企业生存和发展的物质基础，关系到企业的所有利益相关者。通常盈利能力也有广义和狭义之分。狭义的盈利能力通常仅指企业的经营获利水平，即来自于销售产品或提供劳务的能力；而广义的盈利能力包括企业的资本运作能力。经营获利水平是指企业的销售水平和生产水平。销售水平又取决于销售量水平和销售价格水平。影响销售量水平和销售价格水平的因素有企业的市场营销能力、整个市场的供需状况、整个社会货币资金的供需状况等。生产水平取决于产量和成本。产量取决于企业的生产能力。企业的资本运作水平取决于企业对资本市场的洞察力、决策能力及整个资本市场的状况。企业可以使用内含报酬率、净现值、会计收益率、投资回收期等指标来分析资本运作水平。

5. 发展能力

企业的发展能力也称企业的成长性，它是企业通过自身的生产经营活动不断扩大积累而形成的发展潜能。企业能否健康发展取决于多种因素，包括外部经营环境、企业内在素质及资源条件等。衡量企业发展能力的核心是企业价值增长率。通常用净收益增长率来近似地描述企业价值的增长，并将其作为企业发展能力分析的重要指标。另外，营业收入增长率、资产保值增值率、资本积累率、总资产增长率、营业利润增长率、技术投入比率等均可作为评价发展能力的指标。

(二)收集充分的信息

在进行运营情况分析时，应充分收集与分析对象相关的信息。这些信息既包括企业内部的也包括企业外部的，既包括财务的也包括非财务的，既包括数据型的又包括非数据型的，等等。在收集信息的过程中，应坚持准确性、全面性和及时性等原则，以保证信息的质量。内部信息主要包括财务信息、生产经营信息、资本运作信息、技术创新信息、综合管理信息等。企业可以通过会计资料、经营管理资料、调查研究报告、会议记录/纪要、内部报刊等渠道和方式获取所需的内部信息。外部信息主要包括政策法规信息、经济形势信息、市场竞争信息、行业动态信息、科技进步信息等。企业可以通过立法监管部门、社会中介机构、行业协会组织、业务往来单位、市场调查研究等渠道和方式获取所需的外部信息。

(三)选择适当的分析方法

企业应选择适当的分析方法对收集到的信息加以分析,从而全面系统地评价企业的运营状况。运营分析有很多种方法,常见的有因素分析法、对比分析法、比率分析法、趋势分析等。

1. 因素分析法

所谓的因素分析法是指依据某指标与其驱动因素之间的关系,从数量上确定各因素对指标的影响程度的一种方法。因素分析法既可以全面分析各因素对某一经济指标的影响,又可以单独分析某个因素对经济指标的影响。

2. 对比分析法

对比分析法是指将同一个指标在不同时期的执行结果进行对比,从而分析差异的一种方法。这种方法可以将实际与计划进行对比,也可以将当期与上期进行对比,还可以在行业之间进行对比。对比分析法根据分析的特殊需要又有绝对数比较和相对数比较两种形式,绝对数比较是利用绝对数进行对比,从而寻找差异的一种方法;相对数比较是用增长百分比或完成百分比指标来进行分析的一种方法。

3. 比率分析法

比率分析法是指将有关指标进行对比,用比率来反映它们之间的关系,以解释企业经营状况的一种方法。根据不同的分析内容和要求,可以计算出各种不同的比率并进行对比,其中有相关指标比率、构成比率等。

4. 趋势分析法

趋势分析法是根据企业连续若干会计期间(至少3年)的分析资料,运用指数或动态比率的计算,比较与研究不同会计期间相关项目的变动情况和发展趋势的一种财务分析方法,也叫动态分析方法。趋势分析法既可以用文字表述,也可以用图解、表格或比较报告的形式。

七、绩效考评控制

我国《企业内部控制基本规范》第三十五条规定:绩效考评控制要求企业建立和实施绩效考评制度,科学设置考评指标体系,对企业内部各责任单位和全体员工的业绩进行定期考评和客观评价,将考评结果作为确定员工薪酬以及职务晋升、评优、降级、调岗、辞退等的依据。

绩效考评控制是保证企业内部公平的必要条件。一个成功的绩效考评制度可以有效地甄别出员工对企业的贡献并予以相应的激励,有利于企业改进组织绩效,提高经济效益。所以,每个企业都应建立一套完善合理的内部控制绩效考评制度,对企业内部各责任单位和全体员工的执行内部控制情况进行定期考评和客观评价。因此,企业应该科学地设置绩效考评指标,合理确定考评主体及类型。在设定了科学的绩效考评指标的基础上,企业应根据这些指标进行客观公正的考评。

(一)绩效考评指标

绩效考评指标是指对员工绩效进行考核与评价的项目,必须将员工内部控制执行情况作为绩效考评的主要指标或指标体系的主要内容。指标定义要明确,具有可测量性,且必须与战略目标保持一致。绩效考评指标通常分为三类，分别为业绩考评指标、能力考评指标、态度考评指标。业绩考评指标就是考评工作行为所产生的结果，如销售额、市场份额增长率等。业绩考评指标反映了绩效管理的最终目的，即提高企业的整体绩效以实现既定的目标。能力考评指标是指考评员工与岗位或内容相关的工作技能。能力考评指标有利于鼓励员工提高与工作相关的工作能力。态度考评指标，是指不考虑员工的业绩和能力，只考评他们对工作的精神状态。将工作态度也作为考评指标是因为态度往往决定一切，即便某些员工工作能力比较强，但如果他们的工作态度不正确，其工作业绩也往往不理想。因此，为了引导员工保持积极向上的工作态度，从而实现绩效管理目标，将工作态度纳入绩效考评范围是十分有必要的。

（二）绩效考评主体

考评主体即由谁进行考评。考评主体的确定应遵循一个原则，那就是考评者对被考评者的工作性质、岗位要求、工作状态等必须有一定的了解。即便如此，企业也应对考评主体进行必要的培训，包括道德、纪律、考评资料收集、考评体系等方面的培训，力求使考评主体具有良好的考评技能、公正的考评心理，从而进行有效的绩效考评。

（三）绩效考评的类型

绩效考评按时间可以分为定期与不定期考评，按考评性质可分为定性和定量考评，按考评主体又可分为上级考评、专业机构考评、自我考评等。

八、合同控制

合同控制是企业经营管理的一项重要内容，也是企业依法经营、依法维护自身合法权益的一个重要方面。加强合同控制不仅有利于依法订立并履行合同，减少合同纠纷，保障企业自身的经营利益，还有利于企业加强和改善经营管理，提高经济效益和实现健康、良好的发展。

企业的合同控制是一个动态的管理过程，要求企业的管理人员运用科学的管理方法实现预期的合同管理目标。在合同的管理过程中，涉及合同的签订、履行、变更、解除等活动，这些活动既相互独立，各自有着不同的内容，相互之间又存在密切的联系。在合同控制的过程中，企业应该提高风险防范意识，以科学的态度和方法开展风险管理活动，降低风险的损害程度，从而保障企业健康发展。

在合同控制过程中，企业应当关注的风险：未订立合同、未经授权或越权对外订立合同、合同对方主体资格未达要求、合同内容存在重大疏漏和欺诈，可能导致企业合法权益受到侵害；合同未全面履行或监控不当，可能损害企业利益、信誉和形象；合同纠纷处理不当，可能损害企业利益、信誉和形象。

在合同控制中，企业应该关注合同的签署、合同的履行及合同的评估，从而完善合同控制的流程。

（一）合同的签订

企业对外发生经济行为，除即时结清方式外，应当订立书面合同。企业应注重从合同的签约对象、合同标的谈判与协商、合同文本、合同审核与内部会签、合同签订权限管理等几个方面加强合同控制。

(二)合同的履行

企业应当遵循诚实信用原则，严格履行合同，对合同履行实施有效监控，强化对合同履行情况及效果的检查、分析和验收，确保合同全面有效履行。

合同生效后，企业就质量、价款、履行地点等内容与合同对方没有约定或约定不明确的，可以签订补充协议；如果不能达成补充协议的，则按照国家相关法律法规、合同有关条款或交易习惯确定。

在合同履行过程中发现有失公平、条款有误或对方有欺诈行为等情形，或因政策调整、市场变化等客观因素，已经或可能导致企业利益受损，应当按照规定程序及时报告，并经双方协商一致，按照规定权限和程序办理合同变更或解除事宜。

企业应当加强合同纠纷管理，在履行合同过程中发生纠纷的，应当依据国家相关法律法规，在规定时效内与对方当事人协商并按规定权限和程序及时报告。合同纠纷经协商一致的，双方应当签订书面协议。合同纠纷经协商无法解决的，应当根据合同约定选择仲裁或诉讼方式解决。企业内部授权处理合同纠纷的，应当签署授权委托书。纠纷处理过程中，未经授权批准，相关经办人员不得向对方当事人做出实质性答复或承诺。

企业财会部门应当根据审核后的合同条款办理结算义务。未按合同条款履约的，或应签订书面合同而未签订的，财会部门有权拒绝付款，并及时向企业有关负责人报告。

(三)合同的评估

企业应当建立合同履行情况评估制度，至少每年年末对合同履行的总体情况和重大合同履行的具体情况进行分析评估，对分析评估中发现合同履行中存在的不足，应当及时加以改进。企业应当健全合同控制考核与责任追究制度。对合同订立、履行过程中出现的违法违规行为，应当追究有关部门或人员的责任。

 案例 5-5

合同条款不清，导致多起诉讼

BP 公司由前英国石油、阿莫科、阿科和嘉实多等公司整合重组形成，是世界上最大的石油公司之一。BP 公司总部设在英国伦敦，在百余个国家从事生产和经营活动。从 2004 年起，BP 石油(上海)与 W 公司因为 BP 石油单方面援引合同条款终止《经销商合同》而引发诉讼，W 公司先后在陕西西安市、河南三门峡市和洛阳市与 BP 石油及其关联企业 S 公司打了近十起官司。

双方最主要的争议焦点是，在双方签署的多份《经销商合同》中都有一个允许单方面解除合同的"自愿终止条款"。根据这一条款，任何一方都可以在提前 30 天做出书面通知的情况下无条件、单方面地终止合同。作为经销商的 W 公司认为《经销商合同》的自愿终止无效，BP 石油和 S 公司单方终止合同的行为构成违约并需做出巨额赔偿，而 BP 石油和 S 公司则认为该条款对等地赋予双方解除合同的权利，符合公平原则。

第三节　业务流程控制

企业的资源是有限的，如何有效并高效地使用资源成为企业的重要难题之一。从内部控制的角度，企业应着力对业务流程进行控制，为实现内部控制的目标服务。

一、控制活动类业务流程

为了有效保证公司各项经营活动高效地运作，保证会计信息的可靠、完整，资产安全，有效地降低公司经营风险。《企业内部控制应用指引》从业务层面将企业的活动分为资金活动、采购业务、资产管理、研究与开发、销售业务、工程项目、担保业务、业务外包、财务报告九个方面，并逐一做了说明。下面以《企业内部控制应用指引》为基础，介绍业务层面的九个控制流程。

(一)资金活动

资金活动是指企业筹资、投资和资金营运等活动的总称。资金是企业生产经营循环的血液，是企业生存和发展的基础，决定着企业的竞争能力和可持续发展能力。企业资金活动中可能存在的风险无一不是重要风险，一旦转变为现实，则危害重大。概括地讲，企业资金活动面临的重要风险包括：筹资决策不当，引发资本结构不合理或无效融资，可能导致企业筹资成本过高或债务危机；企业投资决策失误，引发盲目扩张或丧失发展机遇，可能导致资金链断裂或资金使用效益低下；资金调度不合理、营运不畅，可能导致企业陷入财务困境或资金冗余；资金活动管控不严，可能导致资金被挪用、侵占、抽逃或遭受欺诈。

针对上述风险，"资金活动应用指引"分别对筹资、投资和资金营运活动提出下列管控措施。

(1)根据筹资目标和规划，结合年度全面预算，拟订筹资方案，并对筹资方案进行科学论证；重大筹资方案还应当形成可行性研究报告，全面反映风险评估情况。

(2)对筹资方案进行严格审批后，按照规定权限和程序筹集资金。同时，严格按照筹资方案确定的用途使用资金，防止资金挪用；确需改变资金用途的，应当履行相应的审批程序。

(3)加强债务偿还和股利支付环节的管理，对偿还本息和支付股利等做出适当安排，防止发生违约风险，导致诉讼损失。

(4)根据投资目标和规划，合理安排资金投放结构，科学确定投资项目，拟订投资方案，重点关注投资项目的收益和风险；选择投资项目应当突出主业，谨慎从事衍生金融产品等高风险投资。例如在国际金融危机中，我国少数企业从事的投资项目偏离主业，同时又缺乏相关专业人才和风险管控经验，导致企业发生巨额亏损。这些教训值得认真汲取。

(5)严格控制采取并购方式进行投资企业的并购风险，重点关注并购对象的隐性债务、承诺事项、可持续发展能力、员工状况及其与本企业治理层及管理层的关联关系，合理确定支付对价，确保实现并购目标。这项要求对于我国企业境外并购具有很好的提示作用。

(6)加强对投资方案的可行性研究，并按照规定的权限和程序对投资项目进行决策审批；审批后，与被投资方签订投资合同或协议，明确出资时间、金额、方式、双方权利/义务和违约责任等内容。

(7)加强对投资收回和处置环节的控制；对于到期无法收回的投资，应当建立责任追究制度。

(8)加强对资金营运全过程的管理，统筹协调内部各机构在生产经营过程中的资金需求，切实做好资金在采购、生产、销售等各环节的综合平衡，实现资金营运的良性循环，提升资金营运效率。

(二)采购业务

采购是指购买物资(或接受劳务)及支付款项等相关活动。部分企业在办理采购业务时不同程度地存以下问题:采购计划安排不合理、市场变化趋势预测不准确,造成库存短缺或积压,导致企业生产停滞或资源浪费;供应商选择不当、采购方式不合理、招投标或定价机制不科学、授权审批不规范,致使采购物资质次价高,出现舞弊或遭受欺诈;采购验收不规范,付款审核不严,造成采购物资、资金损失或信用受损。

为此,"采购业务应用指引"要求企业加强请购、审批、购买、验收、付款、采购后评估等环节的风险管控,确保物资采购满足企业生产经营需要。采购业务风险管控应注意以下几点。

(1)企业的采购业务尽量集中,避免多头采购或分散采购,以提高采购业务效率,降低采购成本,堵塞管理漏洞。

(2)建立采购申请制度,依据购买物资或接受劳务的类型,确定规管部门,明确相关部门或人员的职责权限及相应的请购和审批程序。

(3)建立科学的供应商评估和准入制度,根据市场情况和采购计划合理选择采购方式,建立科学的采购物资定价机制,并根据确定的供应商、采购方式、采购价格等情况签订采购合同,明确双方权利、义务和违约责任。

(4)建立严格的采购验收制度,确定检验方式,由专门的验收机构或验收人员进行验收;对于验收过程中发现的异常情况,应当查明原因并及时处理。

(5)加强采购付款的管理,明确付款审核人的责任和权利,严格审核采购预算、合同、相关单据凭证、审批程序等内容,审核无误后按照合同规定及时办理付款。

(6)建立退货管理制度,对退货条件、退货手续、货物出库、退货货款回收等做出明确规定,并在采购合同中明确退货事宜,及时收回退货货款。

 案例 5-6

某公司采购业务控制问题

某公司属于国有控股公司,最高权力机构是股东大会,执行机构是董事会,另外还设有职工代表大会及各职能部门、分公司等。其内部控制制度及业务活动情况如下。

财务部经理的妻子担任出纳,并兼任满足行政部门需要的日常业务,亲自办理取款、购买、报销等手续。

支票等票据由会计保管,支取款项的印章都由总经理亲自保管。材料采购等由供应部经理审批、专门采购员实施。

根据规定,各项费用由总经理签字都可报销。某日,出纳在采购时发现,当地主要媒体宣传另一公司 A 产品正在开展促销活动,称其为高科技产品,促销时间仅仅两天。出纳认为 A 产品可以替代本企业的主要原料并能够节约 30% 成本。

出纳认为时间过于紧张,来不及请示供应部经理,因此直接电话告知总经理,总经理决定采购。出纳当即采购并由仓库验收入库,经总经理签字,办理了货款支付手续。

后来生产车间反映,该批材料不适应生产要求,只能折价处理,造成损失 30 万元。总经理指示调整成本预算,将 30 万元损失记入正常材料耗费。

（三）资产管理

资产是指企业拥有或控制的存货、固定资产和无形资产。加强各项资产管理，保证资产安全完整，提高资产使用效能，有利于维持企业正常生产经营，有利于促进企业发展战略目标的实现。当前，在企业存货、固定资产和无形资产等资产的管理实务中，存在的问题主要包括：存货积压或短缺，导致流动资金占用过量、存货价值贬损或生产中断；固定资产更新改造不够、使用效能低下、维护不当、产能过剩，导致企业缺乏竞争力、资产价值贬损、安全事故频发或资源浪费；无形资产缺乏核心技术、权属不清、技术落后、存在重大技术安全隐患，导致法律纠纷，企业缺乏可持续发展能力。

为防范和化解资产管理中存在的这些重要风险，"资产管理应用指引"有针对性地提出了以下应对措施。

(1)采用先进的存货管理技术和方法，规范存货管理流程，明确存货取得、验收入库、原料加工、仓储保管、领用发出、盘点处置等环节的管理要求，充分利用信息系统，强化会计、出入库等相关记录，确保存货管理全过程的风险得到有效控制。

(2)根据各种存货采购间隔期和当前库存，综合考虑企业生产经营计划、市场供求等因素，合理确定存货采购日期和数量，确保存货处于最佳库存状态。

(3)加强房屋建筑物、机器设备等各类固定资产的维护、清查、处置管理，重视固定资产的技术升级和更新改造，不断提升固定资产的使用效能，确保固定资产处于良好运行状态。

(4)强化对生产线等关键设备运转的监控，严格操作流程，实行岗前培训和岗位许可制度，确保设备安全运转。

(5)严格执行固定资产投保政策，及时办理投保手续。

(6)规范固定资产抵押管理，确定固定资产抵押程序和审批权限等。

(7)加强对品牌、商标、专利、专有技术、土地使用权等无形资产的管理，促进无形资产有效利用，充分发挥无形资产对提升企业核心竞争力的作用。

（四）销售业务

销售是指企业出售商品(或提供劳务)及收取款项等相关活动。企业应当加强销售、发货、收款等环节的管理，采取有效控制措施，规范销售行为，扩大市场份额，确保实现销售目标。企业销售过程中存在的重要风险主要包括：销售政策和策略不当、市场预测不准确、销售渠道管理不当等，导致销售不畅、库存积压、经营难以为继；客户信用管理不到位、结算方式选择不当、账款回收不力等，造成销售款项不能收回或遭受欺诈；销售过程存在舞弊行为，可能导致企业利益受损。

"销售业务应用指引"就此提出了以下管控措施。

(1)加强市场调查，合理确定定价机制和信用方式，根据市场变化及时调整销售策略，灵活运用多种策略和营销方式，促进销售目标实现，不断提高市场占有率。

(2)通过与客户进行业务洽谈、磋商或谈判，关注客户信用状况、销售定价、结算方式等相关内容，并签署销售合同，明确双方的权利和义务。

(3)销售部门按照经批准的销售合同开具相关销售通知，发货和仓储部门严格按照销售通知所列项目组织发货，确保货物的安全发运。

（4）完善客户服务制度，加强客户服务和跟踪，提升客户满意度和忠诚度，不断改进产品质量和服务水平。

（5）完善应收款项管理制度，明确销售、财会等部门的职责，并严格考核，实行奖惩。

（6）加强应收款项坏账的管理；应收款项全部或部分无法收回的，应当查明原因，明确责任。

（五）研究与开发

研究与开发是指企业为获取新产品、新技术、新工艺等所开展的各种研发活动，是企业进行自主创新的重要手段。企业通过研发新产品和新技术，创造新工艺，能够增强核心竞争力，促进发展战略实现。但是，研究与开发活动通常隐含着重大风险。例如，研究项目未经科学论证或论证不充分，可能导致创新不足或资源浪费；研发人员配备不合理或研发过程管理不善，可能导致研发成本过高、舞弊或研发失败；研究成果转化应用不足、保护措施不力，可能导致企业利益受损。

"研究与开发应用指引"就此提出了以下管控措施。

（1）结合研发计划，提出研究项目立项申请，开展可行性研究，编制可行性研究报告。

（2）按照规定的权限和程序审批研究项目，重大研究项目应当报经董事会或类似权力机构集体审议决策。

（3）加强对研究过程的管理，合理配备专业人员，严格落实岗位责任制，确保研究过程高效、可控。

（4）建立和完善研究成果验收制度，组织专业人员对研究成果进行独立评审和验收。

（5）明确界定核心研究人员范围和名册清单，签署保密协议，并在劳动合同中约定研究成果归属、离职条件、离职移交程序、离职后保密义务、离职后竞业限制年限及违约责任等内容。研发骨干人员的管理，应当引起研发型企业的高度重视。

（6）加强研究成果的开发与保护，形成科研、生产、市场一体化的自主创新机制，促进研究成果转化为实际生产力。

（六）工程项目

工程项目是企业自行或者委托其他单位所进行的建造、安装活动。工程项目通常与企业发展战略密切相关，周期较长，并涉及大额资金及物资的流转，存在较大的不确定性和风险。如果工程立项缺乏可行性研究，或者可行性研究流于形式、决策不当、盲目上马，很可能导致难以实现预期效益或项目失败；如果项目招标暗箱操作，存在商业贿赂，则可能导致中标人实质上难以承担工程项目、中标价格失实及相关人员涉案；如果工程造价信息不对称、技术方案不落实、概预算脱离实际，又可能导致项目投资失控；倘若工程物资质次价高、工程监理不到位、项目资金不落实，还可能导致工程质量低劣、进度延迟或中断；最后，如果竣工验收不规范，最终把关不严，还会导致工程交付使用后存在重大隐患。

为此，"工程项目应用指引"明确指出，企业必须强化对工程建设全过程的监控，制定和完善工程项目各项管理制度，明确相关机构和岗位的职责权限，规范工程立项、招标、造价、建设、验收等环节的工作流程及控制措施，保证工程项目的质量和进度，并就此提出了以下管控措施。

(1)根据发展战略和年度投资计划，提出项目建议书，编制可行性研究报告，并组织内部相关机构专业人员进行充分论证和评审，在此基础上，按照规定的权限和程序进行决策。重大工程项目应当报经董事会或类似决策机构集体审议批准，任何个人不得单独决策或擅自改变集体决策意见。

(2)采用公开招标的方式，择优选择具有相应资质的承包单位和监理单位，规范工程招标的开标、评标和定标工作，不得将应由一个承包单位完成的工程肢解为若干部分发包给几个承包单位。

(3)加强工程造价的管理，明确初步设计概算、施工图预算的编制方法，按照规定的权限和程序进行审核和批准，确保概/预算科学合理。

(4)加强对工程建设过程的监控，实行严格的概/预算管理和工程监理制度，切实做到及时备料、科学施工、保障资金、落实责任，确保工程项目达到设计要求。工程建设过程中涉及项目变更的，应当严格审批；重大项目变更还应当按照项目决策和概/预算控制的有关程序和要求重新履行审批手续。

(5)收到承包单位的工程竣工报告后，及时编制竣工决算，开展竣工决算审计，办理竣工验收手续。企业还应当建立完工项目后评估制度，重点评价工程项目预期目标的实现情况和项目投资效益等，并以此作为绩效考评和责任追究的依据。

 案例 5-7

职工活动中心工程项目问题

2008年5月某集团公司子公司开工建设职工活动中心，2009年6月完工。工程原定总投资3 500万元，决算金额为3 950万元。

据查，该工程由该子公司工会提出申请，由工会有关人员进行可行性研究，经该子公司董事会审批同意并授权由工会主席张某具体负责工程项目的实施和对工程价款支付的审批。随后，张某私自决定将工程交由某个体施工队承建。

在工程即将完工时，施工队负责人向张某提出，职工活动中心应有配套健身设施，建议增建保龄球馆。张某认为这一建议可取，指示工会有关人员提出工程项目变更申请，经其签字批准后，由工会有关人员办理了竣工验收手续，由财务部门将交付使用的资产登记入账。

职工活动中心交付使用后，公司发现包括保龄球道在内的多项工程设施存在严重质量问题。

(七)担保业务

担保是企业按照公平、自愿、互利的原则向被担保人提供一定方式的担保并依法承担相应法律责任的行为。对外担保涉及被担保人和提供担保人(企业)。如果企业对被担保人的资信状况调查不深、审批不严或越权审批，可能导致企业担保决策失误或遭受欺诈；如果对被担保人在担保期内出现财务困难或经营陷入困境等状况监控不力，应对措施不当，又可能会导致企业承担法律责任；如果被担保人和企业在担保过程中存在舞弊行为，则会导致经办审批等相关人员涉案或企业利益受损。

为此，一般情况下，企业应当严格限制担保业务活动，如确需对外提供担保的，应当在担保业务政策及相关管理制度中明确担保的对象、范围、方式、条件、程序、担保限额和禁止担保等事项，规范调查评估、审核批准、担保执行等环节的工作流程及控制措施，切实防范担保业务风险。"担保业务应用指引"就此提出如下具体要求。

（1）对担保申请人进行资信调查和风险评估，并出具书面报告。企业自身不具备条件的，应委托中介机构对担保业务进行调查和评估。对于符合条件的担保申请人，经办人员应当在职责范围内，按照审批人员批准意见办理担保业务；对于审批人超越权限审批的担保业务，经办人员有权拒绝办理。

（2）加强对子公司担保业务的统一监控，企业内设机构未经授权不得办理担保业务；企业为关联方提供担保的，与关联方存在经济利益或近亲属关系的有关人员在评估与审批环节应当予以回避。

（3）根据审核批准的担保业务订立担保合同，定期监测被担保人的经营情况和财务状况，了解担保项目的执行、资金的使用、贷款的归还、财务运行及风险等情况，确定担保合同有效履行。

（4）加强对担保业务的会计系统控制，建立担保事项台账，及时足额收取担保费用；规范对反担保财产的管理，妥善保管被担保人用于反担保的财产和权利凭证，定期核实财产的存续状况和价值，发现问题及时处理。

（5）在担保合同到期时，全面清理用于担保的财产、权利凭证，按照合同约定及时终止担保关系。

（八）业务外包

业务外包是企业利用专业化分工优势，将日常经营中的部分业务委托给本企业以外的专业服务机构或其他经济组织（承包方）完成的经营行为。目前，业务外包活动已经广泛应用于电信、金融等各行各业，为企业优化资源配置、加速业务重组、提高经营效率提供了活力。但是，企业在将业务外包的同时，也承担着一些重大风险，主要包括：外包范围和价格确定不合理、承包方选择不当，可能导致企业遭受损失；业务外包监控不严、业务质量低劣，可能导致企业难以体现业务外包的优势；业务外包存在商业贿赂等舞弊行为，可能导致企业相关人员涉案。

为此，"业务外包应用指引"明确指出，存在业务外包活动的企业应当着手建立和完善业务外包管理制度，规定业务外包的范围、方式、条件、程序和实施等相关内容，明确相关机构和岗位的职责权限，强化业务外包全过程的监控，防范外包风险，并提出了以下具体要求。

（1）合理确定外包业务范围，综合考虑成本效益原则，权衡利弊，避免将核心业务外包。

（2）拟定业务外包实施方案，按照规定的权限和程序审核批准。重大外包业务方案应当提交董事会或类似决策机构审批。

（3）按照批准的业务外包实施方案，择优选择外包业务的承包方，签订外包合同，合理确定外包价格，严格控制外包业务成本，切实做到相关业务外包后的成本在保证质量的前提下低于原经营方式。外包业务涉及保密的，还要求企业在外包业务合同或另行签订的保密协议中明确规定承包方的保密义务和责任。

（4）加强业务外包实施的管理，注重与承包方的沟通与协调，并对承包方的履约能力进行持续评估。如有确凿证据表明承包方存在重大违约行为，导致外包业务合同无法履行的，企业应当及时终止合同并更换承包方；承包方违约并造成企业损失的，企业应当进行索赔，并追究相关责任人责任。

(九)财务报告

财务报告是企业财务信息对外报告的重要形式之一。对上市公司而言,财务报告是投资者进行决策的重要依据;对国有企业而言,则可能成为政府进行经济决策时关注的重要信息来源。总结我国企业尤其是上市公司近年来财务舞弊和财务管理失误等方面的案例,"财务报告应用指引"概括出以下相关重要风险:企业财务报告的编制违反会计法律法规和国家统一的会计准则制度,导致企业承担法律责任、遭受损失和声誉受损;企业提供虚假财务报告,误导财务报告使用者,造成报告使用者的决策失误,干扰市场秩序;企业不能有效利用财务报告,难以及时发现企业经营管理中的问题,还可能导致企业财务和经营风险失控。

为有效防范财务报告中的风险,"财务报告应用指引"明确提出如下要求。

(1)编制财务报告时,重点关注会计政策和会计估计;对财务报告产生重大影响的交易和事项的处理,还要按照规定的权限和程序进行审批。

(2)按照国家统一的会计准则制度规定,根据登记完整、核对无误的会计账簿记录和其他有关资料编制财务报告,做到内容完整、数字真实、计算准确,不得漏报或者随意进行取舍;企业集团还应编制合并财务报表,明确合并财务报表的合并范围和合并方法,如实反映企业集团的财务状况、经营成果和现金流量。

(3)依照法律法规和国家统一的会计准则制度的规定,及时对外提供财务报告;财务报告需经注册会计师审计的,注册会计师及其所在的事务所出具的审计报告应当随同财务报告一并提供。

(4)重视财务报告分析工作,定期召开财务分析会议,充分利用财务报告反映的综合信息,全面分析企业的经营管理状况和存在的问题,不断提高经营管理水平。同时明确,这些要求也是依据内部控制五要素中"信息与沟通"的相关规定提出的。总会计师或分管会计工作的负责人应当在财务分析工作中发挥主导作用;财务分析报告结果应当及时传递给企业内部有关管理层。

二、控制手段类业务流程

控制手段类指引偏重于"工具"性质,往往涉及企业整体业务或管理。此类指引包括四项:全面预算、合同管理、内部信息传递和信息系统。

(一)全面预算

全面预算是企业对一定期间的经营活动、投资活动、财务活动等做出的预算安排。全面预算作为一种全方位、全过程、全员参与编制与实施的预算管理模式,通过将企业的资金流与实物流、信息流相整合,优化了企业的资源配置,提高了资金的使用效率。然而,企业要想使全面预算管理达到预期的效果,必须要特别关注和防范预算管理中的相关风险。例如,不编制预算或预算不健全,可能导致企业经营缺乏约束或盲目发展;预算目标不合理、编制不科学,可能导致企业资源浪费或发展目标难以实现;预算缺乏刚性、执行不力、考核不严,可能导致预算管理流于形式。

为此,"全面预算应用指引"要求企业加强全面预算工作的组织领导,明确在预算管理体制及各预算执行单位的职责权限、授权批准程序和工作协调机制的基础上,着重做到以下几点。

（1）建立和完善预算编制工作制度，明确编制依据、编制程序、编制方法等内容，确保预算编制依据合理、程序适当、方法科学，避免预算指标过高或过低。

（2）根据发展战略和年度生产经营计划，综合考虑预算期内经济政策、市场环境等因素，按照上下结合、分级编制、逐级汇总的程序，编制年度全面预算。企业预算管理委员会应当对预算管理工作机构在综合平衡基础上提交的预算方案进行研究论证，从企业发展全局角度提出建议，形成全面预算草案，并提交董事会审核。企业全面预算按照相关法律法规及企业章程的规定报经审议批准后，应当以文件形式下达。

（3）加强对预算执行的管理。全面预算一经下达，各预算执行单位必须以此为依据，认真组织各项生产经营和投融资活动，严格预算执行和控制。企业预算工作机构和各预算执行单位还应当建立预算执行情况分析制度，定期召开预算执行分析会议，妥善解决预算执行中存在的问题。

（4）建立严格的预算执行考核制度，对各预算执行单位和个人进行考核，切实做到有奖有惩、奖惩分明。必要时，企业可实行预算执行情况内部审计制度。

（二）合同管理

在市场经济环境下，合同已成为企业最常见的契约形式，甚至可以说，市场经济就是合同经济。然而，合同管理往往又是企业内部控制中最为疏忽和薄弱的环节之一。如果企业未订立合同、未经授权对外订立合同、合同对方主体资格未达要求、合同内容存在重大疏漏和欺诈，就会导致企业合法权益受到侵害；合同未全面履行或监控不当，又可能导致企业诉讼失败，经济利益受损；合同纠纷处理不当，则会损害企业利益、信誉和形象。

为此，"合同管理应用指引"有针对性地提出以下要求。

（1）企业对外发生经济行为，除即时结清方式外，应当订立书面合同。对于影响重大、涉及较高专业技术或法律关系复杂的合同，应当组织法律、技术、财会等专业人员参与谈判，必要时可聘请外部专业人员参与相关工作；谈判过程中的重要事项和参与谈判人员的主要意见，应当予以记录并妥善保存。

（2）根据协商、谈判结果，拟订合同文本，明确双方的权利义务和违约责任，并严格进行审核。合同文本需报经国家有关主管部门审查或备案的，应当履行相应程序。

（3）按照规定的权限和程序与对方当事人签订合同。正式对外订立的合同，应当由企业法定代表人或其授权代理人签名或加盖有关印章。属于上级管理权限的合同，下级单位不得签订。

（4）加强合同信息安全保密工作，未经批准，不得以任何形式泄漏合同订立与履行过程中涉及的商业机密或国家机密。

（5）遵循诚实信用原则，严格履行合同，对合同履行实施有效监控，发现有失公平、条款有误或对方有欺诈行为等情形，或因政策调整、市场变化等客观因素，已经或可能导致企业利益受损，应当按照规定程序及时报告，并经双方协商一致，按照规定权限和程序办理合同变更或解除事宜；合同存在纠纷情形的，应依据国家相关法律法规，在规定时效内与对方当事人协商并按照规定权限和程序及时报告，协商无法解决的，根据合同约定选择仲裁或诉讼方式解决。

（6）建立合同履行情况评估制度，至少于每年年末对合同履行的总体情况和重大合同履行的具体情况进行分析评估，对分析评估中发现的不足或问题应及时加以改进。

（三）内部信息传递

内部信息传递是企业内部各管理层级之间通过内部报告形式传递生产经营管理信息的过程。《企业内部控制基本规范》十分重视信息与沟通这一控制要素，多次强调内部信息传递的重要性。为此，内部信息传递应用指引梳理出相关重要风险。如果企业内部报告系统缺失、功能不健全、内容不完整，可能会影响生产经营有序运行；内部信息传递不通畅、不及时，则可能导致企业决策失误、相关政策措施难以落实；内部信息传递中泄露商业秘密，则会削弱企业核心竞争力。

针对这些重要风险，"内部信息传递应用指引"要求企业建立科学的内部信息传递机制，明确内部信息传递的内容、保密要求、传递方式及各管理层级的职责权限等，促进内部报告的有效利用，以便充分发挥内部报告的作用，并提出了以下具体要求。

(1)根据发展战略、风险控制和业绩考核要求，科学规范不同级次内部报告的指标体系，采用经营快报等多种形式，全面反映与企业生产经营管理相关的各种内外部信息。

(2)制定严密的内部报告流程，充分利用信息技术，强化内部报告信息集成和共享，将内部报告纳入企业统一信息平台，构建科学的内部报告网络体系。

(3)拓宽内部报告的渠道，通过落实奖惩措施等多种有效方式，广泛收集合理化建议。

(4)重视内部报告的使用。企业各级管理人员应当充分利用内部报告管理和指导企业的生产经营活动，及时反映全面预算的执行情况，协调企业内部相关部门和各单位的运营进度；企业应当有效利用内部报告进行风险评估，准确识别和系统分析企业生产经营活动中的内/外部风险，确定风险应对策略。

（四）信息系统

信息系统是信息内部传递和信息对外报告的技术手段，是企业利用计算机和通信技术，对内部控制进行集成、转化和提升所形成的信息化管理平台。通过信息系统强化内部控制，有利于减少人为因素干扰，提高控制的效率和效果。同时也应意识到，信息系统自身也存在风险，需要加强管理和控制。如果企业信息系统缺乏或规划不合理，可能造成信息孤岛或重复建设，导致企业经营管理效率低下；系统开发不符合内部控制要求，授权管理不当，可能导致无法利用信息技术实施有效控制；系统运行维护和安全措施不到位，可能导致信息泄漏或毁损，系统无法正常运行。

为此，"信息系统应用指引"指出企业应当结合组织架构、业务范围、地域分布、技术能力等因素，制定信息系统建设整体规划，加大投入力度，有序组织信息系统开发、运行与维护，优化管理流程，防范经营风险，并提出了以下具体要求。

(1)根据信息系统建设整体规划提出项目建设方案，明确建设目标、人员配备、职责分工、经费保障和进度安排等相关内容，按照规定的权限和程序审批后实施。

(2)开发信息系统，应当将生产经营管理业务流程、关键控制点和处理规则嵌入系统程序，实现手工环境下难以实现的控制功能。

(3)加强信息系统开发全过程的跟踪管理，组织开发单位与内部各单位的日常沟通和协调，督促开发单位按时保质完成编程工作，对配备的硬件设备和系统软件进行检查验收，组织系统上线运行等。组织独立于开发单位的专业人员对开发完成的信息系统进行验收测试，并做好信息系统上线的各项准备工作。

（4）加强信息系统运行与维护的管理，制定信息系统工作程序、信息管理制度及各模块子系统的具体操作规范，及时跟踪、发现和解决系统运行中存在的问题，确保信息系统按照规定的程序、制度和操作规范持续稳定运行。

（5）重视信息系统运行中的安全保密工作，确定信息系统的安全等级，建立不同等级信息的授权使用制度、用户管理制度和网络安全制度，并定期对数据进行备份，避免损失。对于服务器等关键信息设备，未经授权，任何人不得接触。

复习思考题

1. 如何理解控制活动是内部控制的核心？
2. 内部控制为什么实行流程控制？
3. 如何限制授权审批中的"一支笔"现象？
4. 授权审批控制的主要形式有哪些？说明预算控制在其中的作用。
5. 如何理解内部控制的分权与集权？
6. 简述运营分析控制与内部控制的优化。

第六章

信息与沟通

 引导案例

2008 年 9 月 15 日上午 10:00，拥有 158 年历史的美国第四大投资银行——雷曼兄弟公司向法院申请破产保护，该消息瞬间传遍地球的各个角落。令人匪夷所思的是，在如此明朗的情况下，德国国家发展银行在 10:10，居然通过计算机自动付款系统，向雷曼兄弟公司即将冻结的银行账户转入了 3 亿欧元。毫无疑问，3 亿欧元将是肉包子打狗有去无回。

转账风波曝光后，德国社会舆论哗然。销量最大的《图片报》在 9 月 18 日头版的标题中，指责德国国家发展银行是迄今"德国最愚蠢的银行"。一家律师事务所受德国财政部的委托，进驻该银行进行全面调查。几天后，他们向国会和财政部递交了一份调查报告，调查报告记录了被询问人员在这 10 分钟内忙了些什么。

首席执行官乌尔里奇·施罗德：我知道今天要按照协议的约定转账，至于是否撤销这笔巨额交易，应该让董事会开会讨论决定。

董事长保卢斯：我们还没有得到风险评估报告，无法及时做出正确的决策。

董事会秘书史里芬：我打电话给国际业务部催要风险评估报告，可那里总是占线，我想还是隔一会儿再打吧。

国际业务部经理克鲁克：星期五晚上准备带上全家人去听音乐会，我得提前打电话预定门票。

国际业务部副经理伊梅尔曼：忙于其他事情，没有时间去关心雷曼兄弟公司的消息。

负责处理雷曼兄弟公司业务的高级经理希特霍芬：我让文员上网浏览新闻，一旦有雷曼兄弟公司的消息就立即报告，之后我就去休息室喝咖啡了。

文员施特鲁克：10:03，我在网上看到了雷曼兄弟公司向法院申请破产保护的新闻，马上就跑到希特霍芬的办公室，可是他不在，我就写了张便条放在办公桌上，他回来后会看到的。

结算部经理德尔布吕克：今天是协议规定的交易日，我没有接到停止交易的指令，那就按照原计划转账吧。

结算部自动付款系统操作员曼斯坦因：德尔布吕克让我执行转账操作，我什么也没问就做了。

信贷部经理莫德尔：我在走廊里碰到了施特鲁克，他告诉我雷曼兄弟公司破产的消息，但是我相信希特霍芬和其他职员的专业素养，一定不会犯低级错误，因此也没必要提醒他们。

公关部经理瓜克：雷曼兄弟公司破产是板上钉钉的事，我想跟乌尔里奇·施罗德谈谈这件事，但上午要会见几个克罗地亚的客人，等下午再找他也不迟，反正不差这几个小时。

德国经济评论家哈恩说，在这家银行，上到董事长，下到操作员，没有一个人是愚蠢的，可悲的是，几乎在同一时间，每个人都开了点小差，加在一起的结果就创造出了"德国最愚蠢的银行"。实际上，只要当中有一个人认真负责一点，那么这场悲剧就不会发生。

如果你在当时碰上了同样的情况,那么会有什么样的反应？企业应如何加强信息与沟通?

第一节　信息与沟通概述

一、信息的含义与分类

(一)信息的含义

信息是指来源于企业内部或外部，与企业经营相关的各种信息，包括获取的行业、经济，以及内部生产经营管理、财务等方面的信息。

企业内部控制基本规范要求通过信息系统识别、获取、处理和报告信息为管理和控制经营活动提供信息支持。信息系统可以是手动信息系统，也可以是利用现代信息技术的信息系统，还可以是手动和信息技术相合的信息系统；可以是正式的信息系统，也可以是非正式的信息系统。信息系统处理的对象既包括企业经营活动等内部生成的信息，也包括与经营活动相关的外部事项、活动和环境等外部信息。信息系统一方面需要定期获取和报告经营活动各方面的信息，包括产品的生产和销售方面的信息；另一方面需要采取措施获取市场变化对产品和劳务等需求方面的信息。信息系统不仅要识别和获取所需的财务信息和非财务信息，而且还必须在一定的时间内识别和获取，以有助于企业控制其经营活动的方式处理和报告信息。

信息系统应根据所面临的市场变化、竞争对手的创新及客户需求的重大变化进行调整，以支持企业实现其经营和战略目标，并要求企业将信息系统的规划、设计和执行与企业的整体战略进行整合。信息系统作为经营活动不可分割的组成部分，通过获取决策所需要的信息来实施控制。对信息系统与经营目标进行整合跟踪和记录交易，将企业的各项经营活动包含于整合的系统之中，有助于对经营活动实施控制。企业信息系统中信息技术的使用应当有助于企业经营目标的实现，而不在于使用的是否为最先进的信息技术。

信息系统所提供的信息内容应适当、及时、准确，并且信息必须是当前最新和可以获取的。由于信息的质量直接影响企业管理当局在管理和控制中的决策，因此信息系统本身作为内部控制体系的一个组成部分，必须对其进行控制。另外，由于信息系统在内部控制中的重要性，其本身又是内部控制的对象，因此企业应当加强对信息系统的开发与维护、访问与变更、数据输入与输出、文件储存与保管、网络安全等方面的控制，以保证信息系统安全、稳定运行。

(二)信息的分类

按照信息的来源不同，信息可以分为内部信息和外部信息。

内部信息是指企业的各种业务报表和分析报告，有关生产方面、技术方面的资料及经营管理部门制订的计划、经营决策等方面的情况。内部信息主要包括财务信息、生产经营信息、销售信息、技术创新信息、综合管理信息等。

外部信息是指从企业外部所获取的信息。外部信息主要包括国家法律法规，相关监管机构信息，经济形势信息，客户、供应商信息，科技进步和社会文化信息等。

二、信息与沟通的概念

《企业内部控制基本规范》第三十八条指出：企业应当建立信息与沟通制度，明确企业内部控制相关信息的收集、处理和传递程序，确保信息及时沟通，促进内部控制有效运行。

信息与沟通，包括辨别取得适当的信息并加以有效沟通两个部分内容。美国 COSO 委员会的《内部控制——整体框架》要求企业以一定的形式、在一定的时间范围内识别、获取和沟通相关信息，以使企业内部各层次员工能够顺利履行其职责。信息与沟通是指企业能够准确、及时并最大限度地获取和运用来自企业内部及外部与本企业生产经营活动有关的政策、法律、技术、市场等各方面的信息，并使信息在企业内部进行有效的传递，为企业管理者的各种决策提供强有力的支持。

信息与沟通作为内部控制基本要素之一，在内部控制中发挥着不可替代的作用，它为内部控制的其他要素的有效发挥作用提供了信息支撑，也为企业整个内部控制的有效运行提供了信息支持。要准确理解信息沟通的含义，需要注意以下几点：第一，信息与沟通首先是信息的传递，如果信息没有被传递，那么信息沟通就没有发生，信息是沟通的对象和内容，而沟通是信息传递的手段；第二，成功的信息与沟通，不仅需要信息被传递，而且还需要被理解；第三，信息与沟通的主体是人，即信息与沟通主要发生在人与人之间；第四，由于管理过程中各种信息相互关联、交错，所以管理者把各种信息沟通过程看作一个整体，即管理信息系统。

由于信息来自不同的渠道和信息源，属于零散的、非系统的，因此企业必须对所收集的各种内部和外部信息进行必要的筛选、整理和加工以提供给有关方面。为了提高内部控制的有效性，企业应当将相关信息在企业内部各管理级次、责任单位、业务环节之间进行内部传递。企业应当建立良好的外部沟通渠道，加强与外部投资者、客户、供应商、中介机构和监管部门等有关方面之间的沟通和反馈。

三、信息与沟通的作用

信息与沟通的作用主要表现在以下几方面。

(一)信息与沟通是有效实施内部控制的重要载体

未来竞争是管理的竞争，竞争的焦点集中于企业内部及外部的有效信息来源及充分沟通上。经济市场化程度的提高，要求企业必须加强信息的采集、存储、处理、加工和运用。

信息与沟通是内部控制体系的重要组成部分，贯穿于内部控制体系的整个过程，是有效实施内部控制的重要载体，直接影响着企业内部控制的贯彻执行，以及企业经营目标乃至战略目标的实现。

(二)信息与沟通是整个内部控制系统的生命线

内部控制是一个动态的过程，需要依据环境来制定相应的措施，内部控制的整个过程就是通过连续不断的信息反馈来纠正错误，并不断改进与完善的。因此，信息与沟通为管理层监督各项活动并在必要时采取纠正措施提供了保证。另外，信息与沟通是保障内部控制效率和效果的重要手段，随着信息系统的广泛应用，企业内部实现了物流、资金流、信息流的集成管理，外部实现了与供应商、客户的信息共享，使得信息传递更加流畅，从而使内部控制运行的效率得到了提高。

(三)信息与沟通是实施内部控制的关键因素

从纵向来看，管理层通过信息与沟通下达任务，了解业务进展情况，及时发现其中隐藏的风险。这种自上而下的沟通方式同样伴随着企业有关目标、风险、管理流程信息的传递。而员工则通过自下而上的沟通方式向管理层反映有关一线经营、生产中存在的问题，使管理层能够及时地了解相关信息，动态地优化管理及控制流程。从横向来看，不同部门、不同职责的员工之间通过有效的沟通来传达各自信息需求、信息缺口，有助于信息交流与共享，从而最大化地提高信息资源的利用效率。

因此，广泛的信息与沟通通过辅助决策来促进企业战略目标的实现；通过加强管理和控制来提高经营的效率和效果；通过保障内部控制效率和效果来保证财务报告和管理信息的真实、可靠和完整，确保资产的安全完整，以及遵循国家法律法规的要求。总的来说，有效的信息与沟通是内部控制目标实现的重要保证。

第二节　信息与沟通的内容

一、信息控制

(一)信息的收集与整理

《企业内部控制基本规范》第三十九条规定：企业应当对收集的各种内部信息和外部信息进行合理筛选、核对、整合，以提高信息的有用性。

1. 信息收集的含义

信息收集(Information Gathering)是指通过各种方式获取所需要的信息。信息的收集是信息得以利用、传递的第一步，也是关键的一步。信息收集工作的好坏，直接关系到信息与沟通的质量。信息可以分为原始信息和加工信息两大类，原始信息是指在企业管理中直接产生或获取的数据、概念、知识、经验及其总结，是未经加工的信息；加工信息则是指对原始信息经过加工、分析、改编和重组而形成的具有新形式、新内容的信息。

根据《企业内部控制基本规范》第三十九条的规定，企业可以通过财务会计资料、经营管理资料、调研报告、专项信息、内部刊物、办公网络等渠道，获取内部信息；外部信息的收集渠道主要有行业协会组织、社会中介机构、业务往来单位、市场调查、来信来访、网络媒体及有关监管部门等。

2. 信息收集的原则

为了保证信息的质量，信息收集应坚持以下原则。

(1)准确性原则。该原则要求所收集到的信息要真实可靠。当然，这个原则是信息收集工作最基本的要求。为达到这样的要求，信息收集者就必须对收集到的信息反复核实、不断检验，力求把误差减少到最低限度。

(2)全面性原则。该原则要求所收集到的信息要广泛、全面、完整。只有广泛、全面地收集信息，才能完整地反映管理活动和决策对象发展的全貌，为决策的科学性提供保障。当然，实际收集到的信息不可能做到绝对的全面、完整，因此，如何在不完整、不完备的信息下做出科学的决策就是一个非常值得探讨的问题。

(3)时效性原则。信息的利用价值取决于该信息是否能及时地提供，即信息的时效性。信息只有及时、迅速地提供给它的使用者才能有效地发挥作用。特别是决策对信息的要求是"事前"的消息和情报，而不是"马后炮"。所以，只有信息是"事前"的，对决策才是有效的。

3. 信息收集的范围

信息收集的范围可从三个角度来划分。

(1)内容范围。内容范围是指根据信息内容与信息收集目标和需求相关性特征所确定的范围，包括本身内容范围和环境内容范围。本身内容范围是由事物本身信息相关内容特征组成的范围；环境内容范围是由事物周边、与事物相关的信息的内容特征组成的范围。

(2)时间范围。时间范围是指在信息发生的时间上，根据与信息收集目标和需求具有一定相关性的特征所确定的范围，这是由信息的历史性和时效性所决定的。

(3)地域范围。地域范围是指在信息发生的地点上，根据与信息收集目标和需求具有一定相关性的特征所确定的范围，这是由信息的地域分布特征和信息收集的相关性要求所决定的。

4. 信息收集的方法

(1)调查法。调查法一般分为普查和抽样调查两大类。普查是调查有限总体中每个个体的有关指标值。抽样调查是按照一定的科学原理和方法，从事物的总体中抽取部分称为样本(Sample)的个体进行调查，用所得到的调查数据推断总体。抽样调查是较常用的调查方法，也是统计学研究的主要内容。抽样调查的关键是样本抽样方法、样本量大小的确定等。样本抽样方法，决定样本集合的选择方式，直接影响信息收集的质量。样本抽样方法一般分为非随机抽样、随机抽样和综合抽样。常用的调查法主要有访问调查法、问卷调查法、观察调查法、实验调查法、文案调查法等，这里主要介绍访问调查法和问卷调查法。

访问调查法又称采访法，是通过访问信息收集对象，与之直接交谈而获得有关信息的方法。它又分为座谈采访、会议采访及电话采访和信函采访等方式。采访需要做好充分准备，认真选择调查对象，了解调查对象，收集有关业务资料和相关的背景资料。其主要优点是可以就问题进行深入的讨论，获得高质量的信息；缺点是费用高，采访对象不可能很多，因此受访问者要具有代表性，采访者要具备较高的语言交流能力。

问卷调查法是一种包含统计调查和定量分析的信息收集方法。这种方法主要考虑的问题包括所收集信息的内容范围和数量、所选定的调查对象的代表性和数量、问卷的精心设计、问卷的回收率控制等。其具有调查面广、费用低的特点，但对调查对象无法控制，问卷回收率一般都不高，回答的质量也较差。受访者的态度具有决定性影响。

(2)观察法。观察法主要通过开会、深入现场、参加生产和经营、实地采样等方法进行现场观察并准确记录(包括测绘、录音、录像、拍照、笔录等)调研情况、收集信息。这种方法主要包括两个方面：一是对人的行为的观察；二是对客观事物的观察。观察法应用很广泛，常与询问法、实物搜集结合使用，以提高所收集信息的可靠性。

(3)实验方法。实验方法能通过实验过程获取其他手段难以获得的信息或结论。实验者通过主动控制实验条件，包括对参与者类型的恰当限定、对信息产生条件的恰当限定和对信息产生过程的合理设计，可以获得在真实状况下用调查法或观察法无法获得的、某些重要的、能客观反映事物运动表征的有效信息，还可以在一定程度上直接观察、研究某些参量之间的相互关系，有利于对事物本质的研究。

实验方法也有多种形式，如实验室实验、现场实验、计算机模拟实验、计算机网络环境下人机结合实验等。现代管理科学中新兴的管理实验、现代经济学中正在形成的实验经济学中的经济实验，实质上就是通过实验获取与管理或经济相关的信息。

（4）文献检索。文献检索就是从浩繁的文献中检索出所需信息的过程。文献检索分为手动检索和计算机检索。手动检索主要是通过信息服务部门收集和建立的文献目录、索引、文摘、参考指南和文献综述等来查找有关的文献信息。计算机检索，是文献检索的计算机实现，其特点是检索速度快、信息量大，是当前收集文献信息的主要方法。文献检索过程一般包括分析研究课题和制定检索策略、利用检索工具查找文献线索、根据文献出处索取原始文献三个阶段。

文献根据加工深度的不同可分为四个级别，零次文献、一次文献、二次文献和三次文献，所获取的相应信息分别是零次信息、一次信息、二次信息和三次信息。零次文献是指未经出版社发行的或未进入社会交流的最原始的文献，如私人笔记、考察笔记等，其特点是内容新颖，但不成熟，因不公开交流而难以获得。一次文献是以作者本人取得的成果为依据而创作的论文、报告等经公开发表或出版的各种文献，如期刊论文、科技报告等，其特点是内容新颖丰富、叙述详尽及参考价值大，但数量庞大而且分散。二次文献是指报道和查找一次文献的检索工具书刊，如各种目录、题录、文摘和索引等。二次文献是按照特定目的对一定范围和学科领域内的一次文献进行鉴别、筛选、分析、归纳和加工整理后，使之有序化后出版的文献。其主要功能是检索、控制一次文献，帮助人们较快地获取所需的信息，具有汇集性、工具性、综合性和交流性等特点。三次文献是根据二次文献提供的线索，选用大量的二次文献的内容，经过筛选、分析、综合和浓缩而再度出版的文献，包括专题评述、年鉴、百科全书、词典、导读与文献服务目录、工具书目录等。

（5）网络信息收集。网络信息是指通过计算机网络发布、传递和存储的各种信息。收集网络信息的最终目标是给广大用户提供网络信息资源服务，整个过程有网络信息搜索、整合、保存和服务四个步骤。网络信息搜索是基于网络信息收集系统自动完成的。网络信息搜索系统首先按照用户指定的信息需求或主题，调用各种搜索引擎进行网页搜索和数据挖掘，将搜索的信息经过滤等处理过程剔除无关信息，从而完成网络信息资源的"收集"；然后通过计算机自动搜索、重排等处理过程，剔除重复信息，再根据不同类别或主题进行信息的分类，从而完成网络信息的"整合"；分类整合后的网络信息采用元数据方案进行索引编目，并采用数据压缩及数据传输技术实现本地化的海量数据存储，从而完成网络信息的"保存"，并通过网络及时更新；经过索引编目组织的网络信息正式发布后，即可通过检索为读者提供网络信息资源的"服务"。

5. 信息的整理

信息的整理就是对收集到的原始信息，通过筛选、核对及整合，在数量上加以浓缩，在品质上加以提高，在形式上给予表现，使之便于传递、利用和贮存。信息整理是整个信息处理工作的核心。

内部控制活动所需要的信息来自企业内部及外部、与企业经营管理相关的财务及非财务信息。即内部控制中的信息收集活动涵盖了企业内部及外部、主观及客观、正式与非正式，并影响企业内部环境、风险评估、控制活动及内部监督的信息。因此，在确定信息的收集内容时，应在内部控制覆盖的信息范围内，强化对信息需求的分析，即在与内控相关的信息范围内，根据不同的信息需求收集不同的信息。

(二) 信息的传递

信息传递是指人们通过声音、文字或图像相互交流信息的过程。信息传递研究的是什么人向谁表达，用什么方式表达，通过什么途径表达，想要达到什么目的。信息传递程序中有三个基本环节。第一个环节是传达人为了把信息传达给接收人，必须把信息"译出"，成为接收人所懂得的语言或图像等。第二个环节是接收人要把信息转化为自己所能理解的解释，称为"译进"。第三个环节是接收人把对信息的反应再传递给传达人，称为"反馈"。

《企业内部控制基本规范》第四十条指出：企业应当将内部控制相关信息在企业内部各管理级次、责任单位、业务环节之间，以及企业与外部投资者、债权人、客户、供应商、中介机构和监管部门等有关方面之间进行沟通和反馈。信息与沟通过程中发现的问题，应当及时报告并加以解决。重要信息应当及时传递给董事会、监事会和经理层。

内部信息传递，一方面要完善信息向下传递机制，使企业内部参与经营活动的各个方面和全体人员了解企业实现经营目标方面的信息，明确各自职责，了解自身在内部控制体系中的地位和作用；另一方面要完善信息向上传递机制，使企业员工能够及时将其在企业经营活动中所了解的重要信息向管理层及董事会等方面传递。此外，还需建立信息横向传递机制，特别是要使信息在管理层与企业董事会及其委员会之间进行传递。

(三) 信息系统与内部控制

《企业内部控制基本规范》第四十一条规定：企业应当利用信息技术促进信息的集成与共享，充分发挥信息技术在信息与沟通中的作用。企业应当加强对信息系统开发与维护、访问与变更、数据输入与输出、文件储存与保管、网络安全等方面的控制，保证信息系统安全稳定运行。

1. 信息技术与信息集成

随着信息技术的快速发展，企业所面临的竞争环境不断变化，信息已经成为一种资源，能够给企业带来现实的或潜在的利益。那么，我们应如何使自己尽快适应这种变化呢？一个关键的工作就是对企业内部及外部的各种信息进行集成管理，以便被企业有效利用。就大多数企业的现状来看，出于组织结构的设计、实际工作流程的需要等原因，各企业都存在多个不同的信息系统，它们分别关注企业某一方面的信息，具有不同的信息结构和收集、处理渠道，类似一个个信息孤岛，使信息无法得到有效整合。这对企业的管理者来说是非常不利的，尤其是高层管理者在做战略决策时，需要大量相关的信息，单一部门的信息系统根本不能满足其需求。这时就需要对各部门的信息进行有效的整合和集成。有效整合的信息将为管理者进行决策提供极大的帮助。信息系统的出现在一定程度上解决了这个问题。

2. 信息技术与内部控制

随着企业信息集成与共享的实现，企业价值链中各环节的资源得到了有效的利用，同时信息技术对内部控制与风险管理也将产生重大的影响。企业的内部控制系统也必然随着信息技术的更新而发生改变。例如，数据挖掘技术的发展使得企业有条件实现信息的实时、动态控制和反馈，相对于过去利用汇总的文件进行检查和评估的事后控制模式，此时的控制模式可以实现事前、事中、事后的全过程控制。

内部控制制度与计算机程序实现融合，对于内部控制制度的设计提出了更高的要求，常用的控制手段为访问权限的设置、操作口令的管理等。内部控制内容的变化主要体现为与信息技术相关的控制范围的增加，如计算机软/硬件安全性的控制、信息系统管理人员职责的控制等。信息集成下的内部控制系统能及时发现内部控制的薄弱环节并及时反馈，因此有必要对此类关键的薄弱环节专门设置控制措施，健全内部控制系统，使内部控制差错带来的损失最小。

企业内部各部门之间及企业之间都会发生大规模的信息交换，不同部门或不同企业间的信息需要协同，因此信息系统的重要性日益增加。随着整个社会信息化进程的加快，企业的日常经营管理活动越来越离不开信息系统的支持。完善的信息系统是企业建立有效的内部控制体系的前提。

二、沟通控制

(一)内部信息沟通

一个健康的企业需要长期保持系统上下开放式的沟通方式。开放式沟通能够避免和消除误解，并使信息得到最好的利用。一个企业或组织要协调全体员工实现某项目标，必须使每个员工都明确其目标，这就需要某种形式的沟通。如果缺乏沟通，那么其员工将如一盘散沙，因为所有的协调活动都是在一定形式的沟通下进行的，缺乏有效的交流、沟通，就无法协调。通过组织内部的沟通，可以了解各部门的生产或工作进度、各部门之间的关系、各部门员工的士气及管理的效能等，从而做出如何协调的决定。充分的内部沟通对于企业控制环境、控制作业、风险评估等各方面都起着至关重要的作用，企业所采取的沟通方式要能够达到顺畅沟通的目的，使员工们了解自己应承担的责任、应实现的目标及这些目标对企业的影响。有效的信息沟通需要合理考虑来自不同部门和岗位、不同渠道的相关信息，并进行合理筛选和相互核对。企业应当采取互联网、电子邮件、电话传真、信息快报、例行会议、专项报告、调查研究、员工手册、教育培训、内部刊物等多种方式，实现所需的内部信息和外部信息在企业内部准确、及时传递和共享，从而确保董事会、管理层和员工之间的有效沟通。

(二)外部信息沟通

企业有责任建立良好的外部沟通渠道，对外部有关方面的建议、投诉和收到的其他信息进行记录，并及时予以处理、反馈。有效的外部沟通既可以扩大企业的影响力，还可以获得很多有效的内部控制的重要信息。外部信息沟通应当重点关注以下几个方面。

1. 与投资者和债权人的沟通

企业应当根据《中华人民共和国公司法》《中华人民共和国证券法》等法律法规、企业规章的规定，通过股东大会、投资者会议、定向信息报告等方式，及时向投资者和债权人报告企业的战略规划、经营方针、投融资计划、年度预算、经营成果、财务状况、利润分配方案及重大担保、合并分立、资产重组等方面的信息，听取投资者和债权人的意见和要求，妥善处理企业与投资者和债权人之间的关系。

2．与客户的沟通

企业可以通过客户座谈会、走访客户等多种形式，定期听取客户对消费偏好、销售策略、产品质量、售后服务、货款结算等方面的意见和建议，收集客户需求和客户意见，妥善解决可能存在的控制不当的问题。

3．与供应商的沟通

企业可以通过供需见面会、订货会、业务洽谈会等多种形式与供应商就供货渠道、产品质量、技术性能、交易价格、信用政策等问题进行沟通，及时发现可能存在的控制不当的问题。

4．与监管机构的沟通

企业应当及时向监管机构了解监管政策和监管要求及其变化，并相应完善自身的管理制度；同时，应当认真了解自身存在的问题，积极反映诉求和建议，努力加强与监管机构的协调。

5．与外部审计师的沟通

企业应当定期与外部审计师进行会晤，听取外部审计师有关财务报表审计、内部控制等方面的建议，以保证内部控制的有效运行及双方工作的协调。

 案例 6-1

沃尔玛公司的沟通管理哲理

沃尔玛公司总部设在美国阿肯色州本顿维尔市，公司的行政管理人员每周花费大部分时间飞往各地的商店，通报公司所有业务情况，让所有员工都掌握沃尔玛公司的业务指标。在任何一个沃尔玛公司的商店里，都定时公布该店的利润、进货和减价的情况，并且不只是向经理及其助理们公布，也向每个员工、计时工和兼职雇员公布各种信息，鼓励他们争取更好的成绩。

沃尔玛公司的股东大会是全美最大的股东大会，每次股东大会时，公司都尽可能让更多的商店经理和员工参加，让他们看到公司全貌，做到心中有数。公司创始人萨姆·沃尔顿在每次股东大会结束后，都和妻子一起在家里举办野餐会，邀请所有出席会议的员工（约2500人）来参加。萨姆·沃尔顿在野餐会上与众多员工一起畅所欲言，讨论公司的现在和未来。

沟通就是为了达成共识，而实现沟通的前提就是让所有员工一起面对现实。沃尔玛公司决心要做的，就是通过信息共享、责任分担实现良好的沟通交流。让员工了解公司业务进展情况，与员工共享信息，是让员工最大限度地干好其本职工作的重要途径，是与员工沟通和联络感情的核心。

沃尔玛公司借用共享信息和分担责任的途径，适应了员工的沟通与交流需求，达到了自己的目的，即让员工产生责任感和参与感，意识到自己的工作在公司的重要性，感觉自己得到了公司的尊重和信任，从而积极主动地努力争取更好的成绩。萨姆·沃尔顿认为，如果必须将沃尔玛公司管理体制浓缩成一种思想，那可能就是沟通，因为它是沃尔玛公司成功的真正关键之一。

第三节　信息与沟通机制

一、反舞弊机制

(一)反舞弊机制的概念

反舞弊机制指为了防止舞弊，加强公司治理和内部控制，降低企业风险，规范经营行为，维护企业合法权益，确保经营目标的实现和企业持续、稳定、健康发展，保护股东合法权益，根据经营目标及法律法规，结合企业的实际情况，制定的用以规范企业中高级管理人员及所有员工的职业行为的一种制度。

企业应当建立反舞弊机制，坚持"惩防并举、重在预防"的原则，明确反舞弊工作的重点领域、关键环节和有关机构在反舞弊工作中的职责权限，规范舞弊案件的举报、调查、处理、报告和补救程序。通过反舞弊机制的建立，企业要将反舞弊工作的重点放在重点领域和关键环节，防止舞弊行为的发生并及时发现舞弊行为。在所建立的反舞弊机制中，要规范相应的舞弊案件查处程序，以便对舞弊案件及时进行处理和纠正，并在反舞弊过程中不断完善内部控制体系。

(二)反舞弊机制的重点

《企业内部控制基本规范》第四十二条规定：企业至少应当将下列情形作为反舞弊工作的重点：未经授权或者采取其他不法方式侵占、挪用企业资产，牟取不当利益；在财务会计报告和信息披露等方面存在的虚假记载、误导性陈述或者重大遗漏等；董事、监事、经理及其他高级管理人员滥用职权；相关机构或人员串通舞弊。

(三)反舞弊工作的内容

1. 舞弊的含义

舞弊是一种采取不正当和欺骗的手段，有意识地违反既定的公众认可的规则，以损害或牟取组织经济利益的行为。

2. 舞弊的种类

(1)按照舞弊主体的不同进行分类。按照舞弊主体的不同，即作弊者身份的不同，可以将舞弊分为两类，管理舞弊与非管理舞弊。

管理舞弊是指管理层蓄谋的舞弊行为，是指企业最高管理当局进行的舞弊。这种舞弊隐蔽性大，难以发现，影响力也很大，舞弊者的层次越高，越难以有效地进行预防与检查，危害也越大。其主要表现为财务报表舞弊。

非管理舞弊也称员工舞弊，是指企业中的职员利用内部控制的各种漏洞，采用涂改或伪造单据、账册及其他手段贪污、盗窃或挪用财产的不法行为，常常表现在将现金或其他资产窃为己有。

案例 6-2

亚太实业：连续五年业绩造假

海南亚太实业发展股份有限公司（以下简称"亚太实业"）于 2016 年 2 月 23 日晚公告收到证监会《行政处罚决定书》，被指 2010 年至 2014 年年报均存在信息披露违法情形。不仅违法行为次数多、持续时间长，而且虚增、虚减营业收入和净利润的数额，占公司当期披露数的比重较大。

根据证监会的调查，亚太实业投资持股企业济南固锝电子器件有限公司（以下简称"济南固锝"）对"质量索赔款"会计处理不当，导致亚太实业 2012 年虚减净利润 257.04 万元、2013年虚增净利润 257.04 万元。

此外，亚太实业 2013 年还因未计提所持济南固锝长期股权投资减值准备，导致 2013 年虚增利润 237.79 万元。因此，亚太实业在 2013 年累计虚增利润 494.83 万元。对于 2013 年公告净利润仅 262.63 万元的亚太实业来说，如果扣除虚增的 494.83 万元，其 2013 年净利润将为负值。

(2) 按照《内部审计具体准则第 6 号——舞弊的预防、检查与报告》的规定进行分类。《内部审计具体准则第 6 号——舞弊的预防、检查与报告》将舞弊分为：损害组织经济利益的舞弊行为、谋取组织经济利益的舞弊行为。

损害组织经济利益的舞弊行为，是指组织内部及外部人员为谋取自身利益，采用欺骗等违法违规手段使组织经济利益遭受损害的不正当行为。

有下列情形之一者属于损害组织经济利益的舞弊行为：收受贿赂或回扣；将正常情况下可以使组织获利的交易事项转移给他人；贪污、挪用、盗窃组织资财；使组织为虚假的交易事项支付款项；故意隐瞒、错报交易事项；泄露组织的商业秘密；其他损害组织经济利益的舞弊行为。

谋取组织经济利益的舞弊行为，是指组织内部人员为使本组织获得不当经济利益而其自身也可能获得相关利益，采用欺骗等违法违规手段，损害国家和其他组织或个人利益的不正当行为。

有下列情形之一者属于谋取组织经济利益的舞弊行为：支付贿赂或回扣；出售不存在或不真实的资产；故意错报交易事项、记录虚假的交易事项，使财务报表使用者误解而做出不适当的投融资决策；隐瞒或删除应对外披露的重要信息；从事违法违规的经营活动；偷逃税款；其他谋取组织经济利益的舞弊行为。

（四）反舞弊的理论研究

1. 舞弊 GONE 理论

"GONE"理论（四因素论）是由 Bologua 等人在 1993 年提出的，是美国流传最广的一个企业会计舞弊与反会计舞弊的著名理论。该理论认为，舞弊由 G（Greed，贪婪）、O（Opportunity，机会）、N（Need，需要）、E（Exposure，暴露）四个因子组成，它们互相作用，密不可分，没有哪一个因子比其他因子更重要。因此，它们共同决定了企业舞弊风险的程度。

GONE 理论实质上表达了会计舞弊产生的四个条件，即在舞弊者既有贪婪之心又十分需要钱财时，只要有机会，并被认为事后不会被发现，他就一定会舞弊，导致被欺骗者损失钱、物、权益等。因此，产生了一种很巧妙的说法，即"在贪婪、机会、需要和暴露四个因子共同作用的特定环境中，会滋生舞弊，使被欺骗者损失钱、物、权益等"。

GONE 理论中"贪婪"和"需要"与行为人个体强相关，使个体成为潜在的犯罪者："机会"和"暴露"则更多与组织环境有关，使组织成为潜在的受害者。组织一方面要加强制度建设，但制度并非十全十美，可能给"贪婪""需要"的人以机会；另一方面就要对舞弊行为予以暴露（发现并加以查处）。

2. 舞弊三角理论

舞弊三角理论由美国注册舞弊审核师协会（ACFE）的创始人、曾任美国会计学会会长的 W.史蒂文·阿伯雷齐特（W.Steve Albrecht）提出，他认为，企业舞弊的产生是由压力、机会和自我合理化三个要素造成的，就像必须同时具备一定的热度、燃料、氧气这三个要素才能燃烧一样，缺少了上述任何一项要素都不可能真正形成企业舞弊。

 知识链接

美国注册舞弊审核师协会（ACFE）

美国舞弊审核职业的历史可以追溯到 1939 年，经过在审计业内部近 50 年的发展，于 1988 年分离成为单独的行业，并且拥有了行业自身的组织——注册舞弊审核师协会（Association of Certified Fraud Examiners，ACFE）。从 1988 年起，ACFE 拥有约 55000 名注册舞弊审核师（Certified Fraud Examiners，CFE），是全球最大的反舞弊专业协会，也是迄今为止全球唯一一个专门针对反舞弊的专业性组织。注册舞弊审核师协会是舞弊审核师的职业组织，协会宗旨是减少舞弊和白领犯罪的影响，帮助会员增强侦察力和稳固力。

企业舞弊产生的原因是由动机（或压力）、机会和借口三个要素组成的，这三者也是美国反舞弊准则（SAS No.99）提醒注册会计师应该关注的舞弊产生的主要条件。

（1）实施舞弊的动机（或压力）。舞弊者具有舞弊的动机是舞弊发生的首要条件，压力可能是经营或财务上的困境及对资本的急切需求等。例如，高级管理人员的报酬与财务业绩或公司股票的市场表现挂钩、公司正在申请融资等情况都可能促使管理层产生舞弊的动机。

（2）实施舞弊的机会。舞弊者需要有舞弊的机会，舞弊才能成功。舞弊的机会一般源于内部控制在设计和运行上的缺陷，如公司对资产管理的松懈，公司管理层能够凌驾于内部控制之上而可以随意操纵会计记录等。实施舞弊的机会主要有六种情况，分别是缺乏发现企业舞弊行为的内部控制、无法判断工作的质量、缺乏惩罚措施、信息不对称、能力不足和审计制度不健全。

（3）为舞弊行为寻找借口的能力。借口是指存在某种态度、性格或价值观念，使得管理层或员工能够做出不诚实的行为，或者管理层或员工所处的环境促使其能够将舞弊行为予以合理化。借口是舞弊发生的重要条件之一。只有舞弊者能够对舞弊行为予以合理化，才可能做出舞弊行为，做出舞弊行为后才能够心安理得。例如，侵占资产的员工可能认为单位对自身不公，编制虚假报告者可能认为造假不是出于个人私利而是出于公司集体利益。企业舞弊者常用的理由有：这是公司欠我的；我只是暂时借用这笔资金，肯定会归还的；我的目的是善意的，用途是正当的，等等。

动机(或压力)、机会和借口三个要素，缺少任何一个要素都不可能真正形成企业舞弊行为。

 **案例 6-3**

舞弊三角理论与世通公司

世界通信公司(以下简称"世通公司")成立于 1983 年，在不到 20 年的时间内，便发展成为美国的第二大长途电信营运商[仅次于 1877 年成立的美国电报电话公司(AT&T)]。世通公司的成功应归功于其创始人本纳德·埃伯斯及首席财务官司考特·D·苏利文。从 1983 年成立至 2001 年，世通公司共完成了 65 项重大收购兼并项目。在 2002 年 7 月 21 日申请破产保护前，世通公司是一个业务范围覆盖 65 个国家、拥有 85000 名员工、1000 多亿美元资产、350 多亿美元营业收入，为 2000 多万个人客户和数万家公司客户提供语音话务、数据传输和因特网服务的超大型跨国公司。在 20 世纪 90 年代，电信市场竞争激烈异常，世通公司力求壮大资本实力、保持技术更新、扩大电信网络设施、实施收购兼并等，实行外延扩张策略。最后，世通公司铤而走险，不惜采用会计造假手法，以迎合华尔街对世通公司的盈利预测。

世通公司管理层在具备舞弊动机时，是什么及在何种情形下造就了舞弊机会呢？世通公司董事会下设三个专门委员会，即审计委员会、薪酬委员会、提名委员会。提名委员会主要是根据本纳德·埃伯斯的请求，决定其他两个专门委员会的人选。审计委员会基本上名存实亡，其职责仅涉及会计和审计，且成员中居然没有一个具备会计、审计专业背景。再者，世通公司的内部控制中内部审计部门不直接向审计委员会负责，而直接接受首席财务官司考特·D·苏文利的领导，导致内部审计部缺乏最起码的独立性，加大了内部审计部门对世通公司进行会计监督的难度。内部审计部门只负责经营绩效审计和预算执行情况审计，而内部财务审计被外包给了安达信，财务会计的双重审计监督被弱化为单一审计监督。由于世通公司治理机制中所存在的这些缺陷，致使本纳德·埃伯斯、司考特·D·苏文利等人的造假阴谋屡屡得逞。

管理层下令进行会计舞弊是为了符合先前向投资者提供的盈利预测，这样能够提升公司的形象和信誉。一般情况下，具体进行舞弊操作的财务人员即使缺乏必要的会计凭证作为依据，也会因为上级的命令产生压力而采取行动。

3. 舞弊风险因子理论

舞弊风险因子理论是伯洛格那等人在 GONE 理论的基础上发展形成的，是迄今为止最完善的关于形成企业舞弊的风险因子的学说。它把舞弊风险因子分为一般风险因子与个别风险因子。当一般风险因子与个别风险因子结合在一起，并且被舞弊者认为有利时，舞弊就会发生。

(1)一般风险因子。一般风险因子是指那些主要由进行自我防护的组织或实体来控制的因素，包括潜在企业舞弊者进行舞弊的机会；发现舞弊的概率；企业舞弊发现后，企业舞弊者受罚的性质和程度。

① 潜在企业舞弊者进行舞弊的机会。这一因素主要指相对于企业舞弊所针对的财产或对象而言的企业舞弊者的职位。企业舞弊发生的机会因子不可能完全消除，消除机会的任何努力将是非经济性和反生产力的，只要组织存在有价值的财产，而且这些财产由其他人(包括雇员、顾客及供应商)流转、交易或控制，企业舞弊发生的机会就永远存在。将企业舞弊者进行舞弊的机会因素控制在合理水平内的企业反舞弊举措包括：对每个雇员均应明确或规定一个适

当的最低舞弊机会水平;严格禁止灾难性舞弊机会水平的出现,这一水平主要取决于具体环境,尤指组织规模。

② 发现舞弊的概率。在企业舞弊发生机会的既定水平下,可以通过增加发现企业舞弊的概率来降低企业舞弊风险。企业舞弊发现的可能性主要取决于内部控制制度,尽管这些控制措施不能杜绝一切企业舞弊行为,但在理论上它们应该足以防止多数重大企业舞弊行为的长期存在。

③ 企业舞弊发现后,企业舞弊者受罚的性质和程度。发现企业舞弊本身并不足以威慑企业舞弊行为,因此必须存在潜在的犯罪逆向结果,即应存在着会产生逆向结果的观念。虽然目前还没有关于惩罚与企业舞弊发生率关系的相关研究,但传统理念表明,受罚的性质与程度在逻辑上具有威慑作用。组织或团体应当制定关于惩罚性质与程度的明确政策,并严格实施。例如,凡发现舞弊者的舞弊行为,均应报告主管部门,并对此进行指控。

(2)个别风险因子。个别风险因子指那些因人而异,且在组织或团体控制范围之外的因素,包括道德品质与动机两大类。

① 道德品质。该因素在这里表现为更宽泛的道德品质方面的内容,它与个性、正直、诚实等一样,与个人的内在特性息息相关。

② 动机。企业舞弊者进行企业舞弊的动机有很多,但大多数与经济需要有关。对于这类存在于员工头脑中的黑匣子式的各种复杂动机,企业可采取的反舞弊措施包括:营造有利的环境,以减少企业员工的舞弊动机(如坦诚对待员工、保持沟通渠道公开化、建立可让员工舒缓不满情绪的机制等);业绩评价和奖励制度,尽量确保公平对待每个员工;员工资助方案,包括为面临个人问题的员工提供免费咨询或其他服务,它们可以有效防止突发的企业舞弊问题;员工培训和监督。

4. 反舞弊四层次机制理论

反舞弊四层次机制理论首先在美国著名的特雷德维委员会(Treadway Committee)的调查报告中被提出,它全面地阐述了企业反舞弊的防止体系。该理论建议任何组织实体可通过建立下列四道防线来防止企业舞弊:高层的管理理念、业务经营过程的内部控制、内部审计、外部独立审计。

这些控制机制相辅相成,共同形成综合的、多层面性的企业反舞弊防线,能有效地检查和威慑企业舞弊。

(1)高层的管理理念。企业舞弊,尤其是企业舞弊性财务报告的产生环境,在很大程度上取决于整个企业的管理思想,其具体表现形式为企业书面及非书面的管理规章等。该防线是防止企业舞弊性财务报告举足轻重的一环。为确定和宣传正确的管理思想,上层管理人员必须辨别和判断可能导致企业舞弊的各种因素,并设立内部控制制度,以合理保证防止和及早发现企业舞弊。所有企业均应制定、完善并执行有效的企业管理规章,规范员工的可为行为与不可为行为。

此外,稳定的规章制度是企业防止舞弊的重要前提。只有建立成文的、完善的企业管理规章制度,才能为内部成员树立明确的道德守则,引导员工行为趋向企业利益最大化,从整体上透彻理解整个企业的目标和活动。

(2)业务经营过程的内部控制。广义地讲,可将保护某一实体的资产或法定权益免受损失或虚报的任何控制称为一项内部控制。这一内部控制机制包括五个密切联系的组成要素:控制环境、风险评价、控制活动、信息与沟通及监控。其中,控制环境奠定了其他四个控制要素的基础，并确定了整个企业的管理思想，它包含了管理哲学、经营风格、授权与责任方式、组织结构、董事会指示、员工的团结观念和竞争意识等许多因素，因而属于企业反舞弊第一道防线的范畴。其他四个控制要素，则属于企业反舞弊第二道、第三道防线的内容。

上述内部控制诸因素相互联系、密切配合、不可或缺，形成组织内部的有机整体。任何一种控制因素的缺乏或不足，均将导致整个控制系统目标的失败。从企业反舞弊角度出发，这些目标包括：使企业舞弊难以发生；使企业舞弊在某些场合下不可能发生；使已产生的企业舞弊易于发现，并使相关的企业舞弊责任易于确认。

此外，以企业反舞弊思想为出发点的内部控制设计还强调了热线（如建立直接的举报电话等）的重要功能，使发现可疑现象的人员有机会直接将问题反映到企业监督部门或上层，而这一点往往被传统的内部控制所忽视。

业务经营过程的内部控制实为企业反舞弊防线成功的重要保证，是高层管理者管理思想和相关载体形式得以最终贯彻实施的基础设施，因而亦是企业反舞弊防线中更为基础的一环。

（3）内部审计。有效、客观的内部审计对企业内部防止和检查企业舞弊性财务报告起着主要的作用。企业内部审计人员的资格、组织、地位、报告渠道及其与董事会下属审计委员会的关系等，均应充分保证内部审计的有效性和客观性。内部审计人员应在企业财务报告的相关联系中考查其审计结果，并在适当程度上密切配合注册会计师的工作。

由于与注册会计师相比，内部审计人员与企业高层管理人员有着更为密切的联系和频繁的接触，因而容易觉察整个企业的管理思想和危险信号。他们可以通过适当授权、协调分工、交叉审核、贷款审批、定期报告及预算差异的分析等多种程序，及时避免有关差错和企业舞弊行为。内部审计人员还可以审查企业对可疑付款的调查和处理情况；审计大额的、非正常的或无充分理由的费用支出（尤其是超越授权权限的支出）；审查敏感性支出，诸如诉讼费用、咨询费用、广告费用及国外销售佣金等；调查对企业的反常捐助等。这些均将增强企业反舞弊防线的防范功能，同时也增强了与内部审计人员日常事务息息相关的道德准则建设。

（4）外部独立审计。外部独立审计在企业反舞弊防线中同样有着不可忽视的作用。作为企业反舞弊四道防线的最后一道，注册会计师有着不同于其他三道防线的特点与功能，首先是其客观的、公正的、独立的鉴证地位。综合四道防线而言，前三道防线均直接或间接地受管理层的监督与控制，属于组织内部防线；而注册会计师这一道防线则独立于受审对象，为组织外部的防线。事实上，无论是企业管理层还是社会公众均依赖于注册会计师所提供的客观、公正、独立的鉴证活动（审计意见）。从企业反舞弊角度而言，企业管理层希望注册会计师发现其内部审计人员及管理层自身未能发现的企业舞弊行为及相关内部控制系统的薄弱环节；而社会公众则希望注册会计师确保对外公布的财务报告无企业舞弊，尤其是保证管理层没有做出误导、欺骗社会公众的报告陈述。

总之，社会反舞弊的需求明确了注册会计师对企业舞弊性财务报告所承担的审计责任，也自然将其承担的外部审计职能作为企业反舞弊防线的最后关隘。因此，外部独立审计较其他防线承担了更多的社会期望。

由于我国一直将企业舞弊活动作为腐败现象予以惩处，而从来没有将企业舞弊作为一项理论问题进行研究，所以还没有提出比较系统的企业反舞弊理论。这不利于提高我国企业反舞弊活动的效率。虽然世界各国因具体国情不同而存在着差异，我们并不能直接套用国外发展了多年、比较成熟的企业反舞弊理论，但是"他山之石，可以攻玉"，我们可以从中吸取很多经验、教训，这将有利于我们尽快研究出适合我国国情的企业反舞弊理论，以完善我国企业管理理论体系。

二、举报投诉制度

《企业内部控制基本规范》第四十三条规定：企业应当建立举报投诉制度和举报人保护制度，设置举报专线，明确举报投诉处理程序、办理时限和办结要求，确保举报、投诉成为企业有效掌握信息的重要途径。举报投诉制度和举报人保护制度应当及时传达至全体员工。

投诉是信息沟通的重要手段之一，是信息自下而上沟通的重要形式。企业员工处于经营活动的第一线，能够及时发现经营活动及内部控制实施过程中存在的不足、问题、缺陷及舞弊行为，并能就完善内部控制体系提出合理化建议和改进意见。为此，企业应当建立举报投诉制度，设置举报专线，明确举报投诉处理程序、办理时限和办结要求，确保举报、投诉成为企业有效掌握信息的重要途径。

（一）举报投诉范围及管理职责归属

1. 举报投诉范围

举报投诉范围主要包括以下几个方面。

（1）收受贿赂或回扣。

（2）将正常情况下可以使企业合法获利的交易事项转移给他人。

（3）故意隐瞒、错报交易事项，使信息披露存在虚假记载、误导性陈述或重大遗漏。

（4）贪污、挪用、盗窃企业资产。

（5）伪造、变造会计记录或凭证，提供虚假财务报告。

（6）泄露公司的商业机密、技术秘密。

（7）董事、监事、经理及其他高管人员以权谋私。

（8）其他损害公司经济利益或谋取不正当利益的经济行为，以及使员工个人的正当利益受到损害的行为。

2. 管理职责归属

一般而言，企业内部审计、监察等部门是投诉及举报人保护的管理部门，具体职责包括以下几个方面。

（1）负责管理投诉举报电话、电子邮箱，接收实名或匿名投诉举报，并根据需要公布投诉举报电话号码、电子邮箱、通信地址等。

（2）书面记录举报内容并及时向管理层或董事会报告。

（3）对接收的投诉举报进行调查并将调查结果向管理层或董事会报告。

（4）对投诉举报和调查处理后的报告材料及时立卷归档。

（二）举报投诉方式

举报投诉人可以采用书面、电子邮件、电话等形式进行举报投诉。举报投诉时应当说明事情的基本经过，被举报投诉对象的名称、地址、具体当事人、举报投诉人的姓名、联系方式、举报投诉人的具体投诉要求，并应同时提供举报投诉人利益或企业利益受到侵害的证据，以及与举报投诉事项相关的其他材料。

企业应提倡实名举报投诉。凡实名举报投诉的，审计、监察部门将严格保密其个人信息并以适当的方式将处理结果反馈给举报投诉人。

(三)举报投诉处理程序

举报投诉的处理程序主要包括以下几个方面。

(1)举报投诉时举报投诉人应当如实提供情况，审计、监察部门接收工作人员应对举报投诉内容进行记录。举报投诉人捏造事实、伪造证据，利用举报投诉诬告、陷害他人的，应当承担相应的责任。

(2)对涉及普通员工及中级管理人员(包括控股子公司管理层)的实名举报投诉，审计、监察部门自接到举报投诉后两个工作日内报总经理；对涉及普通员工及中级管理人员(包括控股子公司管理层)的匿名举报投诉，审计、监察部门进行初步评估后报总经理。由总经理决定是否接收该举报投诉。

(3)对举报投诉牵涉公司高级管理人员的，审计、监察部门自接到举报投诉后一定工作日(如两个工作日)内报公司董事会，由董事会决定是否接收该举报投诉。董事会在接收举报投诉后，视需要可聘请外部审计师或其他机构协助调查。

(4)接收举报投诉事项后，审计、监察部门展开调查，对涉及普通员工及中级管理人员(包括控股子公司管理层)的调查结果上报总经理并形成处理意见，对牵涉高级管理人员的调查结果上报董事会并形成处理意见。

(5)接收举报投诉事项后，审计、监察部门应在规定期限内将调查情况或处理结果告知举报投诉人。具体分为以下几种情况。

① 对属于职权范围内的，自收到举报后的一定时期(如 2 个月)内，将调查情况或处理结果告知举报投诉人；逾期不能告知的，应当向举报投诉人说明原因。

② 对不属于职权范围内的，自收到举报投诉后一定时期内(如 10 日)，将不予接收的原因告知举报投诉人，并告知受理机关；需要代转或送交有关部门办理的，应告知举报投诉人所转送部门和转办时间。

③ 举报投诉人未署真实姓名、地址，无法告知的，不适用前两条规定。

(6)举报投诉人认为接收、办理举报投诉的工作人员与被举报投诉人是近亲属或有利害关系，可能影响举报事项客观、公正处理的，有权提出回避要求。情况属实的，有关人员必须回避。

(7)举报投诉人对处理结果有异议或多次举报投诉不予接收的，可以向董事会陈述意见，并由董事会在一定时期内(如 30 日)将办理情况答复举报投诉人。

三、举报人保护制度

(一)举报人保护制度的主要内容

企业应建立专门的举报人保护制度，如举报人信息的保密制度、举报人面临人身威胁与财产损失时的救济制度、用于补助与鼓励举报人的基金制度等，主要包括以下内容。

(1)妥善保管和使用举报材料，不得私自摘抄、复制、扣压、销毁举报材料。

(2)严禁泄露举报人的姓名、部门、住址等情况；严禁将举报情况透露给被举报人或有可能对举报人产生不利后果的其他部门和员工。

(3)调查核实情况时，不得出示举报材料原件或复印件，不得暴露举报人的身份。

(4)对匿名的举报书信、材料及电话录音，不得鉴定笔迹和声音。

(二)举报投诉过程中的违规行为及处理

任何单位和个人不得干扰和妨碍办理举报投诉的工作人员查处举报投诉事项。接收及办理举报投诉事项的工作人员，应遵守下列工作准则。

(1)接收当面举报投诉应当在能够保密的场所进行，专人接谈，无关人员不得旁听和询问。

(2)举报投诉信件的收发、拆阅、登记、转办、保管和面述或电话举报的接待、接听、记录、录音等工作，应当严格遵循保密原则，严防泄露举报内容和遗失举报材料。

(3)举报投诉材料不准私自摘抄和复制。

(4)调查被举报投诉人或被举报投诉单位的情况时，应在做好保密工作、不暴露举报投诉人身份的情况下进行，不得出示举报投诉材料。

(5)不得将本单位办理举报投诉的内部研究情况透露给举报投诉人，不得与无关人员谈论举报投诉内容。

(6)不得扣压、隐匿或私自销毁举报投诉材料。

(7)不得刁难、威胁举报投诉人。

建立举报人保护制度的关键在于对于举报人的信息必须严格保密，控制知晓者的范围，并明确知晓者所承担的保密义务；当举报人遭到打击报复时，应该及时干预，并给予严格惩处。当然，对借举报或投诉之名故意捏造虚假事实、诬告、陷害他人，或者以举报投诉为名制造事端、干扰正常工作的，将依照有关规定严肃处理；构成犯罪的应移送司法机关处理。

(三)举报投诉人保护措施

(1)保护举报投诉人应当遵循保密、奖励和其合法权益不受侵犯的原则。

(2)各部门及子公司都必须正确对待举报投诉人依法举报的行为，不得以任何借口打击报复举报投诉人。

(3)严禁将举报投诉人的姓名、单位、住址等有关情况和举报投诉内容透露给被举报投诉人和被举报投诉单位；被举报投诉人是单位负责人的，不得将举报投诉材料转给该负责人所在单位。违反前款规定的，应追究相应的责任，经司法机关认定为触犯法律的，应送交司法机关处理。

(4)对举报投诉有功人员，应按有关规定给予表彰、奖励。在宣传报道和奖励举报有功人员时，除征得举报投诉人的同意外，否则不得公开举报投诉人的姓名和单位。

(5)举报投诉人受到打击报复时，有权向负责单位或上级主管反映。所谓打击报复，是指被举报投诉人及其单位实施的侵害举报投诉人及其亲属的人身权利及其他合法权利的行为。

(6)对举报投诉人打击报复的应追究相应的法律责任，经司法机关认定为触犯法律的，应送交司法机关处理。对举报投诉人打击报复的行为包括纵容、包庇或收买、指使他人对举报投诉人打击报复。

(7)举报投诉人因举报投诉而受到纪律处分及其他不公正待遇的，应按照管辖权限予以纠正，或者建议做出处理决定的单位及其上级单位予以纠正。举报投诉人的人身安全受到威胁时，有关部门应及时采取保护措施。因举报投诉造成举报投诉人及其亲属的名誉、财产受到侵害的，应要求侵权人停止侵害、赔礼道歉、赔偿损失。举报投诉人也可向法院起诉。

【范例】

××公司反舞弊制度

第一章 总 则

第一条 为了规范××股份有限公司(以下简称"公司")反舞弊工作，根据《中华人民共和国公司法》《企业内部控制基本规范》《深圳证券交易所股票上市规则》及《公司章程》的有关规定，结合公司实际，特制定本制度。

第二条 公司反舞弊制度是预防舞弊的内部控制体系的一部分。本制度所指舞弊行为，是指公司内/外人员采用欺骗等违法、违规手段，牟取个人不正当利益，损害公司正当经济利益的行为；谋取不当的公司经济利益，同时可能为个人带来不正当利益的行为。

第三条 公司反舞弊工作的宗旨是规范公司中高级管理人员及相关员工的职业行为，严格遵守相关法律法规、职业道德及公司的内部控制制度，防止损害公司及股东利益的行为发生。

第四条 公司反舞弊内控机制，包括设立举报投诉渠道以防范和发现舞弊行为，实施控制措施以降低舞弊发生的机会，对舞弊行为带来的危害采取适当且有效的补救措施。

第五条 本制度适用于公司本部、分公司及所属子公司。

第二章 舞弊行为及反舞弊职责归属

第六条 有下列情形之一者属于舞弊行为：

(一)收受贿赂或回扣；

(二)非法使用公司资产，占有、挪用、盗窃公司资产；

(三)将正常情况下可以使组织获利的交易事项转移给他人；

(四)故意隐瞒、错报交易事项，使信息披露存在虚假记载、误导性陈述或重大遗漏；

(五)伪造、编造会计记录或凭证，提供虚假财务报告；

(六)泄露公司的商业或技术秘密；

(七)其他损害公司经济利益或谋取组织不当经济利益的舞弊行为。

第七条 公司内部审计部门或人事部是反舞弊工作的管理部门，具体职责如下：

(一)负责管理舞弊案件的举报电话、电子邮箱，接收员工实名或匿名、外部第三方实名或匿名举报，并根据需要公布举报电话号码、电子邮箱、通信地址等；

(二)书面记录举报的舞弊事件的内容并及时向管理层或董事会报告；

(三)对受理的舞弊案件进行调查并将调查结果向管理层或董事会报告；

(四)对举报和调查处理后的舞弊案件报告材料及时立卷归档。

第三章 舞弊案件的举报、接收及报告

第八条 公司各级员工及与公司直接或间接发生经济关系的社会各方可通过举报电话、电子信箱、信函等途径举报公司及其人员实际或疑似舞弊案件的信息，包括对公司及其人员违反职业道德情况的投诉、举报信息。

第九条 对涉及普通员工及中级管理人员(包括控股子公司管理层)的实名举报,公司内部审计部门或人事部自接到举报后两个工作日内报总经理;对涉及普通员工及中级管理人员(包括控股子公司管理层)的匿名举报,公司内部审计部门或人事部进行初步评估并决定是否上报总经理。

第十条 对举报牵涉公司高级管理人员的,公司内部审计部门或人事部自接到举报后两个工作日内报公司董事会,由董事会决定进一步调查事项。董事会在进行有关调查时,视需要可聘请外部审计师或其他机构协助调查。

第十一条 受理举报投诉或负责舞弊案件调查的工作人员不得擅自向任何部门及个人提供举报人的相关资料及举报内容;确因工作需要查阅投诉举报相关资料的,查阅人员必须对查阅的内容、时间、查阅人员的有关情况在审计部进行登记。

第十二条 投诉、举报人在协助调查工作中必须受到保护。公司禁止任何非法歧视或报复行为,禁止对参与调查的人员采取敌对行为。对违规泄露举报人员信息或对举报人员采取打击报复的人员,根据情节轻重将予以警告、撤职等处罚。触犯法律的,将交由司法机关依法处理。

第十三条 投诉、举报的处理如有结果,公司内部审计部门或人事部应将舞弊行为的调查处理结果向举报人进行通报。

第四章 反舞弊信息的沟通渠道

第十四条 公司内部审计部门或人事部将通过网络等方式,将公司反舞弊制度和举报程序对外发布。公司定期进行职业道德守则的培训和宣传教育,以保证员工能够理解公司反舞弊政策的所有相关内容,清楚公司对防止舞弊行为的严肃态度,明确在遵守公司反舞弊政策方面的角色和自身的职责。同时,公司保留培训、宣传教育的相关文档。

第十五条 公司与用户、供货商及其他相关单位的业务往来要建立在诚信公平的基础之上,并应向他们传递公司反舞弊工作的相关信息及要求。

第十六条 公司各类经营活动的主要负责人要有足够的舞弊风险识别力、预防及反舞弊的控制力、对已发生的舞弊行为所带来的危害进行及时补救的应对能力,并及时收集各类预防反舞弊机制的相关信息,以实现相关信息的共享。

第十七条 公司内部审计部门或人事部对重大舞弊事件要及时分析是否具有普遍性,并及时提出预防及控制措施。对重大舞弊事件的处理结果要向全体员工通报,使其认识违规事件的危害性,起到引以为戒的警示作用。

第五章 舞弊行为的责任追究、补救措施及处罚

第十八条 对舞弊责任进行追究,其中包括领导责任和直接责任。

(一)领导责任是指担负相应领导职权的管理人员在其主管或分管工作范围内因失职、失察导致发生舞弊事件,造成会计信息失真、隐瞒损失等应承担的责任。

(二)直接责任是指公司管理人员及其相关人员在其职责范围内,直接操作或参与相关决策,或者授意、指使、强令、纵容、包庇他人等舞弊及未履行、未正确履行职责等过失行为,造成会计信息失真、隐瞒损失等应承担的责任。

第十九条 发生舞弊案件后,公司应及时采取补救措施,对受影响的业务单位的内部控制要进行评估及改进。

第二十条 公司对准备聘用或晋升到重要岗位的人员须进行教育背景、工作经历、诚信和行为记录等方面的调查。凡有舞弊行为记录的人员均不能被聘用或晋升到重要岗位。

第二十一条 对证实有舞弊行为的员工，公司按相关规定予以相应的处分；行为触犯法律的，交由司法机关依法处理。

第六章 附则

第二十二条 本办法由公司内部审计部门负责解释。

第二十三条 本办法自公司董事会审议通过之日起执行。

 知识链接

反舞弊准则（SAS No.99）

2002 年 7 月 25 日美国通过的《公司改革法案》(Sarbanes-Oxley Act)，使传统的注册会计师行业自律模式被打破，代之以政府监督下的独立监管为主的模式，即由美国证券交易委员会(SEC)监督下的公众公司会计监管委员会(PCAOB)来负责制定或审批审计准则、事务所质量控制准则、职业道德准则、独立性准则及其他与审计报告相关的准则。这意味着美国注册会计师协会正在逐步失去审计准则制定权。

在上述压力下，美国注册会计师协会隶属的审计准则委员会(ASB)于 2002 年 10 月 15日发布了《审计准则第 99 号——考虑财务报告中的舞弊》(SAS No.99)，全面取代 1997 年颁布的旧准则。相对于旧准则中指出的"注册会计师既不能认为管理层不可靠，也不能认为完全可靠"的较为中性的看法，新准则进一步提升了"职业怀疑精神"。首先假设不同层次上管理层舞弊的可能性，包括共谋、违反内部控制的规定等，并要求在整个审计过程中保持这种精神。

新准则提出了新的舞弊风险评价模式，即将重点放在舞弊产生的根源上，而非舞弊产生的表面结果。该准则建议注册会计师将足够的注意力放在舞弊产生的主要条件上，这些条件可以归纳为压力、机会和借口。当三个条件同时成立时，就意味着出现舞弊的可能性很大，注册会计师必须给予足够的关注，并应采取有效的审计程序以控制风险。

 知识链接

中国注册会计师审计准则第 1151 号——与治理层的沟通

2006 年 2 月发布的《中国注册会计师审计准则第 1151 号——与治理层的沟通》(以下简称"准则")细化了注册会计师与治理层之间的责任与关系。该准则所称治理层是指对被审计单位战略方向及对管理层履行经营管理责任负有监督责任的人员或组织。治理层的责任包括对财务报告过程的监督。准则所称管理层是指对被审计单位经营活动的执行负有管理责任的人员或组织，管理层负责编制财务报表并受到治理层的监督。审计委员会作为公司治理的基本要素，在财务信息披露过程中扮演了重要角色。

本准则的目的在于规范注册会计师与被审计单位治理层的沟通。准则共 6 章，67 条，主要包括沟通的对象、沟通的事项、沟通的过程和记录等内容。

复习思考题

1. 信息的来源有哪些渠道？阐述信息收集与传递的重要性。
2. 何为信息沟通？内部沟通和外部沟通的内容是什么？
3. 为什么说信息与沟通是内部控制要素的载体？
4. 在实施内部控制的过程中如何更好地利用信息技术？
5. 基于舞弊的种类，分析如何有效地防范舞弊行为发生。
6. 反舞弊机制的重点是什么？
7. 企业为什么要建立举报投诉制度和举报人保护制度？

第七章

业务活动控制

 **引导案例**

内部控制混乱，形同虚设

2011 年 3 月 15 日，央视新闻频道播出"消费者权益保护日特别报道——'健美猪'真相"，披露了双汇集团旗下子公司河南济源双汇食品有限公司收购含有瘦肉精猪肉的事实。目前世界上仅有少数国家开放使用瘦肉精，包括我国在内的 160 多个国家都已禁止使用。消息一出，立刻引起了社会舆论的强烈反响，波及整个双汇集团。3 月 15 日，受"瘦肉精事件"重创，双汇集团的股票跳水跌停，当日市值蒸发 12.68 亿元人民币，双汇集团一时被推上了风口浪尖。

双汇集团是以肉类加工为主的大型食品集团，同时还是国务院 512 家重点企业之一，其商标"双汇"被评定为"中国驰名商标"。双汇集团通过 ISO 2000 认证，曾荣获农业部农产品质量安全中心颁发的无公害农产品证书。就是这样一家满身荣誉，有安全保证的食品企业，因为内部控制的混乱，导致了这一无法挽回的严重后果。例如，双汇集团在采购环节中，每次送货都是找自己熟悉的采购部业务主管接收，"问题猪"每次都经过一人之手顺利通过收购环节。此外，双汇三分之二的生猪都是外购的，各子公司为缩减支出，压低供应价格，在盲目完成各项业绩指标的同时，忽略了内部控制的漏洞，最终引发了"瘦肉精事件"，而双汇集团的业绩也因此跌入了谷底。

由此可见，双汇集团在采购业务等环节有着严重的内部控制漏洞，进而导致产品安全无法得到保证。那么，双汇集团又应该如何加强采购业务的内部控制呢？

根据财政部、证监会等五部委联合发布的《企业内部控制应用指引》的规定，其中涉及企业业务活动的一共有 9 项指引，具体包括资金活动、采购业务、资产管理、销售业务、研究与开发、工程项目、担保业务、业务外包、财务报告，本章会对这 9 项业务活动的内部控制进行重点讲解。

第一节 资金活动控制

资金是企业生产经营的血液，是企业生存和发展的重要基础，决定着企业的竞争能力和可持续发展能力。资金活动是企业筹资、投资和资金营运等活动的总称。影响资金活动的因素众多且不确定性较大。资金活动中的潜在风险大多为重要风险。一旦风险转变为现实，则对企业危害极大，不仅影响企业的可持续发展，甚至事关企业的生死存亡。加强资金活动风险控制，对于促进企业有效地组织资金活动、防范和控制资金风险、保证资金完整和安全、提高资金使用效益等具有重要意义。

一、资金活动内部控制的总体要求

(一)树立战略导向观念

战略是企业经营和发展的总体导向。在资金活动中，企业应当遵循相关的法律及监管要求，根据自身的发展战略，科学地确定投融资及资金营运的目标和规划。

(二)建立科学决策机制

管理的中心活动是决策，决策的正确与否事关企业的生存和发展，特别是企业的筹资、投资决策，更是决定了企业的经营活动的整体格局。加强企业资金活动的内控，应该围绕决策这个核心，建立起科学的决策机制，通过各种措施提高决策的科学性与决策效率。企业在资金活动战略规划决策上，应当根据自身的发展规律，综合考虑宏观经济政策、市场环境、环保要求等因素，结合本企业发展实际，科学地确定投融资目标和规划。如果目标不明确、决策不正确，则控制措施就难以准确、到位，资金活动也就难以顺利、有效地进行。

(三)完善管控制度

根据《企业内部控制应用指引第 6 号——资金活动》的要求，企业应建立和完善严格的资金授权、批准、审验、责任追究等相关管理制度，加强资金活动的集中归口管理，明确筹资、投资、营运等各环节的职责权限和不相容岗位相分离的要求，规范资金活动的执行；建立完善的监督检查和项目完成后的评价制度，跟踪资金活动内部控制的实际效果，据以修正制度、完善内部控制，并通过责任追究制度，确保资金活动安全有效地进行。

(四)严格执行制度

企业资金活动的管控，不仅需要完善的制度，而且还要严格执行。为了使资金活动内部控制制度得到切实有效的实施，企业财会部门应负责资金活动的日常管理，并参与投融资方案等的可行性研究。企业的总会计师或分管会计工作的负责人应当参与投融资决策过程。企业必须识别并关注资金活动的主要风险来源和主要风险控制点，然后针对关键风险控制点制定有效的控制措施，集中精力管控关键风险。

(五)实行资金集中管控

企业加强资金的集中管控，有利于实现资金在企业内部的相互调剂、降低整体资金成本、提高资金使用效率。企业有子公司的，应当采取合法有效措施，强化对子公司资金业务的统一监控。信息技术的发展为企业实现资金集中管控提供了便利条件。有条件的企业集团，应当探索财务公司、资金结算中心等资金集中管控模式。

(六)合理设计流程

企业设计资金活动相关内部控制制度的本质是对资金业务的控制方法进行设计，所以应重点明确各种资金活动的业务流程，确定每个环节、每个步骤的工作内容和应该履行的程序，并将其具体到部门和人员。

(七) 抓住关键控制点

企业对资金活动的内部控制不可能面面俱到，因此企业必须识别并关注主要风险来源和主要风险控制点，以提高内部控制的效率。具体而言，企业应该针对流程中的每个环节、每个步骤，认真细致地进行分析，根据不确定性的大小、危害性的严重程度等，明确关键的业务、关键的程序、关键的人员和岗位等，从而确定关键的风险控制点，并制定有效的控制措施。

 案例 7-1

明珠集团资金集中管理模式的探索与实践

三门峡黄河明珠(集团)有限公司(以下简称"明珠集团")是一家以水力发电为主业，包含水电施工、机电检修、金属冶炼、工程监理、对外贸易等多种产业在内的跨地区、多元化企业集团。多年来，该集团通过实施资金集中管理，较大幅度地提升了集团财务管理水平，有力地支持了集团的快速发展，取得了较好的成效。

在实施资金集中管理前，明珠集团存在许多问题：(1)母子公司资金分散，资金资源缺乏整合；(2)集团信用等级不高，融资成本难以降低；(3)重大资金运作失控，财务风险出现敞口；(4)缺乏资金信息平台，集团战略实施受到影响；(5)资金违规操作现象明显，资金安全难以保障；(6)资金预算流于形式，资金收支管理粗放。1999年，明珠集团成立资金结算中心，隶属于集团母公司财务部，作为明珠集团的专职资金管理部门，全面负责集团的资金集中统一管理。该中心的主要职责是负责集团各成员企业的资金集中统一管理与控制，调度集团内部各项资金，办理集团成员企业之间的资金结算及内部资金融通业务，以及负责集团内/外部银行账户管理等。具体措施有：(1)设立内部银行账户，全面监控资金往来；(2)模拟商业银行运作，开展内部资金融通；(3)实时调控资金方向，保证资金使用合规；(4)直接对冲内部交易，降低内部交易成本。通过改革，明珠集团的资金集中管理模式在实践中取得了一定成效，但随着集团规模的扩大，出现了一些新的问题，因而近几年来集团对资金集中管理模式进行了不断完善：改进资金管理模式，引入银企直联技术；持续完善相关制度，不断丰富管理手段。明珠集团的资金集中管理模式在实践中不断探索发展，有力支持了集团的快速发展。

二、资金活动业务流程

企业资金活动包括筹资、投资和资金营运活动。筹资活动的业务流程主要包括拟订筹资方案、筹资方案论证、筹资方案审批、筹资计划的编制与实施等。投资活动的业务流程主要包括拟订投资方案、投资方案可行性论证、决策审批、投资计划的编制与实施及投资项目的到期处置。资金营运活动主要是指从资金流入形成货币资金开始，经过采购环节、生产环节、销售环节、还本付息、利润分配等不断循环的过程。资金活动业务流程图如图7-1所示。

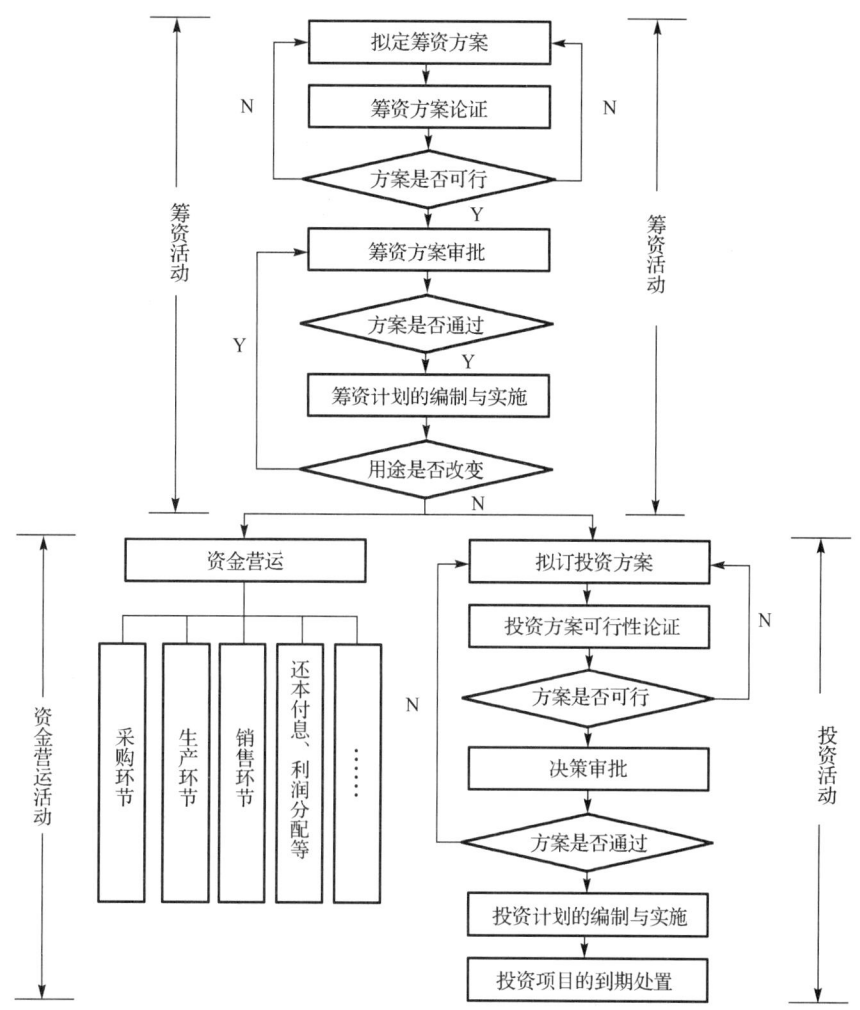

图 7-1　资金活动业务流程图

三、资金活动的关键风险点及控制措施

(一)筹资活动的关键风险点及控制措施

筹资活动作为企业资金活动的起点，主要目的是筹集企业投资和日常生产经营活动所需的资金。筹资活动的内部控制，不仅决定着企业是否能够筹集到投资、生产经营及未来发展所需的资金，而且还决定着筹资成本和筹资风险，进而影响企业的发展状况。

筹资活动的关键风险点及控制措施包括以下几个环节的内容。

1. 拟订筹资方案

该环节的主要风险有缺乏经营战略规划、对企业资金现状认识不清、筹资方案内容不完整、考虑不够周密、测算不准确等。

企业首先应该制定经营发展战略，这样才能有效地指导企业的各项活动。企业的筹资应当根据经营战略，确立筹资目标和规划，结合年度全面预算与资金现状等因素，拟订筹资方案，明确筹资用途、规模、结构、方式和期限等相关内容，对筹资成本和潜在风险做出充分估计。境外筹资还应考虑所在地的政治、经济、法律、市场等因素。一个完整的筹资方案应包括筹资金额、筹资形式、利率、筹资期限、资金用途等内容。

2. 筹资方案论证

该环节的主要风险有对筹资方案论证不科学、不全面等。

企业应当对筹资方案进行科学论证，进行可行性研究，防范筹资风险。筹资方案论证应从以下几方面进行。

(1)筹资方案的战略评估：主要评估筹资方案是否符合企业发展战略，筹资规模是否适当等。筹资的目的是满足企业经营发展需要，因此筹资方案要符合企业整体发展战略。确定筹资规模时也应考虑战略。既不可盲目筹集过多资金，因为资金都是有成本的，资金闲置会增加企业财务负担；同时也应避免筹资不足，以免影响投资和生产经营活动的开展。

(2)筹资方案的经济性评估：主要分析筹资方案是否经济，是否以最低的筹资成本获得所需资金。因此，应合理地选择股票、债券等筹资方式及筹资期限。在风险相同的情况下，应尽可能地降低筹资成本。筹资期限也应考虑实施战略过程中资金的流入量和流出量，避免过长或过短，从而导致资金闲置或多次筹资。

(3)筹资方案的风险评估：对筹资方案面临的风险，如利率、汇率、宏观经济形势、货币政策等因素进行预测分析，如债权方式带来的到期还本付息压力及股权方式带来的控制权转移或稀释的风险等，并对可能出现的风险采取有效的防范措施。

重大筹资方案应当形成可行性研究报告，全面反映风险评估情况。企业可以根据实际需要，聘请具有相应资质的专业机构进行可行性研究。

3. 筹资方案审批

该环节的主要风险有缺乏完善的授权审批制度、审批不严等。

主要控制措施如下。

第一，企业应当按照分级授权审批的原则对筹资方案进行严格审批，重点关注筹资用途的可行性和相应的偿债能力。重大筹资方案，应当按照规定的权限和程序实行集体决策或联签制度。筹资方案需经有关部门批准的，应当履行相应的报批程序。

第二，筹资方案发生重大变更的，应当重新进行可行性研究并履行相应的审批程序。

4. 筹资计划的编制与实施

该环节的主要风险有筹资计划不完整、筹资成本支付不利、缺乏对筹资活动严密的跟踪管理等。

主要控制措施如下。

第一，财务部门应根据批准的筹资方案制订严密的筹资计划。严格按照规定权限和筹资计划筹集资金。企业通过银行借款方式筹资的，应当与有关金融机构进行洽谈，明确借款规模、利率、期限、担保、还款安排、相关的权利义务和违约责任等内容。双方达成一致意见后，签署借款合同，并据此办理相关借款业务。企业通过发行债券方式筹资的，应当合理选择债券种类，对还本付息方案做出系统安排，确保按期、足额偿还到期本金和利息。企业通过发行股票方式筹资的，应当依照《中华人民共和国证券法》等有关法律法规和证券监管部门的规定，优化企业组织架构，进行业务整合，并选择具备相应资质的中介机构协助企业做好相关工作，以确保符合股票发行条件和要求。

第二，企业应当加强债务偿还和股利支付环节的管理，对偿还本息和支付股利等做出适当安排。企业应当按照筹资方案或合同约定的本金、利率、期限、汇率及币种，准确计算应付利息，与债权人核对无误后按期支付。企业应当选择合理的股利分配政策，兼顾投资者近期和长远利益，避免分配过度或不足。股利分配方案应当经过股东(大)会批准，并按照规定履行披露义务。

5. 会计系统控制

该环节的主要风险是缺乏有效的筹资会计系统控制、会计记录和处理不准确等，导致未能如实反映筹资状况。

主要控制措施如下。

第一，企业应当加强筹资业务的会计系统控制，建立筹资业务的记录、凭证和账簿，按照国家统一会计准则和制度，正确核算和监督资金筹集、本息偿还、股利支付等相关业务。

第二，妥善保管筹资合同或协议、收款凭证、入库凭证等资料，定期与资金提供方进行账务核对，确保筹资活动符合筹资方案的要求。

(二)投资活动的关键风险点及控制措施

投资活动作为企业一种重要的营利活动，它的开展情况对于筹资成本的补偿、企业利润创造和实现企业发展战略等具有重要的意义。

投资活动的关键风险点及控制措施包括以下几个环节的内容。

1. 拟订投资方案

该环节的主要风险是：投资方案与公司发展战略不符、风险与收益不匹配、投资项目未突出主业等。

主要控制措施如下。

第一，企业应当根据发展战略、投资目标和规划，合理安排资金投放结构，科学确定投资项目，拟订投资方案，合理确定投资规模，权衡投资项目的收益和风险。

第二，企业选择投资项目应当突出主业，谨慎从事股票投资或衍生金融产品等高风险投资。境外投资还应考虑政治、经济、法律、市场等因素的影响。

第三，企业采用并购方式进行投资的，应当严格控制并购风险，重点关注并购对象的隐性债务、承诺事项、可持续发展能力、员工状况及其与本企业治理层及管理层的关联关系，合理确定支付对价，确保实现并购目标。

2. 投资方案可行性论证

该环节的主要风险是论证不全面、不科学，如未对投资目标、规模、方式、资金来源、风险与收益等做出客观评价。

主要控制措施如下。

第一，企业应当加强对投资方案的可行性研究，重点评价投资方案是否符合企业发展战略、投资规模是否合适、投资方式是否恰当、资金来源是否可靠、风险是否处于可承担范围内及收益是否稳定可观等，保证筹资成本的足额补偿和投资的盈利性。

第二，对于重大投资项目，应该委托具备相应资质的专业机构进行可行性研究并提供独立的可行性研究报告。

3. 投资方案决策审批

该环节的主要风险有缺乏严密的授权审批制度、审批不严等。

主要控制措施如下。

第一，企业应当按照职责分工、审批权限及规定的程序对投资项目进行决策审批，重点审查投资方案是否可行；投资项目是否符合国家产业政策及相关法律、法规的规定，是否符合企业投资战略目标和规划，是否具有充足的资金支持；投入资金能否按时收回；预期收益能否实现；以及投资和并购风险是否可控等。

第二，对于重大投资项目，应当按照规定的权限和程序实行集体决策或联签制度。投资方案需经有关管理部门批准的，应当履行相应的报批程序。

4. 投资计划的编制与实施

该环节的主要风险有投资计划不科学、缺乏对项目的跟踪管理。

主要控制措施如下。

第一，企业应根据审批通过的投资方案编制详细的投资计划，确定不同阶段的资金投入数量、项目进度、完成时间、质量要求等，并报经有关部门批准。投资活动需与被投资方签订投资合同或协议的，应签订合同并在合同中明确出资时间、金额、方式、双方权利义务和违约责任等内容。

第二，企业应当指定专门机构或人员对投资项目进行跟踪管理，做好投资项目的会计记录和处理，及时收集被投资方经审计的财务报告等相关资料，定期组织投资效益分析，关注被投资方的财务状况、经营成果、现金流量及投资合同的履行情况。如果发现异常情况，则应当及时报告并妥善处理。

5. 投资项目的到期处置

该环节的主要风险有处理不符合企业利益、缺乏责任追究制度等。

主要控制措施如下。

第一，企业应当加强投资收回和处置环节的控制，对投资收回、转让、核销等决策和审批程序做出明确规定。

第二，重视投资到期本金的回收；转让投资应当由相关机构或人员合理确定转让价格，报授权批准部门批准，必要时可委托具有相应资质的专门机构进行评估；核销投资应当取得不能收回投资的法律文书和相关证明文件。对于到期无法收回的投资，企业应当建立责任追究制度。

6. 会计系统控制

该环节的主要风险有缺乏有效的投资会计系统控制，会计记录和处理不及时、不准确等。

主要控制措施如下。

第一，企业应当加强对投资项目的会计系统控制，根据对被投资方的影响程度，合理确定投资会计政策，建立投资管理台账，详细记录投资对象、金额、持股比例、期限、收益等事项，妥善保管投资合同或协议、出资证明等资料。

第二，企业财会部门对于被投资方出现财务状况恶化、市价当期大幅下跌等情形的，应当根据国家统一的会计准则和制度规定，合理计提减值准备、确认减值损失。

 案例 7-2

欣泰电气将强制退市并破产，创世翔投资豪赌失败致巨亏

在证监会 2016 年 7 月份的例行新闻发布会上，欣泰电气欺诈发行案有了最新结果：证监

会对欣泰电气欺诈上市一事启动强制退市程序，对欣泰电气及17名现任或时任"董、监、高"实施行政处罚，对两名相关责任人采取终身禁入措施，同时向兴业证券、新华会计师事务所送达了行政处罚事先告知书，根据相关规定，深圳证券交易所将在证监会对欣泰电气进行行政处罚之后启动退市程序。

据欣泰电气2016年4月22日公告，继3月首次举牌获得上市公司5.008%股权后，创势翔投资又在3月30日至4月20日期间，通过旗下管理的多个信托产品多次增持欣泰电气股票。截至2016年4月20日，创势翔投资累计持有欣泰电气股份17 155 778股，占欣泰电气总股本的10.00%，已成为欣泰电气第二大股东。创势翔投资表示，增持是出于对A股市场未来的乐观判断及对欣泰电气发展前景的看好，通过增持其在欣泰电气中拥有权益的股份，以实现投资股票的增值收益。粗略计算，该增持举动前后共计耗资约2.23亿元人民币。数据显示，创势翔投资的资管规模不过20多亿元人民币，敢拿出约1/10的资金来投资如此一家公司，可谓豪赌。如今，欣泰电气退市并面临破产，创势翔投资投入的约2.23亿元人民币巨款面临"肉包子打狗，有去无回"的悲惨结局。

2015年7月，媒体曾披露欣泰电气因涉嫌违反证券法律法规被证监会立案调查，也就是说，创势翔投资是在知道欣泰电气涉嫌违反证券法律法规的情况下对其进行投资的，创势翔投资负责人解释到："市场普遍都担心(欣泰电气)有退市或其他方面的风险，但我们认为退市风险不会很大，从过往案例来说，没有单单因为'信披'违规而退市的先例，最后大部分都是以大股东退出来处理的，如万福生科，所以在排除这个最大风险后，我们才买入的。"可见，创世翔投资并未料到欣泰电气会退市。的确，在此前的A股历史上，也没有因为造假被强制退市的先例。但是，自2016年以来，市场监管环境突变，"炒壳"行径遭到限制，并逐渐成为高危的投资手段。创世翔投资的悲惨结局启示企业在严格做好风险控制的同时，还应密切注意国家政策和宏观经济变化的联系。

(三)资金营运活动的关键风险点及控制措施

资金营运是指企业日常生产经营中各类资金的组织和调度，以及保证资金正常循环周转的活动。资金营运有广义与狭义之分。广义的资金营运是企业利用筹资取得的资金营利的活动；狭义的资金营运是与投资活动相对立的活动，是企业投资形成项目或资产后，有效利用项目或资产营利的活动，包括采购环节、生产环节、销售环节、还本付息和利润分配的全部过程。本节中，资金营运指的是狭义的资金营运活动。

资金营运活动中的主要风险有资金调度不合理、营运不畅(可能导致企业陷入财务困境或资金冗余)、资金活动管控不严(可能导致资金被挪用、侵占、抽逃或遭受欺诈)。

资金营运活动内部控制应注意以下几点。

1. 资金平衡

企业应当加强对资金营运全过程的管理，统筹协调内部各机构在生产经营过程中的资金需求，切实做好资金在采购、生产、销售等各环节的综合平衡，注意资金流在数量和时间上的合理配置，全面提升资金营运效率。

2. 预算管理

企业应该充分发挥全面预算管理在资金营运中的作用，严格按照年度全面预算的要求组织协调资金，确保资金及时收付，实现资金的合理占用和营运良性循环。企业应当严禁资金的体外循环，切实防范资金营运中的风险。

3. 有效调度

通过内部资金的有效调度，可以调剂余缺，提高资金使用效率。企业应当定期组织召开资金调度会或资金安全检查，对资金预算的执行情况进行综合分析。如果发现异常情况，则应及时采取措施妥善处理，避免资金冗余或资金链断裂。企业在营运过程中出现临时性资金短缺时，可以通过短期融资等方式获取资金；出现短期闲置资金时，在保证安全性和流动性的前提下，可以通过购买国债等多种方式来提高资金效益。

4. 会计系统控制

企业应当加强对营运资金的会计系统控制，严格规范资金的收支条件、收支程序和审批权限。营运资金应及时入账，不得账外设账。严禁收款不入账、设立"小金库"。办理资金收付业务时，应当明确支出款项的用途、金额、预算、限额、支付方式等内容，并附原始单据或相关证明；履行严格的授权审批程序后，方可安排资金支出。办理资金收付业务时，应当遵守现金和银行存款管理的有关规定，严禁将办理资金支出业务的相关印章集中于一人保管。

 **案例 7-3**

海欣股份"账外账"追踪：子公司"账外账"遭查

2016年7月，海欣股份公司（以下简称"海欣股份"）审计室对控股子公司——南京海欣丽宁长毛绒有限公司（简称"丽宁长毛绒"）进行审计时，发现财务经理葛红梅涉嫌挪用该公司资金，且部分问题无法查清。

海欣股份持有丽宁长毛绒53%的股份，是其控股股东。2016年，时任丽宁长毛绒常务副总经理的于承延要从公司离职，同年7月海欣股份审计室对其进行了离职审计。审计发现其任职期间财务经理葛红梅个人银行卡内有较大金额的资金进出情况，涉嫌挪用该公司资金，且部分问题无法查清。事实上，由于这一次审计进行时于承延仍然在任，所以审计人员遭遇了重重阻力，许多本已存在的证据，要么被拒绝提供，要么被人为销毁。进一步调查发现，公司出纳鲍某的私人银行卡中亦有大笔货款进出，审计人员统计其2011年至2016年8月底的流水清单发现，货款累计进出金额在3600万元人民币以上。葛红梅承认上述大量的资金进出已记账，但所记的账已经被她销毁。综合而言，仅在2011年至2016年8月底，丽宁长毛绒财务至少有9000万元人民币资金通过公司财务经理和出纳的私人银行卡进行收付，并与私人款项混用，1000多万元人民币差额资金去向不明。

对此，海欣股份审计室在专项审计中判定，2011年至2016年8月底，丽宁长毛绒有约9017万元人民币的资金通过财务经理和出纳的私人银行卡收付，并与私人款项混用，已经严重违反了《中华人民共和国会计法》。丽宁长毛绒的"账外账"等问题对上市公司的影响到底有多大尚难以确认，但"账外账"行为破坏了海欣股份会计制度的完整有效，违反了会计相关法律制度，对海欣股份和国家造成了恶劣的影响。

第二节　采购业务控制

采购是指购买物资（或接受劳务）及支付款项等相关活动。采购环节是企业生产经营活动的起点，是企业"实物流"的重要组成部分，同时又与"资金流"密切相关。企业采购业务涉及请购、审批、供应商选择、物资质量和价格、采购合同订立、验收和支付等众多环节，出现差错和舞弊的风险较大，决定了企业的生存和可持续发展。企业应根据《企业内部控制应用指引第 7 号——采购业务》的规定，梳理采购流程，明确采购业务的关键风险点，提出有针对性的控制措施。

一、采购业务的总体要求

(一)完善采购管理制度

企业应当结合实际情况，全面梳理采购业务流程，完善采购业务相关管理制度，统筹安排采购计划，明确请购、审批、购买、验收、付款等环节的职责和审批权限。确保管理流程科学合理，以便能够较好地保证物资和劳务供应顺畅。

(二)严格执行与监控

企业各部门按照规定的审批权限和程序办理采购业务，落实责任制，建立价格监督机制，定期检查和评价采购过程中的薄弱环节，采取有效控制措施，确保物资和劳务采购能够经济、高效地满足企业的生产经营需要。

二、采购业务流程

采购业务流程主要包括请购与审批、购买、验收与付款三大环节，如图 7-2 所示。

三、采购业务的关键风险点及控制措施

(一)编制需求预算和采购预算

采购业务从预算开始，包括需求预算和采购预算。需求部门根据生产经营需要向采购部门提出物资需求预算。采购部门根据需求预算和现有库存物资情况，统筹安排采购预算。该环节的主要风险有需求预算和采购预算安排不合理、采购与生产经营计划不协调等。

主要控制措施如下。

第一，需求部门应根据实际生产经营需要，准确、及时地编制需求预算，并且不能在提出需求计划时指定或变相指定供应商。

第二，采购部门根据需求预算和现有库存情况，统筹安排采购预算，并按规定的权限和程序，经相关负责人审批后将其作为企业刚性指令严格执行。

(二)采购申请与审批

该环节的主要风险包括：缺乏采购申请制度，请购审批不当或越权审批；对市场变化趋势预测不准确，造成库存短缺或积压、企业生产停滞或资源浪费等情形。

主要控制措施如下。

第一，企业应当建立采购申请制度，依据购买物资或接受劳务的类型，确定归口管理部门，授予相应的请购权，明确相关部门或人员的职责权限及相应的请购和审批程序。

第二，企业可以根据实际需要设置专门的请购部门，对需求部门提出的采购需求进行审核，并进行归类汇总，统筹安排企业的采购计划。

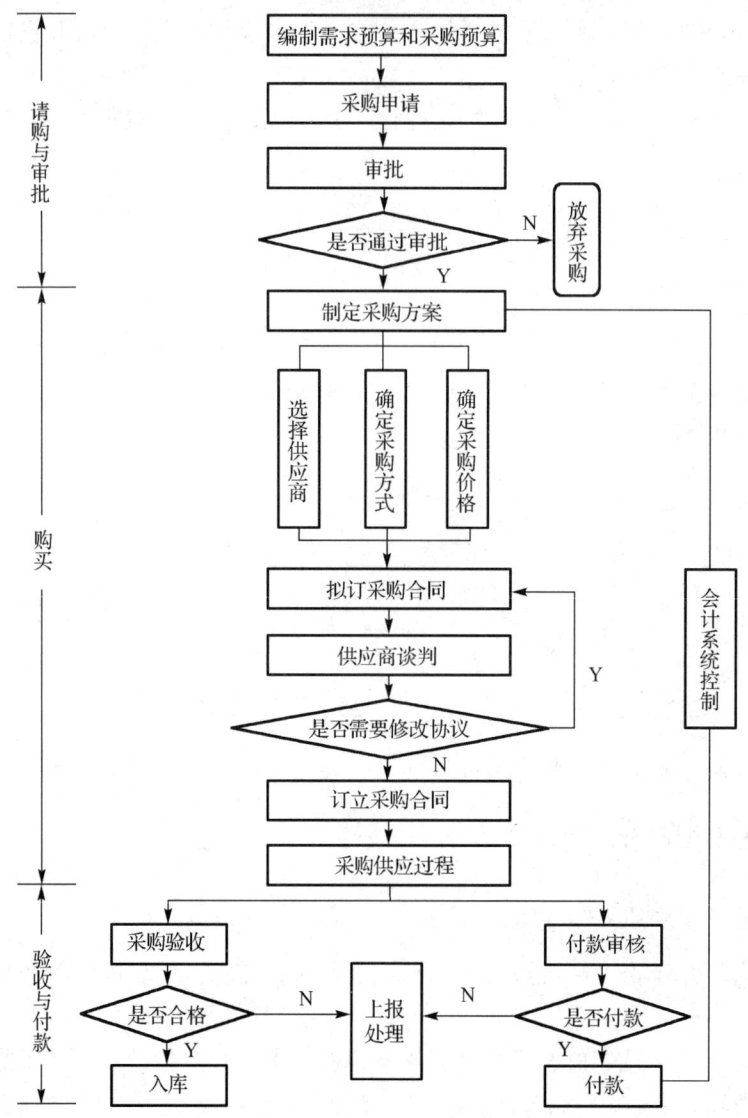

图 7-2　采购业务流程图

　　第三，具有请购权的部门对于预算内采购项目，应当严格按照预算执行进度办理请购手续，并根据市场变化提出合理的采购申请。对于超预算和预算外采购项目，应先履行预算调整程序，由具备相应审批权限的部门或人员审批后，再办理请购手续。

（三）选择供应商

　　该环节的主要风险包括：缺乏供应商评估和准入制度，以及供应商管理系统和淘汰制度，供应商评估不严、供应商选择不当、采购物资质次价高、采购舞弊行为等。

　　主要控制措施如下。

　　第一，企业应当建立科学的供应商评估和准入制度，确定合格供应商清单，并按照规定的权限和程序审核批准后，将其纳入供应商网络。

　　第二，择优确定供应商，与选定的供应商签订质量保证协议。

　　第三，建立供应商管理信息系统和供应商淘汰制度，对供应商提供物资或劳务的质量、价格、交货及时性、供货条件及其资信、经营状况等进行实时管理和综合评价，并根据评价结果对供应商进行合理选择和调整。

(四)确定采购方式和采购价格

该环节的主要风险包括：采购方式选择不当、招投标或定价机制不科学、定价方式不合理、缺乏对重要物资价格的跟踪监控、采购价格过高等。

主要控制措施如下。

第一，企业应当根据市场情况和采购计划合理选择采购方式。大宗采购应当采用招标方式，合理确定招投标的范围、标准、实施程序和评价规则；一般物资或劳务等的采购可以采用询价或定向采购的方式并签订合同协议；小额零星物资或劳务等的采购可以采用直接购买等方式。

第二，企业应当建立采购物资定价机制，采取协议采购、招标采购、谈判采购、询比价采购等多种方式合理确定采购价格，最大限度地降低市场变化对企业采购价格的影响，实现以最优性价比采购到需求的物资的目标。大宗采购等应当采用招投标方式确定采购价格；其他商品或劳务的采购，应当根据市场行情制定最高采购限价，并对最高采购限价适时调整。

(五)订立采购合同

该环节的主要风险包括：未订立采购合同或未经授权对外订立采购合同、合同内容存在重大疏漏和欺诈等。

主要控制措施如下。

企业应当根据采购需要、确定的供应商、采购方式、采购价格等情况拟订采购合同，准确描述合同条款，明确双方权利、义务和违约责任，按照规定权限签订采购合同。对于影响重大、涉及较高专业技术的合同或法律关系复杂的合同，应当组织法律、技术、财会等专业人员参与谈判，必要时可聘请外部专家参与相关工作。

(六)采购供应过程

该环节的主要风险有缺乏对采购合同履行的跟踪管理、运输工具和方式选择不当、忽视投保等，易造成采购物资损失或无法保证供应。

主要控制措施如下。

第一，企业应建立严格的采购合同跟踪制度，依据采购合同中确定的主要条款跟踪合同的履行情况，对有可能影响生产或工程进度的异常情况，出具书面报告并及时提出解决方案。

第二，评价供应商供货情况，并根据生产建设进度和采购物资特性，选择合理的运输工具和运输方式，办理运输投保，尽可能地降低采购物资损失，保证物资及时供应。

第三，对采购过程实行全程登记制度，确保各项责任可追究。

(七)采购验收

该环节的主要风险有缺乏验收制度、验收程序不规范、验收标准不明确、对验收过程中的异常情况未做处理等，可能造成采购损失或影响生产。

主要控制措施如下。

第一，企业应当建立严格的采购验收制度，明确验收程序和验收标准，确定检验方式，由专门的验收机构或验收人员对采购项目的品种、规格、数量、质量等相关内容进行验收，出具验收证明。涉及大宗和新、特物资采购的，还应进行专业测试。

第二，对于验收过程中发现的异常情况，负责验收的机构或人员应当立即向企业有权管理的相关机构报告，相关机构应当查明原因并及时处理。

第三，对于不合格物资，采购部门依据检验结果办理让步接收（如降级使用、挑选使用、返工使用等）、退货、索赔等事宜。

（八）付款

该环节的主要风险有付款审核不严、付款不及时、付款方式不当、预付款项损失等，可能造成企业资金损失或信用损失。

主要控制措施如下。

第一，企业应当加强采购付款的管理，完善付款流程，明确付款审核人的责任和权力，严格审核采购预算、合同、相关单据凭证、审批程序等，审核无误后按照合同规定及时办理付款。

第二，严格审查采购发票的真实性、合法性和有效性。发现虚假发票的，应查明原因，并及时报告处理。

第三，重视采购付款的过程控制和跟踪管理。发现异常情况的，应当拒绝付款，以避免出现资金损失和信用受损。

第四，合理选择付款方式，并严格遵循合同规定，防范付款方式不当带来的法律风险，保证资金安全。超过转账起点金额的采购应通过银行办理转账。

第五，加强预付账款和定金的管理。对大额或长期的预付款项，应当定期进行追踪核查，综合分析预付账款的期限、占用款项的合理性、不可收回风险等情况。发现有疑问的预付款项，应当及时采取措施。

（九）退货

该环节的主要风险有缺乏退货管理制度、退货不及时等，可能给企业造成损失。

主要控制措施如下。

企业应当建立退货管理制度，对退货条件、退货手续、货物出库、退货货款回收等做出明确规定，并在与供应商的合同中明确退货事宜，及时收回退货货款。涉及符合索赔条件的退货，应在索赔期内及时办理索赔。

（十）会计系统控制

该环节的主要风险有缺乏有效的采购会计系统控制，会计记录、采购记录与仓储记录不一致，会计处理不准确、不及时等，可能导致未能如实反映采购业务及采购物资，或者造成资金损失。

主要控制措施如下。

第一，企业应当加强对购买、验收、付款业务的会计系统控制，详细记录供应商、请购申请、采购合同、采购通知、验收证明、入库凭证、商业票据、款项支付等情况，确保会计记录、采购记录与仓储记录一致。

第二，指定专人通过函证等方式，定期与供应商核对应付账款、应付票据、预付账款等往来款项。

中石油进口化工催化剂的集中采购管理

自中国石油天然气集团公司(简称"集团公司")2012 年推行进口化工催化剂集中采购以来，中国寰球工程公司作为外贸代理机构(简称"外贸代理机构")，认真贯彻落实集团公司物资采购管理部(简称"物采部")的规定和要求，在"合规、保质、提效"的前提下对物资采购进行供应链管理，优化采购程序，保障各地区炼化公司的生产运营。

该集中采购由化工催化剂组长单位——中国石油天然气集团公司兰州石化分公司(简称"组长单位")牵头，成立进口催化剂集中采购小组，小组成员由集团公司内主要使用催化剂的地区炼化公司和外贸代理机构组成，具体负责进口化工催化剂的集中采购工作；按照集团公司相关管理办法及技术论证，确定了集中采购的六类催化剂，各地区炼化公司于每年 10 月 15 日之前上报次年采购计划，由进口催化剂集中采购小组编制采购方案，上报物采部审批后具体实施，根据物采部对采购方案的批复，选用相应方式进行物资采购工作，对于技术要求统一、供需市场较稳定的剂种，采用公开带量招标的方式进行采购，对于技术要求不统一、通常为工程建设项目选用的专利商供货的剂种，采用联合谈判定商定价的方式采购；进口催化剂集中采购小组完成招标及谈判工作，形成年度采购结果上报物采部审核。进口催化剂集中采购执行流程图如图 7-3 所示。

集中采购是一项系统化的采购及管理过程，需要各个环节的人员协调配合，才能将其优势发挥到最大。集团公司通过进口物资集中采购的过程，优化了采购程序，保障了各地区炼化公司的生产运营。

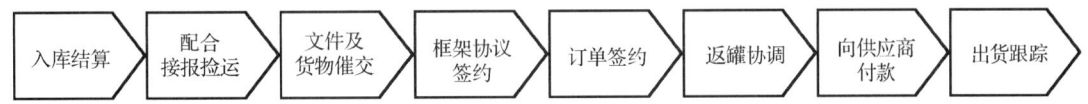

图 7-3　进口催化剂集中采购执行流程图

第三节　资产管理控制

资产是企业生产经营活动的物质基础。《企业内部控制应用指引第 8 号——资产管理》中所称的资产是指企业拥有或控制的存货、固定资产和无形资产。资产管理贯穿于企业生产经营的全过程，是企业生产经营活动平稳有序运行的重要保障。企业的资产管理不仅包括防范资产被偷被盗、非法占用，还包括提高资产使用效能等。加强各项资产管理、保证资产安全完整、提高资产使用效能，对于维持企业正常生产经营及促进企业发展战略的实现有重要的意义。

一、资产管理的总体要求

(一)全面梳理资产管理流程

企业应当加强各项资产管理，全面梳理资产管理流程，包括各类存货、固定资产和无形资产"从进入到退出"的各个环节，如固定资产可以从取得、验收、登记造册、投保、运行维护、更新改造、盘点、处置等环节进行梳理，确保管理流程科学合理、管理要求有效落实。

(二)查找管理薄弱环节

通过全面梳理资产管理流程，及时发现资产管理中的薄弱环节，并采取切实有效的措施加以改进。在资产管理中，应重点关注以下风险：存货积压或短缺，可能导致流动资金占用过量、存货价值贬损或生产中断；固定资产更新改造不够、使用效能低下、维护不当、产能过剩，可能导致企业缺乏竞争力、资产价值贬损、安全事故频发或资源浪费；无形资产缺乏核心技术、权属不清、技术落后、存在重大技术安全隐患，可能导致企业法律纠纷、缺乏可持续发展能力。

(三)重视投保

企业应当重视和加强各项资产的投保工作，采用招标等方式确定保险人，降低资产损失风险，同时要防范资产投保舞弊。企业尤其应该注重固定资产的投保管理，严格按照固定资产投保管理制度要求，安全投保。

二、存货管理

存货包括原材料、周转材料、在产品、半成品、产成品或商品等。企业代管、代销、暂存、受托加工的存货也应纳入本企业的存货管理。

(一)存货管理的业务流程

存货管理的业务流程主要有存货取得、验收入库、存货保管、领用发出、销售处置、盘点清查等，具体流程如图 7-4 所示。

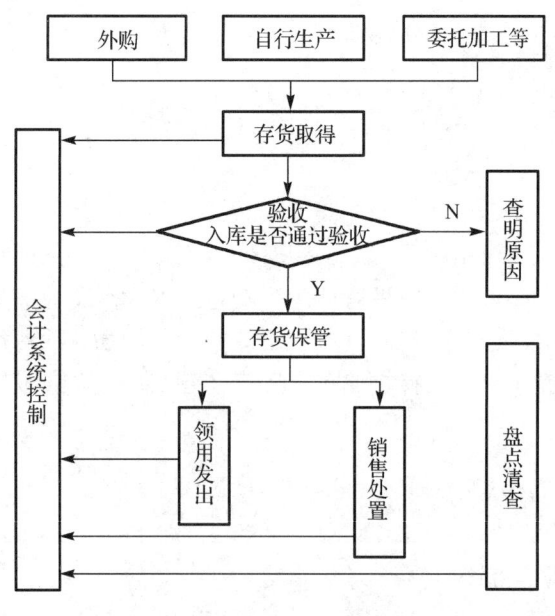

图 7-4　存货管理的业务流程图

（二）存货管理的关键风险点及控制措施

1. 存货取得

存货取得方式有外购、自行生产、委托加工等。该环节的主要风险包括：存货预算编制不科学、采购计划不合理，可能造成存货积压或短缺；取得方式不合理，不符合成本效益原则。

主要控制措施如下。

第一，企业应当根据各种存货采购间隔期和当前库存，综合考虑企业生产经营计划、市场供求等因素，充分利用信息系统，合理确定存货采购日期和数量，确保存货处于最佳库存状态。

第二，企业应当本着成本效益原则，确定不同类型存货的取得方式。

2. 验收入库

该环节的主要风险有验收程序和方法不规范、标准不明确，可能造成账实不符、质量不合格等问题。

主要控制措施如下。

企业应当重视存货验收工作，规范存货验收程序和方法，对入库存货的数量、质量、技术规格等方面进行查验，验收无误方可入库。企业应针对不同的存货取得方式，关注不同的验收重点。(1)外购存货的验收，应当重点关注合同、发票等原始单据与存货的数量、质量、规格等的核对是否一致。涉及技术含量较高的货物，必要时可委托具有检验资质的机构或聘请外部专家协助验收。(2)自制存货的验收，应当重点关注产品质量。只有通过检验合格的半成品、产成品才能办理入库手续；不合格品应及时查明原因、落实责任、报告处理。(3)其他方式取得存货的验收，应当重点关注存货来源、质量状况、实际价值是否符合有关合同或协议的约定。

3. 存货保管

该环节的主要风险有存货储存保管方式不当、监管不严，可能造成存货被盗、流失、变质、损坏、贬损、浪费等。

主要控制措施如下。

企业应当建立存货保管制度，定期对存货进行检查。重点关注下列事项：企业内部除存货管理、监督部门及仓储人员外，其他部门和人员接触存货时，应当经过相关部门特别授权；存货在不同仓库之间流动时应当办理出入库手续；应当按仓储物资所要求的储存条件贮存，并健全防火、防洪、防盗、防潮、防病虫害和防变质等管理规范；加强生产现场的材料、周转材料、半成品等物资的管理，防止浪费、被盗和流失；对代管、代销、暂存、受托加工的存货，应单独存放和记录，避免与本单位存货混淆；结合企业实际情况，加强存货的保险投保，保证存货安全，合理降低意外事件造成的存货损失风险。

4. 领用发出

该环节的主要风险有存货领用发出审核不严、程序不规范，可能造成存货流失。

主要控制措施如下。

第一，企业应当明确存货发出和领用的审批权限，大批存货、贵重商品或危险品的发出应当实行特别授权。

第二，仓储部门应当根据经审批的销售(出库)通知单发出货物。

第三，仓储部门应当详细记录存货入库、出库及库存情况，做到存货记录与实际库存相符，并定期与财会等部门进行核对。

 案例 7-5

存货管控，赢在完善

ABC 公司是工程机械行业的大型企业，其存货占总资产的比重为 40% 左右，主要分为原材料、在产品、产成品三大类。产成品占比比较高，并呈上升趋势。ABC 公司存货内控存在以下问题。

(1) 生产过程缺乏监管。公司几乎所有的部门都会为生产"让道"：零件需求紧急，马上采购；车间领料，立即发放。久而久之，在生产厂积压了大量的原材料、低值易耗品。此外，出现了因盲目备货导致过量的资金占用的问题。

(2) 存货不能合理计价。内部价格制定不及时，造成信息流、实物流不同步，实物在体外循环。在新产品的试制方面，由于缺乏图纸等核价资料，有些零件的价格难以及时确定。

(3) 存货积压原因复杂。在内部生产工艺更改和外部竞争压力的双重影响下，ABC 公司存货积压的主要原因有：第一，设计、工艺的更改；第二，采购量缺少控制，备货不合理，机型停产；第三，替代材料、生产机床设备更改；第四，经理层绩效考核导致资产管理部门对积压存货数据填报不准确或处理不及时；第五，在工作变动时工作交接缺少监管及责任追究，存在前任留下积压物资不断累积的现象，具体造成积压的责任部门、人员难以确定。

(4) 存货业务控制制度有待完善。公司财务部制定的《存货内部控制》只是一个框架，缺乏统一的、具体的执行标准和评价办法。

因此，ABC 公司当务之急是通过制度规范存货的业务操作流程，针对业务流程中主要风险点和关键环节，建立和完善存货内部控制制度，明确各事业部、各资产管理单位的权责范围，以提高存货质量，规避"存货负债"风险。

5. 销售处置

销售处置是指存货的正常对外销售及存货因变质、毁损等进行的处置。存货销售环节的控制参照本章第四节——销售业务控制。存货报废处置环节的主要风险有处置责任不明确、审批不严等，可能导致企业利益受损。

主要控制措施如下。

第一，企业应定期对存货进行检查，及时了解存货的存储状态。

第二，对于存货变质、毁损、报废或流失，要分清责任、分析原因，并编制存货处置单，报经批准后及时处置。

6. 盘点清查

存货盘点清查既要关注数量，又要关注存货质量。该环节的主要风险有盘点清查制度不完善、盘点计划不合理及执行不严等，可能造成盘点工作流于形式、无法查清存货的真实情况等问题。

主要控制措施如下。

第一，企业应当建立存货盘点清查制度，结合本企业的实际情况确定盘点周期、盘点方法、盘点流程等相关内容。

第二，企业至少应当于每年年终开展全面盘点清查，存货盘点前要拟订详细的盘点计划，确定盘点方法、时间、人员等。

第三，严格按照盘点计划进行盘点清查，核查存货数量，及时发现存货减值迹象。盘点清查结果应当形成书面报告。盘点清查中发现的存货盘盈、盘亏、毁损、闲置及需要报废的存货，应当查明原因、落实并追究责任，按照规定权限批准后处置。

7. 会计系统控制

该环节的主要风险有会计记录和处理不及时、不准确，不能反映存货的实际情况，不能起到加强存货管理的作用。

主要控制措施如下。

第一，财务部门应根据原始凭证对各环节存货数量和金额进行及时登记。

第二，定期与仓储部门等其他相关部门核对，确保账实相符。

第三，对于账实不符或减值现象，应及时做出账务处理。

三、固定资产管理

企业的固定资产主要包括为生产商品、提供劳务、出租或经营管理目的持有的房屋、建筑物、机器设备及运输工具等。

（一）固定资产管理的业务流程

固定资产管理的业务流程主要包括资产取得、资产验收、登记造册、资产投保、运行维护、定期评估、更新改造、淘汰处置等，具体流程如图 7-5 所示。

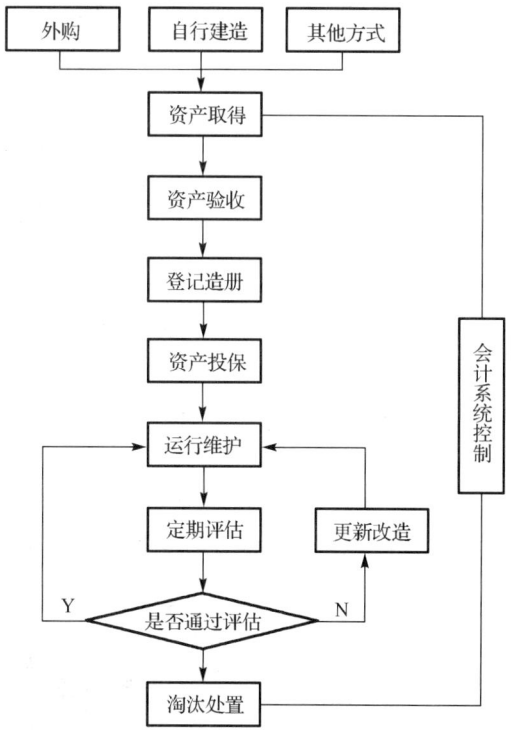

图 7-5　固定资产管理的业务流程图

(二)固定资产管理的关键风险点及控制措施

1. 资产取得

固定资产的取得方式有投资者投入、外购、自行建造、非货币性资产交换及获赠等。该环节的主要风险有固定资产预算不科学、审批不严等，可能造成固定资产购建不符合企业发展战略、利用率不高等问题。

主要控制措施如下。

第一，企业应建立固定资产预算制度，固定资产的购建应符合企业的发展战略和投资计划。

第二，对于固定资产建造项目应开展可行性研究，提出项目方案，报经批准后确定工程立项。具体控制措施参照本章第六节——工程项目控制。

2. 资产验收

不同取得方式及不同类型的固定资产，其验收程序和技术要求也不同。该环节的主要风险是固定资产验收程序不规范，可能造成资产质量不合要求，影响资产正常运作。

企业应当建立严格的固定资产交付验收制度，确保固定资产数量、质量、规格等符合使用要求。固定资产交付使用的验收工作应由固定资产管理部门、使用部门及建造部门共同实施。

主要控制措施如下。

第一，外购固定资产验收时应重点关注固定资产的品种、数量、规格、质量等是否与合同、供应商的发货单一致，并出具验收单或验收报告。

第二，自行建造的固定资产应由建造部门、固定资产管理部门和使用部门联合验收，编制书面验收报告，并在验收合格后填制固定资产移交使用单，移交使用部门投入使用。

第三，对于需要安装的固定资产，收到固定资产经初步验收后要进行安装调试，安装完成后须进行第二次验收。

第四，对于未通过验收的固定资产，不得接收，应按照合同等有关规定采取办理退货等弥补措施。验收合格的固定资产应及时办理入库、编号、建卡、调配等手续。

第五，对于具有权属证明的资产，取得时必须有合法的权属证书。

3. 登记造册

企业取得资产后应编制固定资产目录，建立固定资产卡片。该环节的主要风险是固定资产登记内容不完整，造成固定资产流失、信息失真等问题。

主要控制措施如下。

企业应当制定固定资产目录，对每项固定资产进行编号，按照单项资产建立固定资产卡片，详细记录各项固定资产的来源、验收、使用地点、责任单位和责任人、运转、维修、改造、折旧、盘点等相关内容。

4. 资产投保

该环节的主要风险是固定资产投保制度不健全，造成应投保资产未投保、投保舞弊、索赔不力等问题。

主要控制措施如下。

第一，企业应健全固定资产投保制度，根据固定资产的性质和特点，确定固定资产投保范围和政策。投保范围和政策应足以应对固定资产因各种原因发生损失的风险。

第二，严格执行固定资产投保政策和投保范围，对应投保的固定资产项目按规定程序进行审批，并及时办理投保手续。

第三，对重大投保项目，应考虑采取招标方式确定保险人，防范投保舞弊。

第四，已投保资产发生损失的，应及时调查原因，办理相关索赔手续。

5. 运行维护

该环节的主要风险包括固定资产操作不当、维修保养不到位，可能造成固定资产运作不良，使用效率低下、产品残次率高、生产停顿，甚至出现生产事故等问题。

主要控制措施如下。

第一，企业应对固定资产实行归口管理和分级管理，坚持"谁使用、谁管理、谁负责"的原则。

第二，企业应当强化对关键设备运转的监控，严格操作流程，实行岗前培训和岗位许可制度，确保设备安全运转。

第三，严格执行固定资产日常维修和大修理计划，定期对固定资产进行维护保养，切实消除安全隐患。

6. 更新改造

该环节的主要风险是固定资产更新改造不及时、技术落后，可能造成设备落后，市场竞争力下降等问题。

主要控制措施如下。

第一，企业应当定期对固定资产的技术先进性进行评估，结合企业发展的需要，提出技改方案，并经审核批准后执行。

第二，根据发展战略，充分利用国家有关自主创新政策，加大技改投入，不断促进固定资产技术升级，淘汰落后设备，切实做到保持本企业固定资产技术的先进性和企业发展的可持续性。

第三，管理部门需对技改方案实施过程适时监督，加强管理，有条件的企业可以建立技改专项资金并进行定期或不定期审计。

7. 盘点清查

该环节的主要风险是清查制度不完善，可能造成固定资产流失、毁损等账实不符与资产贬值等问题。

主要控制措施如下。

第一，企业应当建立固定资产清查制度，至少每年进行一次全面清查。

第二，清查结束后应编制清查报告，对清查中发现的问题，应当查明原因，追究责任，妥善处理。

8. 抵押质押

该环节的主要风险是固定资产抵押制度不完善，可能导致抵押资产价值低估和资产流失。

主要控制措施如下。

加强固定资产抵押、质押的管理，明晰固定资产抵押、质押流程，规定固定资产抵押、质押的程序和审批权限等，确保资产抵押、质押经过授权审批及适当程序。同时，应做好相应记录，保障企业资产安全。财务部门办理资产抵押时，如果需要委托专业中介机构鉴定评估固定资产的实际价值，则应当会同金融机构有关人员、固定资产管理部门、固定资产使用部门现场勘验抵押品，对抵押资产的价值进行评估。对于抵押资产，应编制专门的抵押资产目录。

9. 淘汰处置

该环节的主要风险包括处置制度不完善、处置方式不合理、处置定价不恰当等，可能给企业造成损失。

主要控制措施如下。

企业应建立健全固定资产处置制度，加强固定资产处置的控制，按规定程序对处置申请进行严格审批，关注固定资产处置中的关联交易和处置定价，防范资产流失。第一，对使用期满、正常报废的固定资产，应由固定资产使用部门或管理部门填制固定资产报废单，经本单位授权部门或人员批准后，对该固定资产进行报废清理。第二，对使用期限未满、非正常报废的固定资产，应由固定资产使用部门提出报废申请，注明报废理由、估计清理费用及可回收残值、预计出售价值等。单位应组织有关部门进行技术鉴定，按规定程序审批后进行报废清理。第三，对拟出售或投资转出的固定资产，应由有关部门或人员提出处置申请，对固定资产价值进行评估，并出具固定资产评估报告，报经企业授权部门或人员批准后予以出售或转让。企业应特别关注固定资产处置中的关联交易和处置定价。

10. 会计系统控制

该环节的主要风险有会计记录和处理不及时、不准确，不能反映固定资产的实际情况。

主要控制措施如下。

财务部门应及时对固定资产增加、处置等变动情况进行会计记录和处理，根据固定资产的实际使用情况，合理地确定计提折旧、减值准备的方法，并定期对折旧和减值进行复核。

 案例 7-6

利用条形码进行固定资产管理

中石化集团某全资子公司（以下简称"公司"）规模庞大，分支机构遍布全国，公司需要管理的固定资产总数约 6 万件，分布于一百多个单位，公司总部设有资产处，有 3 名管理人员统管位于全国的资产，各地二级分支机构中只有 1～2 名兼职的管理人员。公司每年都需要进行定期资产清查和盘点，通过最近的一次清查表明，资产的实际情况和公司 ERP 系统财务模块中记录的情况出入较大，许多资产的基本信息已经是账实不符，资产的实际状态和系统中也多有不符。

针对这种情况，公司希望能够采用条码标签对固定资产进行标识，同时希望在日常管理（尤其是固定资产内部清查）的过程中采用手持终端来完成统计工作，避免人为差错和在清查工作中弄虚作假，从而减少账实不符的现象，避免资产流失。

在充分研究企业固定资产管理业务需求的基础上，公司采用了基于条形码的固定资产实物管理系统——"有条有理"固定资产条形码管理系统，该系统采用条形码对固定资产进行标识，通过条形码技术和移动计算技术的应用，实现了固定资产生命周期和使用状态的全程跟踪，标识后的资产在进行清查或日常管理中显示出条形码技术最突出的特点：方便、快速、准确，大大提高了清查工作的效率，同时保证了信息流和资产实物流的对应。为解决固定资产实物管理中长期存在的工作量大、烦琐、账实不符等问题提供了一条有效的途径。

通过在固定资产实物管理中应用条形码技术，公司较好地解决了资产实物管理中普遍存在的低效率和差错问题，大大提升了公司的固定资产管理水平，为避免资产流失提供了技术保障。

四、无形资产管理

企业的无形资产包括商标权、专利权、专有技术、土地使用权和特许经营权等。

(一)无形资产管理的业务流程

无形资产管理的业务流程主要包括无形资产的取得、无形资产的验收、无形资产的使用与保护、定期评估、技术升级和更新换代、无形资产处置等，具体流程如图 7-6 所示。

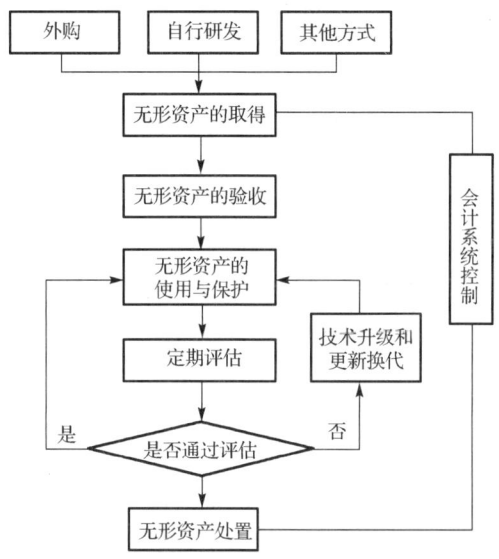

图 7-6 无形资产管理业务流程图

(二)无形资产管理的关键风险点及控制措施

1. 无形资产的取得与验收

该环节的主要风险包括无形资产购建审批不严、没有自主权、取得的资产不具先进性、无形资产权属不清等，可能造成购建不符合发展战略、竞争力不强、浪费企业资源、引发法律诉讼等问题。

主要控制措施如下。

第一，无形资产购建应符合企业的发展战略，并应进行可行性研究。

第二，建立严格的无形资产交付验收制度，全面梳理外购、自行开发及其他方式取得的各类无形资产的权属关系，及时办理产权登记手续。权属关系发生变动时，应按照规定及时办理权证转移手续。

第三，企业购入或以支付土地出让金等方式取得的土地使用权，应当取得土地使用权的有效证明文件。

2. 无形资产的使用与保护

该环节的主要风险包括无形资产使用效率低下；缺乏严格的保密措施，导致商业秘密泄露；其他企业的侵权行为损害企业利益等。

主要控制措施如下。

第一，企业应当加强对品牌、商标、专利、专有技术、土地使用权等无形资产的管理，分类制定无形资产管理办法，落实无形资产管理责任制，促进无形资产有效利用，充分发挥无形资产对提升企业核心竞争力的作用。

第二，企业应加强对无形资产所有权的保护，防范侵权行为和法律风险。

第三，无形资产具有保密性质的，应当采取严格的保密措施，严防泄露商业秘密。

3. 技术升级和更新换代

该环节的主要风险包括无形资产未及时更新换代，可能造成技术落后、自主创新能力低，或者存在重大技术安全隐患及忽视品牌建设、社会认可度低等问题。

主要控制措施如下。

第一，企业应当定期对专利、专有技术等无形资产的先进性进行评估，淘汰落后技术，加大研发投入，促进技术更新换代，不断提升自主创新能力，努力做到核心技术处于同行业领先水平。

第二，企业应当重视品牌建设，加强商誉管理，通过提供高质量产品和优质服务等多种方式不断打造和培育主业品牌，切实维护和提升企业品牌的社会认可度。

4. 无形资产处置

该环节的主要风险包括缺乏处置制度、无形资产处置不当等，可能造成企业资产流失。

主要控制措施如下。

第一，企业应建立无形资产处置的相关制度，明确处置程序、审批权限等。

第二，合理确定处置价格，按规定程序对无形资产的处置进行严格审批。

第三，重大无形资产处置应委托具有资质的中介机构进行资产评估。

5. 会计系统控制

该环节的主要风险包括会计记录和处理不及时、不准确，不能反映无形资产的实际情况。

主要控制措施包括：财务部门应对无形资产增加、摊销、处置等及时进行账务处理，及时发现减值情况并进行处理。

第四节　销售业务控制

销售是指企业出售商品(或提供劳务)及收取款项等相关活动。规范销售行为、防范销售风险，可以促进企业扩大销售、拓宽销售渠道、提高市场占有率，对增加收入、实现企业经营目标和发展战略有重要意义。

一、销售业务控制的总体要求

(一)全面梳理销售业务流程

根据《企业内部控制应用指引第9号——销售业务》的规定，企业应结合实际情况，全面梳理销售业务流程。企业的销售业务流程包括销售计划管理、客户信用管理等环节。企业应确保管理流程科学合理，保证销售顺畅进行。

(二)完善相关管理制度

企业应完善销售业务的相关管理制度，包括销售、发货、收款等方面的制度，有效防范经营风险。

(三)查清薄弱环节

在全面梳理相关业务流程的基础上，定期检查、分析销售过程的薄弱环节，采取有效控制措施，确保实现销售目标。应重点关注的风险有销售政策和策略不当、市场预测不准确、销售渠道管理不当等，可能导致销售不畅、库存积压、经营难以为继；客户信用管理不到位、结算方式选择不当、账款回收不力等，可能导致销售款项不能收回或遭受欺诈；销售过程存在舞弊行为，可能导致企业利益受损。

二、销售业务的基本流程

销售业务的基本流程包括销售计划管理、客户信用管理、确定定价机制和信用方式、销售业务谈判、订立销售合同、开具销售通知、发货、收款、客户服务等，具体流程如图 7-7 所示。

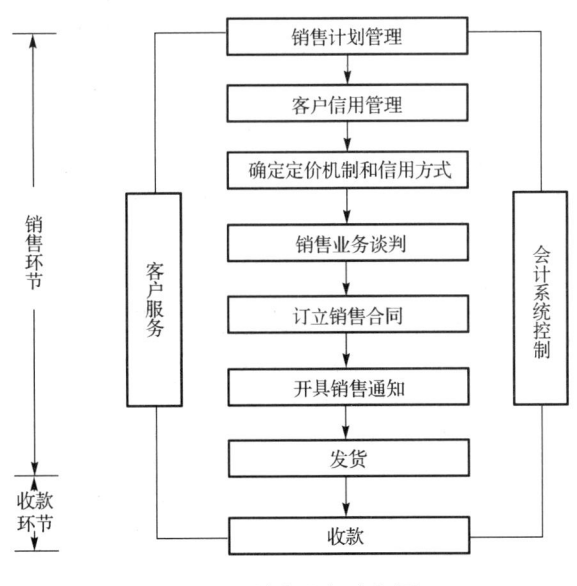

图 7-7　销售业务流程图

三、销售业务的关键风险点及控制措施

(一)销售计划管理

企业应结合销售预测和生产能力，设定销售总体目标额及不同产品的销售目标额，并据此制订销售方案，实现销售目标。该环节的主要风险包括销售计划缺乏或不合理、未经授权审批等，可能导致产品结构和生产安排不合理、库存积压。

主要控制措施如下。

第一，企业应根据发展战略，结合销售预测、生产能力及客户订单情况，制订年度、月度销售计划。

第二，不断根据实际情况，及时调整销售计划，并按程序进行审批。

(二)客户信用管理

该环节的主要风险包括客户信用档案不健全、缺乏对客户资信的持续评估，可能造成客户选择不当、款项不能及时收回甚至遭受欺诈，从而影响企业现金流和正常经营。

主要控制措施如下。

第一，企业应当建立和不断更新、维护客户信用动态档案，关注重要客户的资信变动情况，采取有效措施，防范信用风险。

第二，对于境外客户和新开发客户，应当建立严格的信用保证制度。

(三)确定定价机制和信用方式

该环节的主要风险包括定价不合理、销售价格未经适当审批或存在舞弊、信用方式不当等，可能造成销售受损，从而损害企业经济利益或企业形象。

主要控制措施如下。

第一，企业应当加强市场调查，合理确定定价机制和信用方式，根据市场变化及时调整销售策略，灵活运用销售折扣、销售折让、信用销售、代销和广告宣传等多种策略和营销方式，促进销售目标的实现，不断提高市场占有率。

第二，产品基础价格及销售折扣、销售折让等政策的制定应按照规定程序与权限进行审核批准。

第三，对于某些商品，可以授予销售部门一定限度的价格浮动权，销售部门应结合产品市场特点，将权力逐级分配并明确权限执行人。

(四)订立销售合同

该环节的主要风险包括销售价格、结算方式、收款期限等不符合企业销售政策，可能导致企业经济利益受损；合同内容存在重大疏漏或欺诈、订立合同未经授权，可能导致侵害企业的合法权益。

主要控制措施如下。

第一，企业在销售合同订立前，应结合企业的销售政策，与客户进行业务洽谈、磋商或谈判，关注客户的信用状况、销售定价、结算方式等相关内容。重大的销售业务谈判应当吸收财会、法律等专业人员参加，并形成完整的书面记录。

第二，销售合同应当明确双方的权利和义务，审批人员应当对销售合同草案进行严格审核。对于重要的销售合同，应当征询法律顾问或专家的意见。

第三，销售合同草案经审批同意后，企业应授权有关人员与客户签订正式销售合同。

(五)发货

该环节的主要风险包括未经授权发货、发货不符合合同约定或发货程序不规范，可能造成货物损失或发货错误，引发销售争议，影响货款收回。

主要控制措施如下。

第一，企业销售部门应按照经批准的销售合同开具相关销售通知。发货和仓储部门应对销售通知进行审核，严格按照所列项目组织发货，确保货物的安全发运。

第二，企业应严格按照发票管理规定开具销售发票，严禁开具虚假发票。

第三，应以运输合同或条款等形式明确运输方式、商品短缺、毁损或变质的责任、到货验收方式、运输费用承担、保险等内容，在货物交接环节应做好装卸和检验工作，确保货物的安全发运，并由客户验收确认。

（六）收款

该环节的主要风险包括：结算方式选择不当、账款回收不力、票据审查和管理不善，可能导致企业经济利益受损。

主要控制措施包括：

第一，企业应结合销售政策和信用政策，选择恰当的结算方式。

第二，企业应当完善应收款项管理制度，落实责任，严格考核，实行奖惩制度。销售部门负责应收款项的催收，妥善保存催收记录（包括往来函电）；财会部门负责办理资金结算并监督款项回收。

第三，企业应当加强商业票据管理，明确商业票据的受理范围，严格审查商业票据的真实性和合法性，防止票据欺诈，并关注商业票据的取得、贴现和背书，对已贴现但仍承担收款风险的票据以及逾期票据，应当进行追索监控和跟踪管理。

（七）客户服务

该环节的主要风险包括：服务水平低，影响客户满意度和忠诚度，可能造成客户流失。

主要控制措施包括：

第一，根据企业自身状况与行业整体情况，企业应当完善客户服务制度（包括服务内容、方式、标准等），加强客户服务和跟踪，提升客户满意度和忠诚度。

第二，做好客户回访工作，建立客户投诉制度，不断改进产品质量和服务水平。

第三，企业应当加强销售退回管理，分析销售退回原因，并及时妥善处理。

（八）会计系统控制

该环节的主要风险包括：销售业务会计记录和处理不及时、不准确，可能造成企业账实不符、账账不符、账证不符等，不能反映企业利润和经济资源的真实情况。

主要控制措施包括：

第一，企业应当加强对销售、发货、收款业务的会计系统控制，详细记录销售客户、销售合同、销售通知、发运凭证、商业票据、款项收回等情况，确保会计记录、销售记录与仓储记录核对一致。

第二，建立应收账款清收核查制度，指定专人通过函证等方式定期与客户核对应收账款、应收票据、预收账款等往来款项。

第三，加强应收款项坏账的管理。应收款项全部或部分无法收回的，应当查明原因、明确责任，并严格履行审批程序，按照国家统一的会计准则和制度处理。

案例 7-7

销售内控存漏洞，厂长包揽全流程

浙江景兴纸业股份有限公司地处长三角杭嘉湖平原中心地带，濒临上海、地理条件优越、交通便利，是全国最大的三家以专业生产 A 级、AA 级牛皮箱板纸为主的造纸企业之一。自公司成立以来，公司一直重视管理制度的建设和完善。公司的检查小组在对一家子公司销售业务内部控制进行检查时，发现该子公司的现有业务流程如下：

在销售过程中，该子公司销售业务按照销售合同进行。生产车间产品完工后，填制产成品入库单，验收合格后产品入库。销售部门根据销售合同编制发货通知单，分别通知仓库发货、运输部门办理托运手续。产品发出后，销售部门根据仓库签发后转来的发货通知单开具发票，并据以登记产成品明细账。同时，运输部门将其与销售发票一并送交财务部门。财务部门将其与销售合同核对后，开具运杂费清单，通知出纳人员办理货款结算，并进行账务处理。但是，该子公司未设立独立的客户信用调查机构，在财务部门和销售部门也没有专人负责此项工作。同时，检查小组发现：(1)该子公司总经理甲某可以处理与销售和收款有关的所有业务；(2)财务科根据甲某的指令开具销售发票时，甲某说多少就开多少；(3)仓储部门发货人员根据甲某的指令给客户发运货物；(4)仓库里没有库存明细账及货物进出库记录，销售成本按估算的毛利率计算；(5)自甲某担任厂长以来，销售合同、销售计划、销售通知单、发货凭证、运货凭证及销售发票等文件和凭证从未进行过核对；(6)财务科根据销售发票确认应收账款。

从这个案例可以看出以下问题。(1)客户信用管理水平较差。《企业内部控制应用指引第 9 号——销售业务》中规定，"企业应当健全客户信用档案，关注重要客户资信变动情况，采取有效措施，防范信用风险"。该子公司未设立独立的客户信用调查机构，其财务部门和销售部门也没有专人负责此项工作。这种情况将给企业的销售安全埋下隐患。(2)不相容岗位没有相互分离。在销售与收款环节中，企业应该明确各岗位、各部门的职责与分工，确保不相容业务的相互分离，以提高内部控制的有效性。然而，案例中该子公司的厂长甲某几乎可以处理销售与收款有关的所有业务，显然没有达到内部会计控制的要求。(3)销售发票缺乏严格的控制。销售发票是会计记录销售收入的依据，若对其控制不严，会导致企业的财务状况反映不实和舞弊行为的发生。在本案例中，该厂开具发票时没有以销售部门的销售发票通知单及客户的购货订单、销售通知单为准，而是先将货物发给购货单位，然后按甲某的指令开发票，使大部分销售款没有入账；填制发票上的数量也没有依据销售部门销售发票通知单上载明的实际发运的货物数量记录。这不仅影响了财务信息的真实性，也给甲某的舞弊创造了可乘之机。

第五节 研究与开发控制

研究与开发(也称研发)，是指企业为获取新产品、新技术、新工艺等所开展的各种研发活动。随着市场竞争的加剧，能否创新已成为企业成败的关键。但是，研发活动具有投入大、周期长、不确定性高的特点，因此研发活动的成败对企业生产经营影响较大。加强研发活动控制，有利于促进企业自主创新、增强核心竞争力、有效控制研发风险及实现发展战略。

一、研究与开发控制的总体要求

(一)以战略为导向

根据《企业内部控制应用指引第 10 号——研究与开发》的要求，企业应当重视研发工作，根据发展战略，结合市场开拓和技术进步的要求，科学制订研发计划，强化研发全过程管理，规范研发行为。

(二)注重研发成果的转化

企业研发的目的，最终是将研发成果转化为促进企业发展的动力。企业应促进研发成果的转化和有效利用，不断提升企业的自主创新能力。

二、研究与开发业务的基本流程

研究与开发业务的基本流程主要包括立项阶段、研究过程管理阶段、研究成果开发与保护阶段，具体流程如图 7-8 所示。

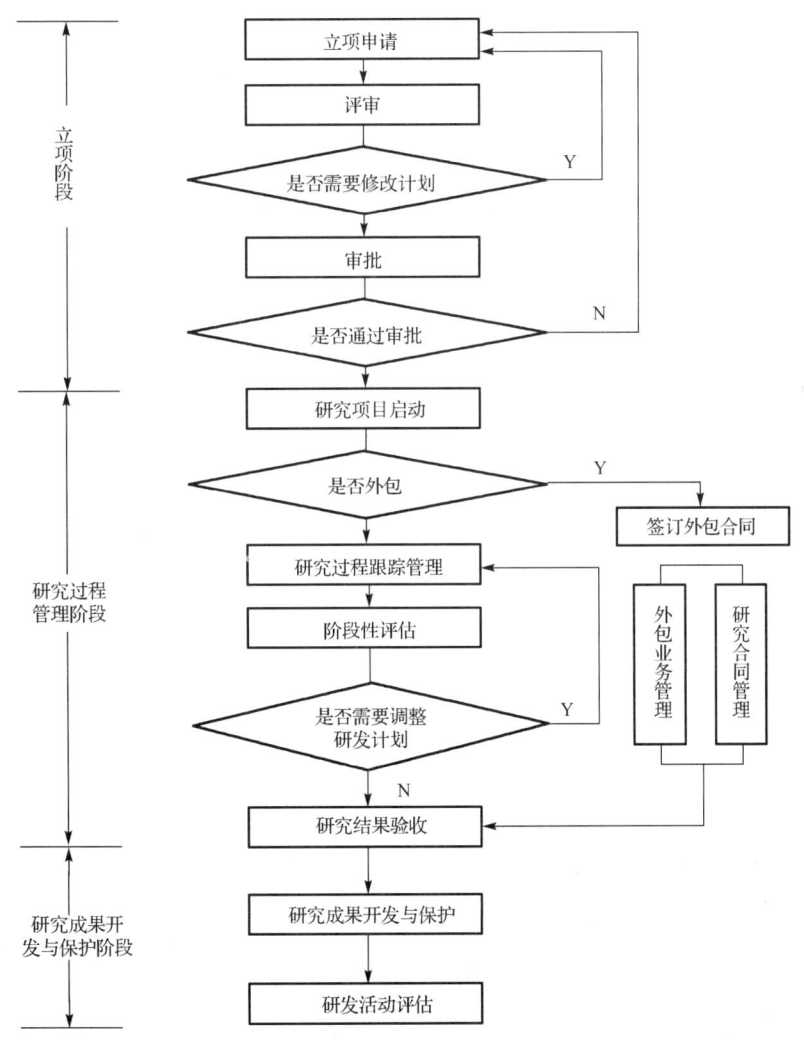

图 7-8　研究与开发业务流程图

三、研究与开发业务的关键风险点及控制措施

(一)立项

立项主要包括立项申请、评审和审批。该环节的主要风险包括：研发项目与国家或企业的科技发展战略不符，项目评审和审批不严，可能造成项目创新不足、项目必要性不大或资源浪费等。

主要控制措施包括：

第一，企业应当结合发展战略、实际需要及技术现状、制订研发计划，提出研究项目立项申请，开展可行性研究，编制可行性研究报告。

第二，企业可以组织独立于申请及立项审批之外的专业机构和人员进行评估论证，出具评审意见。

第三，研究项目应当按照规定的权限和程序进行审批。重大研究项目应当报经董事会或类似权力机构集体审议决策。审批应当重点关注研究项目促进企业发展的必要性、技术的先进性及成果转化的可行性。

(二)研究过程管理

研发可以通过自主研发和研发外包。

1. 自主研发

自主研发是指企业依靠自身的人力、物力和财力，独立完成科研项目。该环节的主要风险包括：研发人员配备不合理，可能导致研发成本过高或者研发失败；缺乏对研发项目的跟踪管理，可能造成费用失控或项目未能按期、保质完成。

主要控制措施包括：

第一，企业应当加强对研究过程的管理，合理配备专业人员，严格落实岗位责任制，确保研究过程高效、可控。

第二，跟踪检查研究项目的进展情况，评估各阶段研究成果，确保项目按期、保质完成。

第三，建立研发费用报销制度，加强费用控制。第四，开展阶段性评估。需适当调整研发计划的，经批准，应及时予以调整。

2. 研发外包

根据外包程度不同，研发外包可以分为委托研发和合作研发。委托研发是指企业委托具有研发能力的企业或机构等开展研发工作，委托人全额承担研发经费、受托人交付研发成果的研发形式。合作研发是指企业联合其他企业或机构共同开展研发工作，合作方共同参与、共享效益、共担风险的研发形式。

该环节的主要风险包括：外包单位选择不当、未签订外包合同、合同内容存在重大疏漏或欺诈等，可能给企业带来知识产权风险与法律诉讼风险等。

主要控制措施包括：

第一，企业应遵循技术互补性原则、成本最低原则、诚信原则等甄选合作伙伴。

第二，对于委托研发，企业应同受托方签订外包合同，主要约定研究成果的产权归属、研究进度和质量标准等相关内容。

第三，对于合作研发，企业应与合作方签订书面合作研究合同，主要明确双方投资、分工、权利和义务、研究成果的产权归属等。

（三）验收

该环节的主要风险包括：验收制度不完善；验收人员的技术、能力、独立性等的缺乏，可能造成验收结果与事实不符；测试与鉴定投入不足，可能造成测试与鉴定不充分。

主要控制措施包括：

第一，企业应当建立和完善研究成果验收制度，组织专业人员对研究成果进行独立评审和验收。

第二，加大测试和鉴定阶段的投入，切实降低技术失败的风险。

第三，对于通过验收的研究成果，可以委托相关机构进行审查，确认是否申请专利或作为非专利技术、商业秘密等进行管理。企业对于需要申请专利的研究成果，应当及时办理有关专利申请手续。

（四）核心研发人员的管理

该环节的主要风险包括：缺乏核心研发人员管理制度；研发人员不勤勉或泄露核心技术等职业道德风险；核心研发人员离职，影响研发活动的进行；未签订劳动合同或劳动合同有重大疏漏，如对研发成果归属和离职后的保密义务等规定不清，可能给企业造成损失。

主要控制措施包括：

第一，企业应当建立严格的核心研究人员管理制度，明确界定核心研究人员的范围和名册清单，签署国家有关法律、法规要求的保密协议，从制度上约束核心研发人员可能出现的道德风险。

第二，应实施合理、有效的研发绩效管理，如采取股权分享方式对研发人员进行持续激励，减少离职现象。

第三，企业与核心研究人员签订劳动合同时，应当特别约定研究成果归属、离职条件、离职移交程序、离职后的保密义务、离职后的竞业限制年限及违约责任等内容。

（五）研究成果开发

研究成果开发是技术研究的目的。如果开发成功，就可以获取技术优势，促进企业发展和盈利。但是，研究成果开发也存在失败的风险。该环节的主要风险包括：

第一，技术风险。例如，科学技术发展速度较快，新产品开发速度赶不上科技发展速度，使新产品在开发过程中夭折；在研究成果开发中由于技术能力有限，遇到技术障碍，延误开发时机。

第二，市场风险。例如，对产品性能验证不够，开发过快，但产品市场潜力不大。

主要控制措施包括：

第一，企业应当加强研究成果的开发，形成科研、生产、市场三位一体的自主创新机制，促进研究成果转化。

第二，加强技术管理，攻克关键技术障碍。

第三，研究成果的开发应当分步推进，通过试生产，充分验证产品性能，经过市场认可后方可进行批量生产。

（六）研发成果保护

该环节的风险主要包括：

第一，立项时的风险。例如，立项时未进行专利信息的详细检索，自主开发的成果却不能使用。

第二，研发过程中的风险。由于研发人员泄密、离职等，使阶段性成果被竞争对手获得。

第三，研发成功后的风险。例如，对新开发的技术或产品未进行有效保护，而竞争对手抢先申请专利保护，可能导致自主开发成果被限制使用；合作研发中未明确产权归属，导致自树竞争对手。

主要控制措施包括：

第一，立项申请、评估和审批阶段都应详细检索专利信息，以防自主研发成果不能使用。

第二，加强研发人员管理，签订保密协议，在劳动合同中明确离职后的保密义务等。

第三，合作研发合同中明确产权归属。

第四，建立研究成果保护制度，加强对专利权、非专利技术、商业秘密及在研发过程中形成的各类涉密图纸、程序、资料的管理，严格按照制度规定借阅和使用，禁止无关人员接触研究成果，以及依靠法律保护合法权益。

（七）研发活动评估

研发活动评估是指在研发项目通过验收一定时间之后，对立项与研究、开发与保护等过程进行全面评估，衡量研发价值，总结经验，查清薄弱环节，以不断提高研发水平。该环节的主要风险包括：缺乏对研发活动的评估、对评估不重视、评估指标过于片面而导致评估失败等。

主要控制措施包括：

第一，企业应当建立研发活动评估制度，加强对立项与研究、开发与保护等过程的全面评估，认真总结研发管理经验，分析研发管理的薄弱环节，完善相关制度和办法，不断改进和提升研发活动的管理水平。

第二，增强管理者对评估作用的认可。

第三，在人员和经费方面给予保证。

第四，根据不同类型的项目分别构建评估指标体系。

 **案例 7-8**

解读华为——研发投入的巨大成功

华为技术有限公司（以下简称华为）是一家生产和销售通信设备的民营通信科技公司，总部位于中国广东。从几十人的团队发展到 15 万大军。如今，作为全球领先的信息与通信解决方案供应商，华为已经成为全球通信产业的龙头企业。全球有超过 20 亿人每天都在使用华为的产品，也就是说，全世界有三分之一的人口在使用华为的服务。

今天的华为之所以能取得如此巨大的成功，离不开它对研发的巨大投入：2015 财年，华为全年实现销售收入约 3 900 亿元，研发投入超过 1 000 亿元，约合 154 亿美元。作为对比：苹果 2015 财年实现销售收入 2 330 亿美元，实际研发投入为 81.5 亿美元；谷歌 2015 财年实现销售收入 650 亿美元，实际研发投入为 99 亿美元；高通 2015 财年实现销售收入 253 亿美元，实际研发投入为 55.6 亿美元。华为拥有 3 万项专利技术，其中有四成是国际标准组织或欧美国家的专利。更为重要的是，"华为基本法"确定了两条十分惊世骇俗的原则，其中之一就是在技术开发上近乎偏执地持续投入，任正非坚持将每年销售收入的 10%用于科研开发，这在中国著名企业中是一个无人可及、无人敢及的高比例。

2013 年，华为首超全球第一大电信设备商爱立信，在全球企业中排名第 315 位，2016 年，华为又提升了将近百名，在全球企业中位居第 129 位，牢牢占据着世界第一大通信设备公司的宝座，总之，华为的辉煌业绩与公司研发密不可分。

管理大师德鲁克教授认为：目标管理到部门，绩效管理到个人，过程控制保结果。绩效管理的落实程度是企业目标管理的核心内容，也是最难的部分。这一点，华为研发部门的绩效管理可以说是企业中的标杆。以下是一个华为研发项目的关键绩效指标实例，如表 7-1 所示。

表 7-1　华为研发项目关键绩效指标实例

维度	指标名称	子指标名称
财务	销售收入	
	毛利率	
	税前利润率	
	累计盈利时间	
	研发费用预算执行偏差率	
	目标成本完成率	
客户	客户反馈产品缺陷	重点产品故障率、网上遗留问题缺陷密度、质量重大事故次数
	网上问题及时解决率	
	网上逾期问题解决率	
内部运作与流程	决策评审点准备度	
	阶段关键交付件缺陷密度	
	内部问题累计解决率	
	IPD 流程符合度	
	项目周期、阶段周期及偏差	
	项目进度偏差率	项目进度偏差率（PDCP 到 GA）、项目进度偏差率（CRARTEC 至 PDCP）
	共用基础模块	
	生产率	软件开发生产率、硬件开发生产率
革新与学习	变革进度指标（TPM）	

第六节　工程项目控制

工程项目，是指企业自行或者委托其他单位进行的建造、安装工程。工程项目体现着企业发展战略，对企业提高生产能力、促进产业升级和技术进步有重要作用。同时，由于工程项目一般投入大、周期长、涉及环节和部门单位多，出现问题的可能性也较大，因此对企业的发展影响重大。加强工程项目管理，对提高工程质量、保证工程进度、控制工程成本、防范商业贿赂等舞弊行为，对实现企业战略和中长期发展规划有重要意义。

一、工程项目控制的总体要求

（一）全面梳理工程项目工作流程

根据《企业内部控制应用指引第 11 号——工程项目》的要求，企业应当建立和完善工程项目各项管理制度，全面梳理各个环节可能存在的风险点，规范工程立项、招标、造价、建设、验收等环节的工作流程，明确相关部门和岗位的职责权限，做到可行性研究与决策、预算编制与审核、项目实施与价款支付、竣工决算与审计等不相容职务相互分离，强化工程建设全过程的监控，确保工程项目的质量、进度和资金安全。

（二）明确职责权限和不相容岗位分离

工程项目业务复杂，不仅涉及众多内部职能部门，如规划发展部门、工程管理部门、设计部门、物资采购部门、财会部门等，还涉及外包施工单位、监理单位等外部相关主体。应当明确相关部门和岗位的职责权限，做到可行性研究与决策、概预算编制与审核、项目实施与价款支付、竣工决算与审计等不相容职务相互分离。

（三）完善工程项目的各项管理制度

结合业务流程、职责权限、工程项目运行中的薄弱环节及管理要求，形成具有规范性和约束力的工程项目管理制度，可以更好地实行管控职能。企业应当建立和完善工程项目质量控制制度、进度控制制度、预算控制制度、招投标制度、物资采购制度等，并强化工程建设全过程的监控，以确保制度的有效执行，保证工程项目的质量、进度和资金安全。

二、工程项目的业务流程

工程项目的业务流程包括工程立项、工程设计、工程招标、工程建设、工程验收和项目后评估六大环节，具体流程如图 7-9 所示。

三、工程项目的关键风险点及控制措施

（一）工程立项

工程立项阶段主要包括编制项目建议书、可行性研究、立项评审和立项决策四个环节。

1. 编制项目建议书

项目建议书主要对拟建项目提出框架性总体设想。项目建议书的主要内容包括：项目的必要性和依据、产品方案、拟建规模、建设地点、投资估算、资金筹措、项目进度安排、经济效果和社会效益的估计、环境影响的初步评价等。

该环节的主要风险包括：工程项目与企业发展战略与国家产业政策不符；项目建议书内容不完整、不合规，如拟建规模不明确及投资估算、资金筹措与项目进度安排不协调等。

主要控制措施包括：

第一，企业应当指定专门机构归口管理工程项目，并根据发展战略和年度投资计划，结合国家产业政策，提出项目建议书。

第二，应规定项目建议书的主要内容和编制要求，对项目建议书的内容充分地进行分析论证。

2. 可行性研究

可行性研究是对建设项目在技术、财务、经济、政策支持、外部协作等方面进行全面分析，为立项决策提供依据。可行性研究报告的内容主要包括：项目概况，项目建设的必要性，市场预测，项目建设选址及建设条件论证，建设规模和建设内容，项目外部配套建设，环境保护，劳动保护与卫生防疫，消防、节能、节水，总投资及资金来源，经济、社会效益，项目建设周期及进度安排，以及《中华人民共和国招标投标法》规定的相关内容等。

该环节的主要风险包括：缺乏可行性研究、可行性研究流于形式或深度不够等，无法为立项决策提供充分、可靠的依据，盲目上马，可能导致难以实现预期效益或项目失败。

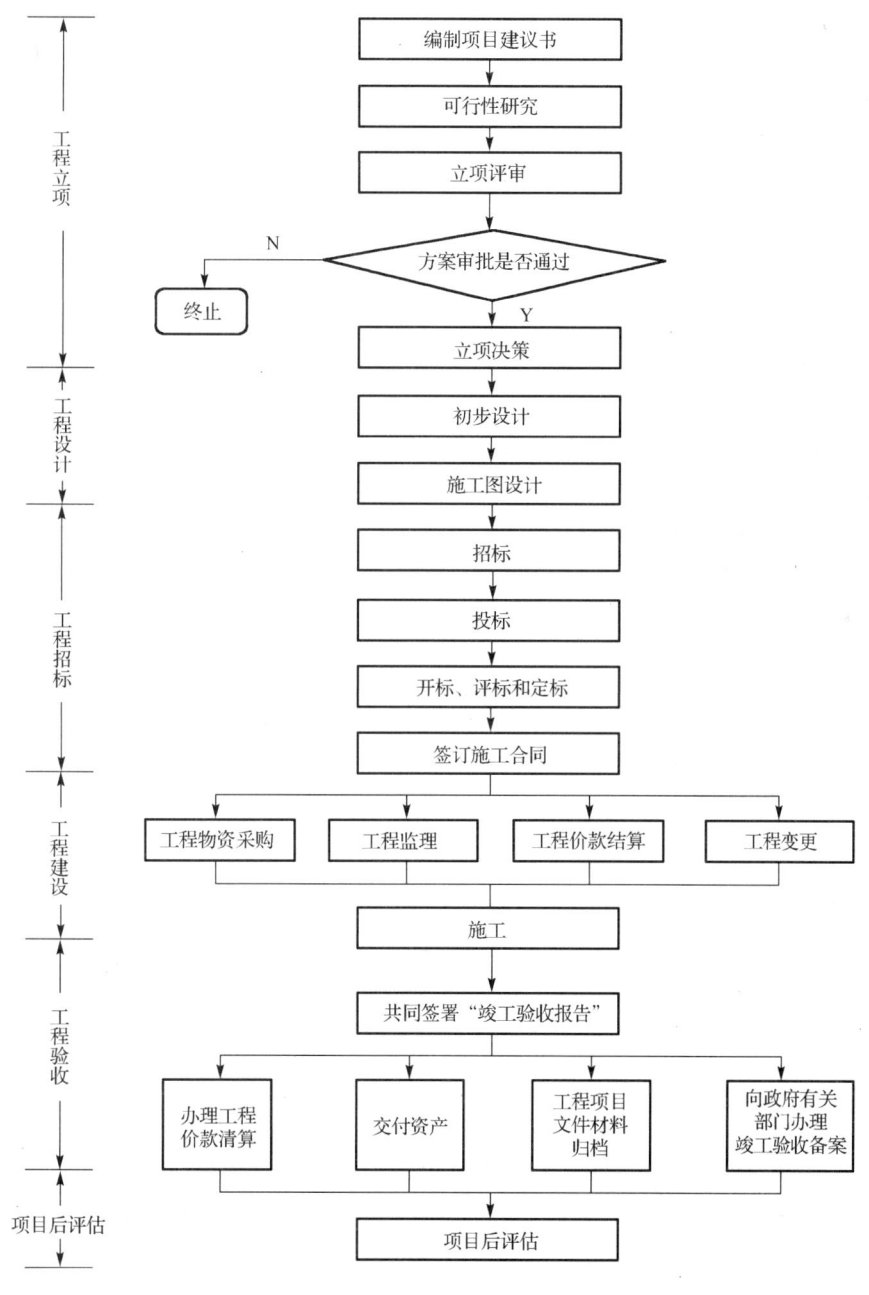

图 7-9　工程项目业务流程图

主要控制措施包括：

第一，企业应当明确可行性研究报告的内容和编制要求，对项目可行性进行深入分析。

第二，可以委托具有相应资质的专业机构开展可行性研究，并按照有关要求形成可行性研究报告。

3. 立项评审

企业应当组织规划、工程、技术、财会、法律等部门的专家对项目建议书和可行性研究报告进行充分论证和评审，出具评审意见，作为项目决策的重要依据。该环节的主要风险包括：项目评审流于形式、评审不科学等，可能造成决策失误。

主要控制措施包括：

第一，在项目评审过程中，应当重点关注项目投资方案、投资规模、资金筹措、生产规模、投资效益、布局选址、技术、安全、设备、环境保护等方面，核实相关资料的来源和取得途径是否真实、可靠和完整。

第二，企业可以委托具有相应资质的专业机构对可行性研究报告进行评审，并出具评审意见。

第三，从事项目可行性研究的专业机构不得再从事可行性研究报告的评审。

4. 立项决策

企业应当按照规定的权限和程序对工程项目进行决策。该环节的主要风险包括：决策程序不规范，可能造成决策失误；缺乏责任追究制度等。

主要控制措施包括：

第一，按规定权限和程序对工程项目进行决策。决策过程应有完整的书面记录。

第二，重大工程项目的立项应当报经董事会或类似权力机构集体审议批准。总会计师或分管会计工作的负责人应当参与项目决策。任何个人不得单独决策或者擅自改变集体决策意见。工程项目决策失误应当实行责任追究制度。

第三，企业应当在工程项目立项后、正式施工前，依法取得建设用地、城市规划、环境保护、安全、施工等方面的许可，并核实取得材料的合法合规性。

(二)工程设计和造价

工程立项后，要进行工程设计。设计阶段是影响工程投资最主要的阶段，一般可分为初步设计和施工图设计两个阶段。

1. 初步设计

初步设计是整个设计构思基本形成的过程，主要明确建设的技术可行性和经济合理性，同时确定主要技术方案、工程总造价等。编制初步设计概算是初步设计阶段的一项重要工作，即计算从筹建到竣工验收、交付使用的预期造价。

该环节的主要风险包括：设计单位资质达不到项目要求；审计人员研究不透彻，设计出现较大疏漏；未进行多方案比选；设计深度不够，影响施工。

主要控制措施包括：

第一，应选择有资质、有经验的设计单位，可以外聘设计单位。

第二，应当向招标确定的设计单位提供详细的设计要求和基础资料，进行有效的技术、经济交流，并在此基础上，采用先进的设计管理实务技术，进行多方案对比。

第三，建立严格的初步设计审查和批准制度，确保评审质量。

2. 施工图设计

施工图设计是通过图纸把设计者的意图和设计结果呈现出来，作为施工的依据。与施工图设计关联的是施工图预算。施工图预算是施工单位投标报价的重要参考依据。

该环节的主要风险包括：预算严重脱离实际，可能导致项目投资失控；设计深度不足、设计缺陷，可能造成施工组织、工期、工程质量、投资失控及生产运行成本过高；工程设计与后续施工衔接不当，可能导致技术方案未得到有效落实。

主要控制措施包括：

第一，企业应当建立严格的概预算编制与审核制度。应当组织工程、技术、财会等部门的相关专业人员或委托具有相应资质的中介机构对编制的概预算进行审核，重点审查编制依据、项目内容、工程量的计算、定额套用等是否真实、完整和准确，确保概预算的科学合理。

第二，建立严格的施工图设计管理制度和交底制度，且按项目要求的进度交付施工图设计深度及图纸，提高设计质量，防止设计深度不足或设计缺陷带来的问题。

第三，建立设计变更管理制度。设计单位应当提供全面、及时的现场服务，避免设计与施工相脱节的现象发生。因过失造成设计变更的，应当进行责任追究。

(三)工程招标

企业的工程项目一般应当采用公开招标的方式，择优选择具有相应资质的承包单位和监理单位。招标过程包括招标，投标，开标、评标和定标，签订施工合同四个主要环节。

1. 招标

招标工作包括招标前期准备、招标公告和资格预审公告的编制与发布等。该环节的主要风险包括：违背工程施工组织设计和招标设计计划，将工程肢解，投标资格不公平、不合理，违法违规泄露标底等。

主要控制措施包括：

第一，不得违背工程施工组织设计和招标设计计划，将应由一个承包单位完成的工程肢解为若干部分发包给几个承包单位。

第二，遵循公开、公正、平等竞争的原则，发布招标公告，提供包含招标工程的主要技术要求、主要合同条款、评标的标准和方法，以及开标、评标、定标的程序等内容的招标文件。

第三，严格根据项目特点确定投标人的资格要求，做到公平合理。

第四，企业可以根据项目特点决定是否编制标底。需要编制标底的，标底编制过程和标底应当严格保密。

2. 投标

投标阶段包括现场考察、投标预备会及投标文件的编制和送达。该环节的主要风险包括：招标人与投标人串通投标或投标人之间串通舞弊；投标人资质不符合要求、以他人名义投标等，影响工程质量。

主要控制措施包括：

第一，在确定中标人前，企业不得与投标人就投标价格、投标方案等实质性内容进行谈判。

第二，对投标人的信息采取严格的保密措施，防止投标人之间的串通舞弊。

第三，按照招标公告或资格预审文件中的投标人资格条件对投标人进行严格审查，预防假资质中标或借资质串标。

3. 开标、评标和定标

企业应当依法组建评标委员会。评标委员会应当按照招标文件确定的标准和方法对投标文件进行评审和比较，择优选择中标候选人，及时向中标人发出中标通知书。

该环节的主要风险包括：评标委员会专业水平差，出现定标失误；评标委员会与投标人之间存在舞弊行为，损害建设单位利益。

主要控制措施包括：

第一，企业应当依法组织工程招标的开标、评标和定标，并接受有关部门的监督。

第二，评标委员会应由企业的代表和有关技术、经济方面的专家组成，应客观、公正地提出评审意见，并对评审意见承担责任。

第三，评标委员会成员和参与评标的有关工作人员不得透露对投标文件的评审和比较、中标候选人的推荐情况及与评标有关的其他情况，不得私下接触投标人，不得收受投标人的财物或者其他好处。

4. 签订施工合同

该环节的主要风险包括：合同内容不完整、不清楚，或者订立了背离招标文件实质性内容的合同。

主要控制措施包括：

第一，企业应当在规定的期限内与中标人订立书面合同，明确双方的权利、义务和违约责任，如质量、进度、结算方式等。

第二，企业和中标人不得再行订立背离合同实质性内容的其他协议。

(四)工程建设

工程建设阶段包括的重要工作有工程物资采购、工程监理、工程价款结算、工程变更。

1. 工程物资采购

工程物资采购分为自行采购和承包单位采购。该环节的主要风险包括：采购控制不力，质次价高；对承包单位采购物资监督不足，影响工程质量与进度。

主要控制措施包括：

第一，企业自行采购工程物资的，可以参照本章第二节——采购业务控制的相关内容办理。重大设备和大宗材料的采购应当根据有关招标采购的规定执行。

第二，由承包单位采购工程物资的，企业应当加强监督，确保工程物资采购符合设计标准和合同要求。严禁不合格工程物资投入工程项目建设。

2. 工程监理

该环节的主要风险包括：监理单位监督不力，流于形式，不利于确保工程的进度、质量和安全。

主要控制措施包括：

第一，工程监理单位应当依照国家法律、法规及相关技术标准、设计文件和工程承包合同，对承包单位在施工质量、工期、进度、安全和资金使用等方面实施监督。

第二，工程监理人员应当具备良好的职业操守，客观公正地执行监理任务。发现工程施工不符合设计要求、施工技术标准和合同约定的，应当要求承包单位改正；发现工程设计不符合建筑工程质量标准或者合同约定的质量要求的，应当报告企业，要求设计单位改正。

第三，未经工程监理人员签字，工程物资不得在工程上使用或者安装，不得进行下一道施工工序，不得拨付工程价款，不得进行竣工验收。

3. 工程价款结算

该环节的主要风险包括：建设资金使用管理混乱、项目资金不落实，影响工程进度；工程进度计算不准确、价款结算不及时等。

主要控制措施包括：

第一，建立成本费用支出审批制度，对建设资金的使用进行管理。

第二，资金筹集应与工程进度协调一致，以免影响工程进度。

第三，企业财会部门应当加强与承包单位的沟通，准确掌握工程进度，开展工程项目核算，并根据合同约定，按照规定的审批权限和程序办理工程价款结算，不得无故拖欠。

第四，施工过程中，如果工程的实际成本突破了工程项目预算，建设单位应当及时分析原因，按照规定的程序予以处理。

4. 工程变更

该环节的主要风险包括：工程变更频繁、变更程序不规范、变更缺乏审核或审核不严等。

主要控制措施包括：

第一，企业应当建立严格的工程变更审批制度，严格控制工程变更。确需变更的，应当按照规定的权限和程序进行审批。

第二，重大的项目变更应当按照项目决策和概预算控制的有关程序和要求重新履行审批手续。

第三，因工程变更等原因造成价款支付方式及金额发生变动的，应当提供完整的书面文件和其他相关资料，并对工程变更价款的支付进行严格审核。

第四，因人为原因导致的工程变更，应当追究当事单位和人员的责任。

（五）工程验收

企业收到承包单位的工程竣工报告后，应当及时编制竣工决算，开展竣工决算审计，组织设计、施工、监理等有关单位进行竣工验收。该环节的主要风险包括：竣工验收不规范和竣工决算审核不严，如质量检验不严或者相关资料不齐全等；竣工决算失真，如虚报项目投资完成额、虚列建设成本等。

主要控制措施包括：

第一，企业应当组织审核竣工决算，重点审查决算依据是否完备、相关文件资料是否齐全、竣工清理是否完成、决算编制是否正确。

第二，未实施竣工决算审计的工程项目，不得办理竣工验收手续。

第三，交付竣工验收的工程项目，应当符合规定的质量标准，有完整的工程技术经济资料，并具备国家规定的其他竣工条件。

第四，应当按照国家有关档案管理的规定，及时收集、整理工程建设各环节的文件资料，建立完整的工程项目档案。

（六）项目后评估

企业应当建立完工项目后评估制度，在项目完成并运行一段时间后，对项目执行过程、效益等进行系统、客观的分析，重点评价工程项目预期目标的实现情况和项目投资效益等，并以此作为绩效考核和责任追究的依据。

 **案例 7-9**

海外工程项目"有风险"

2009 年 2 月 10 日，中国铁建股份有限公司(以下简称中铁)与沙特阿拉伯(简称沙特)签约施工沙特麦加轻轨铁路项目，约定采用"EPC+O/M"总承包模式(即设计、采购、施工加运营、维护总承包模式)。截至 2010 年 10 月 31 日，合同预计总收入为人民币 120.51 亿元，预计总成本为人民币 160.45 亿元，另发生财务费用人民币 1.54 亿元，项目预计净亏损人民币 41.48 亿元。亏损原因分析如下：项目进入大规模施工阶段后，由于实际工程数量比签约时预计量大幅度增加，再加上沙特业主对该项目的 2010 年运能需求较合同规定大幅提升、业主负责的地管网和征地拆迁严重滞后、业主为增加新的功能使部分完工工程重新调整等因素影响，导致项目工作量和成本投入大幅增加，计划工期出现阶段性延误。

造成上述损失的根源在于"项目签约时只有概念设计"，业主提出新的功能需求及工程量的增加，令实施过程中合同预计总成本逐步增加。通常只有"业主要求"或"概念设计"，必须要由设计人员与合约估算人员配合，并需要完成一定程度的设计，才有可能将工作量估计得较为准确。由于中铁的投标人员对于工程量估计失误，导致实际实施的工程量远大于报价时估计的工程量。

因而，为了预防此类损失的发生，海外承包项目应该注意以下几点。(1)建立项目内部的风险管理体系和机构，形成高效运转、有效制衡的监督约束机制，建立重大风险预警机制，对重大风险进行持续不断的监测，及时发布预警信息，制定应急预案，并根据情况变化调整控制措施，持续对风险进行监督和评审。(2)根据已确定的风险偏好、风险承受度、风险管理有效性标准，选择风险承担、风险规避、风险转移、风险控制等适合工程项目实际情况的总体策略。(3)建立风险管理信息系统，对超过风险预警上限的重大风险实施信息报警。(4)大力培育和塑造良好的风险管理文化，增强员工风险管理意识，将风险管理意识转化为员工的共同认识和自觉行动。

第七节　担保业务控制

《企业内部控制应用指引第 12 号——担保业务》中所称"担保"是指企业作为担保人按照公平、自愿、互利的原则与债权人约定，当债务人不履行债务时，依照法律规定和合同协议承担相应法律责任的行为。担保有利于债务人的融资，但是我们也应该看到，因为担保陷入担保困境和诉讼的案件层出不穷。因此，加强企业担保业务管理，防范担保业务风险，对于维护企业利益和维持正常经营有重要的意义。

一、担保业务控制的总体要求

(一)完善担保业务管理制度

企业应当依法制定和完善担保业务政策及相关管理制度,如调查评估制度、审批制度、担保合同管理制度等,明确担保的对象、范围、方式、条件、程序、担保限额和禁止担保等事项。

(二)规范各环节工作流程

企业应规范调查评估、审核批准、担保执行等环节的工作流程,按照政策、制度、流程办理担保业务,定期检查担保政策的执行情况及效果,切实防范担保业务风险。

二、担保业务的基本流程

担保业务的基本流程如图 7-10 所示。

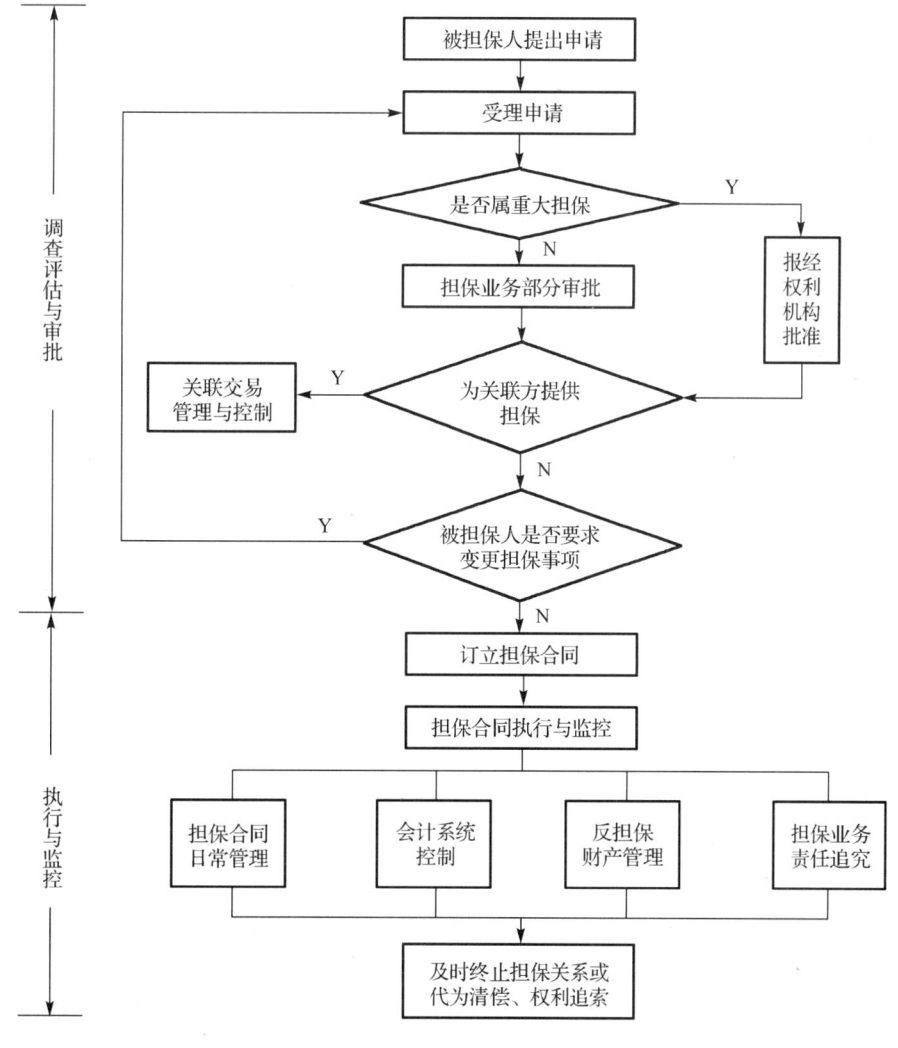

图 7-10 担保业务流程图

三、担保业务的关键风险点及控制措施

(一)受理申请

受理申请是办理担保业务的第一步,是控制的起点。该环节的主要风险包括:企业担保政策和相关管理制度不健全,不能规范担保申请的受理;受理申请审查不严。

主要控制措施包括:

第一,企业应依法制定和完善担保业务政策及相关管理制度,明确担保的对象、范围、方式、条件、程序、担保限额和禁止担保等事项。

第二,受理人员应严格按照担保政策和相关管理制度对担保申请进行审查,如对与本企业有密切业务关系的企业、有潜在重要业务关系的企业、子公司等提出的申请可予受理,反之,则必须慎重处理。

(二)调查评估

企业应当指定相关部门负责办理担保业务,对担保申请人进行资信调查和风险评估。该环节的主要风险包括:资信调查和风险评估不深入、不细致,造成担保决策失误,给企业带来担保损失。

主要控制措施包括:

第一,企业在对担保申请人进行资信调查和风险评估时,应当重点关注以下事项:(1)担保业务是否符合国家法律、法规和本企业担保政策等相关要求;(2)担保申请人的资信状况,一般包括基本情况、资产质量、经营情况、偿债能力、盈利水平、信用程度、行业前景等;(3)担保申请人用于担保和第三方担保的资产状况及其权利归属;(4)企业要求担保申请人提供反担保的,还应当对与反担保有关的资产状况进行评估。

第二,明确不予担保的情况。对于以下几种情形不予担保:(1)担保项目不符合国家法律、法规和本企业担保政策的;(2)已进入重组、托管、兼并或破产清算程序的;(3)财务状况恶化、资不抵债、管理混乱、经营风险较大的;(4)与其他企业存在较大经济纠纷,面临法律诉讼且可能承担较大赔偿责任的;(5)与本企业已经发生过担保纠纷且仍未妥善解决的,或不能及时足额交纳担保费用的。

第三,委派具备胜任能力的专业人员开展调查和评估,调查评估人员与担保业务审批人员应当分离,调查评估结果应出具书面报告。企业也可委托中介机构对担保业务进行资信调查和风险评估工作。

(三)审批

该环节的主要风险包括:授权审批制度不完善,造成担保审批不规范;审批不严或越权审批,可能导致企业担保决策失误或遭受欺诈;对关联方的担保审批不规范等。

主要控制措施包括:

第一,企业应当建立担保授权和审批制度,规定担保业务的授权批准方式、权限、程序、责任和相关控制措施,在授权范围内进行审批,不得超越权限审批。对于审批人超越权限审批的担保业务,经办人员应当拒绝办理。

第二,重大担保业务,应当报经董事会或类似权力机构批准。

第三，企业为关联方提供担保的，与关联方存在经济利益或近亲属关系的有关人员在评估与审批环节应当回避。

第四，加强对变更担保的管理。被担保人要求变更担保事项的，企业应当重新履行调查评估与审批　程序。

(四)订立担保合同

该环节的主要风险包括：未经授权订立担保合同、未订立担保合同、担保合同存在重大疏漏或欺诈，增加了担保风险。

主要控制措施包括：

第一，企业应当根据审核批准的担保业务订立担保合同。担保合同应明确被担保人的权利、义务、违约责任等相关内容，并要求被担保人定期提供财务报告与有关资料，及时通报担保事项的实施情况；担保申请人同时向多方申请担保的，企业应当在担保合同中明确约定本企业的担保份额和相应的责任。

第二，实行担保合同会审联签。应鼓励担保业务经办单位会同企业法律部门、财会部门、内审部门进行担保合同会审联签，以降低担保合同存在重大疏漏或欺诈的风险。

第三，加强对身份证明和印章的管理，杜绝身份证明和印章被盗用而进行对外担保，从而造成担保损失。

第四，规范担保合同记录、传递和保管过程，确保担保合同运转轨迹清晰完整、有案可查。

(五)担保合同日常管理

该环节的主要风险包括：缺乏对担保合同的跟踪管理或监控不力，无法对被担保人出现的异常情况及时地进行报告和处理，给企业造成损失。

主要控制措施包括：

第一，加强担保合同的日常管理。定期监测被担保人的经营情况和财务状况，对被担保人进行跟踪和监督，了解担保项目的执行、资金的使用、贷款的归还、财务运行及风险等情况，确保担保合同有效履行。

第二，及时报告和处理被担保人的异常情况。在担保合同的履行过程中，如果被担保人出现经营困难等异常情况，应当及时向有关管理人员报告，并妥善处理。

(六)会计系统控制

该环节的主要风险包括：会计记录和处理不及时、不准确，不利于对担保业务的日常监控，或者披露不符合有关监管要求，遭受行政处罚。

主要控制措施包括：

第一，及时、足额收取担保费用，建立担保事项台账，详细记录担保对象、金额、期限、用于抵押和质押的物品或权利以及其他有关事项。

第二，企业财会部门应当及时收集、分析被担保人担保期内经审计的财务报告等相关资料，持续关注被担保人的财务状况、经营成果、现金流量以及担保合同的履行情况，积极配合担保经办部门防范担保业务风险。

第三，及时进行会计记录、会计处理以及相关披露。对于被担保人出现财务状况恶化、资不抵债、破产清算等情形，企业应当根据国家统一的会计准则和制度规定，合理确认预计负债和损失。属于上市公司的，应根据相关制度对担保事项进行公告。

(七)反担保财产管理

该环节的主要风险包括：对反担保的权利凭证保管不善、缺乏对反担保财产的有效监控等。

主要控制措施包括：企业应当加强对反担保财产的管理，妥善保管被担保人用于反担保的权利凭证，定期核实财产的存续状况和价值，发现问题及时处理，确保反担保财产安全、完整。

(八)担保业务责任追究

该环节的主要风险包括：缺乏担保业务责任追究制度，或者制度执行流于形式。

主要控制措施包括：企业应当建立担保业务责任追究制度，对在担保中出现重大决策失误、未履行集团审批程序或不按规定管理担保业务的部门及人员，应当严格追究其责任。

(九)及时终止担保关系或代为清偿、权利追索

该环节的主要风险包括：未及时终止担保关系，使担保展期等；违背担保合同约定不履行代偿义务，被起诉，影响企业形象；代为清偿后对权利追索不力，造成经济损失。

主要控制措施包括：

第一，企业应当在担保合同到期时，全面清查用于担保的财产、权利凭证，按照合同约定及时终止担保关系，并妥善保管担保合同、与担保合同相关的主合同、反担保函或反担保合同，以及抵押、质押的权利凭证和有关原始资料，切实做到担保业务档案完整无缺。

第二，自觉承担代为清偿义务，维护企业形象和信誉。

第三，利用法律武器向被担保人追索赔偿；依法处置反担保财产，减少企业损失。

 案例 7-10

宁波中百的巨额连带担保案的"巨坑"

宁波中百股份有限公司(简称"宁波中百")2016 年 4 月 19 日发布一则巨额担保公告。该公告称，中国建筑第四工程局有限公司(简称"中建四局")与天津九策、深圳惠智康投资管理有限公司、深圳市联都实业发展有限公司、深圳市硅银担保投资有限公司、深圳市九策投资有限公司、龚东升及张荣，于 2013 年 4 月 16 日签署了《工程款债务偿还协议书》。宁波中百出具了"担保函"，承诺对天津九策履行《工程款债务偿还协议书》项下的全部义务承担连带保证责任，担保范围包括但不限于天津九策应当清偿的工程款、违约金、损害赔偿金及实现债权的费用等，保证期间为《工程款债务偿还协议书》债务履行期限届满之日起两年。

因为天津九策付不出工程款，宁波中百这个担保人就得履行义务了。根据"担保函"的内容，中建四局要求宁波中百在收到律师函之日起 5 日内就天津九策欠付的债务承担连带清偿责任，包括承担天津九策应付中建四局剩余工程款约合 54 076 万元；承担中建四局委托杭州银行股份有限公司向天津九策提供委托贷款产生的全部债务约 6 046 万元。两项合计超过11 亿元。

对于突然出现的超过11亿元的巨额担保和连带清偿债务,宁波中百使出浑身解数试图不予认可。尽管宁波中百以未经董事会、股东大会审议来否定这几项担保的法律效力,但多位法律界人士均不支持这些说法。而根据第一季度季报显示,宁波中百总资产只有7.8亿多元,一旦担保债务被认定,宁波中百很有可能陷入资不抵债的境地。有"中国证券市场中小股东维权第一人"之称的上海严义明律师事务所创始人严义明律师同样认为,董事会、股东大会是否决议,是一家公司的内部程序,内部事情不能成为妨碍第三方和他人权益的理由,只要盖章就是真实有效的。"因此上市公司不承认担保函具有法律效力的理由是不成立的。"

第八节　业务外包控制

业务外包,是指企业利用专业化分工优势,将日常经营中的部分业务委托给本企业以外的专业服务机构或其他经济组织(以下简称"承包方")完成的经营行为。外包业务通常包括研发、资信调查、可行性研究、委托加工、物业管理、客户服务、IT服务等。加强业务外包管理,对于规范业务外包行为和防范业务外包风险有重要意义。

一、业务外包控制的总体要求

(一)完善业务外包管理制度

根据《企业内部控制应用指引第13号——业务外包》的要求,企业应当建立和完善业务外包管理制度,规定业务外包的范围、方式、条件、程序和实施等内容,明确相关部门和岗位的职责权限,强化业务外包全过程的监控,防范外包风险,充分发挥业务外包的优势。

(二)强化监控

强化业务外包全过程的监控,包括对制定外包实施方案、审核批准、选择承包方、签订业务外包合同、外包过程管理、验收等环节的监控,防范外包风险,充分发挥业务外包的优势。

(三)避免核心业务外包

企业应当权衡利弊,避免核心业务外包。

二、业务外包的基本流程

业务外包的基本流程包括制定业务外包实施方案、审批、选择承包方、签订业务外包合同、外包合同执行与监控、验收及付款等,具体流程如图7-11所示。

三、业务外包的关键风险点及控制措施

(一)制定业务外包实施方案

制定业务外包实施方案是指根据年度生产经营计划和业务外包管理制度,结合确定的业务外包范围,拟订实施方案。

该环节的主要风险包括：缺乏业务外包管理制度，无法指导业务外包实施方案的制定；外包范围不明确，出现将核心业务外包的风险；实施方案不合理，可能导致业务外包失败。

主要控制措施包括：

第一，建立和完善业务外包管理制度。规定业务外包的范围、方式、条件、程序和实施等相关内容，明确相关部门和岗位的职责权限。

第二，企业应当权衡利弊，避免核心业务外包。

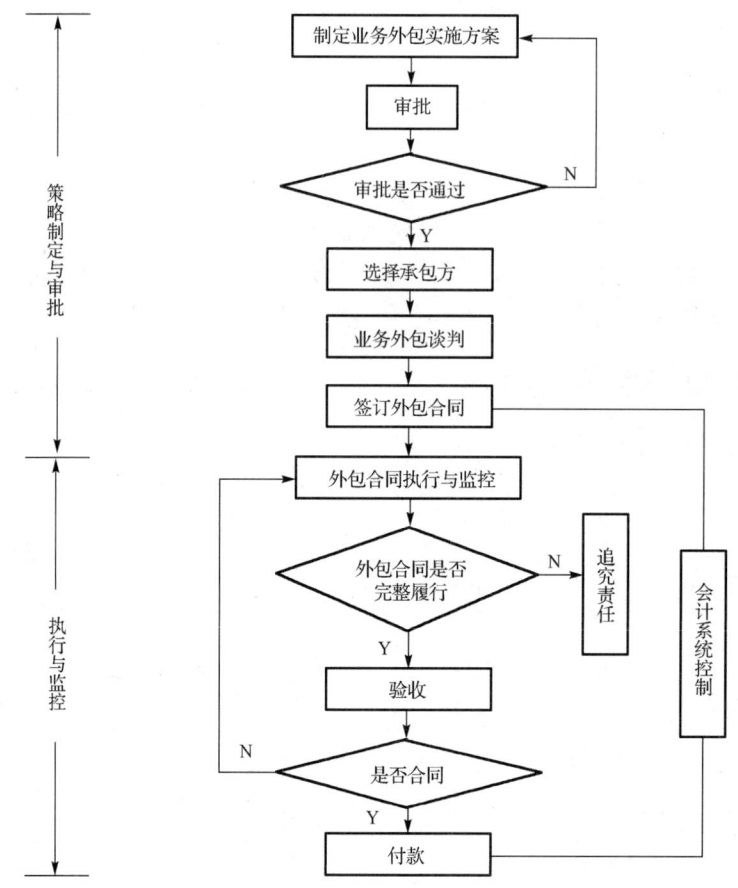

图 7-11　业务外包流程图

第三，结合年度生产经营计划，拟订实施方案，对外包业务的成本和风险、外包方式等重要方面进行深入评估和复核，确保方案的可行性。

（二）审批

该环节的主要风险包括：审批制度不健全，审批程序不规范；审批不严，如未对业务外包的成本和风险进行深入权衡等，造成业务外包决策失误。

主要控制措施包括：

第一，建立和完善审核批准制度。明确审核批准的权限、程序等，规范审核批准工作。

第二，总会计师或分管会计工作的负责人应当参与重大业务外包的决策。重大业务外包方案应当提交董事会或类似权力机构审批。

第三，在对业务外包实施方案进行审查和评价时，应当着重对比分析该业务项目在自营与外包情况下的风险和收益，确定外包的合理性和可行性。

（三）选择承包方

该环节的主要风险包括：承包方不具备相应条件，如不具备相应专业资质、技术及经验水平达不到本企业要求等；外包价格不合理，成本过高，不符合成本效益原则；存在收受贿赂、回扣等舞弊行为，导致企业相关人员涉案。

主要控制措施包括：

第一，选择的承包方至少应当具备下列条件：①承包方是依法成立和合法经营的专业服务机构或其他经济组织，具有相应的经营范围和固定的办公场所；②承包方应当具备相应的专业资质，其从业人员符合岗位要求和任职条件，并具有相应的专业技术资格；③承包方的技术及经验水平符合本企业业务外包的要求。

第二，综合考虑内/外部因素，合理确定外包价格，严格控制业务外包成本，切实做到符合成本效益原则。

第三，引入竞争机制，遵循公开、公平、公正的原则，采用适当的方式，择优选择外包业务的承包方。

第四，建立严格的回避制度和监督处罚制度，避免企业及相关人员在选择承包方的过程中收受贿赂、回扣或者索取其他好处等行为。

（四）签订业务外包合同

该环节的主要风险包括：合同内容存在重大疏漏或欺诈；业务外包需要保密的，承包方的保密义务和责任不明确。

主要控制措施包括：

第一，与承包方签订业务外包合同，明确外包业务的内容和范围，双方权利和义务、服务和质量标准、保密事项、费用结算标准和违约责任等事项。

第二，企业外包业务需要保密的，应当在业务外包合同或者另行签订的保密协议中明确规定承包方的保密义务和责任，要求承包方向其从业人员提示保密要求和应承担的责任。

（五）外包合同执行与监控

该环节的主要风险包括：与承包方的对接工作不到位，沟通协调不力；缺乏对承包方履约能力的持续评估及应急机制，造成业务外包失败和生产经营活动中断；对承包方的索赔不力。

主要的控制措施包括：

第一，严格按照业务外包制度、工作流程和相关要求，组织开展业务外包，并采取有效的控制措施，确保承包方严格履行业务外包合同。

第二，做好与承包方的对接工作，加强与承包方的沟通与协调，及时搜集相关信息，发现和解决外包业务日常管理中存在的问题。

第三，对承包方的履约能力进行持续评估，有确凿证据表明承包方存在重大违约行为、导致业务外包合同无法履行的，应当及时终止合同。对于重大业务外包，应建立相应的应急机制，避免业务外包失败造成本企业生产经营活动中断。

第四，承包方违约并造成企业损失的，企业应当按照合同对承包方进行索赔，并追究责任人的责任。

（六）验收

该环节的主要风险包括：验收标准不明确、验收程序不规范、对验收中异常情况的处理不及时，给企业造成损失。

主要控制措施包括：业务外包合同执行完成后需要验收的，企业应当组织相关部门或人员对完成的业务外包合同进行验收，并出具验收证明；根据业务外包合同的约定，结合在日常绩效评价基础上对外包业务质量是否达到预期目标的基本评价，确定验收标准；验收过程中发现异常情况的，应当立即报告，查明原因，及时处理。

（七）会计系统控制

该环节的主要风险包括：会计记录和处理不及时、不准确，不能全面、真实地反映业务外包环节的资金流和实物流情况，导致财务报告信息失真；结算审核不严格、结算方式不当等，给企业造成资金损失。

主要控制措施包括：

第一，根据国家统一的会计准则和制度，对业务外包及时进行会计记录和处理。

第二，第二，严格按照合同约定，做好业务外包费用的结算工作。

第九节　财务报告控制

财务报告，是指反映企业某一特定日期财务状况和某一会计期间经营成果、现金流量的文件。加强财务报告内部控制有助于提高会计信息质量，确保财务报告的真实完整，满足财务报告使用者的需求，还有助于确保财务报告的合法合规，防范和化解企业的法律风险。总之，加强财务报告控制，确保财务报告的真实、完整，对于改进经营管理、促进资本市场稳定等至关重要。

一、财务报告控制的总体要求

（一）规范财务报告控制流程

按照《企业内部控制应用指引第14号——财务报告》的要求，企业应当严格执行国家相关会计法律法规，加强对财务报告编制、对外提供和分析利用全过程的管理，明确相关工作流程和要求，落实责任制。总会计师或分管会计工作的负责人负责组织领导财务报告编制、对外提供和分析利用等相关工作。企业负责人对财务报告的真实性、完整性负责。

（二）健全各环节的授权批准制度

企业应健全财务报告编制、对外提供和分析利用全过程的授权批准制度，如重大会计事项的审批、会计政策与会计估计的审批等。

(三)加强信息核对

企业应建立日常信息核对制度，保证账证相符、账账相符、账实相符、账表相符等，确保会计记录真实、完整。

(四)充分利用信息技术

企业应当充分利用信息技术，提高工作效率和工作质量，减少或避免编制差错和人为调整因素。同时，企业也应当注意防范信息技术所带来的特有风险。

二、财务报告业务流程

财务报告业务流程主要包括制定财务报告编制方案、确定重大事项的会计处理、查实资产和负债、编制个别财务报告和合并财务报告、对外提供及分析利用等，具体流程如图7-12所示。

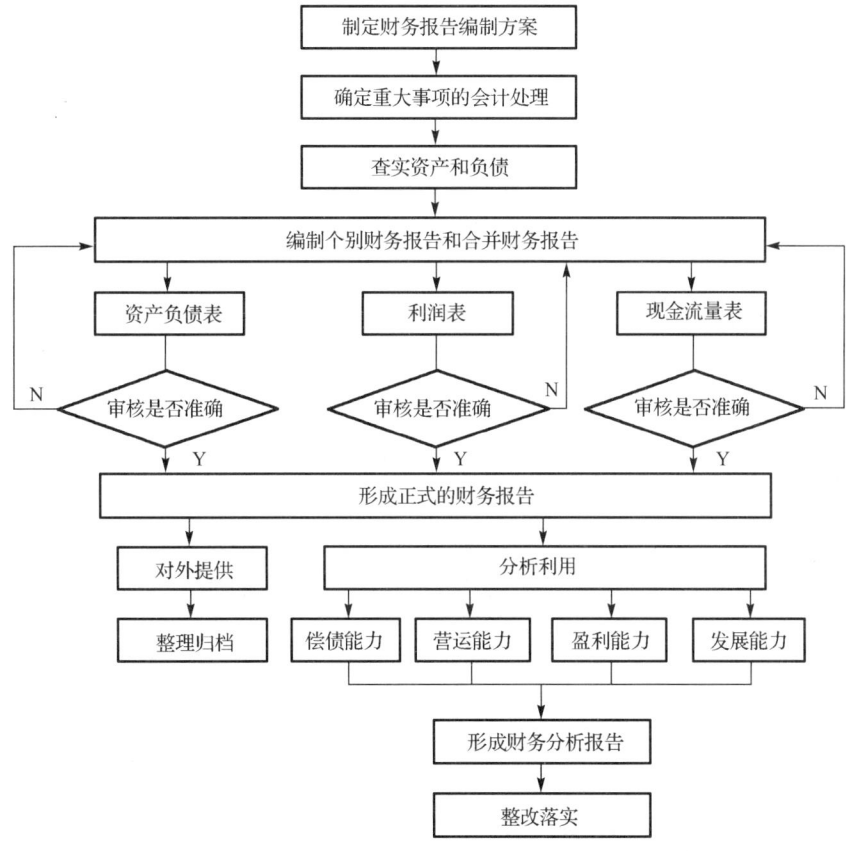

图 7-12　财务报告业务流程图

三、财务报告的关键风险点及控制措施

(一)制定财务报告编制方案

财会部门应在财务报告编制前制定财务报告编制方案，明确财务报告编制方法、编制程序、职责分工及时间安排等。

该环节的主要风险有：会计政策和会计估计使用不当或不符合法律法规；重要会计政策、会计估计变更未经审批；各部门职责分工不清，时间安排不明确，延误编制进度等。

主要控制措施包括：

第一，按照国家最新会计准则和制度，结合企业实际情况，选择恰当的会计政策和会计估计方法。

第二，重要会计政策和会计估计的调整要按照规定的权限审批。

第三，明确各部门职责分工。总会计师或分管会计工作的领导负责组织领导，财会部门负责编制，相关部门负责提供所需信息；合理安排编制时间，保证编制进度。

(二)确定重大事项的会计处理

该环节的主要风险包括：对重大事项，如债务重组、收购兼并等的会计处理不合理，未经过审批，影响会计信息质量。

主要控制措施包括：对财务报告产生重大影响的交易和事项的处理应当按照规定的权限和程序进行审批，审批后下达给各相关单位执行。

(三)查实资产和负债

该环节的主要风险包括：资产、负债账实不符，如虚增或虚减资产、负债，未进行减值测试等。

主要控制措施包括：

第一，制订资产、负债核实计划，明确人员配备、时间进度、方法等。

第二，核实资产、负债。进行银行对账、现金盘点、固定资产盘点，明确资产权属，与债权债务单位通过函证等进行结算款项核查。

第三，对于清查中发现的问题，应分析原因，提出处理意见。

(四)编制个别财务报告

该环节的主要风险包括：报表数据不完整、不真实；附注内容不完整、不真实等。

主要控制措施包括：

第一，各项资产计价方法不得随意变更，如有减值，应当合理计提减值准备，严禁虚增或虚减资产。

第二，各项负债应当反映企业的现时义务，不得提前、推迟或不确认负债，严禁虚增或虚减负债。

第三，所有者权益应当反映企业资产扣除负债后由所有者享有的剩余权益，由实收资本、资本公积、留存收益等构成。企业应当做好所有者权益的保值增值工作，严禁虚假出资、抽逃出资、资本不实等。

第四，各项收入的确认应当遵循规定的标准，不得虚列或者隐瞒收入，推迟或提前确认收入。

第五，各项费用、成本的确认应当符合规定，不得随意改变费用、成本的确认标准或计量方法，虚列、多列、不列或者少列费用、成本。

第六，利润由收入减去费用后的净额、直接计入当期利润的利得和损失等构成。不得随意调整利润的计算、分配方法，编造虚假利润。

第七，企业财务报告列示的各种现金流量由经营活动、投资活动和筹资活动的现金流量构成，应当按照规定划清各类交易和事项的现金流量的界限。

第八，附注是财务报告的重要组成部分，对反映企业财务状况、经营成果、现金流量的报表中需要说明的事项做出真实、完整、清晰的说明。企业应当按照国家统一的会计准则和制度编制附注。

(五)编制合并财务报告

该环节的主要风险包括：合并范围不完整、合并方法不正确、内部交易和事项不完整、合并抵销处理不正确等。

主要控制措施包括：

第一，按照会计准则和制度，明确合并财务报表的合并范围和合并方法。

第二，财会部门制定内部交易和事项的核对表，报财会部门负责人审批后，下发给纳入合并范围的各单位进行核对。

第三，合并抵销分录的编制应有相应的文件和证据支持，并提交复核人审核，保证其正确性。

(六)财务报告的对外提供

1. 财务报告对外提供前的审核

财务报告对外提供前，财务部门负责人需要审核财务报告的准确性；总会计师或分管会计工作的负责人需要审核财务报告的真实性、完整性、合法合规性；企业负责人需要审核财务报告整体的合法合规性，并分别签名盖章。该环节的主要风险包括：对外提供前，对财务报告内容的真实性、完整性及合法合规性等审核不充分。

主要控制措施包括：企业财务报告编制完成后，应当装订成册，加盖公章，由财会部门负责人、总会计师或分管会计工作的负责人、企业负责人审核后，签名并盖章。

2. 财务报告对外提供前的审计

财务报告须经注册会计师审计的，注册会计师及其所在的事务所应出具审计报告，并随同财务报告一并提供。该环节的主要风险包括：未按有关规定接受审计、审计机构与被审单位串通舞弊等。

主要的控制措施包括：

第一，财务报告须经注册会计师审计的，应聘请符合资质的会计师事务所对财务报告进行审计，并出具审计报告，并将其与财务报告一同提供。

第二，企业不应影响审计人员的独立性，应加强与审计人员的沟通，及时落实审计人员的意见。

(七)财务报告的分析利用

该环节的主要风险包括：不重视财务报告的分析和利用、财务分析不全面、财务分析报告内容不完整、财务分析报告未经审核、财务分析报告中的意见未落实等。

主要控制措施包括：

第一，企业应当重视财务报告的分析工作，定期召开财务分析会议，充分利用财务报告反映的综合信息，全面分析企业的经营管理状况和存在的问题，不断提高经营管理水平。企业财务分析会议应吸收有关部门负责人参加。总会计师或分管会计工作的负责人应当在财务分析和利用工作中发挥主导作用。

第二，企业应当分析自身的资产分布、负债水平和所有者权益结构，通过资产负债率、流动比率、资产周转率等指标分析企业的偿债能力和营运能力；分析企业净资产的增减变化，了解和掌握企业规模和净资产的不断变化过程；企业应当分析各项收入、费用的构成及其增减变动情况，通过净资产收益率、每股收益等指标，分析企业的盈利能力和发展能力，了解和掌握当期利润增减变化的原因和未来发展趋势；企业应当分析经营活动、投资活动、筹资活动的现金流量的运转情况，重点关注现金流量能否保证生产经营过程的正常运行，防止现金短缺或闲置。

第三，财务分析报告结果应当及时传递给企业内部有关管理层级，并根据分析报告的意见，明确各部门的职责，予以落实。财务部门负责监督责任部门的落实情况。

 案例 7-11

东芝转型再遭财务造假拦路

通过剥离业务而淡出消费电子领域的东芝，因为最新的财务造假再度成为业界关注的焦点。东芝日前承认，子公司伪造并挪用订货单等票据，截至 2016 年 9 月底，累计虚报销售收入 5.2 亿日元。这也是继东芝 2015 年曝出财务造假丑闻之后，又一起新的财务造假事件。对于东芝来说，公司重组聚焦能源、社会基础设施、半导体存储是个不错的策略，但造假事件再次爆发可能对东芝转型再添阻碍。

1. 再曝财务造假

东芝方面称，此次涉及造假的子公司是开展机械设备系统安装维护业务的"东芝 EI 控制系统"公司。涉事员工从 2003 年起就一直伪造订货单和验收单，虚报了超过实际合同金额的销售收入。据悉，该负责人在接到订单的服务或产品的成本超过预期时，没有与客户就追加付款进行商谈，从而多次造假，造假行为持续 13 年之久。

这并非东芝首次财务造假。2015 年 2 月，东芝相关人员向日本证券交易监视委员会举报东芝存在财务问题。随后第三方委员会查出，从 2008 年起至 2014 年年末，东芝共虚报利润 1562 亿日元，这个数字占到东芝 5650 亿日元税前利润的近 30%。东芝陷入了财务造假丑闻泥潭，遭到日本政府高达 73.735 亿日元的处罚。随后，东芝方面进行高层大调整。除东芝原社长田中久雄宣布辞职外，东芝多名董事进行了撤换。

2. 陷业绩低迷泥沼

"越是遭遇业绩困境，越是需要去粉饰业绩"，家电专家刘步尘表示，这背后反映的正是东芝企业核心竞争力的衰退和无力。东芝发布的 2014 财年报告显示，截至 2015 年 3 月，东芝的营业收入为 66600 亿日元，营业亏损 1704 亿日元，净亏损为 378 亿日元。2015 财年财报显示，截至 2016 年 3 月 31 日，东芝的营业收入达 56700 亿日元，营业亏损为 7191 亿日元，净亏损 4832 亿日元，为去年亏损额的 10 倍以上。业内分析普遍认为，东芝管理层此前设下过高的盈利目标，让各部门高层承受巨大压力。而 2011 年以来"3.11"大地震重伤东芝另一项主营业务——核电业务，导致相关业务部门扛不住压力，最终纷纷虚报账目。

同时，过去几年，东芝的电视、白色家电、电脑业务也呈现断崖式下滑。财报显示，东芝家电业务自 2012 年开始衰落。东芝 Lifestyle 部门主要下辖东芝电脑、东芝彩电和东芝白色家电三大类产品业务，2014 年东芝 Lifestyle 部门营业亏损达 1097.47 亿日元，而在 2012 年和 2013 年中，该部门营业亏损分别是 704 亿日元和 546.44 亿日元。

3. 难挽品牌形象

在业绩和丑闻重压之下，东芝管理层进行了结构改革，提出了重组计划。2016 年 4 月，东芝表示，2016 年将全力推动能源、社会基础设施、半导体存储三大业务领域的发展。其中半导体存储包括 NAND 型闪存，为东芝最大的收益来源，市场份额仅次于韩国三星电子，位居全球第 2 位；能源领域，将以核电业务为重点大力投入资源，同时，以火电、再生能源、输变电/配电、智能电表业务确保稳定收益；社会基础设施领域，将在电梯、空调等楼宇设施业务领域及水处理业务领域加强拓展海外业务，扩大业务规模。

东芝转型困难不仅来自业务本身，公司的财务造假丑闻引发的后遗症更加棘手。一位不愿具名的产业观察家指出，虽然东芝的财务造假受到了政府的处罚，但是其实还有一系列诉讼纠纷需要解决，此次新的财务造假事件，也会让这一系列纠纷恶化，不仅会长期影响东芝的品牌形象，还会耗费东芝很多精力，拖累转型步伐。

复习思考题

1. 资金活动的关键风险点有哪些？
2. 采购业务控制的总体要求是什么？
3. 简要描述资产管理的基本流程。
4. 销售业务的关键风险点有哪些？如何进行控制？
5. 简要描述研究与开发项目立项环节存在的主要风险。
6. 在工程项目管理中，哪些不相容岗位应分离？
7. 担保业务的基本流程一般如何划分？对担保业务进行控制的总体要求是什么？
8. 业务外包审核批准环节的关键风险有哪些？一般应该采取哪些基本控制措施？
9. 财务报告对外提供前应经过哪些人员的审核？他们审核的目的分别是什么？

第八章

内 部 监 督

 引导案例

报账只看领导签字　凸显内部监督漏洞

据人民网 2010 年 8 月 22 日的报道，广西壮族自治区桂林市七星区党政办女接待员白某通过涂改发票金额和冒充领导签名等方式，贪污诈骗 1235 万元，被桂林市中级人民法院一审判处无期徒刑。此案引发热议。

三年来，上至区委书记、区长，下至领导秘书、司机签名等，都在白某的冒充之列。因为报账较多，曾有核算人员怀疑过她，但因有"领导签字"，也没人敢说什么。经查实，在 2005 年 9 月 28 日至 2008 年 9 月 27 日期间，白某贪污诈骗金额总计 1235 万元，以一年 365 天计算，平均每天入账 1 万多元，数目之大、时间之久令人瞠目结舌。更加不可思议的是，这 1200 多万元的贪污居然没有一分钱是该区政府的正常开销，所有款项全部是该接待员个人通过各种渠道以政府办公费的名义报账获得的。只要有领导签字，想报就报，报多少都可以，发票报销成了一个筐，杂七杂八都可往里装。究竟这"奇迹"是怎么创造的？

据了解，桂林市七星区会计核算中心对城区区直机关各部门、单位预算内和预算外资金等财务收支采取"集中管理、统一开户、分户核算"的制度。纳入中心核算的部门、单位取消会计岗位，只保留一名报账员到会计核算中心保账。在这个流程中，报多报少，几乎完全取决于报账员的操作。只要有领导签字，就可以从财政局领到钱，因此，白某才能通过涂改发票金额和冒充领导签名轻而易举地虚假报账。

有人认为，财务会计人员不可能前后三年都没发现报账单上的瑕疵，他们是怕得罪领导而不敢提出质疑。

检察机关办案调查时发现，曾有会计人员对白某的报账行为起过疑心，但因为"领导签字"，就这样一笔一笔给她报了。据会计人士分析，报账有几个人的签字，再经会计审核，程序上看似没有问题。但是，内部审计部门进行内审时，只是随便翻翻财务报表、看看账单，检查成为走过场，预算约束和群众监督也未发挥作用，内部监督完全失效。

第一节　内部监督概述

由于认识的局限性，企业所设计的内部控制制度不可能完美无缺；实际情况发生变化或员工理解上的差异，也可能会使内部控制在实际运行时不能很好地发挥作用。而企业发展所带来的主体结构、发展方向、员工人数以及素质、生产技术或流程等方面的变化也会影响企

业风险管理的有效性，从而使内部控制不再有效或不被执行。为此要提高内部控制的有效性，就需要对内部控制运行情况实施必要的监督检查，发现其不足和问题乃至缺陷并及时完善和修正。因此，内部监督是保证内部控制体系有效运行和逐步完善的重要措施。

一、内部监督的定义

按照《企业内部控制基本规范》的界定，内部监督是企业对内部控制建立与实施情况进行监督检查，评价内部控制的有效性，发现内部控制缺陷，并及时加以改进的举措。内部监督作为内部控制的基本要素之一，对内部控制的有效运行，以及内部控制的不断完善起着重要的作用，是内部控制得以有效实施的机制保障。美国 COSO 委员会《内部控制——整合框架》和《企业风险管理框架》中均规定内部监督为其构成要素，我国亦是如此。

关于内部监督的定义，理论界还存在其他观点。比如，公司的内部监督，是指股东自己直接进行监督或推举专司监督职能的人员对公司经营者实施监督，如独立董事的监督和监事会的监督。无论是股东自己监督还是通过独立董事或监事会监督，因为这些监督者均属于公司内部监督机构或人员，或者说他们构成公司组织体的一部分，所以将其称为内部监督。本书的"内部监督"概念，特指内部控制意义上的内部监督。

二、内部监督与内部控制其他要素的联系

内部监督与内部控制其他要素相互联系、互为补充，具体表现为以下几点。

第一，内部监督以内部环境为基础。公司治理结构、董事会等决定内部监督的地位和独立性，从而决定着内部监督实施的力度和效果；反过来，内部监督也会优化内部环境，为实现控制目标提供保障。

第二，内部监督与风险评估、控制活动形成一个局部的闭环控制网络。

第三，内部监督离不开信息与沟通要素的支持。企业应当利用信息与沟通情况，提高监督检查工作的针对性和时效性；同时，通过实施监督检查，不断提高信息与沟通的质量和效率。

第四，内部监督对于内部控制的一个更为重要的作用在于，给我们对内部控制的认知提供了一个螺旋式上升的契机。

第二节　内部监督的机构与职责

 案例 8-1

向辛西娅·库柏致敬

曾是美国第二大电话服务和数据传输公司的世通公司因财务造假、欺诈投资者而在 2002 年倒闭后，名声依然"显赫"，不仅被世界各名牌大学商学院作为经典教学案例，在中国各类企业管理培训班上，也同样被频频提起。

那么，这起美国有史以来最大的财务造假诈骗案是如何暴露的呢？

2002 年 2 月，公司审计委员会与安达信会计师事务所（简称"安达信"）讨论 2001 年会计报表时，双方并不存在任何分歧，公司所采用的会计政策也得到安达信的认可。出乎意料

的是，此案是由不起眼的公司内部审计人员发现的。

世通公司内部审计部副总经理辛西娅·库柏在履行审计公务中发现，2002 年一季度及 2001 年资本账户有几笔可疑费用转入，这在公司以前的财务报表中是作为当期费用列支的。经核实，公司共少计了费用 39 亿美元，辛西娅·库柏直接向董事会审计委员会主席进行了报告，案件由此牵出。

内部审计人员以公正无私的职业操守，揭开了震惊全球的欺诈案件的面纱。

2002 年 6 月，美国证券交易管理委员会正式起诉世通公司欺诈投资者，随后世通公司申请破产保护。2005 年 7 月 13 日案件尘埃落定，前 CEO 伯尼·艾伯斯以诈骗罪被判 25 年徒刑；前 CFO 斯科特·沙利文以同罪被判 5 年徒刑。而公司 10 名外部董事（包括独立董事）与原告股东达成协议，赔偿原告 1800 万美元，占其除住房和养老金以外资产的 20%。

通过世通公司案件，我们对内部审计在公司治理中的作用有了更深刻的认识：内部审计是公司内部治理的重要机制和手段，高效的内部审计在实现公司治理目标方面发挥着不可取代的重要作用，同时良好的公司治理也为内部审计效能的发挥提供了制度支撑和保障。随着全球风险管理的加强，这种关系更为密切。

实践证明，内部审计工作的强弱取决于董事会治理公司的能力。强势的董事会不仅高度重视内部审计工作，而且应着力在内部审计体制上保障其独立性。比如，内部审计直接由董事会审计委员会领导或董事会与经营层双向管理，将内部审计作为了解公司经营层执行董事会战略规划和重大决策以及风险管理情况的重要渠道和依靠力量。

世通案件警示我们，在两权分离的公司制下，对代理人追求自身利益最大化的经济人本性必须从外部审计与内部审计两个方面进行全方位监督，尤其要注意强化内部审计的作用，这一点非常重要。内部审计对公司的经营管理情况更为了解，因此，董事会应高度重视如何充分发挥内部审计的作用，为其提供必要的履职条件和机制保障。

按照监督主体的职责和性质，内部监督机构可分为专职的内部监督机构和其他机构两类。

一方面，为保证内部监督的客观性，内部监督应由独立于控制执行的机构进行内部监督，如审计委员会、监事会、内部审计、内部控制机构等，并根据需要开展日常监督和专项监督。

另一方面，企业内部任何一个机构甚至个人，在内部控制建立与实施过程中都需承担相应的监督职责。比如，财会部门对采购部门的付款行为、销售部门的赊销行为等负有监督责任。

一、审计委员会

随着安然等系列舞弊丑闻等的发生，《2002 公众公司会计改革和投资者保护法》即《萨班斯-奥克斯利法案》（SOX 法案）出台。该法案强调了公司内部控制的重要性，对公司治理、会计师行业监管、证券市场监管、企业风险管理等方面提出了许多新的严格要求，并设定了问责机制和相应的激励惩罚措施。要求所有的上市公司都必须设立审计委员会并将其作为法定审计监督机构，其成员必须全部是独立董事，并至少有一名财务专家负责监管财务报告的编撰过程。

我国公司审计委员会制度也是在独立董事制度的基础上发展起来的。由于从 20 世纪 90 年代到 21 世纪初我国上市公司的舞弊事件透露出单纯依靠注册会计师审计难以治理公司舞弊的现象，我国根据世界各国审计委员会的实践，尝试引入了审计委员会制度。2001 年 8 月

21 日，我国证监会发布《关于在上市公司建立独立董事制度的指导意见》，要求各境内上市公司按照该指导意见的要求修改公司章程，聘任适当人员担任独立董事，其中至少包括一名会计专业人士，董事会成员中至少应当包括两名独立董事，上市公司董事会成员中至少应当包括二分之一的独立董事。这是我国第一部关于上市公司审计委员会制度的法律规定，标志着审计委员会制度在我国上市公司开始实施。

2002 年 1 月 7 日，证监会与当时的国家经贸委联合发布《上市公司治理准则》，规定上市公司董事会可以按照股东大会的有关决议，设立战略、审计、提名、薪酬与考核等专门委员会。2003 年 3 月审计署颁布的《关于内部审计工作规定》，建议"设立内部审计机构的单位可以根据需要设立审计委员会"。2004 年 3 月证监会颁布的《期货经纪公司治理准则》，明确提出建立独立董事制度的要求。与以往指导意见截然不同的是，它强制要求设立审计委员会，而不是建议设立审计委员会。2004 年 8 月，国务院国有资产监督管理委员会公布的《中央企业内部审计管理暂行办法》中规定"国有控股公司和国有独资公司，应当依据完善公司治理结构和完备内部控制机制的要求在董事会下设立独立的审计委员会"，并规定了审计委员会的专业要求和审计委员会应该履行的职责。2007 年 3 月 9 日，证监会发布了《关于开展加强上市公司治理专项活动有关事项的通知》。该通知要求上市公司应本着实事求是的原则，严格对照《中华人民共和国公司法》《中华人民共和国证券法》等有关法律、行政法规，以及《公司章程》《董事会议事规则》等内部规章制度，对一些问题进行自查，其中就包括上市公司的董事会是否设立了审计委员会。从此审计委员成为上市公司必须设立的一个专门委员会。

SOX 法案第 301 条规定审计委员会的主要职责是：(1)对公司每一年度和季度的财务报表进行讨论并提出质疑；(2)对公司的风险评估和管理政策予以评价；(3)评估公司对外发布的所有盈利信息和分析性预测信息的质量；(4)负责公司内部审计机构的建立及运行；(5)负责聘请会计师事务所，支付会计师事务所报酬并监督其工作，受聘的会计师事务所应直接向审计委员会报告；(6)接受并处理本公司会计、内部控制或审计方面的投诉，包括发行证券公司收到的有关会计、内部会计控制或审计事项的投诉和发行证券公司的雇员对有疑问的会计与审计事项的秘密或匿名举报；(7)有权雇用独立的法律顾问、其他咨询顾问和外部审计师。可见，法案规定下的审计委员会能够代表董事会审核财务报表，以此提高财务报告的质量，使非执行董事能够贡献独立的判断，并在企业经营控制中扮演积极的角色。通过提供沟通的渠道和讨论问题的平台从而加强外部审计人员的地位，通过向内部审计人员提供独立于管理人员的较大的独立性，强化了内部审计职能的地位，增强了公众对财务报表可靠性和客观性的信心。

目前，我国公司中审计委员会的职责没有相对具体的操作细则，审计委员会与内部审计、外部审计及公司管理层等各相关主体的关系界定不是很明确，并出现与监事会职能重叠的现象，缺乏实际的可操作性。

审计委员会在公司治理过程中很大程度上起着一种在公司管理人员、董事会、内部审计人员和外部审计师之间架设桥梁的作用，对各个部分的责任履行情况享有一定的监督权，在很大程度上保证了其他各个部门责任的及时到位。对上市公司内部控制的效率、效果与财务报告的可靠性进行监督，是公司治理结构的一种过程监督。因此，完善的审计委员会无疑对规范资本市场和公司治理运作发挥着无比重要的作用。

二、监事会

公司监事会的职能实质是监督权。概括来说，主要有两类：公司财务监督、违法行为监督。为了使监事会充分有效地发挥作用，监管部门和企业应做到以下几点。

(1)加强对监事会成员的培训。监事会成员一般通过自身素质的提高，掌握监督中需要的经营管理经验、法律、财务等基本知识。

(2)建立并完善企业内部的信息制度。有效的信息制度的建立，可以使监事会得到足够的信息，以便充分行使其监督的权利，进而减少监事会和经营管理者的信息不对称性。

(3)加强监事会的独立性。监事会行使监督权力时，要尽量与董事会、股东大会保持独立。这样监事会就可以通过行使纠正权、代表诉讼权利，实现对董事、经理违法行为的监督。对其违法行为要严肃查处，实行责任追究制度。

三、内部审计机构

2003年中国内部审计协会发布的《内部审计基本准则》中，对内部审计的定义是：内部审计是指组织内部的一种独立、客观的监督和评价活动，它通过审查和评价经营活动及内部控制的适当性、合法性和有效性来促进组织目标的实现。

企业内部控制是一个过程，这个过程是通过纳入管理过程的大量制度及活动实现的，而要确保内部控制制度的切实执行，内部控制过程就必须被恰当地监督；而《内部审计基本准》则赋予内部审计特有的独立性和对监督评价的客观性，决定了内部审计不同于企业的其他职能部门，是企业内部控制监督评价的执行主体。因此，内部审计是企业内部控制的重要组成部分，重视并强化内部审计可以促进内部监督制度的建立、健全，从而保证内部控制的有效实施及内部控制目标的实现。

四、内部控制机构

在企业实务中，虽然内部控制建设和完善工作的落脚点是一致的，但具有内部控制成功经验的企业所采用的模式具有一定的差异。有的公司设置内部控制委员会，并在其统一部署下开展工作；集团企业中设立的内部控制委员会不仅担负着集团本部内控工作，而且对下属分、子公司内部控制工作负有统筹协调的责任。

五、审计委员会与监事会的协调关系

按照《企业内部控制基本规范》的要求，企业应该设立监事会和审计委员会。在我国大中型企业目前的公司治理机制下，监事会和审计委员会都承担着对内监督的作用，监事会与审计委员会相结合可在一定程度上弥补制度缺陷，但是二者的功能定位存在区别。

首先，两者监督的侧重点不同。监事会侧重于控制经营风险，并且是针对代理人进行检查，其层次高于审计委员会，主要是为股东服务。而审计委员会作为董事会下的一个专门委员会，对董事会负责并代表董事会对经理层进行监督，侧重对经理层提供的财务报告进行监督和控制，同时监督内部和外部审计工作，提高二者的独立性。其次，由审计委员会对公司内部控制的效率、效果与财务报告的可靠性进行的监督，是公司内部的一种过程监督。审计委员会成员一般都是董事会成员，享有决策权。因此，从决策的前期策划、中期控制到后期执行，审计委员会都能有效监督，弥补了监事会事后监督的不足。可见，二者的有机结合可以构成较为严密的公司治理监督机制。

案例 8-2

中海油"五位一体"的内部监督管理体制

中国海洋石油总公司(以下简称"中海油")成立于 1982 年，是我国三大石油公司之一和最大的海上油气生产商。在中海油跨越式发展进程中，纪检监察、内部审计、风险管理、监事会等内部监督与企业改革发展良性互动、密不可分，有力地促进和保障了海洋石油事业的健康可持续发展。

目前，公司已经初步建立了"五位一体"的内部监督管理体制，审计监察部集纪检、监察、审计、监事会、风险管理五项监督职能为一体，各职能间优势互补、信息共享、有机协同，共同构成有中海油特色的大监督格局。风险管理侧重专业化风险管理实施与内部控制制度体系优化，着重事前监督；监事会侧重日常监督经营决策过程、报告决策等重要事项的风险，着重事中监督；审计侧重重点事项和重点环节的监督，就薄弱环节和问题提出完善内部控制和提升管理水平的对策，着重事后监督；纪检与监察侧重对效能问题和违法违纪案件进行调查处置，推进惩防体系建设、廉洁从业教育和检查，着重事后监督。同时，中海油以遵循 SOX 法案 404 条款为契机，积极探索三级内部控制制度体系建设，取得了较好的效果。

第三节　内部监督程序

企业内部监督程序一般分为以下四个环节，如图 8-1 所示。具体内容如下：

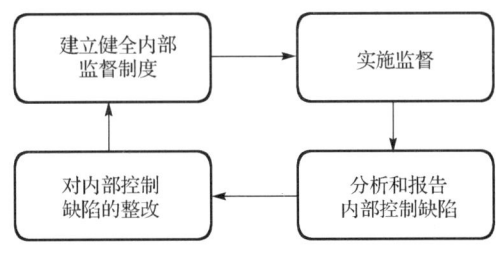

图 8-1　内部监督程序

一、建立健全内部监督制度

内部监督制度的内容包括：明确监督的组织架构、岗位设置、岗位职责、相关权限、工作方法、信息沟通的方式及各种表格和报告样本等。

二、实施监督

实施监督就是对内部控制的建立与实施情况进行监督检查，查找企业内部控制存在的问题和薄弱环节。

三、分析和报告内部控制缺陷

内部控制缺陷的报告对象至少应包括与该缺陷直接相关的责任单位、负责执行整改措施的人员、责任单位的上级单位。对于重大缺陷，内部监督机构有义务直接上报董事会及审计委员会和监事会。

四、对内部控制缺陷的整改

通过内部监督，对发现的内部控制建立与实施中存在的问题和缺陷进行整改，促进内部控制系统的改进。

 案例 8-3

某单位内部控制监督实施过程

一表。一表即内部控制计分表，企业将内部控制点进行分类，首先为保证内部监督的全面性，将内部控制按照组织架构、公司战略、采购业务、销售业务、会计核算、财务管理、研究与开发、工程项目等划分为若干方面，然后对每一方面根据业务开展状况、实际风险水平等再划分为若干控制点，再将每一控制点细分为若干控制基点，最后将每一控制基点分为制度或流程建设情况和执行情况两方面进行评价，并将各控制基点落实到相应责任人。该表贯穿内部监督工作的全过程，并依据该表形成内部控制缺陷报告。

二阶段。二阶段是指内部监督工作的开展应分两阶段进行：第一阶段根据内部控制计分表开展内部监督工作，发现内部控制中存在的缺陷，进行书面记录，并明确改进的责任人和改进的时间要求；在改进时间到期后，实施第二阶段工作，即跟踪控制缺陷改进的实际情况。

三结合。三结合是指在推进内部监督工作的时候，应做好三方面的结合，统筹推进工作。第一，内设机构与外部审计相结合；第二，实地审查与资料审阅相结合；第三，缺陷报告与整改提高相结合。

第四节　内部监督的方式与要求

一、内部监督的方式

内部监督的方式分为日常监督和专项监督两种。

(一)日常监督

1. 日常监督的定义

日常监督是指企业对建立与实施内部控制的情况进行常规、持续的监督检查。它是企业对建立和实施内部控制的整体情况所进行的连续、全面、系统、动态的监督。日常监督存在于单位管理活动之中，随环境的改变做出动态反应，能较快地辨别问题。日常监督的程度越大，其有效性就越高，企业所需的专项监督就越少。日常监督是内部控制实施的重要保证。

2. 日常监督的类型

在实务中，按照监督的主体，可分为管理层监督、单位(机构)监督、内部控制机构监督、内部审计监督等。

管理层监督，指董事会和经理层充分利用内部信息与沟通机制来验证内部控制是否有效设计和运行，并对日常经营管理活动进行的持续监督。

单位(机构)监督，指企业所属单位及内部各机构定期对职权范围内的经济活动实施自我监督，对经理层直接负责并报告。

内部控制机构监督，指企业设置专门的内部控制机构，结合单位(机构)监督、内外部审计、政府监管部门的意见等情况，根据风险评估结果，对企业认定的重大风险的管控情况及成效开展持续性的监督。

内部审计监督，指内部审计机构接受董事会或经理层委托，对日常生产经营活动实施的审计检查。

3. 日常监督的内容

日常监督的内容主要包括以下几点。

(1)获得内部控制执行的证据。企业员工在实施日常生产经营活动时，取得必要的、相关的证据证明内部控制系统发挥功能的程度。

获得内部控制执行的证据包括：企业管理层搜集汇总的各部门出现的问题，监督各方面的工作进展；相关职能部门进行自我检查、监督，对发现的问题进行的记录和提出的解决方案；内部控制部门对相关单位内部控制体系运行的监督和检查。

(2)内/外信息印证。来自外部相关方的信息支持内部产生的结果或反映出内部的问题，主要包括企业接受监管部门的监督，根据其提供的信息制定整改措施，以及通过各种方式与客户沟通，搜集客户信息，制定整改措施并监督该措施的执行。

例如，与外部有关监管部门沟通，以验证企业遵循各项法律法规的情况；定期与客户沟通，以验证企业销售交易处理及采购业务处理是否正确，验证应收、应付账款记录是否完整、正确。

(3)将会计记录的数据与实物资产相比较。企业应定期将会计记录的数据与实物资产进行比较，做到账实相符。例如，对成品库存应定期进行盘点，将盘点的数据与会计数据进行对比，并记录存在的差额。

(4)内外部审计定期提供建议。审计人员评估内部控制的设计及测试其有效性，识别潜在的缺陷，并向管理层建议可以采取的替代方案，同时为做出成本效益决策提供有用的信息。企业应对这些建议做出积极的响应，并根据实际情况提出整改方案并监督该方案的执行。

(5)管理层对内部控制执行的监督。管理层主要通过以下渠道进行监督：审计委员会接收、保留及处理各种投诉及举报，并保证其保密性；管理层在培训、会议上了解内部控制的执行情况；管理层认真审核员工提出的各项合理建议，并不断完善建议机制；监督管理部门定期组织专项检查和调研，对出现的问题提出整改建议。

(6)定期考核员工。管理层应定期考核员工是否真正理解并遵守员工职业道德规范，监管管理部门协同人力资源部根据高层管理者的授权监督员工对职业道德规范的执行情况，并汇报控制活动的开展情况等。

(7)内部审计活动。企业应制定内部审计规范，明确审计的范围、责任和计划，并以此为基础配置审计人员。内部审计人员应持续地监控内部控制是否存在缺陷和漏洞，如成本授权审批制度是否得到有效执行、不相容岗位是否分离、是否存在没得到控制的业务和事项等，并针对违反国家法律法规的行为和内部控制管理漏洞，向管理层及时提出整改建议。

(二)专项监督

1. 专项监督的定义

专项监督是对内部控制建立与实施的某一方面或者某些方面的情况进行的不定期的、有针对性的监督检查。其范围和频率应根据风险评估结果及日常监督的有效性等予以确定。一般来说，风险水平较高并且重要的控制，对其进行专项监督的频率应较高。

 案例 8-4

三鹿集团的专项监督

2004 年，在追查"大头娃娃"劣质奶粉的过程中，三鹿集团被列入不合格奶粉和劣质奶粉"黑名单"。随后，三鹿婴儿奶粉及系列奶粉在全国遭到封杀，每天损失超过 1000 万元，三鹿集团陷入生存危机。经过快速、灵活、务实的紧急公关，三鹿集团成功化解了此次突发危机，还荣获 2003—2004 年度危机管理优秀企业称号。但遗憾的是，"大头娃娃"奶粉事件并没有让三鹿集团警醒。三鹿集团看到的只是农村奶粉市场的外部扩张机会，根本没有将关注点放在内部控制机制的完善上。2005 年，轰动一时的三鹿"早产奶"事件中，生产厂销售部与仓库人员在经济利益的驱动下，为了缩短物流时间，违背业务流程和相关法规，擅自将正在下线并处在检测过程中的"三鹿原味酸牛奶"提前出厂。三鹿集团本应开展业务流程专项大检查，但除将销售部门有关人员调离岗位、对销售直接负责人扣除 20%年薪之外，没能从消除内控隐患的角度去解决问题。

2. 专项监督的关注点

专项监督主要关注以下两个方面。

(1)高风险且重要的项目。审计部门依据日常监督的结果，对风险较高且重要的项目要进行专项监督。

(2)内控环境变化。当内控环境发生变化时，要进行专项监督，以确定内部控制是否还能适应新的内控环境。例如，业务流程的改编和关键员工发生变化时，就要进行专项监督，以确保内控体系能正常运行。

(三)日常监督和专项监督的联系

日常监督和专项监督应当有机结合，前者是后者的基础，后者是前者的有效补充。如果发现专项监督需要经常性地进行，那么企业有必要将其纳入日常监督中，进行日常持续的监控。通常，二者的某种组合会确保企业内部控制在一定时期内保持其有效性。

二、内部监督的要求

为保证监督检查有效，内部监督应达到以下标准。

一是内部环境方面的要求。管理当局应对监督检查高度重视，并且监督检查人员应具有公正、专业胜任能力，并被适当授权。

二是根据风险水平采用有效监督检查程序和分配监督检查资源的能力。有效的监督检查应收集并分析充分适当的信息，形成具有说服力的关于内部控制有效性的结论。应基于风险评估的结果进行优先级排序，分配资源，采取相应的监督检查方式。

三是向适当人员及时报告包括控制缺陷在内的监督检查结果的能力。

（一）对机构的要求

企业应授权内部审计机构或其他专门机构作为内部控制评价机构，负责内部控制评价的具体组织实施工作。

内部控制评价机构必须具备一定的设置条件：一是能够独立行使对内部控制系统建立与运行过程及结果进行监督的权力；二是具备与监督和评价内部控制系统相适应的专业胜任能力和职业道德素养；三是与企业其他职能机构就监督与评价内部控制系统方面应当保持协调一致，在工作中相互配合、相互制约，在效率上满足企业对内部控制系统进行监督与评价所提出的有关要求；四是能够得到企业董事会和经理层的支持，通常直接接受董事会及其审计委员会的领导和监事会的监督，有足够的权威性来保证内部控制评价工作的顺利开展。

在设置内部控制评价机构的基础上，企业还应成立专门的评价工作组，接受内部控制评价机构的领导，具体承担内部控制评价工作的组织。

（二）对人员的要求

内部控制评价机构根据经批准的评价方案，挑选具备独立性、业务胜任能力和职业道德素养的评价人员，组成评价工作组，具体实施内部控制评价工作。

实施评价工作前，评价人员需要接受相关培训，培训内容一般包括内部控制专业知识及相关规章制度、评价工作流程、检查评价方法、工作底稿填写要求、缺陷认定标准、评价人员的权利与义务及评价中需重点关注的问题等。通过内部控制职能机构和评价工作组这种矩阵式的组织设置，可以有效促进内部控制评价工作的开展。

（三）对控制信息的要求

内部监督应根据风险评估，识别内部控制中的关键控制缺陷，收集内部控制有效性的相关信息，以此确定监督程序和监督执行的频率。

控制信息质量包括相关性、可靠性、及时性和充分性等几个方面。

依据内部控制信息的相关性的不同，内部控制信息有两种类型：一种是直接信息，它可以证实控制的运行情况，一般可以通过观察、重新执行或直接评估等方式获得；另一种是间接信息，它是在控制执行中可以表明发生改变或无效的其他所有信息。

信息的可靠性是指信息应该是准确的、可验证的、客观的。

信息的及时性是指信息必须在一定的时间范围内生成并发布、使用，从而能够预防控制风险的发生。

信息的充分性是指针对某一控制点的业务记录中，有多少样本纳入了监督测试的范围。

 **案例 8-5**

中国移动内部控制监督评价的经验

中国移动内部控制监督评价工作，主要通过系统、规范的方法，对内部控制的健全性、合理性及有效性进行独立的监督与评价，合理保证公司目标实现。内部控制监督评价以内部控制审计和风险评价为主，包括风险评估、内部控制专项审计和SOX法案遵循测试三种主要形式，互为补充，相互作用。

(1)风险评估。风险评估由总部内部审计部组织各省公司内部审计机构实施，主要是对各业务流程和管理机制的风险管控状况进行评估和评价。首先，根据内部控制监督评价框架，梳理完善流程架构并建立流程描述，查找各业务单元、各项重要经营活动及其重要业务流程中有无风险、有哪些风险。其次，对辨识出的固有风险及其特征进行明确的定义描述，评估风险对实现公司目标的影响程度、风险发生的可能性等。再次，通过遵从性访谈、制度审阅和内部控制穿行测试，结合各流程固有风险的管控现状，评估各流程剩余风险及其影响程度。最后，对风险问题的现状、成因、影响等进行深入分析和研究，并提出管控建议。

(2)内部控制专项审计。内部控制专项审计主要是识别、测试和评价各管理机制和业务流程内部控制的健全性、合理性和执行有效性，为内部控制的有效运行和防范风险提供保障。为保证内部控制专项审计质量，提高审计效率，除采用访谈、审核、观察、监盘、函证、重复验证和调查问卷等传统审计方法外，还根据实际情况综合运用流程梳理、标准对比分析、数据分析和案例追溯等方法。如在客户业务管理风险审计中，根据客户业务管理流程绘制流程图，了解相关数据流向，有针对性地获取数据并为数据挖掘提供线索；在客户信息安全管理风险审计中，将客户信息安全管理情况与国外标准(ISO27001、FFIEC、OECD、PCI)、国内标准(GB/T 20269-2006)、行业标准(YDT 1728-2008)及中国移动标准进行对比和差异分析，并提出提升管理的建议，促进建设国际化一流企业目标的实现。

(3)SOX法案遵循测试。SOX法案遵循测试主要是根据管理层授权，对与财务报告相关内部控制的有效性进行测试，确定各业务流程的控制点是否依照内部控制手册和标准化控制矩阵的规定执行。

复习思考题

1. 什么是内部监督？
2. 内部监督的方式有哪些？

第九章

内部控制评价

 **引导案例**

朗讯公司的内部控制自我评价

朗讯公司的审计师们为了使审计部门从符合性审计的重负中解放出来,开展了以 COSO 框架为基础的控制自我评价。他们设计了一些新程序,在他们的新程序中引进了 COSO 框架,每个工厂均执行以 COSO 框架为基础的自我评价。内部审计师设计完程序后,他们的任务就告一段落了,除非作为顾问在需要时应邀帮助管理部门进行自我评价。

以存货余额为例,朗讯公司的内部审计师设计的以 COSO 框架为基础的自我评价程序大致内容为国内制造厂存货余额自我评价综合框架,框架包括 5 个要素:控制环境(机构文化)、风险评估(目的和目标)、控制活动(政策和程序)、信息和交流(系统和交流)、监督(评价和反馈)。5 个要素共涉及 80 个评价领域。每个评价领域分为经营和会计两类。要对这些控制项目进行评价,首先要设计一个评价标准(存货余额内部控制自我评价标准如表 9-1 所示)。

表 9-1　存货余额内部控制自我评价标准

分　值	状　　　况
1	控制结构健全,可能存在一些进一步改善的机会
2	除一项或多项控制薄弱环节外,控制结构是可以接受的
3	控制结构不适当,存在严重的控制薄弱环节
4	实际上不存在控制结构,存货余额的完整性受到影响

80 个评价领域不便一一列出,这里仅就监督要素的 9 个评价领域给予列示,如表 9-2 所示。

表 9-2　存货余额监督要素的内部控制自我评价程序

评　价　领　域	经营	会计
是否存在适当的程序对存货活动进行持续的日常监督?确定循环盘点的范围以及由内部和外部审计人员进行的存货测试水平		
当地财务人员是否对与存货相关的活动进行审核		
是否采用分析性程序,将存货记录与预期数做比较		
当地财务管理部门是否与上层管理部门就存货信息的完整性进行沟通?要求提供季度称述函,确定财务管理部门是否对存货信息的完整性进行证明		
是否定期将会计系统存货分类账上的数额与盘点额加以比较		
内部或外部审计活动的范围是否足以衡量与存货相关的内部控制系统的有用性?是否向管理部门询问审计或审核情况以确定所做工作的性质和所发现的控制薄弱环节的严重程度		
监督过程中是否将风险控制的薄弱环节向适当的人员报告?是否根据需要对财政和程序进行修改		

评 价 领 域	经营	会计
是否存在由当地制定的管理程序来确定控制是否运行的现象并对运行的效果进行评估		
总部、存货管理部门或其他财务主管人员是否对存货水平和相关活动加以监督		
监督要素总体得分		

然后将各个要素的得分相加，得出总体框架评价的总分，形成存货余额内部控制自我评价结果，如表 9-3 所示。

表 9-3　　存货余额内部控制自我评价结果

控 制 要 素	分　　　　数
控制环境	
风险评估	
控制活动	
信息与沟通	
监督	
总体框架评价	

自《企业内部控制基本规范》及其配套指引发布之后，全国各地、各行业纷纷争相开展内部控制自我评价的培训工作，掀起了一阵内部控制自我评价的热潮。内在控制作为存在于企业内部的一种重要的制度安排，本质上属于企业内部管理制度的一部分。衡量制度的有效性一来依赖于良好的设计，二来取决于有效的执行。然而，制度设计是否存在漏洞，制度执行是否存在偏差则需要监督与评价机制发挥作用。因而，内部控制自我评价本质上是对内部控制制度本身进行监督和控制的必要机制，是完善与优化内部控制系统的重要制度安排。本章会根据《企业内部控制评价指引》的规定，对企业内部控制评价相关内容进行具体说明。

第一节　内部控制评价概述

一、内部控制评价的定义

内部控制评价作为优化内部控制自我监督机制的一项重要制度安排，是内部控制体系的重要组成部分。依据《企业内部控制评价指引》第二条的相关规定，企业内部控制评价，是指企业董事会或类似权力机构对内部控制的有效性进行全面评价、形成评价结论、出具评价报告的过程。对于这一定义，可从以下三个角度进行理解。

(一)内部控制评价的主体是董事会或类似权力机构

内部控制评价的主体是董事会或类似的权力机构，也就是说董事会或类似的权力机构是内部控制设计和运行的责任主体。董事会可指定审计委员会来承担对内部控制评价的组织、领导、监督职责，并通过授权内部审计部门或独立的内部控制评价机构执行内部控制评价的具体工作，但董事会仍对内部控制评价承担最终的责任，对内部控制评价报告的真实性负责。对内部控制的设计和运行的有效性进行自我评价并对外披露是管理层解除受托责任的一种方式，董事会可以聘请会计师事务所对其内部控制的有效性进行审计，但其承担的责任不能因此减轻或消除。

（二）内部控制评价的对象是内部控制的有效性

内部控制评价的对象是内部控制的有效性，所谓内部控制的有效性，是指企业建立与实施内部控制对实现控制目标提供合理保证的程度。

从控制过程的不同角度来看，内部控制的有效性可分为内部控制设计的有效性和内部控制运行的有效性。内部控制设计的有效性，是指为实现控制目标所必需的内部控制程序都存在并且设计恰当，能够为控制目标的实现提供合理保证；内部控制运行的有效性，是指在内部控制设计有效的前提下，内部控制能够按照设计的内部控制程序被正确地执行，从而为控制目标的实现提供合理保证。内部控制运行的有效性离不开设计的有效性，如果内部控制在设计上存在漏洞，即使这些内部控制制度能够得到一贯的执行，也不能认为其运行是有效的。当然，如果评价证据表明内部控制的设计是有效的，但是没有按照设计的那样得到一贯执行，那么就可以得出其不符合运行有效性的结论。

评价内部控制设计的有效性，可以考虑以下三个方面的内容。(1)内部控制的设计是否做到了以内部控制的基本原理为前提，以我国《企业内部控制基本规范》及其配套指引为依据。(2)内部控制的设计是否覆盖了所有关键的业务与环节，对董事会、监事会、经理层和员工具有普遍的约束力。(3)内部控制的设计是否与企业自身的经营特点、业务模式以及风险管理要求相匹配。

评价内部控制运行的有效性，也可以从以下三个方面进行考察。(1)相关控制在评价期内是如何运行的。(2)相关控制是否得到了持续一致的运行。(3)实施控制的人员是否具备必要的权限和能力。

从控制目标的角度来看，内部控制的有效性可分为合规目标内部控制的有效性、资产目标内部控制的有效性、报告目标内部控制的有效性、经营目标内部控制的有效性、战略目标内部控制的有效性。其中，合规目标内部控制的有效性，是指相关的内部控制能够合理保证企业遵循国家相关法律法规，不进行违法活动或违规交易；资产目标内部控制的有效性，是指相关的内部控制能够合理保证资产的安全与完整，防止资产流失；报告目标内部控制的有效性，是指相关的内部控制能够及时防止(或发现)并纠正财务报告的重大错报；经营目标内部控制的有效性，是指相关的内部控制能够合理保证经营活动的效率和效果及时被董事会和经理层了解或控制；战略目标内部控制的有效性，是指相关的内部控制能够合理保证董事会和经理层及时了解战略定位的合理性、实现程度，并适时进行战略调整。

需要说明的是，由于受内部控制固有局限(如评价人员的职业判断、成本效益原则等)的影响，内部控制评价只能为内部控制目标的实现提供合理保证，而不能提供绝对保证。

（三）内部控制评价是一个过程

内部控制评价是一个过程，是指内部控制评价要遵照一定的流程来进行。内部控制评价工作不是一蹴而就的，它是一个涵盖计划、实施、编报等多个阶段，包含多个步骤的动态过程。关于内部控制评价流程的内容，详见本章第二节。

二、内部控制评价的作用

企业内部控制评价是对企业内部控制制度的完整性、合理性和有效性进行分析和评定的工作，作为内部控制体系的重要组成部分，对于企业来说，内部控制评价有着重要的意义。

(一)内部控制评价有助于企业自我完善内控体系

内部控制评价是通过评价、反馈、再评价，报告企业在内部控制建立与实施中存在的问题，并持续地进行自我完善的过程。通过内部控制评价查找、分析内部控制缺陷并有针对性地督促落实修改，可以及时堵塞管理漏洞，防范偏离目标的各种风险，并举一反三，从设计和执行等全方位健全优化管控制度，从而促进企业内控体系的不断完善。

(二)内部控制评价有助于提升企业市场形象和公众认可度

企业开展内部控制评价，需形成评价结论，出具评价报告。通过自我评价报告，将企业的风险管理水平、内部控制状况，以及与此相关的发展战略、竞争优势、可持续发展能力等信息公布于众，树立诚信、透明、负责任的企业形象，有利于增强投资者、债权人以及其他利益相关者的信任度和认可度，为自己创造更为有利的外部环境，促进企业的长远可持续发展。

(三)内部控制评价有助于实现与政府监管的协调互动

政府监管部门有权对企业内部控制的建立与实施的有效性进行监督检查。事实上，有关政府部门在审计机关开展的国有企业负责人离任经济责任审计中，就已将企业内部控制的有效性，以及企业负责人组织领导内部控制体系的建立与实施情况纳入审计范围，并使之日益成为十分重要的一个部分。尽管政府部门对企业内部控制进行监督检查有其自身的做法和特点，但监督检查的重点部位是基本一致的，如大多数涉及重大经营决策的科学性、合规性及重要业务事项管控的有效性等。实施企业内部控制自我评价，能够通过自查及早排查风险、发现问题，并积极整改，有利于在配合政府监管中赢得主动，并借助政府监管成果进一步改进企业内部控制实施和评价工作，促进自我评价与政府监管的协调互动。

三、内部控制评价的内容

内部控制评价的内容是内部控制对象的具体化。上一部分已经述及，内部控制评价的对象是内部控制的有效性，而内部控制的有效性，是企业建立与实施内部控制对实现控制目标提供合理保证的程度。内部控制的目标包括合规目标、资产目标、报告目标、经营目标和战略目标。因此，内部控制评价的内容应是对以上五个目标的内部控制有效性进行全面评价。具体地说，内部控制评价应紧紧围绕内部环境、风险评估、控制活动、信息与沟通、内部监督五要素进行。

1. 内部环境评价

企业组织开展内部环境评价，应当以组织架构、发展战略、人力资源、企业文化、社会责任等应用指引为依据。其中，组织架构评价可以重点从组织架构的设计和运行等方面进行；发展战略评价可以重点从发展战略的合理制定、有效实施和适当调整三方面进行；人力资源评价应当重点从企业人力资源引进结构的合理性、开发机制、激励约束机制等方面进行；企业文化评价应从建设和评估两方面进行；社会责任可以从安全生产、产品质量、环境保护与资源节约、促进就业、员工权益保护等方面进行。

2. 风险评估评价

企业组织开展风险评估评价，应当以《企业内部控制基本规范》有关风险评估的要求，以及各项应用指引中所列主要风险为依据，结合本企业的内度，对日常经营管理过程中的目标设定、风险识别、风险分析、应对策略等进行认定和评价。

3. 控制活动评价

企业组织开展控制活动评价，应当以《企业内部控制基本规范》和各项应用指引中的控制措施为依据，结合本企业的内部控制制度，对相关控制措施的设计和运行情况进行认定和评价。

4. 信息与沟通评价

企业组织开展信息与沟通评价，应当以内部信息传递、财务报告、信息系统等相关指引为依据，结合本企业的内部控制制度，对信息收集、处理和传递的及时性，反舞弊机制的健全性，财务报告的真实性，信息系统的安全性，以及利用信息系统实施内部控制的有效性进行认定和评价。

5. 内部监督评价

企业组织开展内部监督评价，应当以《企业内部控制基本规范》有关内部监督的要求，及各项应用指引中有关日常管控的规定为依据，结合本企业的内部控制制度，对于内部监督机制的有效性进行认定和评价，重点关注监事会、审计委员会、内部审计机构等是否在内部控制设计和运行中有效发挥监督作用。

 **案例 9-1**

万科的五要素内部控制评价

万科企业股份有限公司（简称"万科"）成立于 1984 年 5 月，总部设在深圳，是目前中国优秀的专业住宅开发企业，其股票也是具有代表性的地产蓝筹股。2012 年，万科累计实现销售额 1412.3 亿元，销售面积 1295.6 万平方米，成为全国第一个年销售额超千亿的房地产公司。2015 年，万科完成销售金额为 2615 亿元，将绿地、恒大刚过 2000 亿元的销售业绩远远甩在身后。凭这两项数字，万科"地产一哥"的地位更加稳固了。

在董事会、管理层及全体员工的持续努力下，万科已经建立起一套比较完整且运行有效的内部控制体系，从公司层面到各业务流程层面均建立了系统的内部控制及必要的内部监督机制，为公司经营管理的合法合规、资产安全、财务报告，以及相关信息的真实、完整提供了合理保障。

公司坚持以风险导向为原则，进一步加强覆盖总部、各子公司及各业务部门的三级自我评估体系，并全部纳入评价范围，持续组织总部各专业部门及各子公司对内控设计及执行情况进行系统的自我评价。

公司纳入评价范围的事项包括内部环境、风险评估、控制活动、信息与沟通、内部监督；纳入评价范围的主要业务包括销售、成本、资金、采购、投资、对子公司管理、关联交易、对外担保、募集资金、信息披露。同时通过风险检查、内部审计、监事巡查等方式对公司内部控制的设计及运行的效率、效果进行独立评价。2015 年的具体评价结果阐述如下：

1. 内部环境

（1）治理结构

公司按照《公司法》《证券法》《深圳证券交易所上市公司规范运作指引》及《香港联合

交易所有限公司证券上市规则》附录十四——《企业管治常规守则》等法律、行政法规、部门规章的要求，建立了规范的公司治理结构和科学的议事规则，制定了符合公司发展要求的各项规则和制度，明确决策、执行、监督等方面的职责权限，形成了科学、有效的职责分工和制衡机制。股东大会、董事会、监事会分别按其职责行使决策权、执行权和监督权。股东大会享有法律法规和公司章程规定的合法权利，依法行使对公司经营方针、筹资、投资、利润分配等重大事项的决定权。董事会对股东大会负责，依法行使企业的经营决策权。董事会下设审计委员会、薪酬与提名委员会、投资与决策委员会三个专业委员会，提高运作效率。董事会11名董事中，有4名独立董事。独立董事担任各个专业委员会的召集人，涉及专业领域的事务须经过专业委员会审议后提交董事会，以利于独立董事更好地发挥作用。监事会对股东大会负责，除了通常的对公司财务和高管履职情况进行检查监督外，还通过组织对子公司的巡视，加强对各子公司业务监督。管理层根据董事会的授权，负责组织实施股东大会、董事会决议事项，主持企业日常经营管理工作。公司坚持与主要股东及其关联企业在业务、人员、资产、机构及财务等方面完全分开，保证了公司具有独立完整的业务及自主经营能力。

（2）机构设置及权责分配

公司结合自身业务特点和内部控制要求设置内部机构，明确职责权限，将权利与责任落实到各责任单位。董事会负责内部控制的建立健全和有效实施。董事会下设立审计委员会，审计委员会负责审查企业内部控制，监督内部控制的有效实施和内部控制自我评价情况，指导及协调内部审计及其他相关事宜等。监事会对董事会建立与实施内部控制进行监督。管理层负责组织领导企业内部控制的日常运行。公司在内控责任方面明确了各子公司第一负责人为内控第一负责人，落实各一线公司各部门的内控责任，在总部统一的管理框架下，自我能动地制订内控工作计划并监督落实。总部及一线公司持续进行内控宣传培训工作，提升各级员工的内控意识、知识和技能。公司总部设立财务与内控中心具体负责组织协调内部控制的建立、实施及完善等日常工作，通过梳理业务流程、编制内部控制评估表、内控调查表、调查问卷、专项研讨会等，组织总部、各子公司、各业务部门进行自我评估及定期检查，推进内控体系的建立健全。总部各专业部门及各子公司均设有内控专员等相关内控管理岗位，负责本单位内部控制的日常管理工作。总部财务与内控中心下设二级部门财务共享中心，负责总部及各一线公司款项支付审核与核算。财务共享中心通过统一的系统平台、规范的业务流程、标准的作业程序，促进集团财务核算规范化水平的提升。财务共享中心的职能未来将不断拓展，为集团经营及管控提供有力支撑。

（3）内部审计

公司监察审计部负责内部监察及内部审计工作，通过开展综合审计、专项审计或专项调查等业务，评价内部控制设计和执行的效率与效果，对公司内部控制设计及运行的有效性进行监督检查，促进集团内控工作质量的持续改善与提高。对在审计或调查中发现的内部控制缺陷，依据问题严重程度向监事会、审计委员会或管理层报告，并督促相关部门采取积极措施予以整改。

（4）人力资源政策

公司制定和实施有利于企业可持续发展的人力资源政策，将职业道德和专业能力作为选拔和聘用员工的重要标准，切实加强员工培训和继续教育，不断提升员工素质。人力资源部每年制订相关培训计划，组织具体培训活动，培养专业人员全面的知识和技能。为进一步完善万科职业道德风险防范体系，公司设立了"万科阳光网"作为举报职务舞弊的专门网站，用于宣传万科的反舞弊政策，收集各类举报信息，预防和发现职务舞弊。公司建立并完善了员工奖惩信息管理系统，严重违法违纪行为可通过集团外部网站进行查询。公司还建立了全体员工的潜在利益冲突申报平台，发布了《职员职务行为准则》《员工内部购房制度》等制度，并对员工购置万科物业的情况进行了公示。

（5）企业文化

公司秉承"创造健康丰盛的人生"的核心价值观，倡导"客户是我们永远的伙伴"、"人才是万科的资本""阳光照亮的体制""持续的增长和领跑"等价值理念，专注于为客户提供优质的生活空间和服务，充分尊重人才，追求开放、透明的体制和公平的回报，积极促进公司业绩的持续增长和市场地位的提升，推动公司向绿色企业转型，在投资者、客户、员工等各方面，实现产品和服务的均衡发展。公司高度重视企业文化的宣传和推广，每年组织全公司范围内的"目标与行动"专题活动，由公司管理层进行公司目标和价值观的宣讲。在任用和选拔优秀人才时，把持续培养专业化、富有激情和创造力的职业经理队伍作为公司发展的一项重要使命。

2. 风险评估

为促进公司持续、健康、稳定发展，实现经营目标，公司根据既定的发展策略，结合不同发展阶段和业务拓展情况，全面、系统、持续地收集相关信息，及时进行风险评估，动态地进行风险识别和风险分析，并相应调整风险应对策略。公司由相关部门负责对经济形势、产业政策、市场竞争、资源供给等外部风险因素以及财务状况、资金状况、资产管理、运营管理等内部风险因素进行收集研究，并采用定量及定性相结合的方法进行风险分析及评估，为管理层制定风险应对策略提供依据。2014年开始，为了进一步激发管理团队的主动性和创造性，强化管理团队与股东之间的利益纽带，提升组织绩效，改善公司治理，公司推出事业合伙人机制。在项目层面，建立跟投机制，员工在一定比例内可以投资公司的新项目，项目的管理人员必须投资。新的机制将员工利益和项目发展结合在一起，员工在销售推进、成本节约、运营效率提升等方面体现更大的主人翁意识；在公司层面，推出事业合伙人持股计划，公司合伙人通过券商集合计划购入股票，从而将公司管理层的利益和股东利益更紧密地结合在一起。事业合伙人制度把公司员工和公司的未来联系起来，为公司的发展和转型提供有力的组织机制支持。

3. 控制活动

万科公司的主要控制措施包括以下几个方面。

（1）职责分离控制

公司对岗位设置按照职责分离的控制要求，形成各司其职、各负其责、相互制约的工作机制。

（2）授权审批控制

公司各项需审批业务有明确的审批权限及流程，明确各岗位办理业务和事项的权限范围、审批程序和相应责任。公司及各子公司的日常审批业务通过在信息化平台上进行自动控制以保证授权审批控制的效率和效果。

（3）会计系统控制

公司严格遵照国家统一的会计准则和会计制度，建立了规范的会计工作秩序，制定了《万科集团会计管理及核算规范》及各项具体业务核算制度，加强集团会计管理，提高会计工作的质量和水平。与此同时，公司通过不断加强财务信息系统的建设和完善，财务核算工作全面实现信息化，有效保证了会计信息及资料的真实、完整。

(4)财产保护控制

公司建立了财产日常管理制度和定期清查制度，通过设立台账对各项实物资产进行记录、管理，坚持采取定期盘点以及账实核对等措施，保障公司财产安全。

(5)经营监控

公司通过编制营运计划及成本费用预算等实施预算管理控制，明确各责任单位在预算管理中的职责权限，规范预算的编制、审定、下达和执行程序，并通过对营运计划的动态管理强化预算约束，评估预算的执行效果。

(6)绩效考评控制

公司制定了《万科集团绩效考核管理办法》以明确规范绩效考核工作，坚持客观公正、规范透明、绩效导向原则，按期组织季度考核、年度考核，使绩效考核结果能为薪酬分配、人才甄选与培养、团队优化、薪金福利调整等提供决策依据。

4. 信息与沟通

公司制定了包括《万科集团信息管理办法》《万科集团信息保密制度》等在内的各项制度，规范公司经营管理信息传递活动。日常经营过程中，公司建立了定期与不定期的业务与管理快报、专项报告等信息沟通制度，便于全面、及时地了解公司经营管理信息。公司致力于信息安全管理体系建设，制定了一系列信息安全方针、策略和制度，以保护公司信息资产的安全。通过持续运用信息化手段、优化信息流程、整合信息系统，不断提高管理决策及运营效力。流程与信息管理部作为信息化工作的执行及管理机构，负责公司财务系统、业务运营系统和办公管理系统的规划、开发与管理，组织公司各类信息系统的开发与维护，在全公司范围内提供信息系统共享服务。

在处理与客户、合作伙伴、投资者和员工的关系方面，公司已建立起较完整透明的沟通渠道，在完善沟通的同时发挥了对公司管理的监督作用。对客户，公司本着"与客户一起成长，让万科在投诉中完美"的客户理念，设立了覆盖总部、地产、物业及网络方式的多种沟通渠道，与客户进行良性互动。对合作伙伴，倡导合作，共生共赢，保持良好的合作关系。公司统一要求签订阳光合作协议，表明万科的价值观和对员工的廉洁要求，明确举报渠道。各子公司重大节日主动向合作伙伴发出廉洁提示，维护与合作伙伴的健康商业合作关系。对投资者，公司除了通过法定信息披露渠道发布公司信息外，投资者还可以通过电话、电子邮件、访问公司网站、直接到访公司、参与公司组织的网络路演和见面会等方式了解公司信息，公司建立网络辅助系统及时响应投资者的各类需求，保证投资者及时了解公司的经营动态，通过互动加强对公司的理解和信任。对员工，设立多条内部沟通渠道，保证沟通顺畅有效。

5. 内部监督

公司已经建立起涵盖总部、区域、一线多层级的监督检查体系，通过常规审计、专项调查及聘请第三方检查等多种形式对各业务领域的控制执行情况进行评估和督查，有利于提高内部控制工作的质量。公司设立专门负责受理违反职业道德行为的专业反舞弊网站，并对外公示，提供多种举报渠道，鼓励实名举报，实行查实有奖政策。监察审计部履行内部反舞弊职能，开展专项调查，发挥监督作用。监事会建立了对各子公司的巡查机制，通过现场走访、员工约谈等方式，共同促进内部控制管理水平提高。上述纳入评价范围的单位、业务和事项涵盖了公司经营管理的主要方面，不存在重大遗漏。

四、内部控制评价的原则与方法

内部控制评价的原则与方法是内部控制评价工作的方法论基础。内部控制评价的原则是开展评价工作应该遵循的基本要求与准则，内部评价的方法是执行内部控制评价时具体采用的技术手段。

（一）内部控制评价的原则

与内部控制的原则不完全相同，企业对内部控制评价至少应当遵循下列原则。

1. 全面性原则

全面性原则强调的是内部控制评价的涵盖范围应当全面，具体来说，是指内部控制评价工作应当包括内部控制的设计与运行，涵盖企业及其所属单位的业务和事项。

2. 重要性原则

重要性原则强调内部控制评价应当在全面性的基础之上，着眼于风险业务和事项，突出重点。具体来说，主要体现在制定和实施评价工作方案、分配评价资源的过程之中，应贯彻以下两个方面的核心要求：（1）要坚持风险导向的思路，着重关注那些影响内部控制目标实现的高风险领域和风险点；（2）要坚持重点突出的思路，着重关注那些重要的业务事项和关键的控制环节，以及重要的业务单位。

2012年9月，财政部等六部委印发的《企业内部控制规范体系实施中相关问题解释第2号》中指出，集团性企业在确认内部控制评价范围时，应当遵循全面性、重要性、客观性原则，在对集团总部及下属不同业务类型、不同规模的企业进行全面、客观评价的基础上，关注重要业务单位、重大事项和高风险业务。

重要业务单位一般以资产、收入、利润等作为判定标准，包括集团总部、资产占合并资产总额比例较高的分公司和子公司、营业收入占合并营业收入比例较高的分公司和子公司，以及利润占合并利润比例较高的分公司和子公司等。

重大事项一般是指重大投资决策项目，兼并重组、资产调整、产权转让项目，期权、期货等金融衍生业务，融资、担保项目，重大的生产经营安排，重要设备和技术引进，采购大宗物资和购买服务，重大工程建设项目，年度预算内大额度资金调动和使用，以及其他大额度资金运作事项等。

高风险业务一般是指经过风险评估后确定为较高或高风险的业务，也包括特殊行业及特殊业务，国家法律法规有特殊管制或监管要求的业务等。

 案例9-2

中粮地产内部控制评价的"点""面"结合

中粮地产是由原深圳市宝安区城建发展公司经改制于1993年成立的公众股份公司。主营房地产开发、建材，兼营参股、投资。公司坚持一业为主，同时大力发展多种经营，向综合性企业集团发展的方针，逐步形成了以房地产为基础，以工业为依托的发展格局。目前拥有全资、控股、参股企业及"三来一补"企业三十余家，涉及房地产、建材、电子等多个行业。控股股东中粮集团有限公司连续多年位居世界500强企业之列，是国务院核定的16家以房地产为主业的央企之一。以房地产为主业的中粮地产一直高度关注公司的风险管控，在实施内部控制的过程中，切实做到了全面覆盖与重点突出相结合的"点""面"评价原则。

从纳入评价范围的主要单位来看，公司根据《企业内部控制基本规范》《企业内部控制评价指引》及相关规定与要求，以风险为导向，从各项业务规模和实际经营管理的情况出发，以《内部控制手册》为依据，结合公司年度合并财务报表数据，基于定量和定性两方面考虑，选取公司总部及下属20家单位列为本年度内部控制评价单位，纳入本年度内控评价范围的单位资产总额占公司合并财务报表资产总额的95%，营业收入合计占公司合并财务报表营业收入总额的94%。

从纳入评价范围的业务和事项来看，内部控制评价的范围涵盖了公司及所属单位的主要业务和事项（包括住宅开发、工业地产和物业三类）及高风险领域。纳入评价范围内的单位、业务和事项分为公司治理层面和业务流程层面，包括组织架构、发展战略、人力资源、社会责任、企业文化、合同管理、内部信息传递、信息系统、资金管理、筹资管理、投资管理、房产开发、销售与收款（房产销售、物业管理、房屋租赁）、固定资产管理、业务外包、预算管理、财务报告、人工与福利等18项流程。

上述纳入内部控制评价范围内的单位、业务和事项及高风险领域涵盖了公司经营管理的主要方面，不存在重大遗漏。

其中，重点关注的业务和事项主要包括以下方面。

（1）资产管理控制

公司已经制定并执行了《货币资金管理规定》《固定资产管理规定》《资产减值准备管理办法》《无形资产管理规定》等相关制度，较全面地满足了资产管理安全、效益的要求。2015年，在以上制度流程基础上又对《固定资产管理规定》《无形资产管理规定》进行了修订，并下发了《持有型物业会计核算细则（暂行）》，进一步加强资产管理及核算工作，提高财务数据的准确性。

（2）销售业务控制

公司从总部层面和城市公司层面已建立了较为完善的销售管理流程指引文件，包括《营销管理流程》《销售价格管理作业指引》《集团品牌管理作业指引》《客户关系管理流程》《客户满意度调查作业指引》等，对各项目营销工作流程进行了规范。同时公司充分利用明源销售管理软件，实现销售流程的标准化，不仅进一步规范了授权审批程序，而且提高了销售环节的效率和效果。

（3）成本和采购控制

公司从总部层面和城市公司层面已建立了较为完善的成本及采购流程指引文件。成本方面包括《成本管理流程》《成本科目管理作业指引》《标准建造成本管理作业指引》《成本优化管理作业指引》等，规范了成本管理流程，提高了成本管控效率。采购方面包括《供方资源管理流程》《采购管理流程》《战略采购作业指引》《招标采购作业指引》《直接采购作业指引》等，规范了采购业务操作，加强了集中采购、推行战略合作等采购模式和招投标、竞争性谈判等多种采购方式，兼顾了采购的效益、效率和规范性。

（4）对控股子公司的控制

公司严格按照有关法律法规和上市公司的相关规定，通过对控股公司委派董事、监事和高级管理人员，明确委派董事、监事和高级管理人员的职责权限，结合公司的经营策略督导各控股子公司建立起相应的经营计划、风险管理程序。同时公司进一步强化对控股公司经营计划的审核和审批管理，并在经营过程中不断加强监控，以此强化对控股子公司的经营管理。

(5)对关联交易的控制

为进一步加强公司的关联交易管理，保证公司与关联方之间订立的关联交易合同符合公平、公开、公允的原则，确保公司关联交易行为不损害公司和股东的利益，特别是中小投资者的合法权益，公司制定了《中粮地产(集团)股份有限公司关联交易管理制度》《关联交易核算办法》，对关联交易进一步加强管理和控制。

(6)对对外担保的控制

公司制定了《中粮地产(集团)股份有限公司对外担保管理制度》，公司对外担保行为得到了更为有力、有效的控制与管理。2014年年度股东大会通过《公司2015年度为控股子公司提供担保额度的议案》，为8家控股子公司提供年度范围内不超过人民币72.2亿元的担保额度。对于上述授权范围以外的担保，公司严格执行各项担保审批程序，规避风险。

(7)对重大投资的控制

2012年4月，公司制定了《投资管理暂行办法》，对公司的对外投资程序与要求进行了有效规范。公司在获取土地时，项目发展部对新获取的土地信息进行筛选，组织各部门共同进行项目可行性研究，汇总形成《项目可行性研究报告》提交集团职能部门及集团经营班子依次进行二级、三级评审。《项目可行性研究报告》审批通过后，"项目测算"中的"成本目标"自动成为"项目成本预控目标"。

(8)对信息披露的控制

公司制定和完善了《信息披露事务管理制度》《中粮地产(集团)股份有限公司投资者关系管理办法》《新闻发布工作管理办法》等一系列内控制度。公司严格按照相关规定，规范了信息的传递、披露和审核以及投资者关系活动的流程。公司还制定了《内幕信息及信息知情人管理制度》《重大事项报告制度》《重大内部信息保密制度》《信息披露事项管理制度》等，明确内幕信息的管理工作由董事会负责，董事会秘书组织实施，董事会办公室(证券事务部)是信息披露的常设机构和执行对外信息披露的唯一部门。公司严格按照规定及时对公司内幕信息知情人进行登记备案。

3. 客观性原则

客观性原则强调内部控制评价工作应当准确地揭示经营管理的风险状况，如实反映内部控制设计和运行的有效性。只有在内部控制评价工作方案制定、实施的全过程中始终坚持客观性，才能保证评价结果的客观性。

(二)内部控制评价的方法

《企业内部控制评价指引》第十五条规定，"内部控制评价工作组应当对被评价单位进行现场测试，综合运用个别访谈、调查问卷、专题讨论、穿行测试、实地查验、抽样和比较分析等方法，充分收集被评价单位内部控制设计和运行是否有效的证据，按照评价的具体内容，如实填写评价工作底稿，研究分析内部控制缺陷"。

1. 个别访谈法

个别访谈法主要用于了解公司内部控制的现状，在企业层面评价及业务层面评价的了解阶段经常使用。访谈前应根据内部控制评价需求形成访谈提纲，撰写访谈纪要，记录访谈的内容。为了保证访谈结果的真实性，应尽量访谈不同岗位的人员以获得更可靠的证据。比如，分别访谈人力资源部主管和基层员工，询问公司是否建立了员工培训长效机制，培训是否能满足员工和业务岗位需要。

2. 调查问卷法

调查问卷法主要用于企业层面评价。调查问卷应尽量扩大对象范围，包括企业各个层级员工，应注意事先保密性，题目尽量简单易答（如答案只需为"是""否""有""没有"等）。比如，你对企业的核心价值观是否认同；你对企业未来的发展是否有信心；等等。

3. 穿行测试法

穿行测试法，是指在企业业务流程中，任意选取一份全过程的文件作为样本，并追踪该样本从最初起源直到最终在财务报表或其他经营管理报告中反映出来的过程，即该流程从起点到终点的全过程，以此了解控制措施设计的有效性，并识别出关键控制点。如针对销售交易，选取一批订单，追踪从订单处理→核准信用状况及赊销条款→填写订单并准备发货→编制货运单据→订单运送/递送追踪至客户或由客户提货→开具销售发票→复核发票的准确性并邮寄/送至客户→生成销售明细账→汇总销售明细账并过账至总账和应收账款明细账等交易的整个流程，考虑之前对相关控制的了解是否正确和完整，并确定相关控制是否得到执行。本方法主要用于对业务流程和具体业务的测试与评价。

4. 抽样法

抽样法分为随机抽样和其他抽样。随机抽样，是指按随机原则从样本库中抽取一定数量的样本；其他抽样，是指人工任意选取或按某一特定标准从样本库中抽取一定数量的样本。使用抽样法时首先要确定样本库的完整性，即样本库应包含符合控制测试的所有样本。其次要确定所抽取样本的充分性，即样本的数量应当能检验所测试的控制点的有效性。最后要确定所抽取样本的适当性，即获取的证据应当与所测试控制点的设计和运行相关，并能可靠地反映控制的实际运行情况。

5. 实地查验法

实地查验法主要针对业务层面的控制，它通过使用统一的测试工作表，将实际的业务与财务单证进行核对，从而实施控制测试。如实地盘点某种存货。

6. 比较分析法

比较分析法，是指通过数据分析，识别评价关注点的方法。数据分析可以是与历史数据、行业（公司）标准数据或行业最优数据等进行比较。比如，针对具体客户的应收账款周转率进行横向或纵向比较，分析存在异常的应收客户款，进而对这些客户的赊销管理控制进行检查。

7. 专题讨论法

专题讨论法主要是集合有关专业人员就内部控制执行情况或控制问题进行分析，既是控制评价的手段，也是形成缺陷整改方案的途径。对于同时涉及财务、业务、信息技术等方面的控制缺陷，往往需要由内部控制管理部门组织召开专题讨论会议，综合内部各机构、各方面的意见，研究确定缺陷整改方案。

8. 标杆法

标杆法是指通过与行业内具有相同或相似经营活动的标杆企业进行比较，对内部控制设计有效性进行评价的方法。

9. 重新执行法

重新执行法是指评价人员根据有关资料和业务处理程序，以人工方式或使用计算机辅助审计技术，重新处理一遍业务，并比较其结果，进而判断企业内部控制执行的有效性，是一种通过对某一控制活动全过程的重新执行来评估内部控制执行情况的方法。

在实际评价工作中，以上这些方法可以配合使用。此外，还可以使用观察、检查、重新执行等方法，也可以利用信息系统开发检查的方法，或利用实际工作的检查测试经验。对于企业通过系统采用自动控制、预防控制的，应在方法上注意与人工控制、发现性控制的区别。

 案例 9-3

中粮集团内部控制评价方法

公司依据财政部等五部委联合发布的《企业内部控制基本规范》《企业内部控制应用指引》《企业内部控制评价指引》，以及集团和各经营单位的《内控手册》及相关制度开展内控评价工作。

1. 公司层面测试

公司层面测试重点关注内容及主要测试方法，如表9-4所示。

表 9-4　公司层面测试重点关注内容及主要测试方法

测 试 内 容		测 试 方 式
内部环境	公司治理	询问、观察、检查
	组织架构	询问、观察、检查
	授权体系	询问、观察、检查
	人力资源	询问、观察、检查
	职业道德	询问、观察、检查
	反舞弊机制	询问、观察、检查
风险评估		询问、观察、检查
信息与沟通		询问、观察、检查
内部监督		询问、观察、检查

2. 流程层面测试

各经营单位根据各自经营的特点和业务范围，结合2014年风险评估结果，对高风险、重要业务流程进行测试，可选择的流程包括但不限于以下方面（业务层面测试重点关注内容及主要测试方法如表9-5所示）。

表 9-5　业务层面测试重点关注内容及主要测试方法

测 试 内 容	测 试 方 式
资金管理	穿行测试
采购业务	穿行测试
资产管理	穿行测试
销售业务	穿行测试
研究与开发	穿行测试
工程项目	穿行测试
担保业务	穿行测试

测 试 内 容	测 试 方 式
业务外包	穿行测试
财务报告	穿行测试
合同管理	穿行测试
信息系统	穿行测试

3. 检查评价的具体要求

仅采用"检查评价"的一级经营单位要求采用如下测试方法：

首次测试：2014 年 7 月—8 月；针对 2014 年 1 月—6 月发生的样本量进行穿行测试；考虑到测试的时间节点，可以留取部分样本量，在下半年进行补充测试。在确定样本规模时，应当考虑能否将抽样风险降至可接受的低水平。针对流程层面中涉及的手工控制，非关键控制点一般只选择一个样本进行测试，关键控制点根据发生频率及总量，建议按照表 9-6 抽取样本量。

表 9-6　关键控制点建议抽取样本量

发生频率	总体抽样单位数量	建议抽取样本量
年度	1	1
季度	4	2
月度	12	3
每周	52	5
每日	250	20
一日多次	高于 250	25

针对流程层面中涉及的应用系统自动控制，若信息技术一般控制有效，则只需抽取一个样本，若无效，则需视情况增加样本量。

补充测试：2015 年 1 月—2 月，针对首次测试未抽取足够样本量的，补足样本量。同时，对首次测试存在例外的控制点执行整改测试。

整改测试的样本量选取同上。

第二节　内部控制评价的组织与实施

内部控制评价是合理保证内部控制有效性的关键步骤，而内部控制评价工作的组织方式的合理性则直接关系到内部控制工作能否科学、有序地开展。组织方式的得当与否，取决于两个方面：其一，合理的组织机构；其二，科学、精简、高效的内部控制评价程序。

一、内部控制评价的组织机构

内部控制评价的组织机构大致可以分为三个层次：内部控制评价的责任主体、内部控制评价的实施主体、其他相关部门。

（一）内部控制评价的责任主体及其职责

董事会是内部控制评价的责任主体，对内部控制评价承担最终的责任，对内部控制评价报告的真实性负责。董事会可以通过审计委员会来承担对内部控制评价的组织、领导、监督职责。董事会或审计委员会应听取内部控制评价报告，审定内控重大缺陷、重要缺陷整改意见，对内部控制部门在督促整改中遇到的困难，积极协调，排除障碍。

(二)内部控制评价的实施主体及其职责

内部控制评价工作的具体组织实施主体一般为内部审计机构或专门的内部控制评价机构。企业可根据自身的经营规模、机构设置、经营性质、制度状况等特点，决定是否单独设置专门的内部控制评价机构。对于单独设有专门内部控制机构的企业，可由内部控制机构来负责内部控制评价的具体组织实施工作，但为了保证评价的独立性，负责内部控制设计和评价的部门应适当分离。

企业内部控制评价部门应当拟订评价工作方案，明确评价范围、工作任务、人员组织、进度安排和费用预算等相关内容，报经董事会或其授权机构审批后实施。对于评价过程中发现的重大问题，应及时与董事会、审计委员会或经理层沟通，并认定内部控制缺陷，拟订整改方案，编写内部控制评价报告，并报经董事会或类似权力机构批准后对外披露或报送相关部门；沟通外部审计师，督促各部门、所属企业对内部控制缺陷进行整改；根据评价和整改的具体情况拟订内部控制考核方案。

在实践中，也有组织没有常设内部控制评价机构，如组成内部控制评价小组。评价工作小组应当吸收企业内部相关机构熟悉情况的业务骨干参加。评价工作小组成员对本部门的内部控制评价工作应当实行回避制度。

企业也可以委托会计师事务所等中介机构实施内部控制评价，但中介机构受托为企业实施内部控制评价是一种非保证服务，内部控制评价报告的责任仍然应由企业董事会承担。另外，为保证审计的独立性，为企业提供内部控制审计的会计师事务所，不得同时为同一家企业提供内部控制评价服务。

(三)其他相关部门及其职责

1. 经理层

经理层负责组织实施内部控制评价工作，一方面授权内部控制评价机构组织实施；另一方面积极支持和配合内部控制评价的开展，为其创造良好的环境和条件。经理层应结合日常掌握的业务情况，为内部控制评价方案提出应重点关注的业务或事项，审定内部控制评价方案和听取内部控制评价报告；对于内部控制评价中发现的问题或报告的缺陷，要按照董事会或审计委员会的整改意见积极采取有效措施予以整改。

2. 各专业部门

各专业部门负责组织本部门的内控自查、测试和评价工作，对发现的设计和运行缺陷提出整改方案及具体整改计划，积极整改，并报送内部控制机构复核，配合内控机构(部门)及外部审计师开展企业层面的内控评价工作。

3. 企业所属单位

各所属单位也要逐级落实内部控制评价责任，建立日常监控机制，开展内控自查、测试和定期检查评价，对于被认定为内部控制缺陷的问题，需拟订整改方案和计划，报本级管理层审定后，督促整改，编制本单位内部控制评价报告，对内部控制的执行和整改情况进行考核。

4. 监事会

监事会作为内部监督机制的重要组成部分，在内部控制评价过程中起监督作用。监事会审议内部控制评价报告，对董事会建立与实施内部控制进行监督。

二、内部控制评价程序

内部控制评价程序一般包括制定评价工作方案、组成评价工作组、实施现场检查与测试、汇总评价结果、编制企业内部控制评价报告、报告反馈与跟踪等。这些程序环环相扣、相互衔接、相互作用，构成了内部控制评价的基本流程，如图9-1所示。

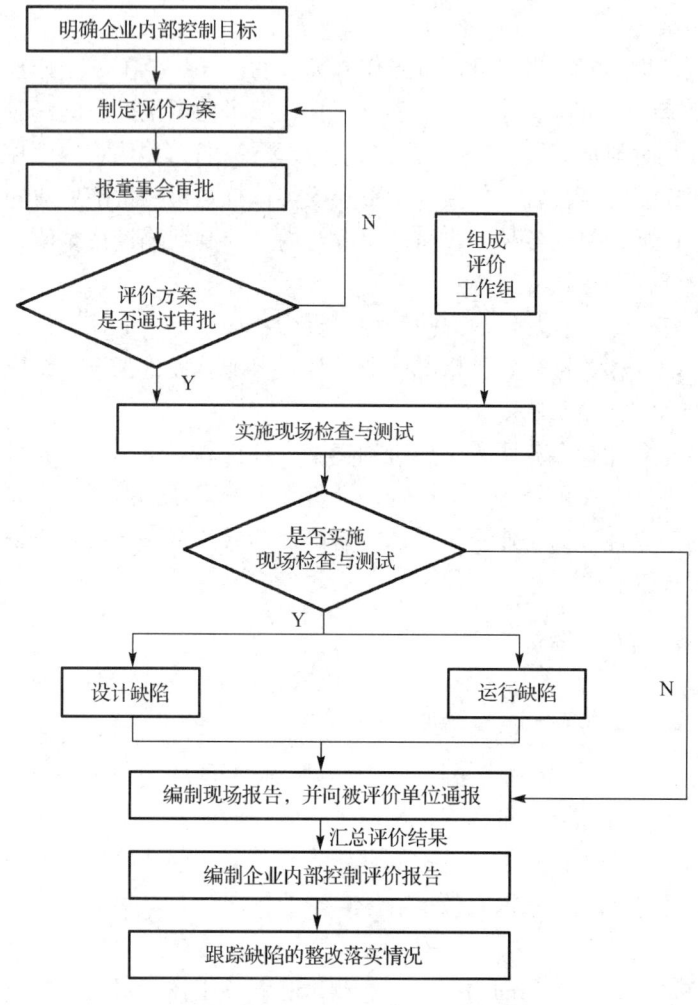

图9-1 内部控制评价的基本流程

1. 制定评价工作方案

内部控制评价机构应当以内部控制目标为依据，结合企业内部监督情况和管理要求，分析企业经营管理过程中影响内部控制目标实现的高风险领域和重要业务事项，确定检查评价方法，制定科学合理的评价工作方案，经董事会批准后实施。评价工作方案应当明确评价主体范围、工作任务、人员组织、进度安排和费用预算等相关内容。评价工作方案既可以以全面评价为主，又可以根据需要采用重点评价的方式。一般而言，内部控制建立与实施初期，实施全面综合评价有利于推动内部控制工作的深入有效展开；内部控制系统趋于成熟后，企业可在全面评价的基础上，更多地采用重点评价或专项评价，以提高内部控制评价的效率和效果。

2. 组成评价工作组

评价工作组是在内部控制评价机构领导下，具体承担内部控制检查评价任务。内部控制评价机构根据经批准的评价方案，挑选具备独立性、业务胜任能力和职业道德素养的评价人员实施评价。评价工作组成员应当吸收企业内部相关机构熟悉情况、参与日常监控的负责人或业务骨干参加。企业应根据自身条件，尽量建立长效的内部控制评价培训机制，培养内部控制评价专业人员，熟悉内部控制专业知识及相关规章制度、业务流程及需要重点关注的问题、评价工作流程、检查评价方法、工作底稿填写要求、缺陷认定标准、评价人员的权利和义务等内容。

3. 实施现场检查与测试

首先是充分了解企业文化和发展战略、组织机构设置及职责分工、领导层成员构成及分工等基本情况；在此基础上，评价工作组根据掌握的情况进一步确定评价范围、检查重点和抽样数量，并结合评价人员的专业背景进行合理分工（检查重点和分工情况可以根据需要进行适当调整）；然后，评价工作组根据评价人员分工，综合运用各种评价方法对内部控制设计与运行的有效性进行现场检查测试，按要求填写工作底稿，记录相关测试结果，并对发现的内部控制缺陷进行初步认定。评价人员应遵循客观、公正、公平原则，如实反映检查测试中发现的问题，并及时与被评价单位进行沟通。由于内部控制通过纵向检查测试流程，因此工作中各成员之间应注意互相沟通、协调，以获得更有价值的发现。

4. 汇总评价结果

评价工作组汇总评价人员的工作底稿，初步认定内部控制缺陷。评价工作底稿应进行交叉复核签字，并由评价工作组负责人审核后签字确认。评价工作组将评价结果及现场评价的结果向被评价单位进行通报，由被评价单位相关责任人签字确认后，提交企业内部控制评价机构。

5. 编制企业内控评价报告

内部控制评价机构汇总各评价工作组的评价结果，对工作组现场初步认定的内部控制缺陷进行全面复核、分类汇总，对缺陷的成因、表现形式及风险程度进行定量或定性的综合分析，按照对控制目标的影响程度判定缺陷等级；内部控制评价机构以汇总的评价结果和认定的内部控制缺陷为基础，综合内部控制工作整体情况，客观、公正、完整地编制内部控制评价报告，并报送企业经理层、董事会和监事会，由董事会最终审定后对外披露。

6. 报告反馈与追踪

对于认定的内部控制缺陷，内部控制评价机构应当结合董事会和审计委员会的要求，提出整改建议，要求责任单位及时整改，并跟踪其整改落实情况；已经造成损失或负面影响的，企业应当追究相关人员的责任。

 **案例 9-4**

联通内控，评价有方

中国联通作为在中国上海、中国香港和美国纽约上市的公司，自 2005 年年末开始就把内控评审作为保证内控建设有效性的一项重大项目来抓，经过两年多的摸索、实践，逐步建立健全了内控评审体系，积累了一些经验。

1. 制订评审工作计划

中国联通根据公司的业务特点，制订了内控评审工作计划，包括明确职责、确定评审范围、明确具体测试时间、确定被评审单位等各方面。在明确各个层面以及各个部门的职责方面，总部各部门、各省分公司的主要负责人是内控建设工作的第一责任人，从总部到各省级分公司、各地市级分公司均要设立内控办公室，负责具体的组织协调工作；在确定评审范围时，重点关注重要会计科目、重要经营场所、重要业务流程、流程风险评估、关键控制及相互之间的匹配关系，还制定了统一的记录、测试和报告标准及对应的测试方法；为保证评审工作的有效执行，在确定测试执行人员、职责分工后，明确分段测试的具体时间，如应当在年末以前对其年末流程和程序进行复核，以确保年末流程和程序设计的有效性等；在确定被评审单位方面，按照自上而下的评价方法，省分公司为必审单位；按照重要性原则，省会城市分公司以及资产或收入规模占集团公司总规模的 0.4% 以上的地市分公司为必审单位；按照风险的重要程度，以前年度发生过财务报告错报、舞弊行为，或者公司内、外各项检查、审计中发现重大问题的地市分公司为必审单位。

2. 组织评审人员培训

中国联通公司在进行内控评审前，组织评审人员进行了集中培训，对参与培训的人员明确内控建设评审工作的整体要求，要求参与培训的人员重点掌握内控建设评审的方法和对关键控制点的分析评价，统一评价标准，并教育评审人员要遵循以下 5 项原则：独立性、客观性、规范性、全面性的原则，自上而下的原则，关注重点的原则，注重效果的原则，注重文档记录的原则。

3. 评审实施

各评审小组成员要根据《中国联通省级分公司内部控制规范》所确定的控制措施编制《内控评审工作底稿》，依据该底稿的具体要求对内控制度规范设计的健全性与执行的有效性进行现场测试。

(1) 中国联通公司内控评审的主要内容包括控制环境评审、控制活动评审和 IT 信息系统控制评审。控制环境评审主要包括检查《员工职业道德守则》《不相容职务相互分离暂行规定》《风险评估管理办法》及《反舞弊暂行规定》等制度的培训和规范执行情况，检查经营信息定期分析、财务数据出现重大波动的分析报告，主要经济活动授权审批，经营发展目标实施以及人力资源政策等控制要求的落实执行情况；控制活动评审主要围绕资本性支出、收入、成本费用、资金及资产、财务及信息披露及其他共性 6 个影响财务信息真实性的业务流程，检查各分公司内控制度的健全性及执行的有效性；依据控制活动发生的频率，抽取一定数量的样本，测试各项控告措施的执行情况和效果。IT 信息系统控制评审基本围绕信息系统总体控制和应用控制的要求，对系统开发及变更管理、数据备份管理、日常维护管理、安全管理、系统自动控制、系统用户权限和电子表格管控等情况进行检查，同时针对各省分公司 IT 管控指标达标率进行评审。

(2) 为保证公司资金安全，中国联通在进行内控各环节的评审的同时，也对资金安全状况进行了调查。内容包括非正常开立银行账户或存款、3 个月以上(含 3 个月)银行未达账项、12 个月以上应收款项等。

（3）中国联通在完成上述工作的基础上，统一了现场评审需提交的主要工作文档，要求各评审小组按照文档内容的要求填写完整，并经评审人员、评审小组负责人、被测评单位签字盖章确认，以利于评审各环节的责任认定。

（4）在现场评审工作中，中国联通从强调时点、文档记录的重要性、评审工作底稿3个方面入手，确保评审的有效性。

4. 提交评审报告

中国联通要求各评审小组在现场评审结束后一周内提交评审报告和现场评审工作文档，并对评审报告的编制提出了具体的要求，即评审小组出具的评审报告要说明分公司内部控制建设的总体概况、整改目标完成进度，并详细描述未整改的问题，与业务流程相关的关键控制点设计和执行的缺陷，以及有关问题对财务报告的影响，分析问题形成的原因、存在的风险和对分公司整改的具体要求。

5. 评估测试结果

为了确认内控是否有效运行，中国联通还要求各评审小组在测试后编制一个有关所有内控缺陷、重要缺陷和实质性漏洞的清单，记录每个缺陷的原因并且评估必要的纠正行动，还要对每个纠正后的内控缺陷进行重新测试，以证明它的运行有效性，从而为财务报表认定提供支持。

由此可见，中国联通在内控评价过程中，各个步骤均设定了明确的标准，使得评审组在实施与评审时有法可依、有据可查。而统一的工作底稿也便于评审人员和被审人员的沟通，同时评审人、责任人、整改时限等细化要求也便于认定和考核。

第三节　内部控制缺陷的认定

一、内部控制缺陷的定义与种类

内部控制缺陷是内部控制在设计和运行中存在的漏洞，这些漏洞将不同程度地影响内部控制的有效性，影响控制目标的实现。内部控制缺陷的评估与认定是内部控制评价的重点，衡量内部控制有效性的关键步骤就是查找内部控制在设计或运行环节中是否存在重大缺陷。因此，内部控制缺陷的认定通常被视作判断内部控制有效性的一个负向维度。企业开展内部控制评价，主要工作内容之一就是要找出内部控制缺陷并有针对性进行整改。

内部控制缺陷按照不同的标准可以有不同的分类。一般来说，内部控制缺陷可按照以下标准分类。

（一）按照内部控制缺陷的成因分类

按照内部控制缺陷的成因分类，内部控制缺陷包括设计缺陷和运行缺陷。设计缺陷，是指企业缺少为实现控制目标所必需的控制措施，或现存控制设计不适当，即使正常运行也难以实现控制目标。运行缺陷，是指设计有效（合理且适当）的内部控制由于运行不当（包括由不恰当的人执行、未按设计的方式运行、运行的时间或频率不当、没有得到一贯有效运行等）而影响控制目标的实现所形成的内部控制缺陷。内部控制存在设计缺陷和运行缺陷，会影响内部控制的设计有效性和运行有效性。

(二)按照内部控制缺陷的性质分类

按照内部控制缺陷的性质即影响内部控制目标实现的严重程度分类，内部控制缺陷分为重大缺陷、重要缺陷和一般缺陷。重大缺陷，是指一个或多个控制缺陷的组合，可能导致企业严重偏离控制目标。当存在任何一个或多个内部控制重大缺陷时，应当在内部控制评价报告中做出内部控制无效的结论。重要缺陷，是指一个或多个控制缺陷的组合，其严重程度低于重大缺陷，但仍有可能导致企业偏离控制目标。重要缺陷的严重程度低于重大缺陷，不会严重危及内部控制的整体有效性，但也应当引起董事会、经理层的充分关注。一般缺陷，是指除重大缺陷、重要缺陷以外的其他控制缺陷。

(三)按照内部控制缺陷的形式分类

按照内部控制缺陷的形式，还可以将内部控制缺陷分为财务报告内部控制缺陷和非财务报告内部控制缺陷。财务报告内部控制缺陷是指有关企业财务报告可靠性的内部控制制度方面的缺陷，这些缺陷的存在使企业不能保证财务报告的可靠性，或者不能防止或及时发现纠正财务报告错报。非财务报告内部控制缺陷是指除财务报告内部控制缺陷外的内部控制缺陷。

 案例 9-5

北大荒公司的重大缺陷与重要缺陷

黑龙江北大荒农业股份有限公司(简称"北大荒")成立于 1998 年 11 月 27 日。2002 年 3 月 29 日，北大荒 A 股 30000 万股股票在上海证券交易所正式上市。北大荒是我国目前规模较大、现代化水平较高的农业类股份有限公司和商品粮生产基地，近年来通过不断拓宽产业领域、延伸产业链条，已经初步形成了现代农业、新型工业、经贸流通业、房地产建筑业四大板块竞相发展的产业格局。

2012 年，有 2244 家上市公司披露了内部控制评价报告，其中有 8 家上市公司存在内部控制重大缺陷，北大荒便是其中之一，以下是北大荒存在的内部控制重大缺陷、重要缺陷：

1. 公司缺乏发展战略

公司并未根据自身发展的需要制定相关的发展战略。缺乏经集体讨论并决策的发展战略，可能导致公司在发展过程中未能明确战略方向和前景，造成盲目投资，从而损害公司的长远利益，影响公司的健康发展。

2. 管理层逾越管理权限，大额资金运作审批程序执行不充分

拆借资金、对外提供财务资助超过总经理的审批权限，应提交董事会审批，但管理层未将该事项提交董事会审议。存在人为拆分同类交易，逾越内部控制的行为；借款金额大，应履行而未履行总经理办公会集体决策程序。资金支付未严格按照规定权限履行审批程序，容易导致资金管理混乱，给公司造成资金损失。由于截至 2012 年 12 月 31 日公司拆借给子公司的资金金额大，并且存在 3.08 亿元拆借资金还款逾期的可能，资金风险已经凸显。

3. 违规向公司的控股股东提供借款

2012 年公司的控股子公司——龙垦麦芽公司分两次通过关联方——二九一农场拆借资金给秦皇岛弘企房地产开发有限公司 2000 万元资金，违反了证监会《关于规范上市公司与关联方资金往来及上市公司对外担保若干问题的通知》中的相关规定，可能对其他股东和投资

者的利益造成损害。

4. 总经理办公会会议机制落实不到位

截至 2012 年 12 月 31 日，公司共召开 12 次总经理办公会。会议纪要显示有 5 次会议仅有两位管理层成员出席并且未说明其他管理层成员缺席的原因，会议议程涉及公司经营管理重要事项并形成了相关决策意见，但管理层成员出席人数不足半数，且没有证据显示会议缺席的管理层其他成员对会议决策表达了意见，不符合总经理办公会议事机制的集体决策原则。

5. 公司对子公司未实施有效管理

子公司董事会运行情况未充分履行备案手续，子公司重大决策信息不能及时传递到公司层面，导致公司难以全面掌握子公司的经营和发展情况，不能为公司整体决策提供有效支持；子公司重大经营决策未履行审批程序或审批程序不充分，单个或少数管理人员逾越董事会(及股东会)进行重大经营决策；对子公司的资金营运缺乏管控，子公司从公司取得借款未及时偿还，或对外提供借款未及时收回，导致子公司长期大量占用资金，增加了公司的资金压力和财务费用。

6. 公司未及时履行信息披露义务

2012 年，公司发生了以下重大事件，未能及时履行信息披露义务：2012 年公司的控股子公司——龙垦麦芽公司分两次通过关联方——二九一农场拆借资金给秦皇岛弘企房地产开发有限公司 2000 万元，未及时披露；2012 年 1—8 月，公司控股子公司黑龙江北大荒投资担保公司(以下简称"担保公司")由于生产经营需要接受公司控股股东——北大荒集团拆借资金累计 8000 万元，未及时披露；2011 年 5 月至 2012 年 8 月，担保公司向北大荒集团下属单位格球山农场提供担保 1100 万元，属于控股子公司为上市公司的关联方提供担保，公司对此未及时披露。

7. 子公司"三会"运行不规范

对控股子公司的股东会、董事会和监事会运行情况的检查发现，部分子公司的"三会"运行不规范。

8. 自关联交易未按制度规定履行审批程序

公司的控股子公司与关联方发生交易未按公司《关联交易管理办法》履行相应的审批程序，亦未进行信息披露。

9. 重大信息内部报告制度未有效执行

公司制定了《重大信息内部报告制度》，要求公司各部门及分/子公司负责人及时报告所在单位发生的重大事项。但分/子公司发生的对外借款、关联交易、对外担保、重大经营变化、计提大额资产减值准备、委托理财等按照制度规定应予以报告的重大事项未及时向公司董事会秘书和董事会工作部报告。公司不能确保分/子公司的重要信息能够及时、准确地传递到总部，分/子公司重大信息上报不及时，存在瞒报、漏报的情况，导致相关工作人员无法判断事件是否属于披露事项未能及时、准确、完整地履行信息披露义务，违反市场监管规定。

10. 公司行业管理部门未充分履行职责

公司设置工业经济部、农业生产部和经贸流通部，实行公司工业、农业和经贸流通板块业务经营的行业归口管理，但上述部门未充分履行行业管理职责。由于行业管理部门的定位、权限和工作界限存在不清晰之处，分/子公司的日常经营缺乏专业归口管理，公司管理层难以通过行业管理部门及时、准确、全面地掌握分、子公司的经营状况，容易造成决策失误，构成非财务报告内部控制的重要缺陷。

11.《岗位职责说明书》未明确任职资格要求

通过对公司《岗位职责说明书》的检查发现，截至 2012 年 12 月 31 日，在公司制定的《岗位职责说明书》中，除财务部和审计部的岗位任职资格中有关于从业经验和技能技巧的描述之外，其他岗位均未对任职资格要求做出明确规定。岗位任职资格不明确，可能导致岗位人员的胜任能力不足，无法有效地履行岗位职责，工作中出现失职甚至重大失误，给公司造成重大损失，因此构成非财务报告内部控制的重要缺陷。

12. 未实施关键岗位人员的定期轮换

评价期间，公司制定了《关键岗位轮换制度》，但截至 2012 年 12 月 31 日，公司尚未划定关键岗位的范围，也没有实施关键岗位人员轮换。未实施关键岗位人员定期轮换，增加了员工长期任职于某个关键岗位形成利益纽带而发生舞弊行为的风险，可能给公司利益造成重大损失，因此构成非财务报告内部控制的重要缺陷。

13. 子公司未定期上报预算执行情况说明

2012 年，各分/子公司仅通过其财务报表系统上报财务预算执行情况的统计数据，并未上报对预算执行情况进行分析的附加说明。分/子公司的预算执行情况未及时反馈到公司，预算差异得不到及时分析，导致公司管理层无法及时、准确地判断预算差异的原因并进而有针对性地采取措施，不利于年度预算目标的实现，因此构成非财务报告内部控制的重要缺陷。

二、内部控制缺陷的认定标准

对内部控制缺陷的认定是对内部控制缺陷的重要程度进行识别和确定的过程，即判定一项缺陷属于重大缺陷、重要缺陷还是一般缺陷的过程。内部控制缺陷一经认定为重大缺陷，内部控制评价报告中应得出"内部控制无效"的结论。而被认定为存在重大缺陷的企业内部控制系统是不能被投资者等利益相关者所相信的。此外，内部控制缺陷，尤其是重大缺陷，代表着内部控制的薄弱环节，是未来内部控制修补和完善的重点。因此，对内部控制缺陷的重要程度进行认定十分重要，它直接关系到外界的利益相关者对企业的认可度，同时有助于明确企业今后内部控制工作的重点所在，而对内部控制缺陷进行正确认定的关键在于形成一套系统、可行的认定标准。

2012 年，财政部会同证监会、审计署、银监会、保监会制定了《企业内部控制规范体系实施中相关问题解释第 1 号》，对于内部控制缺陷的认定，文件中指出，查找并纠正企业内部控制设计和运行中的缺陷，是开展企业内部控制评价的一项重要工作，是不断完善企业内部控制的重要手段。由于企业所处行业、经营规模、发展阶段、风险偏好等存在差异，《企业内部控制基本规范》及其配套指引没有对内部控制缺陷的认定标准进行统一规定。企业可以根据《企业内部控制基本规范》及其配套指引，结合企业规模、行业特征、风险水平等因素，研究确定适合本企业的内部控制重大缺陷、重要缺陷和一般缺陷的具体认定标准。企业确定的内部控制缺陷标准应当从定性和定量的角度综合考虑，并保持相对稳定。通过不断的实践，总结经验，形成一套行之有效的内部控制缺陷认定方法。

企业在开展内部控制监督检查过程中，对发现的内部控制缺陷，应当及时分析缺陷性质和产生原因，并提出整改方案，采取适当形式向董事会、监事会或者管理层报告。对于重大缺陷，企业应当在内部控制评价报告中进行披露。

内部控制缺陷的重要性和影响程度是相对于内部控制目标而言的，以下将分别阐述财务报告内部控制缺陷和非财务报告内部控制缺陷的认定标准。

(一)财务报告内部控制缺陷的认定标准

财务报告内部控制缺陷所采用的认定标准直接取决于由于该内部控制缺陷的存在可能导致的财务报告错报的重要程度。其中，所谓"重要程度"主要取决于两个方面的因素：(1)该缺陷是否具备合理可能性导致企业的内部控制不能及时防止（或发现)并纠正财务报告错报；(2)该缺陷单独或连同其他缺陷可能导致的潜在错报金额的大小。

一般而言，如果一项内部控制缺陷单独或连同其他缺陷具备合理可能性，导致不能及时防止(或发现)并纠正财务报告中的重大错报，就应将该财务报告内部控制缺陷认定为重大缺陷。如果一项内部控制缺陷单独或连同其他缺陷具备合理可能性，导致不能及时防止（或发现)并纠正财务报告中错报的金额虽然未达到和超过重要性水平，但仍应引起董事会和管理层重视，就应将该财务报告内部控制缺陷认定为重要缺陷。不构成重大缺陷和重要缺陷的财务报告内部控制缺陷，应认定为一般缺陷。

一旦企业的财务报告内部控制存在一项或多项重大缺陷，就不能得出该企业的财务报告内部控制有效的结论。因此，财务报告内部控制重大缺陷的认定十分关键，而区分一项内部控制缺陷是否构成了重大缺陷的分水岭是重要性水平，重要性水平之上的为重大错报，重要性水平之下的为重要错报或者一般错报。重要性水平的确定有两种方法：绝对金额法和相对比例法。绝对金额法即直接将某一绝对金额作为重要性水平，如将 10000 元作为重要性水平，则错报金额超过 10000 元的应该被认定为重大错报；相对比例法是将某一总体金额的一定比例作为重要性水平，如错报金额超过收入总额的 1%的错报应当被认定为重大错报。

然而，重大缺陷、重要缺陷的界定是相对的，对于有下属单位的集团公司，如果下属单位存在重大缺陷，并不能表明集团公司存在重大缺陷，但至少应作为重要缺陷向董事会、管理层汇报，而下属单位的重要缺陷则应视对整个集团的影响及普遍程度，确定其是否属于集团重要缺陷，但下属单位重要缺陷至少应该向经理层汇报。

出现以下迹象之一的，通常表明财务报告内部控制可能存在重大缺陷：(1)董事、监事和高级管理人员舞弊；(2)企业更正已公布的财务报告；(3)注册会计师发现当期财务报告存在重大错报，而内部控制在运行过程中未能发现该错报；(4)企业审计委员会和内部审计机构对内部控制的监督无效。

需要说明的是，内部控制缺陷的严重程度并不取决于是否实际发生了错报，而是取决于该控制不能及时防止(或发现)并纠正潜在错报的可能性，即只要存在这种合理可能性，不论企业的财务报告是否真正发生了错报，都意味着财务报告内部控制存在缺陷。

(二)非财务报告内部控制缺陷的认定标准

非财务报告内部控制缺陷，是指除财务报告目标之外的与其他目标相关的内部控制缺陷，包括战略内部控制缺陷、经营内部控制缺陷、合规内部控制缺陷、资产内部控制缺陷。非财务报告内部控制缺陷的认定具有涉及面广、认定难度大的特点，尤其是战略内部控制缺陷和经营内部控制缺陷。这是因为战略目标和经营目标的实现往往受企业不可控的诸多外部因素的影响，所设计的内部控制只能合理保证董事会和经理层了解这些目标的实现程度。因此，在认定与这些目标相关的内部控制缺陷时，不能只考虑最终的结果，而应主要考察企业制定战略、开展经营活动的机制和程序是否符合内部控制要求，以及不适当的机制和制度对战略目标和经营目标的实现可能造成的影响。

非财务报告内部控制缺陷的认定可以采用定性和定量的认定标准，企业可以根据风险评估的结果，结合自身的实际情况、管理现状和发展要求合理确定。定量标准(涉及金额的大小)既可以根据造成直接财产损失的绝对金额制定，也可以根据直接损失占本企业资产、销售收入及利润等的比率确定；定性标准(涉及业务性质的严重程度)可根据其直接或潜在负面影响的性质、影响的范围等因素确定。

以下迹象通常表明非财务报告内部控制可能存在重大缺陷：(1)违反法律、法规；(2)除政策性亏损原因外，企业连年亏损，持续经营受到挑战；(3)缺乏制度控制或制度系统性失效，如企业财务部、销售部控制点全部不能执行；(4)并购重组失败，或新扩充下属单位的经营难以为继；(5)子公司缺乏内部控制建设，管理散乱；(6)企业管理层人员纷纷离开或关键岗位人员流失严重；(7)被媒体频频曝光负面新闻；(8)内部控制评价的结果特别是重大或重要缺陷未得到整改。

内部控制缺陷定性评级图如图 9-2 所示。

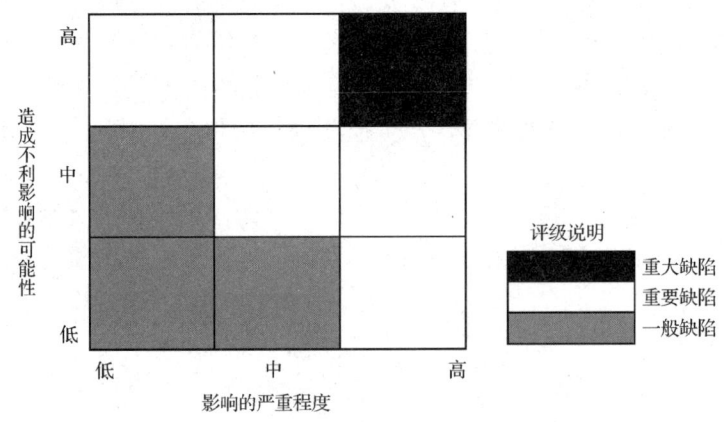

图 9-2　内部控制缺陷定性评级图

财务报告缺陷和非财务报告缺陷其实难以做严格的区分，如内部环境、重大安全事故等。如果对一项缺陷应属于财务报告内部控制缺陷还是非财务报告内部控制缺陷难以准确区分，制定标准时应本着是否影响财务报告目标的原则来区分。

 **案例 9-6**

贵州茅台内部控制缺陷的评定标准

公司董事会根据企业内部控制规范体系对重大缺陷、重要缺陷和一般缺陷的认定要求，结合公司规模、行业特征、风险偏好和风险承受度等因素，区分财务报告内部控制和非财务报告内部控制，研究确定了适用于本公司的内部控制缺陷具体认定标准，并与以前年度保持一致。

财务报告内部控制缺陷评价的定量标准(如表9-7所示)。

表9-7 财务报告内部控制缺陷评价的定量标准

指标名称	重大缺陷定量标准	重要缺陷定量标准	一般缺陷定量标准
营业收入潜在错报	营业收入的0.5%≤潜在错报	营业收入的0.2%≤潜在错报<营业收入的0.5%	潜在错报<营业收入的0.2%
利润总额潜在错报	利润总额的5%≤潜在错报	利润总额的2%≤潜在错报<利润总额的5%	潜在错报<利润总额的0.2%
所有者权益潜在错报	所有者的0.5%≤潜在错报	所有者权益的0.2%≤潜在错报<所有者权益的0.5%	潜在错报<所有者权益的0.2%
资产总额潜在错报	资产总额的0.5%≤潜在错报	资产总额的0.2%≤潜在错报<资产总额的0.5%	潜在错报<资产总额的0.2%

说明:将财务报告内部控制的缺陷划分为重大缺陷、重要缺陷和一般缺陷,所采用的认定标准直接取决于由于该内部控制缺陷的存在可能导致的财务报告潜在错报的重要程度。这种重要程度主要取决于两个方面的因素:(1)该缺陷是否具备合理可能性导致公司的内部控制不能及时防止或发现、纠正财务报表潜在错报;(2)该缺陷单独或连同其他缺陷可能导致的潜在错报金额的大小。

公司财务报告内部控制缺陷认定定量标准按照上述指标孰低原则进行确定。

公司确定的财务报告内部控制缺陷评价的定性标准如表9-8所示。

表9-8 财务报告内部控制缺陷评价的定性标准

缺陷性质	定 性 标 准
重大缺陷	1. 发行董事、监事和高级管理人员的重大舞弊行为 2. 对已公布的财务报告进行更正 3. 注册会计师发现的却未被公司内部控制识别的当期财务报告中的重大错报 4. 公司审计委员会和内部审计对内部控制的监督无效 5. 一经发现并报告给管理层的管理方面的重大缺陷未在合理的期间得到改正 6. 因会计差错导致的监管机构的处罚 7. 其他可能影响报表使用者正确判断的缺陷
重要缺陷	1. 未依照公认会计准则选择和应用会计政策 2. 未建立反舞弊程序和控制措施 3. 重要缺陷未在合理的期间得到改正 4. 对于期末财务报告过程的内部控制无效
一般缺陷	除上述重大缺陷、重要缺陷之外的其他控制缺陷

公司确定的非财务报告内部控制缺陷评价的定量标准如表9-9所示。

表9-9 非财务报告内部控制缺陷评价的定量标准

指 标 名 称	重大缺陷定量标准	重要缺陷定量标准	一般缺陷定量标准
经济损失	5 000万元≤潜在损失	5 000万元≤潜在损失<5 000万元	潜在损失<2 000万元

说明:考虑补偿控制措施和实际偏差率后,在参照财务报告内部控制缺陷认定的基础上,以涉及金额大小为标准,根据造成直接财产损失的绝对金额制定。

公司确定的非财务报告内部控制缺陷评价的定性标准如表9-10所示。

表 9-10   非财务报告内部控制缺陷评价的定性标准

缺 陷 性 质	定 性 标 准
重大缺陷	以下迹象通常表明非财务报告内部控制可能存在重大缺陷： 1. 对生产运营产生重大影响（如设施永久损害，造成生产线废弃、生产长时间关停） 2. 违反国家法律法规，如环境污染；对周围环境造成严重污染或需高额恢复成本，甚至无法恢复 3. 导致一位以上职工或公民死亡 4. 对于"三重一大"事项，缺乏集团决策程序 5. 决策程序不科学，如决策失误，导致并购不成功 6. 重要岗位的管理人员或关键岗位的技术人员纷纷流失 7. 媒体负面新闻频现；负面消息在全国各地流传，政府或监管机构进行调查，引起公众关注，对企业声誉造成无法弥补的损害 8. 内部控制评价的结果特别是重大缺陷或重要缺陷未得到整改 9. 重要业务缺乏制度控制或制度系统性失效
重要缺陷	以下迹象通常表明非财务报告内部控制可能存在重要缺陷： 1. 对生产运营产生中度影响（如生产故障造成停产） 2. 负面消息在某区域流传，对企业声誉造成中等损害 3. 长期影响多位职工或公民健康 4. 环境污染和破坏性在可控范围内，没有造成永久的环境影响
一般缺陷	以下迹象通常表明非财务报告内部控制可能存在一般缺陷： 1. 对生产运营产生一般影响（如生产线暂时无法生产，影响货物的交付） 2. 负面消息在公司内部或当地局部流传，对企业声誉造成轻微损害 3. 长期影响一位职工或公民健康 4. 无污染，没有产生永久的环境影响

三、内部控制缺陷的认定步骤

（一）财务报告内部控制缺陷的认定步骤

结合财务报告内部控制缺陷的认定标准，财务报告内部控制缺陷的认定步骤如下。

第一步，结合财务报告内部控制缺陷的迹象，判断是否可能存在财务报告内部控制缺陷。

第二步，确定重要性水平和一般水平，以此作为判断缺陷类型的临界值。可采用绝对金额法或相对比例法进行确定。

第三步，抽样。按照业务发生频率的高低和账户的重要性确定抽样数量。

第四步，计算潜在错报金额。根据控制点错报样本数量和样本量，在潜在错报率对照表中查找对应的潜在错报率，之后统计出相应账户的同向累计发生额，计算控制点潜在错报金额。其计算公式为：

$$潜在错报金额=潜在错报率×相应账户的同向累计发生额$$

第五步，如果重要性水平和一般水平是绝对金额，那么可直接将潜在错报金额合计数与其进行比较，判断缺陷类型；如果重要性水平和一般水平是相对数，需进一步计算错报指标再进行比较判断。错报指标的计算公式如下，其中，分母所选用的指标应与确定重要性水平的指标保持一致。

$$错报指标=潜在错报金额合计数÷当期主营业务收入（或期末资产）$$

（二）非财务报告内部控制缺陷的认定步骤

第一步，结合相关迹象，判断是否存在非财务报告内部控制缺陷。

第二步，采用定性或定量的方法确定认定标准。比如，某公司制定的非财务报告缺陷认定标准，如表 9-11。

表 9-11　某公司制定的非财务报告内部控制缺陷认定标准

缺陷认定等级	直接财产损失金额	重大负面影响
一般缺陷	10 万元(含 10 万元)～500 万元	或受到省级(含省级)以下政府部门处罚但未对本公司定期报告披露造成负面影响
重要缺陷	500 万元(含 500 万元)～10 000 万元	或受到国家政府部门处罚但未对本公司定期报告披露造成负面影响
重大缺陷	10 000 万元及以上	或已经对外正式披露并对本公司定期报告披露造成负面影响

第三步，根据标准分别对每起事故进行认定。

四、内部控制缺陷的处理办法

内部控制缺陷按照成因分为设计缺陷和运行缺陷。对于设计缺陷，应从企业内部的管理制度入手查找原因，对需要更新、调整、废止的制度要及时进行处理，并同时改进内部控制体系的设计，弥补设计缺陷的漏洞。对于运行缺陷，则应分析出现的原因，查清责任人，并有针对性地进行整改。

内部控制缺陷按照影响程度分为重大缺陷、重要缺陷和一般缺陷。对于重大缺陷，应当由董事会予以最终认定，企业要及时采取应对策略，切实将风险控制在可承受范围之内。对于重要缺陷和一般缺陷，企业应当及时采取措施，避免发生损失。企业应当编制内部控制缺陷认定汇总表，结合实际情况对内部控制缺陷的成因、表现形式和影响程度进行综合分析和全面复核，提出认定意见和改进建议，确保整改到位，并以适当形式向董事会、监事会或者经理层报告。

对于因内部控制缺陷造成经济损失的，企业应当查明原因，追究相关部门和人员的责任。

第四节　内部控制评价工作底稿与报告

企业内部控制评价部门应根据日常监督与专项监督的工作，结合内部控制缺陷的认定与整改结果，形成一系列评价底稿，最终形成内部控制评价报告。内部控制评价报告是内部控制评价的最终体现。

一、内部控制评价工作底稿

内部控制评价工作底稿是内部控制工作的载体，也是内部控制评价报告形成的基础。在实际工作中，内部控制评价工作底稿一般是通过一系列的评价表格来实现的。一般来说，内部控制评价工作底稿包括业务流程评价表、控制要素评价表、内部控制评价汇总表三个层次。其中，业务流程评价表形成控制要素评价表的"控制活动评价"部分，控制要素评价表连同内部控制缺陷汇认定总表一起构成内部控制评价汇总表，内部控制评价汇总表是形成内部控制评价报告的直接依据。内部控制评价报告的形成过程如图9-3 所示。

1. 业务流程评价表

企业的经营活动涉及多个业务流程，包括采购业务流程、销售业务流程、研究与开发流程、工程项目流程、担保业务流程等。企业应根据其自身业务特点，设计合理的业务流程模块，由相对独立的评价小组对每个业务流程进行测试与评价，形成业务流程评价表。各类业务流程评价应包括设计有效性和运行有效性。各业务流程评价表应包括评价指标(对控制点的描述)、评价标准(检查是否符合控制要求)、评价证据(如××规定或实施办法或抽取的样本对应的凭证号等)、评价结果(评价得分)、未有效执行的原因等。中国神华包神铁路公司业务流程评价工作底稿(节选)如表9-12所示。

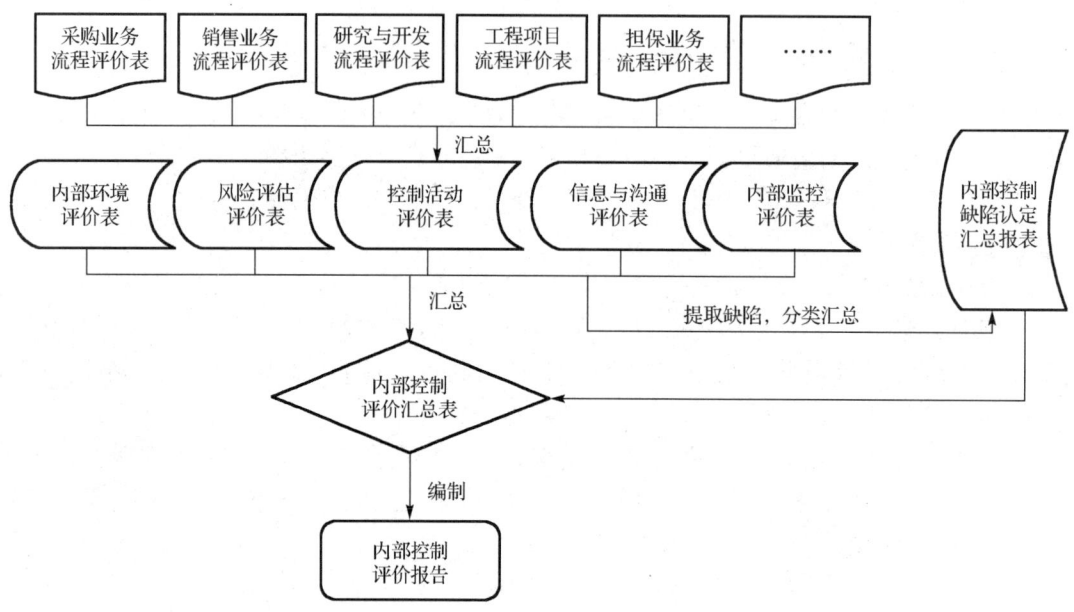

图 9-3　内部控制评价报告的形成过程

表 9-12　中国神华包神铁路公司业务流程评价工作底稿(节选)

流程名称	工程成本管理	流程编号	BSBP03.01	责任部门	计划财务部	评价人		评价时间	
抽样标准	事项发生频率及样本量	□每年一次(1 个样本) □每月一次(2～5 个样本) □不规律事项：最接近的频率分步选择		□每天一次(20～40 个样本) □每季一次(2 个样本) □按照涉及金额及重要性		□每周一次(5～15 个样本) □每天多次(25～60 个样本) □其他：按照经验及统计要求抽样			
	抽样方法	□随机挑选		□间隔挑选		□其他抽样方式			
	抽样数量	样本总量_个，抽取的样本量_个。							

编号	检查评价方法	控制活动是否嵌入制度流程	抽取的样本是否按照控制活动的要求记录和执行						备注
			1	2	3	4	……	未执行比例	
		是/否	是/否	是/否	是/否	是/否	是/否	(%)	
1	检查是否建立了工程项目设计及概算管理体系 检查是否有施工图预算编制规则和相关部门会审程序 检查重要的设计方案是否引入独立的第三方审查								

编号	检查评价方法	控制活动是否嵌入制度流程	抽取的样本是否按照控制活动的要求记录和执行						备注
			1	2	3	4	……	未执行比例	
		是/否	是/否	是/否	是/否	是/否	是/否	(%)	
2	检查是否按照规定的程序选择工程施工单位并按照审批程序签订合同								
3	检查工程形象进度和结算书的确认是否经监理单位和相关部门审核签字								
缺陷比例									
请简要说明对未予执行的控制措施采取了哪些替代或补充控制措施									
请简要评价相关制度是否能保障该流程的有序执行,是否需要完善	完整性								
	系统性								
	可操作性								
	是否有明确的控制措施								
结论(该流程是否有效执行)									
对本流程有何改进或优化建设									

2. 控制要素评价表

控制要素评价表包括内部环境评价表、风险评估评价表、控制活动评价表、信息与沟通评价表、内部监控评价表。其中,内部环境评价表、风险评估评价表、信息与沟通评价表、内部监控评价表都是根据现场评价结果直接形成的,而控制活动评价表是在对各业务流程评价表的基础上汇总而成的。控制要素评价表的内容包括评价指标、评价标准、评价结果、评价得分等。某企业的内部环境评价表(节选)如表9-13所示。

表 9-13　某企业的内部环境评价表(节选)

被检查单位:		
1 控制措施要点	测试与评价方法(以 0.1 分为扣分单位)	测试记录(访谈部门、责任人、取得的书面文件名称、编号等)
2 责任分配与授权(满分为 1 分)		
2.1 分(子)公司经理层应有明确的职责分工及授权,公司经理的岗位职责应符合总部规定	取得分(子)公司经理层人员名单及其职责等相关资料,了解任职人数与既定的岗位是否匹配,是否按照授权履行工作职责	
2.3 分(子)公司经理层明确规定本单位重要岗位管理人员的任职资格、人数范围和岗位职责	访谈技术、经营、财务等重要部门,判断重要岗位管理人员的资源是否充足,能否满足公司持续发展的需要	
3 组织结构(满分 1 分)		
3.5 仅子公司适用。董事会、监事会应按照公司章程行使工作职责,董事须在所有董事会会议记录和重大决策文件上签名,监事会须监督公司董事和其他高级管理人员是否滥用权力或侵害公司利益。审计委员会应制定行使职责的详细说明,并定期向董事会报告工作。公司每年至少召开一次股东大会,董事长向股东大会阐述公司目标并报告公司发展的最新情况	取得公司章程。查询董事会、监事会主要工作职责及相关会议记录或文件,检查董事、监事是否符合任职资格并切实履行职责。查询审计委员会主要工作职责及相关会议记录、报告等,检查委员是否符合任职资格并定期向董事会报告工作。检查股东会议相关资料	

4 管理哲学与经营风格(含风险管理机构)(满分 1 分)	
5 人力资源政策与实务(满分 1 分)	
6 信息与沟通(满分 1 分)	
总分:	
综合评价:	

3. 内部控制评价汇总表

内部控制评价汇总表包括以下几个部分：内部环境评价及其评分、风险评估评价及其评分、控制活动评价及其评分、信息与沟通评价及其评分、内部监控评价及其评分、内部控制缺陷认定汇总及综合评价得分。内部控制评价汇总表是在内部控制五大要素评价表的基础上汇总形成的，并将缺陷的认定单列项目作为最后评价得分的减项。为了更清楚地了解缺陷的基本情况，应分类反映缺陷数量、等级等项目。在实践当中，不同的企业有不同的做法。某企业内部控制评价汇总表如表 9-14 所示。

表 9-14 某企业内部控制评价汇总表

自我评价工作背景	根据公司下达的内控检查评价的工作方案，结合本部门、本单位的控制目标和管控重点，确定了评价的流程范围、重点和方法				
自我评价重点	1)流程和制度设计的合理性。主要检查是否涵盖了经营管理中需关注的重点问题及重要风险；是否明确了各项经营活动的管理要求；风险控制措施是否存在缺陷和漏洞，能否防范经营管理中的不规范行为，有效降低和控制经营管理中的风险；是否制定了清晰、明确的业务流程，流程的起点、终点，以及中间涉及的各控制点、控制标准、各个岗位间的职责分工是否明确 2)流程和制度的有效性。主要检查各项经营活动是否按已制定的流程文档规范执行；实际执行与流程文档的描述存在什么差异；实际执行中各项流程文档是否有效地涵盖和控制了经营活动中的主要风险点；各个岗位的相关人员是否理解、掌握内部控制流程文档的控制要求、本岗位的主要职责、主要风险点及相应的控制措施；能否有效地控制当前公司经营过程中存在的风险，解决公司在经营活动中的突出问题				
责任部门/单位					
流程编号	流程名称	是否存在缺陷	缺陷等级判断	缺陷描述	缺陷原因分析
优化或改进建议					
序号	改进名称	优化或改进措施		责任人	完成时间
		签字		职位	日期
报告撰写人					
部门负责人					

二、内部控制评价报告

(一)内部控制评价报告的内容

根据《企业内部控制评价指引》第二十一条和第二十二条的相关规定,内部控制评价报告一般包括以下内容。

(1)董事会声明。声明董事会及全体董事对报告内容的真实性、准确性、完整性承担个别及连带责任,保证报告内容不存在任何虚假记载、误导性陈述或重大遗漏。

(2)内部控制评价工作的总体情况。明确企业内部控制评价工作的组织、领导体制、进度安排,是否聘请会计师事务所对内部控制有效性进行独立审计。

(3)内部控制评价的依据。说明企业开展内部控制评价工作所依据的法律法规和规章制度。

(4)内部控制评价的范围。描述内部控制评价所涵盖的被评价单位,以及纳入评价范围的业务事项及重点关注的高风险领域。内部控制评价的范围有所遗漏的,应说明原因及其对内部控制评价报告真实性、完整性产生的重大影响等。

(5)内部控制评价的程序和方法。描述内部控制评价工作遵循的基本流程,以及评价过程中采用的主要方法。

(6)内部控制缺陷及其认定。描述适用本企业的内部控制缺陷具体认定标准,并声明与以前年度保持一致或做出的调整及相应的原因;根据内部控制缺陷认定标准,确定评价期末存在的重大缺陷、重要缺陷和一般缺陷。

(7)内部控制缺陷的整改情况。对于评价期间发现、期末已完成整改的重大缺陷,说明企业有足够的测试样本显示,与该重大缺陷相关的内部控制设计合理且运行有效。针对评价期末存在的内部控制缺陷,说明公司拟采取的整改措施及预期效果。

(8)内部控制有效性的结论。对不存在重大缺陷的情形,出具评价期末内部控制有效的结论;对存在重大缺陷的情形,不得做出内部控制有效的结论,并需描述该重大缺陷的性质及其对实现相关控制目标的影响程度,以及可能给公司未来生产经营带来的相关风险等。自内部控制评价报告基准日至内部控制评价报告发出日,发生重大缺陷的,企业须责成内部控制评价机构予以核实,并根据核查结果对评价结论进行相应的调整,说明董事会拟采取的措施。

(二)内部控制评价报告的编制要求

内部控制评价报告可分为对外报告和对内报告。对外报告是为了满足外部信息使用者的需求,需要对外披露,在时间上具有强制性,披露内容和格式强调符合披露要求;对内报告主要是为了满足管理层或治理层改善管控水平的需要,不具有强制性,内容、格式和披露时间由企业自行决定。

企业因其外部环境和内部条件的变化,其内部控制系统不可能是固定的、一成不变的,而是一个不断更新和自我完善的动态体系,因此对内部控制需要经常展开评价,在实际工作中可以采用定期与不定期相结合的方式。

对外报告一般采用定期的方式,公司编制的年度内部控制评价报告经董事会审议通过,并按定期报告相关要求审核后,与年度报告一并对外披露。年度内部控制评价报告应当以

12月31日为基准日。值得说明的是，根据2014年证监会会同财政部联合制定颁布的《公开发行证券的公司信息披露编报规则第21号——年度内部控制评价报告的一般规定》，公司内部控制评价结论认定公司于内部控制评价报告基准日存在内部控制重大缺陷，或者公司内部控制被会计师事务所出具了非标准内部控制审计报告，以及标准内部控制审计报告披露了非财务报告内部控制重大缺陷的，公司应当在年度报告"重要提示"中对以上情况做出声明，并提示投资者注意阅读年度报告内部控制相关章节中内部控制评价和审计的相关信息。

内部报告一般采用不定期的方式，即企业可以持续地开展内部控制的监督与评价，并根据结果的重要性随时向董事会(审计委员会)或经理层报送评价报告。从广义上讲，企业针对发现的重大缺陷等向董事会(审计委员会)或经理层报送的内部报告(内部控制缺陷报告)也属于非定期的报告。

根据《企业内部控制基本规范》《企业内部控制评价指引》的要求，财政部会同证监会联合制定了《公开发行证券的公司信息披露编报规则第21号——年度内部控制评价报告的一般规定》，对公开发行证券的公司内部控制信息披露的原则、方法、内容与格式做出了具体规定，对于指导与规范上市公司的内部控制信息披露行为，提高内部控制信息质量，保护投资者的利益，具有重大意义。根据《关于2012年主板上市公司分类分批实施企业内部控制规范体系的通知》(财办会〔2012〕30号)的规定，需要披露内部控制评价报告的上市公司，在发布年度报告时应遵照执行。鼓励自愿披露内部控制评价报告的其他上市公司参照执行。需要说明的是，该规则是对年度内部控制评价报告披露的最低要求，不论规则是否有明确要求，凡对投资者投资决策有重大影响的内部控制信息，公司均应充分披露。根据该规则，内部控制评价报告的格式如下(方括号中为内容填报说明)。

××股份有限公司××年度内部控制评价报告

××股份有限公司全体股东：

根据《企业内部控制基本规范》及其配套指引的规定和其他内部控制监管要求(简称"企业内部控制规范体系")，结合本公司(简称"公司")内部控制制度和评价办法，在内部控制日常监督和专项监督的基础上，我们对公司20××年12月31日(内部控制评价报告基准日)的内部控制有效性进行了评价。

一、重要声明

按照企业内部控制规范体系的规定，建立健全和有效实施内部控制，评价其有效性，并如实披露内部控制评价报告是公司董事会的责任。监事会对董事会建立和实施内部控制进行监督。经理层负责组织领导企业内部控制的日常运行。公司董事会、监事会及董事、监事、高级管理人员保证本报告内容不存在任何虚假记载、误导性陈述或重大遗漏，并对报告内容的真实性、准确性和完整性承担个别及连带法律责任。

公司内部控制的目标是合理保证经营管理合法合规、资产安全、财务报告及相关信息真实完整，提高经营效率和效果，促进实现发展战略。由于内部控制存在的固有局限性，故仅能为实现上述目标提供合理保证。此外，由于情况的变化可能导致内部控制变得不恰当，或对控制政策和程序遵循的程度降低，根据内部控制评价结果推测未来内部控制的有效性具有一定的风险。

二、内部控制评价结论

根据公司财务报告内部控制重大缺陷的认定情况，于内部控制评价报告基准日，不存在财务报告内部控制重大缺陷[由于存在财务报告内部控制重大缺陷]，董事会认为，公司已按照企业内部控制规范体系和相关规定的要求在所有重大方面保持了有效的财务报告内部控制[公司未能按照企业内部控制规范体系和相关规定的要求在所有重大方面保持有效的财务报告内部控制]。

根据公司非财务报告内部控制重大缺陷认定情况，于内部控制评价报告基准日，公司未发现[发现___个]非财务报告内部控制重大缺陷。

自内部控制评价报告基准日至内部控制评价报告发出日之间未发生影响内部控制有效性评价结论的因素。[若发生影响内部控制有效性评价结论的因素，则需描述相关因素的性质、对评价结论的影响及董事会拟采取的应对措施]。

三、内部控制评价工作情况

(一)内部控制评价范围

公司按照风险导向原则确定纳入评价范围的主要单位、业务和事项及高风险领域。纳入评价范围的主要单位包括：[若单位或级次众多，可以考虑按照层级、业务分部、板块等形式披露]，纳入评价范围单位资产总额占公司合并财务报表资产总额的__%，营业收入合计占公司合并财务报表营业收入总额的__%；纳入评价范围的主要业务和事项包括：[具体描述纳入评价范围的主要业务和事项]；重点关注的高风险领域主要包括[具体描述重点关注的高风险领域]。

上述纳入评价范围的单位、业务和事项以及高风险领域涵盖了公司经营管理的主要方面，不存在重大遗漏。[如存在重大遗漏]公司本年度由于[原因]未能对构成内部控制重要方面的[具体描述应纳入而未纳入评价范围的主要单位/业务/事项/高风险领域的名称]进行内部控制评价，由于上述评价范围的重大遗漏，[描述对内部控制评价范围完整性及对评价结论的影响]。[如存在法定豁免]本年度，公司根据[法律法规的相关豁免规定]，未将[具体描述未纳入评价范围的缘由及涉及单位/业务/事项/高风险领域的名称]纳入内部控制评价范围。

(二)内部控制评价工作依据及内部控制缺陷认定标准

公司依据企业内部控制规范体系及[具体描述除企业内部控制规范体系之外的其他内部控制评价的依据]组织开展内部控制评价工作。

公司董事会根据企业内部控制规范体系对重大缺陷、重要缺陷和一般缺陷的认定要求，结合公司规模、行业特征、风险偏好和风险承受度等因素，区分财务报告内部控制和非财务报告内部控制，研究确定了适用于本公司的内部控制缺陷具体认定标准，并与以前年度保持一致[做出调整的，应描述调整原因，具体调整情况，以及调整后的标准]。公司确定的内部控制缺陷认定标准如下：

1. 财务报告内部控制缺陷认定标准

公司确定的财务报告内部控制缺陷评价的定量标准如下：

[按照重大缺陷、重要缺陷和一般缺陷分别描述公司财务报告内部控制缺陷的定量标准，

若定量标准包括多个量化指标，需指出具体如何应用这些指标，如孰低原则或分别情形适用]

公司确定的财务报告内部控制缺陷评价的定性标准如下：

[按照重大缺陷、重要缺陷和一般缺陷分别描述公司财务报告内部控制缺陷的定性标准]

2. 非财务报告内部控制缺陷认定标准

公司确定的非财务报告内部控制缺陷评价的定量标准如下：

[按照重大缺陷、重要缺陷和一般缺陷分别描述公司非财务报告内部控制缺陷的定量标准，若定量标准包括多个量化指标，需指出具体如何应用这些指标，如孰低原则或分别情形适用]公司确定的非财务报告内部控制缺陷评价的定性标准如下：

[按照重大缺陷、重要缺陷和一般缺陷分别描述公司非财务报告内部控制缺陷的定性标准]

(三)内部控制缺陷认定及整改情况

1. 财务报告内部控制缺陷认定及整改情况

根据上述财务报告内部控制缺陷的认定标准，报告期内公司存在[不存在]财务报告内部控制重大缺陷[数量__个]、重要缺陷[数量__个][若适用][含上一年度末未完成整改的财务报告内部控制重大缺陷、重要缺陷]。

具体的重大和重要缺陷分别为[若适用，重大缺陷与重要缺陷分别披露]:

缺陷1：

(1)缺陷性质及影响

[具体描述重大缺陷的具体内容、缺陷分类(设计缺陷/运行缺陷)、发生时间、产生原因及对实现控制目标的影响]

(2)缺陷整改情况

[整改开始时间、已采取的整改措施、整改后运行时间、整改后运行有效性的评价结论]

(3)整改计划(适用于内部控制评价报告基准日未完成整改的情况)

[拟采取的具体整改计划、整改责任人、预计完成时间]

经过上述整改，于内部控制评价报告基准日，公司发现[未发现]未完成整改的财务报告内部控制重大缺陷[数量__个]、重要缺陷[数量__个]。

2. 非财务报告内部控制缺陷认定及整改情况

根据上述非财务报告内部控制缺陷的认定标准，报告期内发现[未发现]公司非财务报告内部控制重大缺陷[数量__个]、重要缺陷[数量__个][若适用][含上年度末未完成整改的非财务报告内部控制重大缺陷、重要缺陷]。

具体的重大和重要缺陷分别为[若适用，重大缺陷与重要缺陷分别披露]:

缺陷1：

(1)缺陷性质及影响

[具体描述重大缺陷的具体内容，缺陷分类(设计缺陷/运行缺陷)，发生时间、产生原因及对实现控制目标的影响]

(2)缺陷整改情况

[整改开始时间、已采取的整改措施、整改后运行时间、整改后运行有效性的评价结论]

(3)整改计划(适用于内部控制评价报告基准日未完成整改的情况)

[拟采取的具体整改计划、整改责任人、预计完成时间]

经过上述整改，于内部控制评价报告基准日，公司存在[不存在]未完成整改的非财务报告内部控制重大缺陷[数量__个]、重要缺陷[数量__个]。

……

四、其他内部控制相关重大事项说明

[若适用，需披露可能对投资者理解内部控制评价报告、评价内部控制情况或进行投资决策产生重大影响的其他内部控制信息。与内部控制无关的重大事项不需要在此披露]

董事长(已经董事会授权)：(签名)

(公司签章)

××股份有限公司

20××年××月××日

（三）内部控制评价报告的披露与报送

在我国，随着《企业内部控制基本规范》以及配套指引的陆续推出，内部控制信息披露已经逐渐步入强制性阶段。《企业内部控制评价指引》规定，企业编制的内部控制评价报告应当报经董事会或类似权力机构批准后对外披露或报送相关部门。企业应以每年的 12 月 31 日为年度内部控制评价报告的基准日，于基准日后 4 个月内报出内部控制评价报告。对于委托注册会计师对内部控制的有效性进行审计的公司，应同时将内部控制审计报告对外披露或报送。对于自内部控制评价报告基准日至内部控制评价报告报出日发生的影响内部控制有效性的因素，内部控制评价部门应予以关注，并根据其性质和影响程度对评价结论进行相应调整。企业内部控制评价报告应按规定报送有关监管部门，对于国有控股企业，应按要求报送国有资产监督管理部门和财政部门；对于金融企业，应按规定报送银行业监督管理部门和保险监督管理部门；对于公开发行证券的企业，应报送证券监督管理部门。

复习思考题

1. 谈谈你对内部控制评价定义的理解。
2. 在开展内部控制评价工作时，全面性和重要性哪个更重要？二者应如何权衡？
3. 内部控制评价具体内容有哪些？试说出几种常见的内部控制评价方法。
4. 内部控制的缺陷有几种类型？财务报告内部控制缺陷的认定标准是什么？
5. 根据《企业内部控制基本规范》及其评价指引，内部控制报告的内容与格式有哪些具体要求？

第十章

内部控制审计

 **引导案例**

上市公司 2014 年度内部控制审计报告统计与分析

经过安然、世通等一系列的公司财务报表舞弊事件，人们逐渐意识到健全、有效的内部控制机制至关重要，世界各国政府监管机构、企业、会计业界等也都增强了对内部控制的重视程度，从关注财务报告本身到保障财务报告可靠性机制的建立，纷纷采取各项有效措施来防范类似舞弊事件的发生。如美国和日本以法案形式对企业财务报告内部控制审计进行了强制要求，欧盟、加拿大、英国等虽未对内部控制审计有强制要求，但其上市规则要求审计师对企业管理层所做的内部控制声明进行形式上的审阅，在一定程度上预防了公司内部控制丑闻的发生。

内控审计报告是上市公司委托会计师事务所对公司的内部控制体系进行测试评价的结果，其目的在于从外部独立、客观的角度来评价与督促上市公司内部控制情况的及时披露，提高内部控制质量，促进上市公司内部控制制度的完善。

2011 年是上市公司实施内部控制审计(简称"内控审计")的第一个年度，共有 38 家具有证券、期货业务资格的会计师事务所(简称"事务所")对上市公司进行了内控审计，并出具了 230 份内控审计报告。至 2014 年，共有 1465 家上市公司发布了由事务所出具的内控审计报告，占上市公司总数的 53.58%。

2011—2014 年，上市公司内控审计报告披露总量直线上涨，4 年间披露总量增加了 1 235份，年均增长 58.86%。

2014 年度，沪市主板上市公司共有 947 家披露了内控审计报告，占该板块上市公司总数的 90.19%；深市主板上市公司共披露 466 份内控审计报告，占该板块上市公司总数的 97.08%；中小板企业共披露 44 份，占比为 5.88%；创业板公司仅披露 8 份，占比为 1.75%。90%以上的主板上市公司都能按照监管机构要求披露内控审计报告，且深市主板的披露情况要优于沪市主板。中小板和创业板上市公司的内控审计报告披露比例均不足 6%，该比例较低的原因之一可能是监管机构尚未强制要求这两个板块的上市公司披露内控审计报告。

第一节　审计范围与审计目标

一、内部控制审计的定义

内部控制审计，是指会计师事务所接受委托，对特定基准日内部控制设计与运行的有效性进行审计。

依据《企业内部控制基本规范》和《企业内部控制审计指引》(简称《审计指引》),我国的内部控制审计,是注册会计师针对被审计单位的内部控制实施合理保证(高水平保证)的鉴证业务。

二、内部控制审计的业务范围界定

内部控制审计的范围问题,主要指注册会计师是对企业财务报告内部控制进行审计,还是对企业所有内部控制进行审计。内部控制审计的范围,决定了注册会计师的工作范围,也决定着审计的质量、成本和责任,以及审计的可行性。为了遏制内部控制各种可能的外部性,为财务报表使用者提供尽可能多的附加信息,促进被审计单位全面加强内部控制建设,内部控制审计应当以整个内部控制为审计范围。但是,由于内部控制是一个内容广泛的概念,边界模糊,因此以整个内部控制作为内部控制审计的范围,既不明确又不经济,审计的可行性差。

如何确定内部控制审计的范围,需要考虑以下因素。

(1)注册会计师的胜任能力。注册会计师的专长领域主要在会计、审计、税法、财务成本管理、公司战略、财务报告内部控制等方面。其他领域的内部控制,如生产安全内部控制、产品质量内部控制、环境保护内部控制等,超出了注册会计师的知识、技能和经验范围,需要其他领域的专家进行鉴证。

(2)成本效益的约束。美国公众公司会计监督委员会(以下简称"PCAOB")通过对审计准则第 2 号——《与财务报表审计相关的财务报告内部控制审计》(以下简称"AS2")实施情况的研究表明,注册会计师对财务报告内部控制的审计会给公司带来巨大的效益,推进了公司治理和内部控制的完善,提高了财务报告质量;但巨大的收益也伴随着巨大的成本,执行财务报告内部控制审计的费用超出了预期,大幅增加了企业的成本。因此,PCAOB 对 AS2 的要求进行了修改,简化了程序,提出了新的第 5 号审计准则——《与财务报表审计整合的财务报告内部控制审计》(以下简称"AS5")。如果将内部控制审计的范围扩展至其他方面,势必进一步加剧审计的成本效益矛盾。

(3)投资者的需求。注册会计师对内部控制进行审计的主要目的是满足投资者等信息使用者的需求,保护投资者权益。如果财务报告内部控制有效,可以使投资者对上市公司财务报告的可靠性有更多的信心,从而帮助投资者进行投资决策。并且,如果注册会计师认为财务报告内部控制没有问题,则意味着财务报表有重大问题的可能性大大降低,这在逻辑上是一致的,给投资者的信息也是一致的。

(4)对非财务报告内部控制审计的做法。从国外的情况看,内部控制审计主要局限在财务报告内部控制。目前国际上尚未形成对非财务报告内部控制有效性进行评价的依据或标准,在判断上存在较大的主观因素,其结果缺乏可比性,对投资者的作用也很不确定。

综合考虑国外的成功经验、注册会计师的胜任能力、审计的标准、成本和效益、投资者需求等因素,内部控制审计只能重点解决内部控制弱化可能产生虚假财务信息的问题。目前,国内外已颁布的内部控制审计相关规范普遍规定,内部控制审计范围应当限于与财务报告有关的内部控制。

但是,如果企业仅关注财务报告内部控制,则不利于内部控制规范的全面实施以及企业风险管控能力的提升,因此,《企业内部控制审计指引》第四条第二款规定,注册会计师应当对财务报告内部控制的有效性发表审计意见,并对内部控制审计过程中注意到的非财务报告内部控制的重大缺陷，在内部控制审计报告中增加"非财务报告内部控制重大缺陷描述段"予以披露。

可见，我国内部控制审计的定位主要针对的是财务报告内部控制，但是也合理涵盖了非财务报告内部控制。

三、内部控制审计的时间范围界定

内部控制审计时间的确定，主要有以下几种方式。

（1）对特定基准日内部控制的有效性进行审计，针对特定时点的相关内部控制的有效性发表意见。

（2）对特定时期内部控制的有效性进行审计，针对特定时期的相关内部控制的有效性发表意见。

（3）对特定时期内部控制设计与运行的有效性进行审计，针对特定基准日的相关内部控制的有效性发表意见。

我国《企业内部控制审计指引》从多种方式的互动中寻求平衡，从程序上要求注册会计师应在特定期间对内部控制进行了解和有限测试，从结果上要求注册会计师针对特定时点的内部控制的有效性发表意见。

因此，注册会计师基于基准日（如 12 月 31 日）内部控制的有效性发表意见，而非对财务报表涵盖的整个期间（如一年）的内部控制有效性发表意见。但这并不意味着注册会计师只关注企业基准日当天的内部控制，而是要考察企业一个时期内（足够长的一段时间）内部控制的设计和运行情况。例如，注册会计师可能在 5 月份对企业的内部控制进行测试，发现问题后提请企业进行整改，如 6 月份整改，企业的内部控制在整改后要运行一段时间（假设至少需要 1 个月），8 月份，注册会计师再对整改后的内部控制进行测试。因此，虽然是对企业该年度 12 月 31 日内部控制的设计和运行发表意见，但这里的基准日不是一个简单的时点概念，而是体现内部控制这个过程向前的延续性。注册会计师所采用的内部控制审计的程序和方法，也体现了这种延续性。

四、内部控制审计的目标

2007 年 6 月 12 日，PCAOB 发布的 AS5 第 3 段规定，财务报告内部控制审计的目标是对公司财务报告内部控制的有效性发表意见。如果存在重大缺陷，则被审计单位的财务报告内部控制是无效的。因此，注册会计师必须计划并执行审计，以取得在管理层评估日被审计单位内部控制是否存在重大缺陷的证据。

COSO 认为，如果董事会和管理层能够合理保证下述事项，那么就可以认为内部控制是有效的：他们了解公司的经营目标在何种程度上得到了实现；公布的财务报表是可信赖的；适用的法律和规章得到了遵循。

我国《企业内部控制审计指引》中规定注册会计师应当对财务报告内部控制的有效性发表审计意见。

财务报告内部控制的有效性也可以根据其目标来理解，即如果公司的财务报告内部控制为财务报告的可靠性和对外财务报表的编制符合公认会计原则提供了合理保证，就可认为是有效的。一般来说，财务报告内部控制的有效性包括设计和运行两个方面。

（一）设计有效性

设计有效性是指公司是否适当地设计了能够防止或发现财务报表中存在重大错报的有关控制政策和程序。设计有效的财务报告内部控制，有助于防止或及时发现引起财务报表产生重大错报的错误或舞弊，使合理保证财务报表公允性的所有控制政策和程序都处在其位并由称职的人执行和监督。当缺乏实现控制目标的必要控制或即使按照设计的控制运行仍无法实现控制目标时，财务报告内部控制的设计就存在缺陷。

判断设计有效性的根本标准是设计出来的内部控制制度是否能为内部控制目标的实现提供合理保证。

（二）执行有效性

执行有效性是指有关的控制政策和程序是否能够如其设计的一样发挥机能，它涉及公司是如何运用这些控制政策和程序及由谁来执行这些政策和程序等。当设计合理的控制没有按照设计要求运行，或者执行控制者没有必要的授权或资格，财务报告内部控制的运行就存在缺陷。

具体而言，在评价内部控制的执行有效性时，应当着重考虑以下几个方面：（1）内部控制由谁执行；（2）内部控制以何种方式执行（如手工控制还是自动控制）；（3）内部控制在所评价期间内的不同时点是如何运行的，是否得到了一贯执行。

五、内部控制审计中注册会计师的责任

（一）被审计单位的内部控制责任

我国《企业内部控制审计指引》指出，建立健全和有效实施内部控制，评价内部控制的有效性是企业董事会的责任。换言之，内部控制本身有效与否是被审计单位的责任。

（二）注册会计师的内部控制审计责任

按照《企业内部控制审计指引》的要求，在实施审计工作的基础上对内部控制的有效性发表审计意见，是注册会计师的责任。即是否遵循《企业内部控制审计指引》开展内部控制审计并发表恰当的审计意见，是注册会计师的责任。

但是，注册会计师应当对发表的审计意见独立承担责任，其责任不因为利用企业内部审计人员、内部控制评价人员和其他相关人员的工作而减轻。

注册会计师在实施内部控制审计之前，应当在业务约定书中明确双方的责任；在发表内部控制审计意见之前，应当取得有关内部控制的管理层声明书。

六、内部控制审计与财务报表审计的关系

（一）内部控制审计与财务报表审计的联系

《企业内部控制审计指引》规定，注册会计师可以将内部控制审计与财务报表审计整合进行（即整合审计），也可以单独进行内部控制审计。

财务报告内部控制审计与财务报表审计通常使用相同的重要性（或重要性水平），而且，审计准则所要求的风险导向审计与内部控制规范体系所要求的风险评估，在理念和方法上是趋于一致的，因此，整合审计具有较强的经济性与可行性。

实务中，注册会计师可以利用在一种审计中获得的结果为另一种审计中的判断和拟实施的程序提供信息。例如，注册会计师在审计财务报表时需获得的信息，在很大程度上依赖注册会计师对内控有效性得出的结论。

整合审计的目的，就是在内部控制审计中获取充分、适当的证据，支持注册会计师在财务报表审计中对内部控制的风险评估结果；同时，在财务报表审计中获取充分、适当的证据，支持注册会计师在内部控制审计中对内部控制的有效性发表意见。整合审计的互动关系如图 10-1 所示。

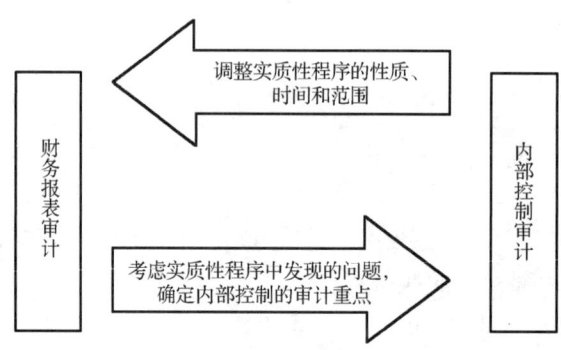

图 10-1　整合审计的互动关系

（二）内部控制审计与财务报表审计的区别

内部控制审计与财务报表审计在审计目标等方面存在一定的区别，见表 10-1。

表 10-1　内部控制审计与财务报表审计的比较

比 较 项 目	内部控制审计	财务报表审计
审计目标	对财务报告内部控制的有效性发表审计意见，并对内部控制审计过程中注意到的非财务报告内部控制的重大缺陷，在内部控制审计报告中增加"非财务报告内容控制重大缺陷描述"段予以披露	对财务报表是否符合企业会计准则、是否公允反映被审计单位的财务状况和经营成果发表意见
了解和测试内部控制的目的	了解和测试内部控制的目的是对内部控制设计和运行的有效性发表意见	财务报表审计按风险导向审计模式进行，了解内部控制是为了评估重大错报风险，测试内部控制是为了对财务报表发表审计意见
测试范围	对所有重要账户、各类交易和列报的相关认定，都要了解和测试相关的内部控制	在财务报表审计过程中，只有在以下两种情况下才强制要求对内部控制进行测试：(1)在评估认定存在重大错报风险时，预期控制的运行是有效的(即在确定实质性程序的性质、时间安排和范围时，注册会计师拟信赖控制运行的有效性)；(2)仅实施实质性程序并不能够提供认定层次充分、适当的审计证据的情况下，注册会计师可以不测试内部控制
测试时间	对待基准日内部控制的有效性发表意见，不需要测试整个会计期间，但要测试足够长的期间	一旦确定需要测试，则需要测试内部控制在整个审计期间的运行有效性
测试样本量	对结论可靠性的要求高，测试的样本量大	对结论的可靠性要求取决于计划从控制测试中得到的保证程度(或减少实质性程序工作量的程度)，样本量相对要小

比 较 项 目	内部控制审计	财务报表审计
报告结果	(1)对外披露 (2)以正面、积极的方式对内部控制是否有效发表审计意见	(1)通常不对外披露内部控制的情况,除非是内部控制影响到对财务报表发表的审计意见 (2)以管理建议书的方式向管理层或治理层报告财务报表审计过程中发现的内部控制重大缺陷,但注册会计师没有义务专门实施审计程序,以发现和报告内部控制重大缺陷

第二节　计划审计工作

审计人员根据所掌握的控制环境及其对财务报告完整性的影响,制订审计计划,确定项目负责人和项目团队成员,界定角色、责任和资源,制订项目计划、方法和报告要求。同时,将对风险的考虑贯穿整个计划过程,并考虑利用其他相关人员的工作。

一、审计业务约定书

只有当内部控制审计的前提条件得到满足,并且会计师事务所符合独立性要求,具备专业胜任能力时,会计师事务所才能接受或保持内部控制审计业务。

(一)内部控制审计的前提条件

在确定内部控制审计的前提条件是否得到满足时,注册会计师应当:

(1)确定被审计单位采用的内部控制标准是否适当;

(2)就被审计单位认可并理解其责任与治理层和管理层达成一致意见。

被审计单位的责任包括:

(1)按照适用的内部控制标准,建立健全和有效实施内部控制,以使财务报表不存在由于舞弊或错误导致的重大错报;

(2)对内部控制的有效性进行评价并编制内部控制评价报告;

(3)向注册会计师提供必要的工作条件,包括允许注册会计师接触与内部控制审计相关的所有信息(如记录、文件和其他事项),允许注册会计师在获取审计证据时不受限制地接触其认为必要的内部人员和其他相关人员等。

(二)签订单独的内部控制审计业务约定书

如果决定接受或保持内部控制审计业务,会计师事务所应当与被审计单位签订单独的内部控制审计业务约定书。业务约定书应当至少包括下列内容:

(1)内部控制审计的目标和范围;

(2)注册会计师的责任;

(3)被审计单位的责任;

(4)指出被审计单位采用的内部控制标准;

(5)提及注册会计师拟出具的内部控制审计报告的形式和内容,以及对在特定情况下出具的内部控制审计报告可能不同于预期形式和内容的说明;

(6)审计收费。

二、人员安排

《企业内部控制审计指引》第六条指出，注册会计师应当恰当地计划内部控制审计工作，配备具有专业胜任能力的项目组，并对助理人员进行适当的督导。

在计划审计工作时，项目合伙人需要统筹考虑审计工作，挑选相关领域的人员组或项目组，同时对项目组成员进行培训和督导，以合理安排审计工作。

审计项目小组成员应当符合以下要求：

(1)具有性质和复杂程度类似的内部控制审计经验；

(2)熟悉企业内部控制相关规范和指引要求；

(3)掌握《企业内部控制审计指引》和中国注册会计师执业准则的相关要求；

(4)拥有与被审单位所处行业相关的知识；

(5)具有职业判断能力。

三、评估重要事项及其影响

在计划审计工作时，注册会计师需要评价下列事项对财务报表和内部控制是否有重要影响，以及有重要影响的事项将如何影响审计工作：

(1)与企业相关的风险，包括在评价是否接受与保持客户和业务时，注册会计师了解的与企业相关的风险情况及在执行其他业务时了解的情况；

(2)相关法律、法规和行业概况；

(3)企业组织结构、经营特点和资本结构等相关重要事项；

(4)事业内部控制最近发生变化的程度；

(5)与企业沟通过的内部控制缺陷；

(6)重要性、风险等与确定内部控制重大缺陷的相关因素；

(7)对内部控制有效性的初步判断；

(8)可获取的、与内部控制有效性相关的证据的类型和范围。

此外，注册会计师还需要关注与财务报表发生重大错报的可能性和内部控制有效性相关的公开信息，以及企业经营活动的相对复杂程度。评价企业经营活动的相对复杂程度时，企业规模并非唯一指标，因为不只是规模较小的企业经营活动比较简单，一些规模较大和较复杂的企业，其某些业务单元或流程也可能比较简单。以下列示的是表明企业经营活动比较简单的因素：(1)经营范围较小；(2)经营流程及财务报告系统较简单；(3)会计职能较集中；(4)高级管理人员广泛参与日常经营活动；(5)管理层级较少，每个层级都有较大的管理范围。

四、贯彻风险评估原则

风险评估贯穿于整个审计过程。

《企业内部控制审计指引》第八条规定，在内部控制审计中，注册会计师应当以风险评估为基础，确定重要账户、列报及其相关认定，选择拟测试的控制，以及确定针对所选定控制所需收集的证据。

风险评估的理念及思路应当贯穿于整个审计过程的始终。实施风险评估时，可以考虑固有风险及控制风险。在计划审计工作阶段，对内部控制的固有风险进行评估，作为编制审计计划的依据之一。根据对控制风险评估的结果，调整计划阶段对固有风险的判断，这是个持续的过程。

通常，对企业整体风险的评估和把握由富有经验的项目管理人员完成。风险评估结果的变化将体现在具体审计步骤及关注点的变化中。

内部控制的特定领域存在重大缺陷的风险越高，给予该领域的审计关注就越多。内部控制不能防止或发现并纠正由于舞弊导致的错报风险，通常高于其不能防止或发现并纠正错误导致的错报风险。注册会计师应当更多地关注高风险领域，而没有必要测试那些即使有缺陷、也不可能导致财务报表重大错报的控制。

在进行风险评估以及确定审计程序时，企业的组织结构、业务流程或业务单元的复杂程度可能产生的重要影响均是注册会计师应当考虑的因素。

五、总体审计策略

注册会计师应当在总体审计策略中体现下列内容。

(1)确定内部控制审计业务特征，以界定审计范围。例如，被审计单位采用的内部控制标准、注册会计师预期内部控制审计工作涵盖的范围、对组成部分注册会计师工作的参与程度、注册会计师对被审计单位内部控制评价工作的了解以及拟利用被审计单位内部相关人员工作的程度等。

(2)明确内部控制审计业务的报告目标，以及计划审计的时间安排和所需沟通的性质。例如，被审计单位对外公布或报送内部控制审计报告的时间、注册会计师与管理层和治理层讨论内部控制审计工作的性质、时间安排和范围，注册会计师与管理层和治理层讨论拟出具内部控制审计报告的类型和时间安排及沟通的其他事项等。

(3)根据职业判断，考虑用以指导项目组工作方向的重要因素。例如，财务报表整体的重要性和实际执行的重要性、初步识别的可能存在重大错报的风险领域、内部控制最近发生变化的程度、与被审计单位沟通过的内部控制缺陷、对内部控制有效性的初步判断、信息技术和业务流程的变化等。

(4)考虑初步业务活动的结果，并考虑对被审计单位执行其他业务时获得的经验是否与内部控制审计业务相关(如适用)。

(5)确定执行内部控制审计业务所需资源的性质、时间安排和范围。例如，项目组成员的选择及对项目组成员审计工作的分派、项目时间预算等。

六、具体审计计划

注册会计师应当在具体审计计划中体现下列内容：
(1)了解和识别内部控制的程序的性质、时间安排和范围；
(2)测试控制设计有效性的程序的性质、时间安排和范围；
(3)测试控制运行有效性的程序的性质、时间安排和范围。

七、对舞弊风险的考虑

在计划和实施内部控制审计工作时，注册会计师应当考虑财务报表审计中对舞弊风险的评估结果。在识别和测试企业整体层面控制及选择其他控制进行测试时，注册会计师应当评价被审计单位的内部控制是否足以应对识别出的、由于舞弊导致的重大错报风险，并评价为应对管理层和治理层凌驾于控制之上的风险而设计的控制。

被审计单位为应对这些风险可能设计的控制包括：

（1）针对重大的非常规交易的控制，尤其是针对导致会计处理延迟或异常的交易的控制；

（2）针对期末财务报告流程中编制的分录和做出的调整的控制；

（3）针对关联方交易的控制；

（4）与管理层的重大估计相关的控制；

（5）能够减弱管理层和治理层伪造或不恰当操纵财务结果的动机和压力的控制。

八、利用其他相关人员的工作

在计划审计工作时，注册会计师需要评估是否利用他人（包括企业的内部审计人员、内部控制评价人员、其他人员以及在董事会和其审计委员会指导下的第三方）的工作及利用的程度，以减少可能本应由注册会计师执行的工作。

（一）利用内部审计人员的工作

如果决定利用内部审计人员的工作，注册会计师应当按照《中国注册会计师审计准则第1411号——利用内部审计人员的工作》的规定办理。

（二）利用他人的工作

如果拟利用他人的工作，注册会计师则需要评价该人员的专业胜任能力和客观性。专业胜任能力即具备某种专业技能、知识或经验，有能力完成分派的任务；客观性则是公正、诚实地执行任务的能力。专业胜任能力和客观性越高，可利用程度就越高，注册会计师就可以越多地利用其他工作。当然，无论人员的专业胜任能力如何，注册会计师都不应利用那些客观程度较低的人员的工作。同样，无论人员的客观程度如何，注册会计师都不应利用那些专业胜任能力较低的人员的工作。通常认为，企业的内部控制审计人员拥有更多的专业胜任能力和客观性，注册会计师可以考虑更多地利用这些人员的相关工作。

在内部控制审计中，注册会计师利用他人工作的程度还受到与被测试控制相关的风险的影响。与某项控制相关的风险越高，可利用他人工作的程度就越低，注册会计师就需要更多地对该项控制亲自进行测试。

如果其他注册会计师负责审计企业的一个或多个分部、分支机构、子公司等组成部分的财务报表和内部控制，注册会计师应当按照《中国注册会计师审计准则第1401号——对集团财务报表审计的特殊考虑》的规定，确定是否利用其他注册会计师的工作。

九、编制审计工作底稿

内部控制审计工作底稿，是注册会计师对制订的审计计划、实施的审计程序、获取的相关审计证据，以及得出的审计结论等的记录。注册会计师编制审计工作底稿可以为审计工作提供充分、适当的记录，作为出具审计报告的基础。同时，也为注册会计师证明其按照指引的规定执行了审计工作提供证据。

由于内部控制审计更多的是建立在整合审计的基础上的，如何形成内部控制审计工作底稿成为实施指引的关键。目前有两种观点：一种观点是，将内部控制审计工作底稿并入财务报表审计工作底稿，形成一套工作底稿；另一种观点是，无论是否实施整合审计，内部控制审计工作底稿单独归档，形成独立的工作底稿。

《企业内部控制审计指引》采纳了后一种观点，即如果企业聘请两家会计师事务所分别对其内部控制和财务报表进行审计，毫无疑问，两家会计师事务所应当分别形成内部控制审计工作底稿和财务报表审计工作底稿。如果由一家会计师事务所同时对其内部控制和财务报表进行审计，那么注册会计师还是应当分别形成内部控制审计工作底稿和财务报表审计工作底稿，只不过整合审计部分形成的工作底稿既可以归档到内部控制审计工作底稿中，又可以归档到财务报表审计工作底稿中，两套工作底稿之间建立交叉索引，以减轻注册会计师编制工作底稿的负担。

注册会计师应当按照我国相关审计准则及《企业内部控制审计指引》的规定，编制内部控制审计工作底稿，完整地记录审计工作情况。

《中国注册会计师审计准则第1131号——审计工作底稿》规定，注册会计师应当在审计工作底稿中记录下列内容：

(1)内部控制审计计划及重大修改情况；

(2)相关风险评估和选择拟测试的内部控制的主要过程及结果；

(3)测试内部控制设计与运行有效性的程序及结果；

(4)对识别的控制缺陷的评价；

(5)形成的审计结论和意见；

(6)其他重要事项。

 案例 10-1

中注协书面约谈事务所提示管理层频繁变更的上市公司内部控制审计风险

近日，中国注册会计师协会(简称"中注协")以"管理层频繁变更的上市公司内部控制审计风险防范"为主题，书面约谈中喜会计师事务所，就其承接的部分上市公司2015年度内部控制审计业务可能存在的风险进行提示。

设计、执行和维护必要的内部控制，使财务报表不存在由于舞弊或错误导致的重大错报，是管理层的重要职责。近年来，不少上市公司管理层变动频繁，对公司的日常经营和内部控制的有效实施产生了十分不利的影响，引发了媒体的高度关注。在风险提示函中，中注协要求中喜会计师事务所充分关注管理层频繁变更对上市公司控制环境、风险评估、控制活动、信息与沟通等方面所产生的影响，高度重视管理层频繁变更的上市公司可能存在的内部控制审计风险。

中注协提示相关事务所在审计过程中重点关注以下事项：一是恰当评价公司整体层面的控制风险；二是关注管理层凌驾于内部控制之上的风险；三是充分关注重大或异常交易及事项。

第三节　实施审计工作

在实施审计工作阶段，按照自上而下的方法，注册会计师的工作主要包括识别整体层面控制，识别重要账户、列报及其相关认定，了解错报的可能来源，选择拟测试的控制，测试控制设计的有效性，测试控制运行的有效性。

一、自上而下的审计方法

(一)从财务报表层次初步了解内部控制整体风险

如何对内部控制进行审计，涉及内部控制审计的基本思路。《企业内部控制审计指引》第十条规定，注册会计师应当按照自上而下的方法实施审计工作。自上而下的方法是注册会计师识别风险、选择拟测试控制的基本思路。

在财务报告内部控制审计中，自上而下的方法始于财务报表层次，以注册会计师对财务报告内部控制整体风险的了解开始；然后，注册会计师将关注重点放在企业层面的控制上，并将工作逐渐下移至重大账户、列报及相关的认定。这种方法引导注册会计师将注意力放在显示有可能导致财务报表及相关列报发生重大错报的账户、列报及认定上；然后，注册会计师验证其了解到的业务流程中存在的风险，并就已评估的每个相关认定的错报风险，选择足以应对这些风险的业务层面控制进行测试。

在非财务报告内控审计中，自上而下的方法始于企业整体层面控制，并将审计测试工作逐步下移到业务层面控制。

自上而下的审计方法，描述了注册会计师在识别风险及拟测试的控制时的连续思维过程，但并不一定是注册会计师执行审计程序的顺序。

(二)识别、了解和测试企业整体层面控制

注册会计师应当识别、了解和测试对内部控制有效性有重要影响的企业整体层面控制。注册会计师对整体层面控制的评价，可能增加或减少本应对其他控制进行的测试。

1. 企业整体层面控制对其他控制及其测试的影响

不同的企业整体层面控制在性质和精确度上存在差异，注册会计师应当从下列方面考虑这些差异对其他控制及其测试的影响。

(1)某些整体层面控制，如与控制环境相关的控制，对及时防止或发现并纠正相关认定的错报的可能性有重要影响。虽然这种影响是间接的，但这些控制仍然可能影响注册会计师拟测试的其他控制，以及测试程序的性质、时间安排和范围。

(2)某些整体层面控制旨在识别其他控制可能出现的失效情况，能够监督其他控制的有效性，但还不足以精确到及时防止或发现并纠正相关认定的错报。当这些控制运行有效时，注册会计师可以减少对其他控制的测试。

(3)某些整体层面控制本身能够精确到足以及时防止或发现并纠正相关认定的错报。如果一项整体层面控制足以应对已评估的错报风险，注册会计师就不必测试与该风险相关的其他控制。

2. 企业整体层面控制的内容
企业整体层面控制包括下列内容：
(1)与内部环境相关的控制；
(2)针对管理层和治理层凌驾于控制之上的风险而设计的控制；

（3）被审计单位的风险评估过程；

（4）对内部信息传递和期末财务报告流程的控制；

（5）对控制有效性的内部监督（即监督其他控制的控制）和内部控制评价。

此外，集中化的处理和控制（包括共享的服务环境）、监控经营成果的控制，以及针对重大经营控制及风险管理实务的政策也属于整体层面控制。

3. 对期末财务报告流程的评价

期末财务报告流程对内部控制审计和财务报表审计有重要影响，注册会计师应当对期末财务报告流程进行评价。期末财务报告流程包括：

（1）将交易总额登入总分类账的程序；

（2）与会计政策的选择和运用相关的程序；

（3）总分类账中会计分录的编制、批准等处理程序；

（4）对财务报表进行调整的程序；

（5）编制财务报表的程序。

（三）识别重要账户、列报及其相关认定

注册会计师应当基于财务报表层次识别重要账户、列报及其相关认定。

如果某账户或列报可能存在一个错报，该错报单独或连同其他错报将导致财务报表发生重大错报，则该账户或列报为重要账户或列报。判断某账户或列报是否重要，应当依据其固有风险，而不应考虑相关控制的影响。

如果某财务报表认定可能存在一个或多个错报，这些错报将导致财务报表发生重大错报，则该认定为相关认定。判断某认定是否为相关认定，应当依据其固有风险，而不应考虑相关控制的影响。

在识别重要账户、列报及其相关认定时，注册会计师还应当确定重大错报的可能来源。注册会计师可以通过考虑在特定的重要账户或列报中错报可能发生的领域和原因，确定重大错报的可能来源。

在内部控制审计中，注册会计师在识别重要账户、列报及其相关认定时应当评价的风险因素，与财务报表审计中考虑的因素相同。因此，在这两种审计中识别的重要账户、列报及其相关认定应当相同。

如果某账户或列报的各组成部分存在的风险差异较大，被审计单位可能需要采用不同的控制以应对这些风险，注册会计师应当分别予以考虑。

（四）了解潜在错报的来源并识别相应的控制

注册会计师应当实现下列目标，以进一步了解潜在错报的来源，并为选择拟测试的控制奠定基础：

（1）了解与相关认定有关的交易的处理流程，包括这些交易如何生成、批准、处理及记录；

（2）验证注册会计师识别出的业务流程中可能发生重大错报（包括由于舞弊导致的错报）的环节；

（3）识别被审计单位用于应对这些错报或潜在错报的控制；

（4）识别被审计单位用于及时防止或发现并纠正未经授权的、导致重大错报的资产取得、使用或处置的控制。

注册会计师应当亲自执行能够实现上述目标的程序，或对提供直接帮助的人员的工作进行督导。

穿行测试通常是实现上述目标的最有效方式。穿行测试是指追踪某笔交易从发生到最终被反映在财务报表中的整个处理过程。注册会计师在执行穿行测试时，通常需要综合运用询问、观察、检查相关文件及重新执行等程序。

在执行穿行测试时，针对重要处理程序发生的环节，注册会计师可以询问被审计单位员工对规定程序及控制的了解程度。实施询问程序连同穿行测试中的其他程序，可以帮助注册会计师充分了解业务流程，识别必要控制设计无效或出现缺失的重要环节。为有助于了解业务流程处理的不同类型的重大交易，在实施询问程序时，注册会计师不应局限于关注穿行测试所选定的单笔交易。

（五）选择拟测试的控制

注册会计师应当针对每一相关认定获取控制有效性的审计证据，以便对内部控制整体的有效性发表意见，但没有责任对单项控制的有效性发表意见。

注册会计师应当对被审计单位的控制是否足以应对评估的每个相关认定的错报风险形成结论。因此，注册会计师应当选择对形成这一评价结论具有重要影响的控制进行测试。

对特定的相关认定而言，可能有多项控制用以应对评估的错报风险。反之，一项控制也可能应对评估的多项相关认定的错报风险。注册会计师没有必要测试与某项相关认定有关的所有控制。

在确定是否测试某项控制时，注册会计师应当考虑该项控制单独或连同其他控制，是否足以应对评估的某项相关认定的错报风险，而不论该项控制的分类和名称如何。

二、测试控制的有效性

（一）测试控制设计的有效性

注册会计师应当测试控制设计的有效性。如果某项控制由拥有有效执行控制所需的授权和专业胜任能力的人员按规定的程序和要求执行，能够实现控制目标，从而有效地防止或发现并纠正可能导致财务报表发生重大错报的错误或舞弊，则表明该项控制的设计是有效的。

（二）测试控制运行的有效性

注册会计师应当测试控制运行的有效性。如果某项控制正在按照设计运行，执行人员拥有有效执行控制所需的授权和专业胜任能力，能够实现控制目标，则表明该项控制的运行是有效的。

如果被审计单位利用第三方的帮助完成一些财务报告工作，注册会计师在评价负责财务报告及相关控制的人员的专业胜任能力时，可以一并考虑第三方的专业胜任能力。

注册会计师获取的有关控制运行有效性的审计证据包括：

(1)控制在所审计期间的相关时点是如何运行的；

(2)控制是否得到一贯执行；

(3)控制由谁或以何种方式执行。

(三)测试控制有效性的程序

注册会计师通过测试控制有效性获取的审计证据，取决于其实施程序的性质、时间安排和范围的组合。此外，就单项控制而言，注册会计师应当根据与控制相关的风险对测试程序的性质、时间安排和范围进行适当的组合，以获取充分、适当的审计证据。

注册会计师测试控制有效性的程序，按其提供审计证据的效力，由弱到强排序通常为：询问、观察、检查和重新执行。询问本身并不能为得出控制是否有效的结论提供充分、适当的审计证据。

测试控制有效性的程序，其性质在很大程度上取决于拟测试控制的性质。某些控制可能存在反映控制有效性的文件记录，而另外一些控制，如管理理念和经营风格，可能没有书面的运行证据。

对缺乏正式的控制运行证据的被审计单位或业务单元，注册会计师可以通过询问并结合运用其他程序，如观察活动、检查非正式的书面记录和重新执行某些控制，获取有关控制是否有效的充分、适当的审计证据。

(四)控制测试的涵盖期间

对控制有效性的测试涵盖的期间越长，提供的控制有效性的审计证据越多。

单就内部控制审计业务而言，注册会计师应当获取内部控制在基准日之前一段足够长的期间内有效运行的审计证据。在整合审计中，控制测试所涵盖的期间应当尽量与财务报表审计中拟信赖内部控制的期间保持一致。

注册会计师执行内部控制审计业务旨在对基准日内部控制有效性出具报告。如果已获取有关控制在期中运行有效性的审计证据，注册会计师应当确定还需获取哪些补充审计证据，以证实剩余期间控制的运行情况。

(五)控制测试的时间安排

对控制有效性测试的实施时间越接近基准日，提供的控制有效性的审计证据越有力。为了获取充分、适当的审计证据，注册会计师应当在下列两个因素之间做出平衡，以确定测试的时间：

(1)尽量在接近基准日实施测试；

(2)实施的测试需要涵盖足够长的期间。

整改后的内部控制需要在基准日之前运行足够长的时间，注册会计师才能得出整改后的内部控制是否有效的结论。因此，在接受或保持内部控制审计业务时，注册会计师应当尽早与被审计单位沟通这一情况，并合理安排控制测试的时间，留出提前量。

(六)评估控制风险并获取相关证据

在测试所选定控制的有效性时，注册会计师需要根据与控制相关的风险，确定所需获取的证据。与控制相关的风险包括控制可能无效的风险和因控制无效而导致重大缺陷的风险。与控制相关的风险越高，注册会计师需要获取的证据就越多。

与某项控制相关的风险受下列因素的影响：

(1)该项控制拟防止或发现并纠正的错报的性质和重要程度；

(2)相关账户、列报及其认定的固有风险；

(3)相关账户或列报是否曾经出现错报；

(4)交易的数量和性质是否发生变化，进而可能对该项控制设计或运行的有效性产生不利影响；

(5)整体层面控制(特别是对控制有效性的内部监督和自我评价的有效性)；

(6)该项控制的性质及其执行频率；

(7)该项控制对其他控制(如内部环境或信息技术一般控制)有效性的依赖程度；

(8)该项控制的执行或监督人员的专业胜任能力，以及其中的关键人员是否发生变化；

(9)该项控制是人工控制还是自动化控制；

(10)该项控制的复杂程度，以及在运行过程中依赖主观判断的程度。

针对每一项相关认定，注册会计师都需要获取控制有效性的证据，以便对内部控制整体的有效性单独发表意见，但注册会计师没有责任对单项控制的有效性发表意见。

对于控制运行偏离设计的情况(即控制偏差)，注册会计师需要考虑该偏差对相关风险评估、需要获取的证据及控制运行有效性结论的影响。

例如，注册会计师在测试某项关于现金支付的控制有效性时，在抽取的 25 个样本中发现某样本没有按照该项控制的设计要求由适当层级的人员签字。此时，注册会计师通常会要求企业的相关人员予以解释，并判断解释的合理性，同时相应地扩大样本量，如果没有再发现控制偏差，则认为该控制偏差并不构成控制缺陷。

 案例 10-2

内部控制审计：时间与空间上的双重前置

企业内部控制审计的发条又被拧紧了。

2012 年，财政部在《企业内部控制规范体系实施中相关问题解释第 2 号》中首次就注册会计师在开展内部控制审计时应如何安排时间等问题做出了详细的解释说明，并分别明确了首次内部控制审计、发现缺陷业务及进行连续的内部控制审计等情况发生时，注册会计师介入的时间及注意事项。

"提前介入"的指导精神贯穿始终。

一、时间：越早介入越好

中国联通广西分公司(以下称"广西联通")财务部总经理杨军介绍说，作为一家境内外同时上市的企业，广西联通在内部控制方面对自身提出了很高要求。

通常情况下，他们每年都要面对四次固定的内部控制评审。其中，两次源于管理层发起的内部评审，另外的两次则是由他们聘请的外部审计机构承担的。无论发起人是谁，在时间划分上基本上都会是上半年和下半年各一次。此外，在每年的半年报和年报审计之前，外部审计机构还要对他们进行预审，在这个过程中必然也会涉及一些关乎内部控制方面的审查。由此可想而知，一年中广西联通接受的内部控制审计之多，这还不包括其他监管机构发起的各种专项审计。

"内部控制审计必然是越早介入越好，但具体早到什么程度，则应该与被审计方的内部管理流程有机协同。总之，过程中的提前介入肯定要比年底才算总账要好。这对审计方和被审方来说，都拥有了更多的主动权。"杨军分析说。

"从这个意义上来看，提前介入式的内部控制审计使得企业对运作细节上的关注度更为充分。"杨军说，"这也有助于企业形成一种新的理念和氛围，即将内部控制工作及真实信息的披露工作当作企业日常工作来看待，进而更为有力地推进内部控制建设的长效化和信息披露的客观性。"

二、空间：从业务流程的最前端介入

一位不愿透露姓名的会计师事务所合伙人表示，最高明的做假方式往往从数据的最前端就已经开始了，而这种不露马脚的做假行为往往更难察觉。

在杨军眼中，内部控制审计仅在时间上有所前置还不够。

杨军以某项成本列支审计过程举例。假设公司与某代理商签订发展佣金协议，该代理商承担公司一定的客户发展量，公司根据其实际发展量及客户"在网"质量对其支付佣金。如果想多计提佣金，造假方可能从客户的签订环节便开始伪造数据，又或者是在计算程序的运行中做手脚。

这种伪造或许一时间难以被发现，但试想注册会计师事务所从公司信息系统后台将原始数据抽离出来，放到类似的系统环境中模拟测算并辅之以流程的穿行测试，如存在非常规操作，会立刻暴露。

三、内外联合更有力量

杨军说，在传统观念中"家丑不可外扬"。因而，企业往往习惯于把内审与外审完全独立甚至对立开来，不希望将内审中发现的问题暴露在外审面前，但这种"声东击西"式的传统观念其实并不利于真实内部控制的施行。

"当然，这种内外联合是建立在企业管理层有勇气、有信心开展真实内部控制的基础上的。基于此前提下的企业管理层才更有能力发现企业各个层面存在的问题和隐患，从而借内外审计联合之力推进企业的风险管理及内控工作，以促进企业长足健康发展。"杨军说。

第四节　评价控制缺陷

如果某项控制的设计、实施或运行不能及时防止或发现并纠正财务报表错报，则表明内部控制存在缺陷。如果企业缺少用以及时防止或发现并纠正财务报表错报的必要控制，同样表明存在内部控制缺陷。

一、内部控制缺陷的认定

《企业内部控制审计指引》第二十条指出，内部控制缺陷按其成因分为设计缺陷和运行缺陷，按其影响程度分为重大缺陷、重要缺陷和一般缺陷。注册会计师应当评价其识别的各项内部控制缺陷的严重程度，以确定这些缺陷单独或组合起来，是否构成重大缺陷。关于设计缺陷与运行缺陷、重大缺陷、重要缺陷与一般缺陷的定义，本书在第九章"内部控制评价"中已有介绍，本节不再赘述。

注册会计师需要评价其注意到的各项控制缺陷的严重程度，以确定这些缺陷单独或组合起来，是否构成重大缺陷。但是，在计划和实施审计工作时，不要求注册会计师寻找单独或组合起来不构成重大缺陷的控制缺陷。

注册会计师不只要评价财务内部控制的有效性并发表意见，还要关注在内部控制审计过程中发现的非财务报告内部控制重大缺陷，在内部控制审计报告中增加"非财务报告内部控制重大缺陷描述段"予以披露。

财务报告内部控制缺陷的严重程度取决于：(1)控制缺陷导致账户余额或列报错报的可能性；(2)因一个或多个控制缺陷的组合导致潜在错报的金额大小。控制缺陷的严重程度与账户余额或列报是否发生错报无必然对应关系，而取决于控制缺陷是否可能导致错报。评价控制缺陷时，注册会计师需要根据财务报表审计中确定的重要性水平，支持对财务报告控制缺陷重要性的评价。注册会计师需要运用职业判断，考虑并衡量定量和定性因素。同时要对整个思考判断过程进行记录，尤其是详细记录关键判断和得出结论的理由。而且，对于"可能性"和"重大错报"的判断，在评价控制缺陷严重性的记录中，注册会计师需要给予明确考量和陈述。

在确定一项内部控制缺陷或多项内部控制缺陷的组合是否构成重大缺陷时，注册会计师应当评价补偿性控制(替代性控制)的影响。企业执行的补偿性控制应当具有同样的效果。

二、内部控制缺陷的处理

(一)财务报告内部控制缺陷的处理

注册会计师在已执行的有限程序中发现财务报告内部控制存在重大缺陷的，应当在内部控制审计报告中对重大缺陷做出详细说明。

(二)非财务报告内部控制缺陷的处理

注册会计师对在审计过程中注意到的非财务报告内部控制缺陷，应当区别具体情况予以处理。

(1)注册会计师认为非财务报告内部控制缺陷为一般缺陷的，应当与企业进行沟通，提醒企业加以改进，但无须在内部控制审计报告中说明。

(2)注册会计师认为非财务报告内部控制缺陷为重要缺陷的，应当以书面形式与企业董事会和经理层沟通，提醒企业加以改进，但无须在内部控制审计报告中说明。

(3)注册会计师认为非财务报告内部控制缺陷为重大缺陷的，应当以书面形式与企业董事会和经理层沟通，提醒企业加以改进。同时，应当在内部控制审计报告中增加"非财务报告内部控制重大缺陷描述段"，对重大缺陷的性质及其对实现相关控制目标的影响程度进行披露，提示内部控制审计报告使用者注意相关风险。

 案例 10-3

关于内部控制重大缺陷的分析与启示

笔者通过比较审计师认定的重大缺陷和上市公司开展内部控制自评认定的重大缺陷，发现多数公司内部控制自评报告中的重大缺陷与审计师认定的重大缺陷保持了高度一致，但也有部分上市公司在其内部控制自评报告中对相同缺陷提出了不同的认定结论。

以泰达股份为例，2013 年对于"违规担保"这个双方共同确认的事实，审计师和上市公司对其影响进行了分析，给出了不同的认定结论(审计师认为是重大缺陷，公司则认为是一般缺陷，具体如表 10-2 所示)。

表 10-2　泰达股份 2013 年内部控制审计报告与内部控制自我评价报告缺陷描述对比

内部审计报告内容节选	内部控制自评报告内容节选
上述担保均未按照泰达股份内部控制制度履行授权审批、信息披露等程序，与之相关的财务报告内部控制执行失效，该重大缺陷可能导致泰达股份因履行担保责任而承担损失	根据上述认定标准，前述七笔担保事项未导致公司管理严重偏离控制目标，未造成经济损失，因此认定为一般缺陷……（此处略去对制度设计情况的列述）由于基层管理人员对制度理解有偏差，在执行中存在疏忽，没有履行相关程序与义务，但未给公司造成经济损失，担保风险可控，不存在对公司财务报告的可靠性有重大不利影响的情况

从泰达股份的情况来看，公司与审计师对于内部控制缺陷的判断以及采用的缺陷认定标准均存在不同的理解。从动机上看，公司会从维护自身声誉的角度，尽可能地规避重大缺陷的认定结论，而审计师则会从执业谨慎性的角度做出重大缺陷的认定结论。而从认定过程来看，双方对于缺陷的性质并没有争议，争议集中在缺陷的影响方面。仅从此例分析，对于公司来说，并不能仅以"未造成经济损失"为理由，就将重大缺陷认定为一般缺陷。根据内部控制规范，缺陷的严重程度并不仅指实际损失，也要考虑潜在的损失，并从影响程度和可能性两个方面进行综合考虑。而对于审计师来说，在重大缺陷的影响方面应明确说明缺陷的影响程度，以便报告的阅读者能够充分获得信息。

第五节　完成审计工作

在完成审计工作阶段，主要工作包括对内部控制形成初步意见、获取管理层书面声明等。

一、形成审计意见

注册会计师需要评价从各种渠道获取的证据，包括对控制的测试结果、财务报表审计中发现的错报及已识别的所有控制缺陷，以形成对内部控制有效性的意见。在评价证据时，注册会计师需要查阅本年度与内部控制相关的内部审计报告或类似报告，并评价这些报告中提到的控制缺陷。

只有在审计范围没有受到限制时，注册会计师才能对内部控制的有效性形成意见。如果审计范围受到限制，注册会计师可解除业务约定或出具无法表示意见的内部控制审计报告。

二、获取管理层书面声明

注册会计师完成审计工作后，应当取得经企业签署的书面声明。《企业内部控制审计指引》指出，书面声明应当包括下列内容：

(1)被审计单位董事会认可其对建立健全和有效实施内部控制负责；

(2)被审计单位已对内部控制的有效性做出自我评价，并编制了内部控制评价报告；

(3)被审计单位没有利用注册会计师在内部控制审计和财务报表审计中执行的程序及其结果作为评价的基础；

(4)被审计单位根据内部控制标准评价内部控制有效性得出的结论；

(5)被审计单位已向注册会计师披露识别出的所有内部控制缺陷，并单独披露其中的重大缺陷和重要缺陷；

（6）被审计单位已向注册会计师披露导致财务报表发生重大错报的所有舞弊，以及其他不会导致财务报表发生重大错报，但涉及管理层、治理层和其他在内部控制中具有重要作用的员工的所有舞弊；

（7）注册会计师在以前年度审计中识别出的且已与被审计单位沟通的重大缺陷和重要缺陷是否已经得到解决，以及哪些缺陷尚未得到解决；

（8）在基准日后，内部控制是否发生变化，或者是否存在对内部控制产生重要影响的其他因素，包括被审计单位针对重大缺陷和重要缺陷采取的所有纠正措施。

但是，如果企业拒绝提供或以其他不当理由回避书面声明，注册会计师应当将其视为审计范围受到限制，即可解除业务约定或出具无法表示意见的内部控制审计报告。

注册会计师需要按照《中国注册会计师审计准则第 1341 号——书面声明》的规定，确定声明书的签署者、声明书涵盖的期间及何时获取更新的声明书等。

三、沟通事项

注册会计师需要与企业沟通审计过程中识别的所有控制缺陷。对于其中的重大缺陷和重要缺陷，需要以书面形式与董事会和经理层沟通。《中国注册会计师审计准则第 1152 号——向治理层和管理层通报内部控制缺陷》要求注册会计师以书面形式及时向治理层通报审计过程中识别出的值得关注的内部控制缺陷。其中，值得关注的内部控制缺陷包括重大缺陷和重要缺陷。

注册会计师需要以书面形式与董事会沟通其在审计过程中识别的内部控制存在的所有缺陷，并在沟通完成后告知审计委员会。在进行沟通时，注册会计师无须重复自身、内部审计人员或企业其他人员以前书面沟通过的控制缺陷。

虽然并不要求注册会计师执行足以识别所有控制缺陷的程序，但是注册会计师需要沟通其注意到的内部控制的所有缺陷。如果发现企业存在或可能存在舞弊、违法等行为，注册会计师需要按照《中国注册会计师审计准则第 1141 号——财务报表审计中对舞弊的考虑》《中国注册会计师审计准则第 1142 号——财务报表审计中对法律法规的考虑》的规定，确定并履行自身责任。

第六节　出具审计报告

注册会计师在整合完成内部控制审计和财务报表审计后，需要分别对内部控制和财务报表出具审计报告。注册会计师需要评价根据审计证据得出的结论，在审计报告中清楚地表达对内部控制有效性的意见，并对出具的审计报告负责。

我国《企业内部控制审计指引》指出，内部控制审计报告分为四种类型：标准内部控制审计报告、带强调事项段的无保留意见的内部控制审计报告、否定意见的内部控制审计报告和无法表示意见的内部控制审计报告。

一、标准内部控制审计报告

当注册会计师出具的无保留意见内部控制审计报告不附加说明段、强调事项段或任何修饰性用语时，该报告称为标准内部控制审计报告。标准内部控制审计报告包括下列因素。

（1）标题。内部控制审计报告的标题统一规范为"内部控制审计报告"。

（2）收件人。内部控制审计报告的收件人是指注册会计师按照业务约定书的要求致送内部控制审计报告的对象，一般是指审计业务的委托人。内部控制审计报告需要载明收件人的全称。

（3）引言段。内部控制审计报告的引言段说明企业名称和内部控制已经过审计。

（4）企业对内部控制的责任段。企业对内部控制的责任段说明，按照《企业内部控制基本规范》《企业内部控制应用指引》《企业内部控制评价指引》的规定，建立健全和有效实施内部控制，并评价其有效性是企业对社会的责任。

（5）注册会计师的责任段。注册会计师的责任段说明，在实施审计工作基础上，对财务报告内部控制的有效性发表审计意见，并对注意到的非财务报告内部控制的重大缺陷进行披露是注册会计师的责任。

（6）内部控制固有局限性的说明段。内部控制无论如何有效，都只能为企业实现控制目标提供合理保证。内部控制实现目标的可能性受其固有限制的影响，包括以下内容

①在决策时人为判断可能出现错误和因人为失误而导致内部控制失效，如控制的设计和修改可能存在失误。

②控制的运行也可能无效。例如，由于负责复核信息的人员不了解复核的目的或没有采取适当的措施，使内部控制生成的信息没有得到有效使用。

③控制可能由于两个或更多人员进行串通舞弊或管理层不当地凌驾于内部控制之上而被规避。例如，管理层可能与客户签订背后协议，修改标准的销售合同条款和条件，从而导致不适当的收入确认等。再如，软件中的编辑控制旨在识别报告超过赊销信用额度的交易，但这一控制可能被凌驾。

④在设计和执行控制时，如果存在选择执行的控制及选择承担的风险，管理层在确定控制的性质和范围时需要做出主观判断。

因此，注册会计师需要在内部控制固有局限性的说明段说明，内部控制具有固有局限性，存在不能防止和发现错报的可能性。此外，由于情况的变化可能导致内部控制变得不恰当，或对控制政策和程序遵循的程度降低，根据内部控制审计结果推测未来内部控制的有效性具有一定风险。

（7）财务报告内部控制审计意见段。如果符合下列所有条件，注册会计师应当对财务报告内部控制出具无保留意见的内部控制审计报告。

①企业按照《企业内部控制基本规范》《企业内部控制应用指引》《企业内部控制评价指引》及企业自身内部控制制度的要求，在所有重大方面保持了有效的内部控制。

②注册会计师已经按照《企业内部控制审计指引》的要求计划和实施审计工作，在审计过程中未受到限制。

（8）非财务报告内部控制重大缺陷描述段。对于审计过程中注意到的非财务报告内部控制缺陷，如果发现某项或某些控制对企业发展战略、法律遵循、经营的效率效果等控制目标的实现有重大不利影响，确定该项非财务报告内部控制缺陷为重大缺陷的，应当以书面形式与企业董事会和经理层沟通，提醒企业加以改进。同时，在内部控制审计报告中增加非财务报告内部控制重大缺陷描述段，对重大缺陷的性质及其对实现相关控制目标的影响程度进行披露，提示内部控制审计报告使用者注意相关风险，但无须对其发表审计意见。

(9)注册会计师的签名和盖章。

(10)会计师事务所的名称、地址及盖章。

(11)报告日期。

如果内部控制审计和财务报表审计整合进行，注册会计师对内部控制审计报告和财务报表审计报告需要签署相同的日期。

标准内部控制审计报告的参考格式如下（方括号中为内容填报说明）。

内部控制审计报告

××股份有限公司全体股东：

按照《企业内部控制审计指引》及中国注册会计师执业准则的相关要求，我们审计了××股份有限公司（以下简称××公司）××年×月×日的财务报告内部控制的有效性。

一、企业对内部控制的责任

按照《企业内部控制基本规范》《企业内部控制应用指引》《企业内部控制评价指引》的规定，建立健全和有效实施内部控制，并评价其有效性是企业董事会的责任。

二、注册会计师的责任

我们的责任是在实施审计工作的基础上，对财务报告内部控制的有效性发表审计意见，并对注意到的非财务报告内部控制的重大缺陷进行披露。

三、内部控制的固有局限性

内部控制具有固有局限性，存在不能防止和发现错报的可能性。此外，由于情况的变化可能导致内部控制变得不恰当，或对控制政策和程序遵循的程度降低，根据内部控制审计结果推测未来内部控制的有效性具有一定风险。

四、财务报告内部控制审计意见

我们认为，××公司按照《企业内部控制基本规范》和相关规定在所有重大方面保持了有效的财务报告内部控制。

五、非财务报告内部控制的重大缺陷

在内部控制审计过程中，我们注意到××公司的非财务报告内部控制存在重大缺陷[描述该缺陷的性质及其对实现相关控制目标的影响程度]。由于存在上述重大缺陷，我们提醒本报告使用者注意相关风险。需要指出的是，我们并不对××公司的非财务报告内部控制发表意见或提供保证。本段内容不影响对财务报告内部控制有效性发表的审计意见。

中国××市　　　　　　　　　　　　　中国注册会计师：×××（签名并盖章）

××会计师事务所（盖章）　　　　　　中国注册会计师：×××（签名并盖章）

地址：　　　　　　　　　　　　　　　报告日期：××××年××月××日

二、非标准内部控制审计报告

（一）带强调事项段的无保留意见内部控制审计报告

注册会计师认为财务报告内部控制虽不存在重大缺陷，但仍有一项或者多项重大事项需要提醒内部控制审计报告使用人注意的，需要在内部控制审计报告中增加强调事项段予以说明。注册会计师需要在强调事项段中指明，该段内容仅用于提醒内部控制审计报告使用者关注，并不影响对财务报告内部控制发表的审计意见。

(二)否定意见的内部控制审计报告

注册会计师认为财务报告内部控制存在一项或多项重大缺陷的，除非审计范围受到限制，否则需要对财务报告内部控制发表否定意见。注册会计师出具否定意见的内部控制审计报告，还需要包括重大缺陷的定义、重大缺陷的性质及其对财务报告内部控制的影响程度。

(三)无法表示意见的内部控制审计报告

注册会计师只有实施了必要的审计程序，才能对内部控制的有效性发表意见。注册会计师审计范围受到限制的，需要解除业务约定或出具无法表示意见的内部控制审计报告，并就审计范围受到限制的情况，以书面形式与董事会进行沟通。

注册会计师在出具无法表示意见的内部控制审计报告时，需要在内部控制审计报告中指明审计范围受到限制，无法对内部控制的有效性发表意见，并单设段落说明无法表示意见的实质性理由。注册会计师不应在内部控制审计报告中指明所执行的程序，也不应描述内部控制审计的特征，以避免对无法表示意见的误解。注册会计师在已执行的有限程序中发现财务报告内部控制存在重大缺陷的，需要在内部控制审计报告中对重大缺陷做出详细说明。

(四)期后事项与非标准内部控制审计报告

在企业内部控制自我评价基准日并不存在、但在该基准日之后至审计报告日之前(以下简称期后期间)，内部控制可能发生变化，或出现其他可能对于内部控制产生重要影响的因素。注册会计师需要询问是否存在这类变化或影响因素，并获取企业关于这些情况的书面声明。注册会计师需要针对期后期间，询问并检查下列信息：在期后期间出具的内部审计报告或类似报告；其他注册会计师出具的审计企业内部控制缺陷的报告；监管机构发布的涉及企业内部控制的报告；注册会计师在执行其他业务中获取的有关企业内部控制有效性的信息。

注册会计师还需要考虑获取期后期间的其他文件，并按照《中国注册会计师审计准则第1332号——期后事项》的规定，对企业进行检查。

注册会计师知悉对企业内部控制自我评价基准日内部控制有效性有重大负面影响的期后事项的，需要对财务报告的内部控制发表否定意见。注册会计师不能确定期后事项对内部控制的有效性的影响程度的，需要出具无法表示意见的内部控制审计报告。

在出具内部控制审计报告之后，如果知悉在审计报告日已存在的、可能对审计意见产生影响的情况，注册会计师需要按照《中国注册会计师审计准则第1332号——期后事项》的规定办理。

带强调事项段的无保留意见内部控制审计报告参考格式如下(方括号中为内容填报说明)。

内部控制审计报告

××股份有限公司全体股东：

按照《企业内部控制审计指引》及中国注册会计师执业准则的相关要求，我们审计了××股份有限公司（以下简称××公司）××××年×月×日的财务报告内部控制的有效性。

["一、企业对内部控制的责任"至"五、非财务报告内部控制的重大缺陷"参见标准内部控制审计报告相关段落表述。]

……

六、强调事项

我们提醒内部控制审计报告使用者关注，（描述强调事项的性质及其对内部控制的重大影响）。本段内容不影响已对财务报告内部控制发表的审计意见。

××会计师事务所（盖章）　　　　　　　　中国注册会计师：×××（签名并盖章）

　　　　　　　　　　　　　　　　　　　中国注册会计师：×××（签名并盖章）

中国××市　　　　　　　　　　　　　　××××年×月×日

否定意见的内部控制审计报告参考格式如下（方括号中为内容填报说明）。

内部控制审计报告

××股份有限公司全体股东：

按照《企业内部控制审计指引》及中国注册会计师执业准则的相关要求，我们审计了××股份有限公司（以下简称××公司）××××年×月×日的财务报告内部控制的有效性。

["一、企业对内部控制的责任"至"三、内部控制的固有局限性"参见标准内部控制审计报告相关段落表述。]

……

四、导致否定意见的事项

重大缺陷，是指一个或多个控制缺陷的组合，可能导致企业严重偏离控制目标。

[指出注册会计师已识别出的重大缺陷，并说明重大缺陷的性质及其对财务报告内部控制的影响程度。]

有效的内部控制能够为财务报告及相关信息的真实完整提供合理保证，而上述重大缺陷使××公司内部控制失去这一功能。

五、财务报告内部控制审计意见

我们认为，由于存在上述重大缺陷及其对实现控制目标的影响，××公司未能按照《企业内部控制基本规范》和相关规定在所有重大方面保持有效的财务报告内部控制。

六、非财务报告内部控制的重大缺陷

[参见标准内部控制审计报告相关段落表述。]

××会计师事务所（盖章）　　　　　　　　中国注册会计师：×××（签名并盖章）

　　　　　　　　　　　　　　　　　　　中国注册会计师：×××（签名并盖章）

中国××市	××××年×月×日

无法表示意见的内部控制审计报告参考格式如下（方括号中为内容填报说明）。

内部控制审计报告

××股份有限公司全体股东：

我们接受委托，对××股份有限公司（以下简称××公司）××××年×月×日的财务报告内部控制进行审计。

[删除注册会计师的责任段，"一、企业对内部控制的责任"和"二、内部控制的固有局限性"参见标准内部控制审计报告相关段落表述。]

……

三、导致无法表示意见的事项

[描述审计范围受到限制的具体情况。]

四、财务报告内部控制审计意见

由于审计范围受到上述限制，我们未能实施必要的审计程序以获取发表意见所需的充分、适当的证据，因此，我们无法对××公司财务报告内部控制的有效性发表意见。

五、识别的财务报告内部控制重大缺陷（如在审计范围受到限制前，执行有限程序未能识别出重大缺陷，则应删除本段）

重大缺陷，是指一个或多个控制缺陷的组合，可能导致企业严重偏离控制目标。

尽管我们无法对××公司财务报告内部控制的有效性发表意见，但在我们实施的有限程序的过程中，发现了以下重大缺陷：

[指出注册会计师已识别出的重大缺陷，并说明重大缺陷的性质及其对财务报告内部控制的影响程度。]

有效的内部控制能够为财务报告及相关信息的真实完整提供合理保证，而上述重大缺陷使××公司内部控制失去这一功能。

六、非财务报告内部控制的重大缺陷

[参见标准内部控制审计报告相关段落表述。]

××会计师事务所（盖章）	中国注册会计师：×××（签名并盖章）
	中国注册会计师：×××（签名并盖章）
中国××市	××××年×月×日

复习思考题

1. 如何理解内部控制审计的定义？
2. 如何界定内部控制审计的业务范围？
3. 内部控制审计的目标是什么？
4. 如何界定内部控制审计中注册会计师的责任？

5. 如何理解内部控制审计与财务报告审计的关系？

6. 内部控制审计与财务报告审计的区别有哪些？

7. 在内部控制审计的计划审计工作阶段，注册会计师需要评价哪些重要事项？

8. 如何理解风险评估与内部控制审计的关系？

9. 如何理解内部控制审计的自上而下的方法？

10. 在完成审计工作阶段，主要包括哪些工作？

11. 我国《企业内部控制审计指引》将内部控制审计报告分为哪几种类型？

12. 标准内部控制审计报告的主要内容有哪些？

参 考 文 献

[1] 池国华. 内部控制与风险管理[M]. 北京：中国人民大学出版社，2015.

[2] 李秉成. 企业为什么会陷入财务危机[M]. 北京：机械工业出版社，2016.

[3] 胡晓明等. 公司治理与内部控制[M]. 第 2 版. 北京：人民邮电出版社，2018.

[4] 方红星等. 内部控制[M]. 第 3 版. 大连：东北财经大学出版社，2017.

[5] COSO. 内部控制一整合框架[M]. 方红星，译. 大连：东北财经大学出版社，2008.

[6] 顾梦迪，雷鹏. 风险管理[M]. 第 2 版. 北京：清华大学出版社，2009.

[7] 达莫达兰. 驾驭风险[M]. 时启亮等，译. 北京：中国人民大学出版社，2010.

[8] 中华人民共和国财政部，等. 企业内部控制规范 2010[M]. 北京：中国财政经济出版社，2010.

[9] 李维安，李建标等. 公司治理理论精要[M]. 北京：机械工业出版社，2006.

[10] 池国华，樊子君. 内部控制学[M]. 第 2 版. 北京：北京大学出版社，2013.

[11] 胡为民. 内部控制与企业风险管理一案例与评析[M]. 北京：电子工业出版社，2009.

[12] 张颖，郑洪涛. 企业内部控制[M]. 北京：机械工业出版社，2009.

[13] [美]美国管理会计师协会（IMA）. 财务报告内部控制与风险管理[M]. 张先治等，译. 大连：东北财经大学出版社，2005.

[14] [美]罗伯特·安东尼等. 管理控制系统 [M]. 赵玉涛等，译. 北京：机械工业出版社，2004.

[15] [英]迈克尔·C. 杰克逊. 系统思考一适用管理者的创造性整体论[M]. 高飞等，译. 北京：中国人民大学出版社，2005.

[16] 魏永宏. 会计风险与审计风险比较研究[J]. 合作经济与科技，2017(12 上)：176-177.

[17] 魏永宏. 企业内部控制问题研究[J]. 合作经济与科技，2017(12 下)：162-163.